李双元法学文丛

# 市场经济与当代国际私法趋同化问题研究

李双元　主编

WUHAN UNIVERSITY PRESS
武汉大学出版社

**图书在版编目(CIP)数据**

市场经济与当代国际私法趋同化问题研究/李双元主编. —武汉：武汉大学出版社,2016. 8

李双元法学文丛

ISBN 978-7-307-18197-7

Ⅰ. 市…　Ⅱ. 李…　Ⅲ. 国际私法—研究—中国　Ⅳ. D997

中国版本图书馆 CIP 数据核字(2016)第 144997 号

责任编辑:张　欣　　责任校对:李孟潇　　版式设计:韩闻锦

出版发行：**武汉大学出版社**　(430072　武昌　珞珈山)

(电子邮件：cbs22@ whu. edu. cn　网址：www. wdp. com. cn)

印刷:虎彩印艺股份有限公司

开本：720 × 1000　1/16　印张:24. 75　字数:442 千字　插页:4

版次:2016 年 8 月第 1 版　2016 年 8 月第 1 次印刷

ISBN 978-7-307-18197-7　定价:78. 00 元

# 作者简介

李双元，男，1927年生，湖南新宁人。湖南师范大学终身教授，武汉大学国际法研究所教授，博士生导师，中国国际私法学会名誉会长，《时代法学》和《国际法与比较法论丛》主编。曾任武汉大学国际法研究所副所长、中国国际私法学会副会长、湖北省国际法研究会总干事、中国法学会理事和中国国际法学会理事、国务院学位委员会（第三届）学科评议组成员、全国高等教育自学考试指导委员会委员、中国国际经济贸易仲裁委员会委员和仲裁员、中国博士后流动站管委会专家组及该管委会基金委员会专家组成员、武汉市政协委员及其法制委员会副主任、湖南省政府参事等学术与社会职务。先后主持完成国家社科基金项目、教育部哲学社会科学博士点基金项目、司法部项目、湖北省及湖南省社科基金一般及重大项目20余项；在《中国社会科学》、《法学研究》、《中国法学》等刊物上发表学术论文100余篇。独著、主编的经典著作主要有《国际私法（冲突法篇）》（已出第3版）、《国际民事诉讼法概论》（第2版为教育部审定的研究生教材）、《中国与国际私法统一化进程》（已出第2版）、《市场经济与当代国际私法趋同化问题研究》、《国际民商新秩序的理论建构》、《中国国际私法通论》（已出第3版）、《比较民法学》、《走向21世纪的国际私法——国际私法与法律的趋同化》（中国法学家自选集）、《国际私法》（全国高等教育自学考试统编教材，已出第3版）、《国际私法》（“十一五”国家级规划教材，已出第4版）、《法学概论》（“十一五”和“十二五”国家级规划教材，已出第11版）等，合译《戴西和莫里斯论冲突法》、萨维尼《现代罗马法体系（第八卷）》和《牛津法律大辞典》等世界法学经典著作。著述中获国家级及省部级一、二、三等奖及湖北省特别奖等奖励十余项。

# 出版说明

为了庆祝我国著名法学家和法学教育家李双元教授90华诞，湖南师范大学法学院组织出版了《李双元法学文丛》。本套丛书共有15本，其中1本为新书。另外的14本皆为已经出版过的，因出版年代跨度较大，我们以保持原书原貌为原则，仅对一些文字标点符号的明显错误做了订正；书中有一些资料和引文因年代久远，已无法一一核查的，仍保持原样。

在已经出版过的14本书中，有8本书作者未做修改的，版次不予增加，所涉的法律法规也基本保持原样；另6本书作者予以了一定的修改，版次予以增加。

**武汉大学出版社**

2016年8月

# 总　　序

2016年中秋，我们将迎来我国著名法学家、法学教育家李双元教授90华诞。

李先生历任武汉大学教授(已退休)、湖南师范大学终身教授、博士生导师、中国国际私法学会副会长和名誉会长，国务院学位委员会学科评议组(法学组)成员、中国博士后流动站管委会专家组成员、全国高等教育自学考试指导委员会(法学组)委员、中国国际经济贸易仲裁委员会委员和湖南省政府参事等学术与社会职务，为新中国法学教育、研究和实践作出了重要贡献。

李先生在青年时代，即积极参加反对国民党统治的学生运动和湖南新宁县的武装起义。但是在1957年却因言获罪，被划为右派分子，在大学从教的权利被完全剥夺。然而他对马克思主义法学理论的探求，却矢志不衰。1979年武汉大学恢复法律系，他即从华中农学院马列室迅速调回武汉大学，协助韩德培、姚梅镇先生等参加法学院的恢复与发展工作，并在国内最早组建的国际法研究所任副所长。由韩德培教授任主编的第一部《国际私法》国家统编教材，也是在他的积极参与下，迅速完成并出版。在两位老先生的直接领导下，中国国际私法学会和中国国际经济法学会成立大会与它们的第一次研讨会也在武汉大学同时召开。

1993年，李先生出任湖南师范大学终身教授，负责组建湖南师范大学法律系、法学院以及国际法研究所、环境法研究所。现在，我院已经拥有法学一级学科博士和硕士学位授权点、法学博士后科研流动站和法律硕士专业学位授权点以及教育部首批卓越法律人才教育培养基地和国家级大学生校外实践教育基地，法学学科在第三轮全国学科评估中名列第21位。李先生学术视野开阔，在法理学方面也有他个人的理论贡献，其中，他先后提出“国际社会本位理念”、“法律的趋同化走势”和“国际民商新秩序的构建”等理论观点，均在法学界受到重视。

为庆祝李双元教授九十华诞，在武汉大学和湖南师范大学的大力支持下，我们特别选取了李先生的十五本著作，集结为《李双元法学文丛》，隆重推出，以弘扬李先生的治学精神和学术思想，并恭祝李先生永葆学术青春。为保持原书的风格，其中《比较民法学》、《国际民商新秩序的理论建构》、《市场经济与当代国际私法趋同化问题研究》、《中国与国际私法统一化进程》、《21世纪法学大视野——国际经济一体化进程中的国内法与国际规则》、《现代国籍法》、《国际民事诉讼程序导论》和《法律冲突与法律规则的地域和时间范围》未作修改。

鉴于李先生长期在武汉大学执教，加之这套丛书中有六种原来就是由武汉大学出版社出版，因此，我们仍然选择由对法学界出版事业长期提供大力支持的武汉大学出版社出版这套丛书。在此，特别感谢武汉大学出版社和武汉大学法学院的鼎力支持！

**湖南师范大学法学院**

2016年6月18日

# 前　　言

“国际私法的趋同化和我国国际私法未来发展的基本取向”是国家教委哲学、社会科学博士点八·五基金项目，它是在我主持完成了《中国与国际私法统一化进程》这个国家社会科学基金项目之后，继续深入研究国际私法趋同化问题的研究成果。

在国家和阶级还存在的国际社会里，要完全消除各国法律制度的歧异，是根本不可想象的。但是，由于国家经济职能的普遍加强，各国经济依存关系的日益密切，不同社会制度的国家，受发展经济的客观需要的驱动而纷纷采用市场经济的运作模式，在一时尚难统一各国法律的当今时代，追求一个比较协调的国际法律环境，对于国际新经济、政治秩序的形成，对于维护和促进世界和平与发展的进程，都是非常必要的。

自党的十四大明确提出建立社会主义市场经济体制的改革目标之后，我国的法制建设越来越表现出一种与国际社会法律制度的趋同化倾向。国际私法作为调整社会平等主体间财产关系和人身关系的重要法律部门，它的新近发展和演变走势，更是法律趋同化的重要体现。我国的国际私法目前正处于进一步完善和发展时期，为了建立适应社会主义市场经济的中国国际私法制度，自然也应以趋同化作为未来发展的基本取向。

我们在本书中，首先阐述了当代国际社会法律趋同化的主要原因，进而对我国国际私法制度重要领域的趋同化表现及实现途径作了深入的剖析。我们对如何建立适应社会主义市场经济的我国国际私法制度，也发表了一些粗浅的看法。

参加本书编写的，主要是国际私法专业方向的博士、硕士研究生，具体分工如下：

第一章　　李双元　张茂

第二章　　徐国建　何绍军

第三章　　徐国建　胡振杰　张茂

第四章　　李双元　李玉泉　胡振杰　何绍军

第五章　　徐国建　赵健　杜刚　郭玉军

第六章　　李双元　张万明

第七章　　白映福　张茂　郭玉军　杜刚　程清波

第八章　　张茂　李玉泉　黎柏亮

第九章　　赵健　宁敏　何绍军　张秋惠　胡振杰

本书由李双元主编，张茂参加了统稿工作。该书在编写和出版过程中，得到了武汉大学社科处、武汉大学出版社的支持和帮助，在此一并致谢。

由于本书所涉及的课题较新，加之作者水平有限，书中的某些观点也未必完全成熟，我们希望能得到广大读者的批评指正，以利于对这一课题进行更深入的研究。

**李双元**

一九九四年三月一日

# 目　录

## 上篇　国际私法趋同化的基本理论

## 下篇　国际私法若干领域的趋同化的具体表现

# 上篇　国际私法趋同化的基本理论

# 第一章　中国与当代国际社会法律的趋同化问题

一位美国法学家曾经指出："在某些时候，不同国家间的法律文化会呈现出愈来愈大的差异，而在另一些时候，它们之间的趋同性又会十分明显。"①新中国成立之后，在几十年的漫长时间里，在我们国家，因一直强调法律的阶级性和阶级镇压与专政职能，也一直强调不同历史时代，不同的社会政治制度和不同国家的法律的差异。但是随着改革开放的不断深化和扩大，为了适应国家经济建设飞速发展的需要，我国的法制建设工作已越来越注重采用国际通行做法或普遍实践。党的第十四次代表大会提出"我国经济体制改革的目标是建立社会主义市场经济体制"以后，如何使我国法律制度特别是民商法制度进一步与国际社会更趋协调，接近或一致起来，以减少对外经济技术交往中的法律障碍，已成为国家立法工作注意的焦点。近几年来，我国立法工作已日益自觉地纳入整个国际社会法律制度中出现的趋同化潮流。但是，对于我国法律是否应以当代法律的趋同化作基本取向的问题，认识上还不尽一致。一方面，传统上一些"左"的狭隘的观点，还并未完全清除，因而，或者心存疑虑，在建立适应社会主义市场经济运作的法律制度时，对大胆借鉴和移植西方发达国家中行之有效的制度，长时间处于摇摆不定的状态。或者认为，法律的趋同化，当以社会政治、经济制度的趋同为前提，目前既然不发生社会主义和资本主义的政治和经济制度的趋同问题，自然也就不存在法律的趋同化问题。或者感到我国既要建立具有中国特色的社会主义法律体系，那也很难以当代法律的趋同化作为自己的取向。而另一方面，在主张中国法律应尽可能求得与国际社会的普遍实践相协调和一致的人们中，对中国法律的这一取向在称谓上又常有不同，其中有的直接称之为中国立法的"国际化"，有的称为中国立法向"国际标准"或

---

① 参见埃尔曼著：《比较法律文化》，贺卫方等译，三联书店出版社 1990 年中文版序言，第 3 页。

“国际规范”或“国际规则”靠拢，有的称为中国“按国际惯例办事”，颇为混乱。① 显然，这都反映出在我国法学界，还未能对当代法律趋同化的含义、原因、表现及实现的方式或途径等展开过系统深入的研究和讨论。我们虽早在1989年底就提出了“国际私法趋同化倾向已有加强”的观点，但那只侧重于探讨中国国际私法的未来取向。② 现在提出的这一课题，则试图就整个中国法律和当代国际社会法律趋同化的关系作一番理论研究。

## 第一节　法律趋同化的概念

探讨中国法律未来发展的趋同化问题，我们首先必须明确法律趋同化的含义。所谓法律的趋同化，乃指不同国家的法律，随着社会需要的发展，在国际交往日益发达的基础上，逐渐相互吸收，相互渗透，从而趋于接近甚至趋于一致的现象，其表现是在国内法律的创制和运作过程中，越来越多地涵纳国际社会的普遍实践与国际惯例，并积极参与国际法律统一的活动等。当今世界各国的法律制度之间，随着国际经济技术合作与交流的不断扩大和国际间法律文化的相互传播，无论在广度和深度上都在不断加强的法律的这种趋同化走势，已变得越来越显著。这种现象的产生绝不是偶然的，它既有深刻的社会因素的影响，也有法律自身发展演变的必然要求。

就其社会因素来讲，现代国际社会中各种跨国活动和对外交往的增加，全人类共同关心的问题越来越多，任何一个原来只含内国因素，因而也可以只由国内法调整的问题都可能日渐介入种种外国的因素，于是各种具有跨国性质的法律问题(从资金技术的国际流动、人类环境的共同保护、国际资源的共同利用和开发、跨国公司行为的规范、国际犯罪的共同防范和惩罚，一直到个人的涉外婚姻、继承问题的合理解决等)的不断出现，各国政府对许多法律原则及其价值的认识渐趋于接近或一致，从而为法律的趋同化提供了先决条件。

从经济角度来看，当代世界经济秩序是建构于国与国之间经济联系日趋紧密，实行“开放经济”③的国家越来越多，各国经济日益国际化的基础之上的。

---

① 均可见于国家政府领导人的讲话。

② 《国际私法的趋同化问题——〈中国与国际私法统一化进程〉序言》，载《法学评论》1993年第1期。

③ 所谓“开放经济”，最通俗、最直观的定义就是一个辖区或一个国家的公民能与其他辖区或国家的公民自由地进行物品和劳务的买卖，而且能自由地在不同辖区或不同国家之间转移劳动和资本。

在高新科技的推动下，现代社会的生产力发展十分迅猛，它要求冲破地区的、民族的和国家的壁垒，并组成国际大市场。在这个时代，任何一个国家的经济都不可能脱离开世界经济的大格局而独立地发展。在商品经济全球化的形势下，国与国之间在经济领域内相互交流的如何拓展和加强，各国经济利益矛盾的如何协调和解决，都需要从国际交往方便的角度出发进行通盘考虑。昔日国界在盛行封建割据或民族保护主义时代所起的相互防范和相互封闭的屏障作用，已越来越退居次要地位，今天已成为发展经济贸易联系的前哨和引进资本和技术的窗口。昔日，在国际上存在着市场经济和计划经济两大对立的体系，从而在国际贸易中经常发生种种的摩擦，而今市场经济已成为社会主义国家和资本主义国家共同采取的资源配置的有效形式。各国这种经济上的共同要求，必然也要求法律发挥它的普遍性的作用。同时，为保障国际市场活动的安全，国际社会也必然会扩大在法律领域内的合作。目前整个西方世界面临经济衰退，失业剧增，解决这个问题的出路，也只能是进一步加强国际经济和法律的合作。

从政治角度来看，当今国际政治格局正处在冷战后时期，不但大国之间逐渐从“对抗”转向“缓和”，国际重大事件的处理也不可能由某些大国所操纵，国家之间在经济上相互依赖程度进一步加强，也使意识形态的对立得到了相对的缓和，在法律领域达成共识的可能性已大大增加。各种类型的以追求地区或世界和平和发展为目标的国际政治、经济组织如雨后春笋，层出不穷，在国际事务中扮演着越来越重要的角色。这些政治、经济组织也常常是以实现法律相互接近或统一为其重要任务的。

就法律自身来说，它既是一种文化现象，那么在不同的国家，因不同的统治阶级或阶层、不同的占统治地位的意识形态、不同的政治经济制度，甚至不同时期所执行的不同的政策，其差别以至对立，是必然会长期存在的。不承认这一点，就必然会陷入“乌托邦”的空想。所以正如伍德逻·威尔逊(Woodrow Wilson)在《论国家》一书中所说的：“法律是不可能同时通万国而同一的。”①但是也必须看到，至少首先是“人类的共同需要，却又会造成(法律)趋于统一的图景”②。

法律从其一产生，就是以追求其普遍适用和效力为目的的。法律的统一固然常常被革命这样的历史事件所打断，这时，正在滋长的不同阶级或社会集团

① 转引自杨鸿烈：《中国法律发达史》，上海书店1990年版，第1页。

② 参见罗迪埃等著：《比较法概论》，陈春龙译，法律出版社1987年版，第11页。

的利益和服从于这种利益的意识形态因素，便会成为推动法律多样化的动力。但是，过些时候，由于共同的需要(经济上的交流与合作是最基本的共同需要)，这个阶级或这个社会集团，很可能又回到同国际社会的法律制度的协调行动中来。① 历史上的这种法律发展进程的例证是十分多见的。

法律的趋同化是通过法律文化的相互交流来实现的。西方两大法系的形成，也充分说明了法律文化的交流对法律趋同化的推动作用。民法法系的形成过程主要是罗马法律文化的传播与继受的过程；英美法系的形成过程主要是普通法的传播与继受的过程。但值得注意的是这两大法系各随着相互交流的增多，也日益表现出趋同性。例如，以判例法为特征的英美法系，自本世纪初以来，纷纷制定成文法；以制定法为特征的民法法系也越来越注重发挥法官的创造精神。首先由英美法系创立的陪审制度，在实践中也被民法法系国家所接受并得到广泛应用。

国际间各种交往的增加，迫使各国的立法者更多地从“普遍主义”或“世界主义”出发，而不是从“特殊主义”或“国家主义”出发②来指导本国的法制建设。罗马法从市民法到万民法的演变过程恰好说明了这一点。市民法是罗马法的起点，由于受城邦历史环境限制而产生的狭隘的民族性，使这种法律规范仅仅适用于罗马城市国家的公民。这在当时自然经济条件下是必然的现象。随着社会经济由自然经济向商品经济的萌芽阶段发展以及对外贸易的日益繁荣，古老的市民法就明显地暴露出它的固有缺陷。当时的实际情况要求局部地承认与罗马人发生贸易往来的其他各民族人民的合法权利，并且给予在罗马的外国人以必要的司法保护。在这种要求的推动下，罗马法获得了进一步的发展，形成了一种称为万民法的私法体系。这种万民法体系除了包括罗马市民法原有的部分规范外，还吸取了同罗马国家有贸易往来的其他国家的法律规范。它没有以往市民法那种狭隘民族性的缺陷，因而能够适应商品经济萌芽阶段的需要，满足整个社会进一步发展的普遍要求。

此外，比较法学的兴起和发展，对推动法律的趋同化也起了很大的作用。随着国家间法律交往的不断发展和扩大，法学遂从研究一国法律上升到对各国法律的相互关系的分析，于是比较法学就应运而生了。比较法是各国改善和制定法律的不可或缺的手段。比较法的目的固然也在于帮助律师或法官了解其他国家的法律制度，为立法者提供参考和借鉴的资料，但更重要的却在于比较不

① 参见罗迪埃等著：《比较法概论》，陈春龙译，法律出版社 1987 年版，第 21 页。
② 这几个概念都是从国际私法中借用过来的。

同法律体系的法律规则，揭示所有法律体系中的一般法律原则，以寻求法律规则的协调以至实现不同国家法律的一致。

法律的趋同化还与国际法律统一运动有着密切的关系。从一定的意义上说，法律的国际统一运动加速了法律的趋同化进程。国际法律统一运动又可分为普遍性法律统一运动和区域性法律统一运动。自 19 世纪以来，国际法律统一运动日益发展壮大，出现了一大批从事国际统一法律的组织。在这些组织的大力推动下，产生了一系列引人注目的统一法律的成果。① 联合国所属的专门机构均负有在各自领域达成法律上的共识的责任，其中主要致力于国际法律统一工作的有国际法委员会、贸易与发展会议、贸易法委会等等。在国际组织中统一法律卓有成效的有世界知识产权组织（World International Property Organization）、罗马统一私法国际协会（International Insititute for the Unifcation of Private Law）和海牙国际私法会议（Hague Conference on Private Inter-national Law）等。

在当代国际社会法律趋同化的进程中，现代商人法（New Law Merchant）的崛起，也是令人注目的。本来，商人法是产生于中世纪西欧商人之间的，调整他们之间的商业活动关系的一系列习惯和法律。它首先由各商业行会负责执行，商业行会被赋予解决发生在商人之间的争议的管辖权，在解决这些争议时同时适用这种习惯和法律。当时的商人法主要由罗马法所提供的法律术语和责任概念与由寺院法提供的道德观念（善意观念）、公平交易观念和恪守协议的观念所构成。其内容涉及调整银行业、票据交易、典当业、船舶登记和载货保险业以及商人纠纷的解决的多方面法律内容。在早期，整个欧洲并无统一的或单一的商人法，而是各个港口、各个城市都有各自的商人法。后来在一些处于横贯欧洲的主要贸易通道上的城市中，在 12—16 世纪，逐渐发展出巨大的国际性集市，于是满足国际性商业活动的统一的商人法才开始形成。现代商人法则已完全脱离开商业行会，而发展成了"国际经济关系所特有的法律"，主要由调整商事关系国际惯例，一般法律原则，一般交易条件以及国际标准合同或合同标准条款等内容所构成。②

区域性统一法律运动由于所涉及的国家不多，加之地理位置相互接近，政治、经济等方面的联系密切，其利益冲突更需要得到协调，而且比较容易得到

---

① 参见李双元主编：《中国与国际私法统一化进程》，武汉大学出版社 1993 年版。

② 参见徐国建：《现代商人法论》，载《中国社会科学》1993 年第 3 期。

协调，因而比起普遍性的法律统一运动更为发达，成就也更为显著。① 目前，国际上区域性法律统一运动最富有成果的要数欧洲共同体。欧洲共同体法是其成员国在联合中创立的，并随着这种联合而逐渐发展起来的法律。在联合过程中，成员国法律相互接近，形成了欧洲共同体统一法律。共同体法在适用上的效力高于成员国的国内法，它可以推翻与其相抵触的国内法，并可以直接地拘束成员国的国民，而不必以成员国的国内法为中介。

宗教因素在一定程度上也会促进法律的趋同化。在伊斯兰教世界里，这种表现尤为明显。伊斯兰理事会是拥有 41 个成员国的伊斯兰会议组织的下设机构，每年聚会一次，就有关穆斯林的重大问题作出裁决，虽然裁决对成员国并无约束力，但事实上，各国政府在执法时常以此为据。

法国的比较法学家罗迪埃尔还列举了法律趋向同一的其他多种因素和动力，如在别处发挥着作用的某种法律制度的存在会激励其他法律制度向它学习；惰性或快步前进的心情；榜样的作用或某种政治观点的驱使，都会使一国的法律为他国所仿效或移植。此外，随着武力或经济征服，某种经济模式或运作方式的传入，也会导致法律观念和制度的输出和接受。所有这些也都是使法律向趋同化方向发展的重要原因。②

## 第二节　中国法律趋同化的表现

中国法律向国际社会法律制度的趋同化倾向起始于改革开放的初期。在经历过剧烈的革命变革，十分强调法律必须服从无产阶级专政的需要，并且对西方法律思想和法律制度几乎完全采取批判否定态度的时代以后，近十几年来，随着进一步扩大对外开放，出于发展社会主义市场经济的客观需要，我国的经济正日益走向国际大市场，与世界各国的经贸往来更加密切，中国法律的趋同化趋势不断得到加强。中国法律在趋同化方面的表现似乎也可以形象地概括为“对外开放”和“对内改革”，即在法律文化上大力推进和国际社会的交流以不断引入先进的法律观念和法律制度，并大量采用国际惯例和国际社会的普遍实践，充实和改造我国国内立法。

我国法律的趋同化倾向已表现在许多国内立法领域。我们仅选取知识产权

① 参见李双元著：《中国与国际私法趋同化进程》，武汉大学出版社 1993 年版。

② 参见罗迪埃尔等著：《比较法概论》，陈春龙译，法律出版社 1987 年版，第 11~21 页。

法、海商法、国际贸易法与经济合作法以及产品质量责任法等几个有限的领域内的趋同化表现加以论述。

新中国的知识产权保护制度始建于20世纪80年代，它从一开始就面向世界，在注意国际社会普遍实践的基础上，从1980年到1991年以来11年的时间里，初步建立起了一整套知识产权法律保护制度，从而使中国进入了世界知识产权保护制度比较健全的国家的行列。但这时我国的知识产权制度与国际社会相比较还有相当的距离，只体现了国际最低水准。为了尽可能缩小我国知识产权保护制度与国际通行做法的差距，不但继加入《保护工业产权的巴黎公约》和《商标国际注册马德里协定》之后，又于1992年加入了《保护文学艺术作品伯尔尼公约》和《世界版权公约》，而且相应地大幅度地修改了国内刚刚建立起来的这方面的法律制度。在专利保护方面，1992年9月4日全国人大常委会通过了《关于修改专利法的决定》，扩大了专利保护范围，延长专利期限，增加对专利产品进口的保护，增设本国优先权，对方法专利的保护及依该方法直接获得的产品，对专利实施强制许可的条件重新作出规定等等。在商标保护方面，由于原来的商标法是改革开放初期制定的，已不能适应社会主义经济发展的需要，且特别是为了使我国的商标法更进一步与国际通行作法相衔接，全国人大常委会于1993年2月22日通过了《关于修改商标法的决定》，经修改后的商标法，将服务商标纳入了保护范围；简化了同一申请人在不同类别的商品上使用同一商标的注册申请手续；增加了关于经许可使用他人注册商标的必须在使用该注册商标的标商品上标明被许可人的名称和商品产地以及关于撤销以欺骗或其他不正当手段取得注册商标的规定；强化了对侵犯商标权和假冒伪造他人商标的行为的法律制裁。在著作权的保护方面，为了使我国著作权法的贯彻实施与我国所缔结或加入的国际著作权条约的适用相衔接，国务院复于1992年9月25日发布了《实施著作权国际条约的规定》。由于我国著作权法在保护录音制品制作者和防止未经许可复制其录音制品方面的规定还不太详备，全国人大常委会在1992年11月又决定我国加入1971年10月20日通过的《保护录音制品制作者防止未经许可复制其录音制品公约》。我国还参加了关贸总协定的“乌拉圭回合”关于与贸易有关的包括冒牌货在内的知识产权协议(GATT—TRIPS)的谈判，并且是发展中国家的提案国之一。该协议一旦生效，将对我国产生重大影响。我国的以上行动，必将有利于进一步改善我国在知识产权领域的对外交流的环境，扩大对外开放和合作的范围，提高我国知识产权的保护水平。

我国在国际贸易法和国际经济合作法的领域内所采用的法律制度方面，也表现出较强的趋同化倾向。1990 年，我国对《中外合资经营企业法》进行了重要修订，其中主要的有：关于承诺不对中外合资企业实行国有化和征收问题的规定；关于董事长也可由外方投资人担任的规定；关于延长合营企业合营期限的规定等等。这也是因为认识到原有的规定不很符合国际通行作法，不利于我国在引进外资方面参与国际社会的竞争的结果。1991 年 4 月 9 日，我国通过的《中华人民共和国外商投资企业和外国企业所得税法》，对于外商投资企业和外国企业的税率形式，之所以改而采用比例税率而非超额累进税率，也是在参考了美、英、日、法等国对公司征税的法规的基础上作出的决定。将税率定为 33%，也是考虑到近几年不少国家和地区都在进行税制改革，公司所得税率都有所降低的国际趋势。这样一来，就比原来的《中外合资经营企业所得税法》和《外国企业所得税法》的规定更加符合国际社会的普遍实践了。为了减少对外经济交往中财务制度的障碍，1993 年 7 月 1 日，我国正式施行新的财会制度。新颁布的《企业会计准则》和《企业财务通则》采用了国际通行的会计等式和会计报表体系，采用为大多数国家使用的制造成本法，也从而实现了与国际通行做法的趋同。① 我国于 1986 年批准了 1980 年《联合国国际货物买卖销售合同公约》，该公约遵循下三个基本原则：(1)遵循以建立新的国际经济秩序为目标的原则；(2)平等互利的原则；(3)适用统一规则，顾及不同社会、经济、法律、制度利益，减少法律障碍的原则。值得一提的是，包含有上述三项基本原则的《公约》序言部分，是由我国代表提议通过的。这表明，在规范国际货物销售合同关系方面，我们国家关于上述法律原则的认识，已成为该公约缔约国的共识。我国的民事调解制度，也引起了国际社会的广泛的兴趣，美国仲裁协会最近还专门成立了一个调解中心，正式采用调解来解决商事争端。1992 年，我国批准加入了《关于解决国家和他国国民之间投资争端公约》。这个公约是解决缔约国与其他缔约国国民之间投资争端的专门性国际条约。我国批准这个公约后，将从解决争议的程序制度方面，进一步扩大对外开放，改善我国投资环境，增强外国投资者的信心和积极性。公约主张以仲裁方式解决国际投资争端，这已经为世界上大多数国家所采用。目前，参加公约的国家占世界银行国家的 2/3，具有相当的广泛性。此外，当前国际贸易盛行的 EDI 贸易方式，已成为国际上一种通行做法，也逐渐为我国所接受，国家领导人、专家、学者在多次讲话、文章中提倡推行这种贸易方式，以促进我国对外贸易的

① 参见黄炎智等编：《新财务会计制度实施 600 问》，人民日报出版社 1993 年版，第 26~27 页。

顺利发展。

1992 年 11 月 7 日通过《中华人民共和国海商法》更是我国法律在趋同化方面的一个突出例证。我国每年进出口货物 90%是依靠海上运输完成的，制定一部与当代国际普遍实践相接近或相一致的先进的海商法，对于促进我国海上运输和经济贸易的发展，具有十分重要的意义。我国海商法在起草和通过的过程中，曾在国内外作了大量的调查研究，广泛征求意见，多次邀请专家、学者座谈论证，因而做到了既从我国实际国情出发，又以目前通行的国际公约为基础，吸收体现国际普遍实践的民间规则，借鉴有广泛影响的标准合同，并考虑了国际海事立法的发展趋势。因此，它一经通过，就受到中外法学家的高度评价。应该认为，它是趋同化在中国国内立法方面得到最突出表现的一部"杰作"。①

在当今世界，由于科学技术突飞猛进的发展和商品生产与流通的领域和规模空前扩大，为保护消费者的人身和财产不致受到瑕疵产品的危害，许多国家已在制定完备的产品责任法制度。我国广大消费者受到瑕疵产品的危害已越来越多见，因而在 1986 年颁布的《民法通则》中，便开始吸收国外这方面的立法，规定"因产品质量不合格造成他人财产、人身损害的产品制造者、销售者应当依法承担民事责任"。但是这一规定如何实施，特别是举证责任如何承担，还未有进一步的明确规定。如果根据传统的过失责任和"谁主张权利，谁负责证明"的理论，在产品责任赔偿诉讼中，受害人就必须承担证明产品的生产者或销售者存在过失。这对于消费者来说，往往是十分困难的。为此，在 1993 年 2 月 22 日经全国人大常委会通过的《产品质量法》中，在"借鉴国外有益经验的基础上"，② 明确规定："因产品存在缺陷造成人身、缺陷产品以外的其他财产损害的，生产者应当承担赔偿责任"。除非生产者能证明：(1)未将产品投入流通领域；(2)产品投入流通时，引起损害的缺陷还不存在；(3)将产品投入流通领域时，科学技术水平尚不能发现缺陷的存在。这样就只要求受害人证明其所受损害乃某种缺陷产品所致，而不必证明该缺陷产品的生产者或销售者是否存在过失。这与当今国际社会的一般实践是相当一致的。

以上只是就我国民商法国内立法趋同化表现中的一些典型的例子所作的简单分析。至于国际私法领域内的表现，还将在其他章节专门论及，这里就不再

① 参见《关于〈中华人民共和国海商法(草案)〉的说明》，载全国人大常委会公报，1992 年第 6 号。

② 参见国务院公报，1993 年，第 4 号，第 147 页。

重复了。在我国其他法律部门，如刑法、行政法、财政金融法、环境保护法等，目前也都存在这些趋势，只是由于它们与各国的政治制度和意识形态的关系密切程度各不相同，趋同化表现得或强或弱而已。

值得指出的是，由于我国自1978年开始实行改革开放政策，我国参加多边国际公约的步伐已不断加快，到1992年底，在我国参加100多个主要国际条约中，改革开放以后参加的占到90%以上。① 这表明，随着国际立法针对人类普遍关心的问题越来越多，我国积极参加这些国际条约，无疑是十分必要的。我国近几年来，还越来越加快了同其他国家缔结相互鼓励和保护投资、避免双重征税和防止偷漏税，以及开展民事以至刑事司法协助活动等方面的双边条约的步伐。这样的国际立法活动的结果是使我国在越来越多的领域里，在解决广泛的法律问题方面，不但有统一实体法规范而且有统一程序法规范可供适用，大大减少了法律方面的抵触，增加了法律方面的协调和合作，促进了相互经济民事往来的发展。当然，通过缔结双边的和多边的以至世界性的国际条约来实现法律的统一，也是一个受多方面因素牵制的问题。一蹴而就，或认为有了一个国际条约，就不会在解释和适用方面发生这样那样的分歧，都是不符合实际情况的。人们曾举例说："为了制定海上运输者责任的国际公约，竟需要从1882年举行(第一次)会议起连续举行了四十二年的会议"。② 不过，这已是过去时代的情况，今天在国际社会，出于共同需要的加强，达成各种国际法律制度统一公约的步子已大大加快了，在适用和解释国际条约方面，要求根据诚信原则进行，也几成大家的共识。

## 第三节　中国法律趋同化的实现形式

### 一、两种实现形式

通过对我国法律在趋同化方面上的表现的分析，我们可以看出，中国法律趋同化的实现形式或途径，大体上可分为两种：一种是直接的形式或途径，即通过缔结或参加有关国际条约，或援用有关国际惯例，从而为中国法律提供直接的国际法源，即在缔约国之间或有关法律关系中实现法律的统一。另一种则是间接的形式或途径，即通过把国际社会的普遍实践纳入中国的国内立法，从

---

① 参见黄惠康：《国际法教程》，武汉大学出版社1989年版，附录之二。

② 参见罗迪埃著：《比较法概论》，法律出版社1987年版，第117页。

而对有关国内法进行改造。在这种情况下，或完全采纳国际社会的普遍实践，或将其加以不同程度的改造，从而使我国国内立法做到与国际社会普遍实践相协调，相接近或相一致。

## 二、直接实现形式中的几个问题

在实现趋同化的直接形式或途径中，如何摆正国际条约和国际惯例与国内法的关系是一个非常重要问题。首先，就一国国内法和国际条约的关系而言，国际条约或是缔约国共同法律原则的体现，或是国际习惯做法或国际惯例的体现，它一旦被接受，根据国际上"条约必须信守"原则，即使有关国际条约的规定与国内立法不同而于缔结或加入时又未作出保留，当然应适用该条约的规定。我国《涉外经济合同法》第 6 条就规定："中华人民共和国缔结或者参加的与合同有关的国际条约同中华人民共和国法律有不同规定的，适用该国际条约的规定。"但是，"中华人民共和国声明保留的条款除外"。我国《民法通则》第 142 条，《民事诉讼法》第 238 条，《外商投资企业和外国企业所得税法》第 28 条均有类似规定。这不仅表明我国法律在渊源上，是有条约这一种类的，而且表明，在国内立法未明确排除条约适用的情况下，条约的效力应优先于国内的有关立法。

由于国际条约是国际立法活动的产物，在国际立法活动中，往往某一条约的规定并不能全都为自己所接受，但为了在整体上达成一致，取得国际法律的大体统一，产生了保留和公共秩序制度，即如我国在缔结或参加一项国际条约时，往往需要对条约的基本精神和主要原则加以审核，只有认为它与中国法律的原则没有大的冲突和抵触时，才会予以批准。对于一些不能接受的条款，或通过保留声明(国际公法上的一种制度)，预先加以排除；或运用公共秩序保留制度(国际私法上的一种制度)，在适用时单个予以排除，以减少国内法和国际条约在适用上发生冲突的可能性。但目前总的趋势是，为求在一些重大问题上取得法律的统一，有关条约或者对保留加以限制，或者只允许在严格的条件下运用公共秩序制度，排除条约某一条款的适用。最后，还必须强调指出法律的国际统一(包括直接缔结或加入条约)只是法律趋同化得到实现的一种形式。

当前法律趋同化的另一重要表现，就是国际惯例经常被采用作为国家的法源。但是对于国际惯例的含义，在理解上颇有歧异。一种观点认为，国际惯例是在国际间通行的做法，不论其表现形态如何，其实质是一样的，它既包括已被规范化因而有了确定内容的为国际社会广泛采用的通例，也包括那些尚未规范化，没有被承认为法律而为各国广泛采用的普遍实践，① 还包括那些已上升为国际条约或国际公约的习惯做法。一种观点认为，国际惯例应当从狭义上加以理解，不但那些未被规范化的普遍实践不属于国际惯例，而且那些已为国际条约或国际公约所体现的准则，在适用时已是适用法律，也不再是适用国际惯例了。我们认为第二种观点基本上是正确的。因为从一定意义上说，国际条约或公约大多是从国际惯例发展演变而成的，这时有关的国际惯例已经上升到更高的层次，不能再将两者加以混同。《国际法院规约》所称国际惯例乃"作为通例而被各国接受为法律的国际习惯"也属于这类情况。但我们这里所说的国际惯例并不具有普遍的拘束力，只有当事方接受其为法律，才对双方当事人产生拘束力，而国际条约或国际公约在缔约国之间甚至对于整个国际社会的普遍拘束力则是显而易见的。国际惯例与国际社会普遍实践也是既有联系又有区别。从一定意义上说，国际惯例是从国际社会的普遍实践中产生的，它们之间的区别在于前者已经规范化了，一般只要提到适用某一国际惯例，其规范的内涵，双方当事人都很清楚明了，并不需要在国内立法或合同中再作详细规定或表述。而国际社会的普遍实践虽已形成一定的行为模式或行为定式，但规范化尚未形成，运用它们还需要借助国内立法中详尽的规定或合同中双方当事人的具体约定。

在国际惯例的适用上，由于它的效力既居于国际条约之下，因此，在运用国际惯例时不得与国家参加的相关国际条约相抵触，这一点是毫无疑义的，至于适用国际惯例，是否必须不与国内法相抵触，对这个问题，目前国内似乎存在着两种对立的实践。一种是不问在有关问题上我国是否已有法律规定，也不问我国参加的国际条约是否已有相关规定，为了让外商或外国投资者放心进入中国市场，一概许之以"我们会按照国际惯例办事的"。这类实践多见之于各级政府或主管部门的官员与外国商人或投资人的谈话中。另一种实践则见于《民法通则》第 142 条第 3 款和《涉外经济合同法》第 5 条第 3 款，其内容为：只有在我国法律和所缔结或参加的国际条约对有关问题均无规定时，才能适用国际惯例。而且《民法通则》明确规定，在适用国际惯例时，不能违背中华人民共和国的社会公共利益。因此，依第一种实践，国际惯例毫无疑问高于我国国内立法。这种主张在我国法制尚不健全或与国际普遍实践有较大差别的情况下，许之以适用国际惯例，也是有利于发展国际经济技术的交流与合作关系

① 这里需要说明的是，在本书中，我们也在一个更大的范围上使用"国际社会的普遍实践"这个概念，即把得到国际社会普遍承认的国际法规范和国际惯例也包括在内。

的。但其缺陷是在许诺上失之过滥，仿佛在任何国际社会关系中都有国际惯例存在。而这显然是不正确的，其根源乃在于把作为法源的国际惯例和甚至不具有行为规范性质的国际上通行的做法或国际上普遍的实践不当地混同在一起了。为了避免这种混淆，国内不少政府负责官员已注意不使用“国际惯例”这个概念，而改称“国际规范”或“国际规则”或“国际标准”等，但究竟何为“国际规范”或“国际规则”，目前也还没有明确的界定。至于“国际标准”，则似已超出法律规范这一概念的范围了。依第二种实践，则国际惯例在适用上不但低于国际条约，也低于国内立法，而且其适用必以我国法律没有相应规定，并且不违背我国社会公共利益为条件。严谨性是有了，但其结果，则可能是在许多情况下，在国际社会得到通行的惯例不能为我国所采用，势必限制了我国法律在趋同化方向上的发展。坚持这种观点，显然也是不利于我国的对外经济交往与合作的。如果认为我国的法律也必须坚持“三个有利于”的原则的话，那么对于那些明显不合时宜，背离现实需要的法律，在与国际惯例相冲突的情况下，应毫不犹豫地按照国际惯例办事，而不必拘泥于国内法上那些不合时宜的规定。在我国法律还没有规定的领域，我们就更应根据实际情况，大胆采用国际惯例。国际惯例也处在不断演进的过程中，随着社会的不断进步和国际实践的不断发展，旧惯例的淘汰和新惯例的出现是极为正常的现象，因而还应该将那些能够代表社会进步趋势的新做法加以大胆运用，促使其发展为新国际惯例。

### 三、间接实现形式中的几个问题

在国际趋同化间接实现形式中，如何确定据以建立和改造国内法律制度的国际标准，也是一个十分令人困扰的问题。上面谈到的如适用国际条约和国际惯例固然可使国内法律制度向国际水准靠拢提供了某种依据，但诚如前面所指出的，国际条约大部分是国际间相互妥协的产物，各国意志不可能在其中得到充分体现，国际惯例有时也会与我国的国情不相符合，这种国际条约和国际惯例即使能体现和代表社会进步的大趋势，它能否在中国推行，也是问题。例如，废除死刑和限制死刑的适用，是当今各国死刑政策的主流，废除和不执行死刑的国家已达 85 个，约占全世界 200 个国家和地区的 43%。1989 年 12 月 25 日，第 44 届联合国大会以微弱多数通过了《联合国废除死刑公约》。但是，我国之所以没有贸然批准加入这一公约，就是因为虽然这一公约所体现的基本精神代表着社会进步趋势，但它在现阶段的中国并不具有实现的合理性，因为它很难行得通。所以在考虑国内立法向国际标准靠拢时，在确定某一项国际标准时，至少必须要求符合两个条件：一是它必须具有社会进步性；二是它在国内具有现实可行性。

在我国法律趋同化的进程中，在确立了社会主义市场经济的目标模式以后，法律“移植”又重新成为大众谈论的热点问题。前面已经谈到各国法律的相互影响与吸收现象已为广大学者所承认，也为各国的普遍实践所证明，但是，对于法律是否能够移植的问题，我国学术界仍存在不同的看法。一种观点认为法律是特定时空的产物，不具有移植性；另一种观点认为法律虽具有特殊性，却也有普遍性，因而具有可移植性。第二种观点显然是更符合国际社会实践的。但在承认法律可移植的学术界中，又有法律移植的“有机论”和“无机论”的分歧。法律移植有机论者认为，移植法律要注意法律内在和外在因素的相互适应与协调，即法律的原则、概念、结构和社会因素的相互适应与协调。法律移植无机论者认为，法律移植与受移植地的社会、经济和政治性因素无关。这种观点与“有机论”相比较，显然是过于偏颇而不科学的。必须认为法律不仅是可以移植的，而且与受移植地的各种因素息息相关。① 在我国的法制建设中，早已有了法律移植成功的大量实例。1988 年深圳成立了借鉴、移植香港和国外法规领导小组，从 11 类法律规范中进行借鉴、移植、消化、创新，从而终于在实行特殊政策的特区建立起与国际上各经济特区和自由贸易区的法制相接近或相一致的，比较符合市场经济客观规律的法规体系。我国目前积极建立社会主义市场经济体制，而西方国家搞市场经济已有几百年的历史，在市场经济的运行、操作和管理机制上，有许多值得我们借鉴和移植的立法。党和国家领导人也一再强调了借鉴和移植国外法律的必要性。如在全国八届人大常委会第一次会议上，全国人大常委会委员长乔石在讲话中就明确指出：“制定社会主义市场经济法律时，要大胆吸收和借鉴国外立法经验。人类社会的文明成果，包括西方发达国家的立法经验，都要结合我国实际加以改造、吸收，为我所用。市场经济已有几百年的发展历史，尽管在不同的社会制度下会有一些不同的特点，但它的运行的基本规律，如价值规律、供求规律是相同的，竞争机制、资源配置原则也是相同的。当今的世界经济已经发展到这样的阶段，它

① 对于这一点，也不能机械地去理解。人们曾经指出，法国和海地，其社会的、政治的、经济的、文化的环境或许绝然不同，却同属于民法法系国家，与此相反，一个属于民法法系的国家和一个属于普通法系的国家，它们政治的、经济的环境，也许如出一辙。参见艾伦·沃森著：《民法法系的演变及形成》，李静冰等译，中国政法大学出版社 1992 年版，第 2 页。

使一个国家统一和开放的市场体系，必然具有国际化的倾向，因此，在制定市场经济方面的法律时，必须借鉴国外经验，注意与国际上的有关法律和国际惯例相衔接，这样才有利于我国经济参与国际竞争，有利于吸引外国投资。”当然，我们在进行法律移植时也要谨慎从事，切不可将不符合中国国情的法律制度生搬硬套到中国。同时，我们也应该注意对国外移植过来的法律进行消化、创新，使之能够为我所用。这个原则就是西方法学家也承认的。在美国的格林顿莱等著的《比较法律传统》一书中，作者就认为：“必须记住法律是特定民族的历史、文化、社会的价值和一般意识与观念的集中表现。任何两国家的法律都不可能完全一样。法律作为一种文化的表现形式，如果不经过某种本土化的过程，它便不可能轻易地从一种文化移植到另一种文化。”①这里还需要明确的一个问题就是，移植法律不应被看成个别法律条文的移植，而应该是“规范群”的移植，所谓“规范群”是一系列相关的规范组成的一套制度单元，如契约制度、侵权行为制度等。单纯移植某一法律条文或法律规定，并不能真正发挥其功能，各法条只有在一定法律价值观念的领导下组合成一个规范单元，才能发挥其适当的功能。② 拿我国产品责任立法来说，我们在移植外国法律时，就不可能只移植产品责任制度的某个条文，而应将举证责任、免责原则等一并移植过来，这样才不会导致破坏移植法律的整体性、系统性和科学性。此外，借鉴、吸收、移植这三个概念之间也是有区别的。其中“借鉴”的内涵最大，它包括正反两方面的经验的借鉴，“吸收”仅指对正面经验的吸收，而移植虽然也包括在“吸收”的内涵之中，但比一般意义上的吸收又有所不同，即它只能是指对“规范群”的吸收。

但是在当前，人们对中国法律应自觉地以趋同化作发展的取向的认识还不尽一致，因而，不但有人把这种现象不是叫做中国法律的“趋同化”，而是叫做中国法律的“国际化”；还有人认为如果确认中国法律的趋同化倾向，实质上就是主张两种社会制度的“趋同”；还有人将中国法律的趋同化和建设有中国特色的社会主义法律体系对立起来。这都是由于对法律的趋同化现象缺乏一个正确的认识。

首先，关于是否可以把我国法律目前出现的这种与国际法律制度或实践趋同的走势称之为我国法律日益“国际化”的问题，尽管时下许多正式文件、报

① 米健等译：《比较法律传统》，中国政法大学出版社 1993 年版，第 6~7 页。

② 黄茂荣著：《法学方法与现代民法》，台湾大学法学系编辑 1982 年版，第 97~98 页。

纸刊物、政府官员和学者常在谈到中国法律的趋同化时，使用“国际化”一词加以概括，我们仍认为这是不恰当、不准确的。这里使用“国际化”一词，其含义虽无疑在指出，中国近几年来的法律，已越来越与国际社会的普遍实践相接近或相一致了，中国在确立市场经济的目标模式以后，更应该注意使自己的法律与国际社会的普遍实践相接近或相一致起来。但是如从字面上看，说我国国内立法已日益“国际化”了，是不是表明我国国内法已经日益变成国际法了？这是实在讲不通的。它容易造成两种误解。一是国际化指“国内立法的国际法化”；二是“国际化”可以不问政治制度，意识形态、价值观念的差异搞什么超国家的国际立法。这显然是不能接受的。因为不管怎样，一个国家除要受国际法和它所参加的国际条约约束之外，它还有许许多多不属于国际法和国际条约范围的国内法，这些国内法哪怕全是采纳国际上普遍实践而规定出来的，它也只具有国内法的性质，无论如何是不能说它已“国际化”了的。国际法和国内法分属于两个不同的法律体系，二者既有联系，又有区别。国际法调整的是国与国之间的关系，而国内法主要调整的是一国内部的社会关系，尽管依据国际私法规范的指定，也可能把一个国家的国内法适用于含有国际因素的社会关系，但是一国法律起初总是以调整国内社会关系而制定的，随着对外交往的发达，以国内法来调整国际性的社会关系变得难以应付，各国之间才签订协议，以调整此类国际性社会关系为目的，逐渐形成了国际法律体系。这些国际法律制度的贯彻施行，仍需要各国国内法中相关制度的配合。因此，各国的国内法中虽也有吸收国际法的有关制度，反映国际性社会关系要求的规定，但大多是以涉外法规的形式出现，仍然属于国内法的一部分。例如国际私法本质上是属于国内法的，随着其国际法源的增多，它的国际性因素在不断增长，但它最终不会完全演变为国际法，而主要仍然以国内法的形式出现，可见，所谓“中国法律国际化”的观点是不科学的。

其次，中国法律的趋同化与资产阶级学者所鼓吹的“趋同论”也是有着质的区别的。由西方资产阶级学者美国社会学家索曼金 1944 年在《俄国与美国》一书中首先提出来的“趋同论”是指社会主义和资本主义两种根本对立的社会制度随着社会的演变而渐趋一致，最终成为一种既非社会主义又非资本主义的混合物，即“工业社会”。① 这种理论就马克思主义的观点来看，毫无疑问是错误的，不科学的。我们这里讲的趋同化是与这种理论毫不相干的，它只是发

① 参见刘佩弦主编：《马克思主义与当代辞典》，中国人民大学出版社 1988 年版，第 696 页。

生在法律这一领域内的现象。法律作为一种社会规范，其阶级本质决定了它是统治阶级的统治工具。然而法律总是同时兼具阶级性和社会性两种基本属性的。法律总是以社会关系的调整者的面目出现并发挥作用的。法律只有在执行了社会职能之后才能实现其政治的阶级的职能。法律的政治职能是以其社会职能为基础的，并在此基础上才得以持续下去。这一观点是恩格斯在他的《反杜林论》一书中明确提出的。各国在运用法律巩固和维持社会秩序的过程中，彼此之间必然会产生一些共同要求，由此衍生出国际间法律上的通行做法，出现法律的趋同化现象。由此可见，我们既不能因为法律的阶级性而否认法律的趋同化，也不能将我们这里所讲的法律趋同化与“趋同论”归为一谈。

至于如何处理法律的趋同化与建设有中国特色的社会主义法律体系二者的关系，在这里首先必须指出的是，按照我们上面的有关论述，明显可见，这二者之间并不是相互对立和相互排斥的。如我们在谈到如何确定据以建立和改造国内法律制度的国际标准时，曾强调指出不但要看有关国际法制或国际社会的普遍实践是否具有社会进步性，还要看它们在我国是否具有实施的现实可行性。在谈到移植外国法律制度时，我们还强调指出，必须对移植过来的法律加以消化和创新，使其本土化。尽管如何处理好这二者的关系是十分复杂的问题，但要使我国的法律制度更符合社会主义市场经济发展的需要，首先就必须不再“像以往那样孤立地寻找解决问题的乌托邦式的方案”，并必须首先认识到在“现代各国法律制度中，从来未曾吸收外国经验或借鉴外国模式是极为少见的”。①

建设有中国特色的社会主义本是我们一切工作的指导方针，就我国的立法工作而言，它的基本要求就是既要解放思想，大胆引进一切优秀的、进步的、经过实践证明是行之有效的法律制度，又必须从中国的国情出发，不能盲目地照搬照抄，要走我们自己的道路，形成我们自己的特色，这是毫无疑问的。但究竟什么是中国的国情？就法律制度来说，究竟什么才是中国的特色？对于这两个问题的认识和理解，长时期是存在着一个误区的。人们往往从我国最大的国情是它所实行的社会主义制度这个正确的前提出发，得出了一个错误的结论，即认为社会主义制度就是计划经济，在社会主义和计划经济之间画等号；而中国的法律的最大的特色，也就是以维护这种主观的、僵化的计划经济体制为己任。在这种指导思想下步履维艰地发展起来的所谓有中国特色的法律体

① 参见埃尔曼著：《比较法律文化》，贺卫方等译，三联书店出版社 1990 年版，序言。

系，严格说起来，许多是背离开社会和经济的发展的客观规律的。法律尽管是上升为国家意志的行为规范，不能不具有极其浓厚的意识形态的色彩(这在关于国家政治生活领域的法律制度中表现得尤其突出)，但是法律也同时必须反映经济发展的客观规律，反映社会生产和生活关系发展的客观规律，并和历史前进的方向保持一致在过去的一个相当长的历史时期里，我国不少法律虽也曾为贯彻国家或政府一时的政策和计划取得过短时的成效，却并未能真正起到促进社会和经济发展的充分作用。更何况许多直接为市场经济的运作服务的法律，在我国一直是一片空白。这种状况，一直到实行改革开放的政策以后才逐渐有所改变。但是由于仍不能完全抛弃社会主义就是计划经济这种错误的传统观点，并明确提出要建立社会主义市场经济体制，就是在 1992 年以前，我国的立法工作始终在趋同化的方向上迈不开较大的步子。尤其在移植外国有关法律方面，往往是“欲说还休”，充其量也仅限于在个别地区或个别领域采用过。但是，正如现在人们广泛地认识到那样，市场经济从某一角度来讲，也就是法制经济。关于健全的市场经济法制的主要内容，目前国内多概括为以下四个方面：(1)规范市场主体的法律；(2)调整市场主体关系，维护公平竞争的法律；(3)改善和加强宏观调控、促进经济协调发展方面的法律；(4)建立和健全社会保障制度方面的法律。应该说，在上述四个方面，国外都有许多“值得我们借鉴”和“应当大胆吸收”的立法例的。① 必须指出我们虽经十余年的努力，立法工作取得了不小的成就，却仍然十分缺乏市场经济运作所需要的这么一套法律制度。因而自 1992 年市场经济不再被视为“异端邪说”以来，种种无序和失控的现象——如不少地方，权力借转变职能之机而与贪婪相结合，市场的相当大部分落入了各种改头换面营私舞弊者利用和控制之下，各种冒牌的公司有如初夏梅雨过后林地中的毒菌勃勃滋生，到处可见假冒伪劣的产品和服务，国家的财产(包括国家的土地)被变相地侵吞和肆无忌惮地挥霍——到处发生。在这种情况下，如果不进一步解放思想，加快立法的步伐，并且大胆地把西方工业发达国家已有的既可为资本主义的市场经济服务，又可为社会主义市场经济服务的法律制度加以引进和吸收，使我国市场经济法制迅速健全起来，并充分发挥国家司法的权威，社会稳定——这一我们国家最为珍惜的局面，恐怕也将面临重大的威胁和挑战。

综上所述，我们可以得出这样的一个结论：在从计划经济体制向市场经济体制转变的过程中，我国法律的趋同化倾向将更加显著，其步伐也必然会加

① 参见乔石在 1993 年八届全国人大常委会第二次会议上的讲话。

快。这就要求从法理学的高度自觉地把握这种走向，并在我国的法制建设中——特别是在市场经济法制的建设中，一方面注重从中国的国情出发，另一方面要树立法律面向世界、面向未来的观念，大胆地吸收人类社会一切优秀的、先进的、实际可行的法律文化成果，以丰富我国的社会主义法律文化，并借以达到我国法制建设中的"中国特色"与国际社会的普遍实践的和谐统一，为我国社会主义市场经济与国际大市场的结合提供有效的法律保障。

我们认为，在研究我国法律的趋同化问题时，也必须承认，在国家还存在的社会里，要实现全世界各个法律体系的完全统一，那也只是痴人说梦(不久前在世界人权大会上所表现出来的发达国家和发展中国家在这个问题上的深刻分歧，也充分说明了这一点)。在各国法律中，既有趋于同一的因素，也有趋于多样的因素，二者在社会和法律的发展演变过程中，总是此消彼长。我们早就说过，法律的趋同化，在目前，主要是指各国法律随着国际社会经济上相互依存关系的不断加强而更趋协调或一致，是指各国法律为减少和消除国际交往与合作中的障碍而日趋接近，而不是指实现法律的世界大同。法律的趋同化，也不能完全杜绝法律冲突的产生，它只能力求缓和这种冲突。① 这既是法律趋同化的积极意义之所在，同时也是它的局限性的表现。

① 参见李双元主编：《中国与国际私法统一化进程》，武汉大学出版社 1993 年版，序言。

# 第二章　国际统一私法法源

## 第一节　概　　述

在对国际统一私法的法源进行研究之先，有必要对国际统一私法做出界定。由于“国际私法”(Private International Law, Droit International Prive, Internationales Privatrecht)这一名称所表明的实质含义在不同的国家，甚至由于不同的学者，而有不同的理解，因而，所谓“国际统一私法”或“国际私法的统一”(Unification of Private International Law, Unification de droit international prive, Vereinheitlichung des internationalen privatrechts)的实质含义在国际私法学界也有彼此相异的理解，其中主要者包括以下几种：

第一，认为国际统一私法是对传统的国际私法，即英、美法系所谓的冲突法(Conflicts Law)进行的国际范围内的统一。经过这种统一的国际私法主要包括冲突规范，有关法院管辖权的规范以及关于法院判决的承认和执行的规范。在统一国际私法的实践中，海牙国际私法会议是从事这种传统意义上的国际私法的国际统一的最为重要的国际组织。

第二，认为国际统一私法乃对“私法”的国际统一，而这里所谓的私法是指作为实体法的民法、商法等法律部门，并不包括传统意义上的国际私法，即冲突法。从这一意义上来理解国际统一私法，则应把“国际统一私法”称为“私法国际统一法”。在实践中，罗马统一私法学会(Unidroit)以及联合国国际贸易法委员会(UNCITRAL)便主要是进行这一意义上的国际私法的统一工作。

第三，认为国际统一私法是一个广泛的概念，既包括对传统的国际私法(冲突法)的国际统一，也包括对民法、商法、劳动法的国际统一。这一意义上的国际统一私法在德语的一些文献中往往被称为“国际统一法”(Internationales Einheitsrecht)或简称为“统一私法”(Einheitsrecht)。美洲国家组织(Organization of American States)便是在进行这样的国际私法统一活动。

本书所称作为一门独立的法律部门存在的“国际统一私法”例是上述第三

种意义上的统一国际私法。而且，本书中将把“国际统一私法”、“统一国际私法”和“私法的国际统一”等作为同义词交叉使用。

法律的渊源，或简称为法源，具有两个方面的含义，其一是指法律所体现的立法者的意志，也就是说法律在实质上究竟是什么人的什么意志的体现，这即所谓法律的实质渊源；其二是指法律规范所表现和存在的形式，也就是说法律在形式上是如何表现出来的，这即所谓法律的形式渊源。我们这里讨论的国际统一私法的渊源是后一意义上的法律的渊源，也即国际统一私法的规范所存在和体现的形式。

国际统一私法的渊源具有一些重要的特征。首先，国际统一私法的渊源形态的多样性。国际统一私法的规范存在和表现于各种形式的法律文献中，例如各种有关私法统一的国际条约、有关国内立法以及国际标准合同中，通过这种方式存在和表现出来的法律规范是成文的法律规范。与此相反，国际统一私法的另一些法律规范是以习惯和惯例等不成文的形式表现出来的。其次，国际统一私法渊源的性质的复杂性。一方面，国际统一私法规范所存在和表现于其中的文献本身的法律性质不一致。其中有些属于法律文献，如国际条约、有关国内立法、国际组织具有法律性质的文件以及国际和国内法院的判决；而另一些则不属于法律文献，如国际标准合同、合同标准条款以及国际组织制定的不具有法律性质的文件。另一方面，从具有法律性质的渊源来看，它们中一些属于国内法律文献，如有关国内立法以及国内法院的判决等，而它们中的另一些则属于国际法律文献，这包括国际条约、国际组织制定的法律性质的文件以及国际法院的判决。再次，国际统一私法渊源的效力的不一致性。在国际统一私法的诸渊源中，一些渊源的效力要高于其他渊源，因而在实践中便应该先考察和适用效力最高的渊源中所存在和表现的国际统一私法的规范。而且，在效力不同的渊源中所存在和表现的国际统一私法的规范不同时，应以效力高的渊源中的规范为准。当然，国际统一私法渊源的效力不是绝对的，它们是随具体情况的不同而不断变化的。例如，一般说来国际条约的效力要高于国际标准合同的效力，但是，当事人如果在其合同中明确规定他们的合同关系受国际标准合同一般条款的支配，那么在这里国际标准合同的效力便高于国际条约的效力。最后，国际统一私法渊源间比例的非固定性。国际统一私法渊源间的比例不是一成不变的，它随着国际统一私法的发展而发生变化。在国际统一私法发展的最初阶段，国际惯例是国际统一私法最重要的渊源，而国际条约在国际统一私法的所有渊源中所占的比重却不大，而目前国际条约已经是国际统一私法最为重要的渊源，而且可以肯定它在国际统一私法渊源中所占地位还将会越来越重要。

研究国际统一私法的渊源具有非常重要的理论和实践方面的意义。这一方面是因为国际统一私法作为一门独立的法律部门它的完整的法律体系到目前为止尚未建立起来，这便要求法学家从这门法律的渊源出发，探讨它的所有规范，并从而通过归纳的手段来建立它的完整的体系。另一方面，国际统一私法这门法律现在还只处于建立与发展完善阶段，人们只有深入研究它的各渊源的优点和缺点才能够通过最好的途径去实现私法的国际统一和建立与发展作为一门独立法律部门的国际统一私法。此外，在国际贸易和法律实践中，人们只有知道什么可以成为国际统一私法的渊源，才能够正确地确定某一规范的法律效力，从而准确地适用国际统一私法。

国际统一私法的渊源非常广泛，例如国际条约、一般法律原则、国际组织的文件、国际贸易惯例、国际标准合同、合同标准条款、法院判决、公开发表的国际商事仲裁庭的裁决以及权威法学家的法学学说，等等。但是，本书仅选择其中最为重要的一些渊源进行详细的讨论。

## 第二节 国际条约

### 一、国际统一私法条约的概念

按照1969年5月23日《维也纳条约法公约》第2条的规定，国际条约系指国家间所缔结而以国际法为准之国际书面协议，不论其载于一项单独文书或两项以上相互有关之文书内，也不论其特定名称如何。此一定义揭示了条约的以下几个主要特征：第一，条约是当代国际法所承认的国际法主体，如国家、国际组织等间缔结的协议。因而，双方都非国际法主体或一方为国际法主体而另一方为非国际法主体，如自然人与自然人间、法人与法人间、自然人与法人间、国家与法人或自然人间所缔结的协议，无论其内容何等重要，都不是国际法上的条约。第二，条约必须符合国际法，否则条约便不具有法律上的约束力。第三，条约的内容在于规定国际法主体间在一些问题上的权利和义务关系。第四，条约这种协议通常以书面形式做出，作为一个书面文件而出现，但此种文件究竟是一项单独的文书或两个以上相互有关的文书，或者它的特定的名称如何，如公约、协定、议定书等，都不影响它成为国际条约。

作为国际统一私法渊源的国际条约主要是指国家间所缔结的协调彼此间私法规范，以实现缔约国间在某一或者某些私法领域法律规范统一的协议。我们称这种国际条约为国际统一私法条约。此种条约属于一般国际条约的范畴，因而也便具有上述国际条约的一般特征。但是，与一般的国际条约相比，国际统一私法条约具有以下几个特殊的方面：首先，它们的调整对象主要是国际私法关系；其次，这种条约通常由有关的国际统一私法的专门组织准备和制定，然后由缔约国签署和批准；最后，就这种条约的性质而言，一般说来它们不具有很强的政治性，相反，由于它们独特的调整对象的原因，它们具有一般的国际条约所不具有的强烈的法律，且尤其是私法的专业性。正因为国际统一私法条约具有这些一般的国际条约所不具有的特征，因而在这种条约的制定、签署、保留以及对它们的解释、内容漏洞的补救等国际条约的适用制度方面都有一些特殊的方法和制度。

## 二、国际统一私法条约的分类

下面我们试图依据不同的标准对国际统一私法条约作若干的分类，以便我们能更深入地研究国际统一私法的这一渊源，且同时也可使我们更清楚地了解国际条约在私法国际统一中的作用。

1. 根据缔结条约的主体的数目可以将国际统一私法条约分为双边条约和多边条约

前者是指两个国家之间为协调统一彼此间的私法所缔结的专门条约，如中国与法国、比利时、波兰、蒙古、罗马尼亚和意大利等国所缔结的司法互助协定便属于这种条约，后者则是指缔约国有两个以上的国家的国际统一和私法条约，如1988年1月1日生效的《联合国国际货物销售合同公约》。国际统一私法双边条约大多是两国间为了彼此间在某一或某些私法问题上的利益而订立的；而国际统一私法的多边条约则大多是国家间为了在私法的某一特定领域建立起广泛一致的规则和秩序而缔结的，并因而在该私法领域实现法律的国际统一的目的。

由于双边条约的地域适用范围非常有限，因而严格说来通过这种条约实现私法的国际统一的意义并不很大。从目前私法国际统一的状况看，对私法的国际统一起最主要作用的还是多边国际条约。然而，在私法的国际统一方面双边与多边国际条约有时是相辅相成的，也就是说一些多边的国际统一私法条约需要通过双边条约进行双边化处理(Bilateralisation)。例如，1971年2月1日的《关于外国民、商事判决的承认与执行的海牙公约》便属于这种多边公约。该公约第21条规定，除非该公约的两个缔约国另外缔结有承认这种效力的附属的协议，在一缔约国做出的判决不得依据本公约的规定在另一缔约国获得承认和执行。第 23 条具体规定了这种附属协议所可以规定的具体事项。而且，根据公约第 25 条的规定，本公约的缔约国之间尚可以在一些例外的情况下缔结与本公约内容不相一致的有关外国的民、商事判决的承认与执行的双边条约。此外，在私法的国际统一实践中，尚有一些通过双边统一私法条约对多边国际条约的内容予以补充和深入具体的情况。这方面最主要的例子是原经互会国家之间通过缔结关于彼此交货共同条件的双边条约对经互会 1958 年“交货共同条件”的内容进行补充和具体化。

2. 根据缔约国的地区分布可以将国际统一私法条约分为广泛性的国际条约和地区性的国际条约

当然，这一分类是以上述多边国际统一私法条约为对象的，双边国际条约由于缔约国只有两个国家，因而无所谓广泛性与地区性之分。所谓广泛性的国际统一私法条约是指缔约国分布于几大洲，其影响及于全球的条约。例如，上述《联合国国际货物销售合同公约》便属于这种条约。与此相对应的地区性国际统一私法条约则是指缔约国主要局限于某一大洲，甚至某一大洲的某一地区，其影响也主要是限于该地区的国际条约。这种条约举如拉丁美洲国家间、荷(兰)比(利时)卢(森堡)联盟间以及斯堪的纳维亚国家间所缔结的若干私法统一公约。

3. 根据条约所统一的私法的性质可以把国际统一私法条约分为国际统一实体法条约，国际统一冲突法条约和国际统一民事诉讼程序法条约

如果国际条约所统一的对象是实体法，那么这种条约便属于国际统一实体法条约。国际统一冲突法条约是指对冲突法规范进行统一的国际公约，属于这一类的有如海牙国际私法会议所制定的若干国际私法公约。规定国际民事诉讼程序以及国际商事仲裁问题的国际条约便是国际统一民事诉讼法条约，例如海牙国际私法会议所制定的一些调整法院管辖权、诉讼文书送达和外国法院民商事判决的承认与执行等国际民事诉讼问题的条约，以及 1958 年有关外国仲裁裁决的承认与执行的纽约公约等都属于这类条约。到目前为止，这三类条约中以国际统一实体法条约所占比例最大，而国际统一冲突法和国际统一民事诉讼法条约的数量则相差无几。

4. 根据条约是否对第三国开放可以将国际统一私法条约分为开放性的条约和非开放性的条约

由于所有双边条约都是不对外开放的，因而这种分类实际上就只限于多边国际条约。那些对第三国加入公约未设任何限制的国际条约便是开放性的条约；相反，绝对排除那些未参加公约的起草和制定工作的所有公约的第三国加

入公约的可能性的国际公约便是所谓的非开放性的条约。当然，介于这两者之间还有一些只对特定的国家，如条约中明确指定的国家，特定的国际组织的成员国等，开放的国际条约。另外，还有一些所谓的半开放的国际统一私法条约，对于这类条约，第三国只有在所有条约成员国明示或默示同意它加入时方能加入。

一般说来，如果国际统一私法条约属于上述实体法性质的条约，那么它们原则上必须是对所有愿意加入的国家开放的，因为它们的成员国越多则它们实现统一的效果越好，一般而言，没有什么理由可以使得这种条约有必要不对第三国开放。当然，地区性的多边国际统一私法条约由于其特定的地区性的决定，因而常常只对本地区的国家开放，而不对其他国家开放。例如，国际民事身份委员会(Commission Internationale de l'Etat Civil，CIEC)所制订的若干有关自然人的民事身份的国际条约就只对特定地区的国家开放。相反，在实践中一些有关法律文件、法院判决等的相互承认和执行问题，或者关于缔约国官署或法院间司法问题国际合作的国际条约，由于所涉大多是缔约国间紧密合作和相互信任事项，且它们通常都是由双边规定，因此，所有这些问题的多边国际条约大多是非开放性质的国际条约。

5. 根据条约的适用效力可以将国际条约分为具有自身执行效力的条约和不具有自身执行效力的条约

国内一些国际法教科书，如王铁崖主编高等学校法学教材《国际法》(参见第47页)，直接称前者为"自执行条约"或可直接适用条约(self-executing treaties)；后者又称为不可直接适用条约(non-self-executing treaties)。前者指那些规定缔约国国际法上的义务，并且可以由缔约国的公民和法院直接予以适用的条约；后者则是指并不能直接为缔约国的公民和法院适用的条约，它们必须首先由缔约国通过专门立法接受为国内法后才能在国内获得适用。如果国际统一私法条约有必要与缔约国国内法进行协调，而具体的协调措施又应该由缔约各国的立法机构去进行时，那么这种条约常常以不具有自身执行效力的条约的形式出现。

如上所述，不具有自身执行效力的条约必须首先通过国内立法接受为国内法后才可以在缔约国国内获得适用。为了使所有条约成员国在接受这种条约成为国内法时立法所用语言保持一致，在私法的国际统一实践中产生了一种特殊的方法，即统一私法并不在国际条约中规定，该条约中只规定缔约国有义务颁布执行该统一私法，而该统一私法的文本只作为此一条约的附件留待缔约国在本国颁布。通过这种方法所实现统一的私法有如下面即将提到的关于支票和汇票的若干日内瓦公约，以及 1964 年关于国际货物买卖统一法的海牙公约等。这种实现私法国际统一的方法的优点在于它比较便于缔约国将在形式上与国际条约相分离的统一私法接收并在国内颁布成为国内法，因为统一私法与国际条约在形式上的分离就使得它实际上成为一种示范法律，而这种示范法律对公约的缔结国并不具有国际条约法上的约束力，缔约国可以较自由地予以接受。然而，这种方法也有其缺点，这主要表现在它在很大程度上使得国际统一私法的国际统一性质不得不被国内法的性质隐藏起来，而这便导致不同国家的法院对国际统一私法作不同解释和予以不同适用，并因而破坏国际统一私法的国际统一性的危险。正因如此，有学者建议对这种私法统一方法进行改革，以使统一私法成为可以直接予以适用的标准法律(Muster-gesetz)。

6. 根据条约所调整的具体法律关系的分类

A. 调整自然人、法人的国籍、住所和法律地位的条约

到目前为止，属于这一类的国际统一私法条约主要有以下一些：

(1)《关于外国人地位的公约》，哈瓦那，1928 年 2 月 20 日；

(2)《关于双重国籍某种情况下兵役义务的议定书》，海牙，1930 年 4 月 30 日；

(3)《关于无国籍情况的议定书》，海牙，1930 年 4 月 12 日；

(4)《关于无国籍的特别议定书》，海牙，1930 年 4 月 12 日；

(5)《关于执行自由职业的条约》，蒙得维的亚，1940 年 8 月 4 日；

(6)《国际劳工组织关于给予工人事故补偿外国工人与本国工人享受平等待遇的公约》(依 1946 年最后修订的文本订正)；

(7)《保障人权及基本自由公约》，罗马，1950 年 11 月 4 日；

(8)《关于难民地位的公约》，日内瓦，1951 年 7 月 28 日；

(9)《关于无国籍人地位的公约》，纽约，1954 年 9 月 28 日；

(10)《解决本国法和住所地法冲突的公约》，海牙，1955 年 6 月 15 日；

(11)《关于居留的欧洲公约》，巴黎，1955 年 12 月 13 日；

(12)《承认外国公司、社团和财团法律人格的公约》，海牙，1956 年 6 月 1 日；

(13)《已婚妇女国籍公约》，纽约，1957 年 2 月 20 日；

(14)《减少无国籍状态公约》，纽约，1961 年 8 月 30 日；

(15)《经济、社会、文化权利国际盟约》，纽约，1966 年 12 月 9 日；

(16)《难民地位的议定书》，纽约，1967 年 1 月 31 日；

(17)《关于相互承认公司和法人团体的公约》，布鲁塞尔，1968 年 2 月

29 日；

(18)《美洲国家间关于国际私法中自然人住所的公约》，蒙得维的亚，1979 年 5 月 8 日；

(19)《美洲国家间关于贸易公司法律冲突的公约》，蒙得维的亚，1979 年 5 月 8 日。

B. 调整物权关系的条约

属于这一类的国际统一私法条约主要包括有关国际货物买卖中货物所有权移转、信托问题以及知识产权国际保护的一系列条约，其中最主要者有以下一些：

(1)《保护工业产权的巴黎公约》，巴黎，1883 年 3 月 20 日(该公约经过若干次重大修改，包括 1934 年 6 月 3 日伦敦文本，1958 年 10 月 31 日里斯本文本以及 1967 年 7 月 14 日斯德哥尔摩文本)；

(2)《保护文学艺术作品著作权的伯尔尼公约》，伯尔尼，1886 年 9 月 9 日(该公约经过若干次重大修订，包括 1928 年 6 月 2 日罗马文本，1948 年 6 月 26 日布鲁塞尔文本以及 1971 年 7 月 24 日巴黎文本)；

(3)《国际商标注册马德里协定》，1891 年 4 月 14 日(该公约有 1957 年 6 月 15 日尼斯修订本，1967 年 7 月 14 日斯德哥尔摩修订本)；

(4)《关于知识产权的条约》，蒙得维的亚，1939 年 8 月 4 日；

(5)《世界版权公约》，日内瓦，1952 年 9 月 6 日(该公约后于 1971 年 7 月 24 日修订于巴黎)；

(6)《国际有体动产买卖所有权移转法律适用的公约》，海牙，1958 年 4 月 15 日；

(7)《成立世界知识产权组织的公约》，斯德哥尔摩，1967 年 7 月 14 日；

(8)《国际专利合作条约》，华盛顿，1970 年 6 月 19 日；

(9)《商标注册条约》，维也纳，1973 年 6 月 12 日；

(10)《关于信托的法律适用及其承认的公约(草案)》，海牙，1984 年 10 月 8 日。

C. 调整债权关系的条约

这类条约所调整的关系的范围非常广泛，如国际投资与贸易合同关系，国际支付关系，国际运输关系，国际侵权法律关系，等等。目前世界上调整债权关系的广泛性和地区性的国际统一私法条约主要包括以下一些：

(1)《统一船舶碰撞若干法律规定的国际公约》布鲁塞尔，1910 年 9 月 23 日；

(2)《统一提单的若干法律规则的国际公约》(海牙规则)，布鲁塞尔，1924年8月25日；

(3)《统一国际航空运输某些规则的公约》(华沙公约)，1929年10月12日；

(4)《本票、汇票统一法公约》，日内瓦，1930年6月7日；

(5)《解决汇票、期票法律冲突公约》，日内瓦，1930年6月7日；

(6)《本票、汇票印花税公约》，日内瓦，1930年6月7日；

(7)《解决支票法律冲突公约》，日内瓦，1931年3月19日；

(8)《统一支票法公约》，日内瓦，1931年3月19日；

(9)《支票印花税公约》，日内瓦，1931年3月19日；

(10)《国际有体动产买卖法律适用公约》，海牙，1955年6月15日；

(11)《国际铁路货物联运协定》(国际货协)，索非亚，1959年12月14日；

(12)《修改华沙公约的议定书》(海牙议定书)，海牙，1955年9月28日；

(13)《国际货物买卖统一法公约》，海牙，1964年7月1日；

(14)《国际货物买卖合同成立统一法公约》，海牙，1964年7月1日；

(15)《统一非缔约承运人所办国际航空运输某些规则以补充华沙公约的公约》(瓜达拉哈拉公约)，瓜达拉哈拉，1961年9月18日；

(16)《有关修改1924年8月25日在布鲁塞尔签定的统一提单若干法律规定的国际公约的议定书》(维斯比规则)，布鲁塞尔，1968年2月23日；

(17)《国际油污损害民事责任公约》，布鲁塞尔，1969年11月29日；

(18)《公路交通事故法律适用公约》，海牙，1971年5月4日；

(19)《产品责任法律适用公约》，1973年10月2日；

(20)《联合国国际货物买卖时效期限公约》，纽约，1974年6月14日；

(21)《美洲国家间关于代理人国外行使代理权法律制度的公约》，巴拿马城，1975年1月30日；

(22)《美洲国家间关于汇票、期票和发票法律冲突的公约》，巴拿马城，1975年1月30日；

(23)《美洲国家间关于支票法律冲突的公约》，巴拿马城，1975年1月30日；

(24)《统一船舶碰撞中有关民事管辖权、法律选择、判决的承认和执行方面若干规则的公约》，里约热内卢，1977年9月30日；

(25)《代理法律适用公约》，海牙，1978年3月14日；

(26)《美洲国家间关于支票法律冲突的公约》，蒙得维的亚，1979年5月8日；

(27)《关于合同义务法律适用的公约》，罗马，1980年6月19日；

(28)《关于国际铁路货物运输规则的伯尔尼公约》，伯尔尼，1980年7月7日；

(29)《联合国国际货物多式联运公约》，1980年5月24日；

(30)《联合国国际货物销售合同公约》，维也纳，1980年4月11日；

(31)《国际货物买卖合同法律适用公约》，海牙，1986年12月22日。

D. 调整亲属关系的条约

这类国际统一私法条约主要包括两大部分，即关于婚姻关系的条约和关于家庭关系的条约。其中主要者有以下一些：

(1)《婚姻法律冲突公约》，海牙，1902年6月12日；

(2)《未成年人监护公约》，海牙，1902年6月12日；

(3)《离婚及分居法律冲突与管辖冲突公约》，海牙，1902年6月12日；

(4)《婚姻对夫妻身份和财产关系效力的法律冲突公约》，海牙，1905年7月17日；

(5)《禁治产及类似保护措施公约》，海牙，1905年7月17日；

(6)《关于婚姻、收养和监护的某些国际私法规定的公约》，斯德哥尔摩，1931年2月6日；

(7)《抚养儿童义务法律适用公约》，海牙，1956年10月24日；

(8)《关于未成年人保护的管辖权和法律适用的公约》，海牙，1961年10月5日；

(9)《收养管辖权、法律适用和判决承认公约》，海牙，1965年11月15日；

(10)《抚养义务法律适用公约》，海牙，1973年10月2日；

(11)《夫妻财产制法律适用公约》，海牙，1978年3月14日；

(12)《结婚仪式和承认婚姻有效公约》，海牙，1980年10月25日；

(13)《国际性非法扣留儿童民事方面的公约》，海牙，1980年10月25日。

E. 调整继承关系的公约

目前，调整继承关系的国际公约数量还相当有限，其中最主要者有以下一些：

(1)《丹麦、芬兰、冰岛、挪威、瑞典关于遗产继承和清理的公约》，哥本哈根，1934年11月19日；

(2)《遗嘱处分方式法律冲突公约》，海牙，1961 年 10 月 5 日；

(3)《遗产国际管理公约》，海牙，1973 年 10 月 2 日；

(4)《关于死者遗产继承法律适用公约》，海牙，1988 年 10 月 20 日。

F. 国际民事诉讼程序公约

国际民事诉讼法领域是目前通过国际公约比较全面系统地实现国际统一的一个私法部门，可以说该法的所有领域都已经不同程度地实现了统一。因而，这类国际统一私法条约有相当多的数量，其中最重要者有：

(1)《关于统一国有船舶豁免的若干规则的公约》，布鲁塞尔，1926 年 4 月 10 日；

(2)《关于国际民事诉讼程序法的条约》，蒙得维的亚，1940 年 3 月 19 日；

(3)《关于扣留海运船舶的国际公约》，布鲁塞尔，1952 年 5 月 10 日；

(4)《民事诉讼程序公约》，海牙，1954 年 3 月 1 日；

(5)《国际有体动产买卖协议管辖权公约》，海牙，1958 年 4 月 15 日；

(6)《抚养儿童义务判决的承认和执行公约》，海牙，1958 年 4 月 15 日；

(7)《取消要求外国公文书的认证公约》，海牙，1961 年 10 月 5 日；

(8)《民商事件诉讼和非诉讼文件的国外送达公约》，海牙，1965 年 11 月 15 日；

(9)《协议选择法院公约》，海牙，1965 年 11 月 25 日；

(10)《关于提供外国法资料的欧洲公约》，伦敦，1968 年 6 月 7 日；

(11)《关于民商事件管辖权及判决执行的公约》，布鲁塞尔，1968 年 9 月 27 日；

(12)《民商事件国外调取证据公约》，海牙，1970 年 3 月 18 日；

(13)《承认离婚和别居公约》，海牙，1970 年 6 月 1 日；

(14)《民商事件外国判决的承认和执行的公约》，海牙，1971 年 2 月 1 日；

(15)《民商事件外国判决的承认和执行的公约附加议定书》，海牙，1971 年 2 月 1 日；

(16)《关于国际豁免的欧洲公约》，巴塞尔，1972 年 5 月 16 日；

(17)《抚养义务判决的承认和执行公约》，海牙，1973 年 10 月 2 日；

(18)《美洲国家间关于国外调取证据的公约》，巴拿马城，1975 年 1 月 30 日；

(19)《美洲国家间关于嘱托书的公约》，巴拿马城，1975 年 1 月 30 日；

(20)《美洲国家间关于执行预防措施的公约》，蒙得维的亚，1979 年 5 月 8 日；

(21)《美洲国家间关于外国法证明和查询的公约》，蒙得维的亚，1979年5月8日；

(22)《美洲国家间关于嘱托书的公约的附加议定书》，蒙得维的亚，1979年5月8日；

(23)《美洲国家间关于外国判决和仲裁裁决域外效力的公约》，蒙得维的亚，1979年5月8日；

(24)《国家司法协助公约》，海牙，1980年10月25日。

G. 关于国际商事仲裁的公约

广泛性的和地区性的这类国际统一私法条约到目前为止主要包括以下一些：

(1)《仲裁条款议定书》，日内瓦，1923年9月24日；

(2)《关于执行外国仲裁裁决的公约》，日内瓦，1927年9月26日；

(3)《关于承认执行外国仲裁裁决的公约》，纽约，1958年6月10日；

(4)《关于国际商事仲裁的欧洲公约》，日内瓦，1961年4月21日；

(5)《规定统一仲裁法的欧洲公约》，斯特拉斯堡，1966年1月20日；

(6)《关于解决各国和其他国家民间投资争端的公约》，华盛顿，1965年3月18日；

(7)《联合国欧洲经济委员会仲裁规则》，1966年1月制订；

(8)《联合国亚洲及远东经济委员会国际商事仲裁规则》，新德里，1966年4月4日；

(9)《关于解决因经济、科学和技术协作而发生的民事法律争议的仲裁公约》，莫斯科，1972年5月26日；

(10)《经济互助委员会成员国商会仲裁院统一仲裁程序规则》，莫斯科，1974年2月26日；

(11)《美洲国家间关于国际商事仲裁的公约》，巴拿马城，1975年1月30日；

(12)《联合国国际贸易法委员会仲裁规则》，1976年4月28日制定；

(13)《美洲国家商事仲裁委员会仲裁规则》，1978年1月制定；

(14)《联合国国际贸易法委员会调解规则》，1980年12月4日联合国大会通过。

H. 此外，尚有一类综合调整国际私法关系的国际统一私法条约，它们中最主要者有：

(1)《关于国际民法的公约》，蒙得维的亚，1889年2月12日；

(2)《关于国际商法的公约》，蒙得维的亚，1889年2月12日；

(3)《关于国际私法的公约》(即《布斯塔曼特法典》)，哈瓦那，1828年2月2日；

(4)《关于国际民法的公约》，蒙得维的亚，1940年3月19日；

(5)《关于国际通商航行法的条约》，蒙得维的亚，1940年3月19日；

(6)《关于陆上国际商法的条约》，蒙得维的亚，1940年3月19日；

(7)《荷兰、比利时、卢森堡关于国际私法统一法的公约(草案)》，海牙，1951年5月11日；①

(8)《美洲国家间关于国际私法通则的公约》，蒙得维的亚，1979年5月8日。

### 三、国际条约作为国际统一私法渊源的优点和缺点

(一)优点

国际条约作为国际统一私法渊源的最主要的优点在于它的形式的稳定性和内容的固定性。国际统一私法条约以书面形式并经过国际法上条约制定、签署和批准等严格的程序将各国的国内法统一起来。人们从条约的文字上可以比较容易地了解统一后的私法的内容，因而以这种方式统一的私法通常不会出现法律规范内容的查明和确定问题。任何国家在签署了国际统一私法条约后便承担有遵守该条约，履行它所规定的条约义务的国际公法上的责任。条约的缔约国不得通过国内立法或法院判决等任何形式擅自改变条约的内容。如果有国家在缔结某一条约时对它的某一或某些规定不满，因而不愿受其约束，它们可以书面保留这些规定，但是，它们必须忠实地履行除声明保留的规定之外的条约的所有内容。正因为条约具有形式稳定、内容固定的特点，以条约形式统一私法可以避免必须对统一私法的内容进行查明和确定的困难，以及各国适用统一私法不一致并从而使得国际统一私法名存实亡的危险。因此，那些在形式上需要非常确定，在法律规范的文字上需要各国严格一致的私法领域通常就必须采用国际条约的形式加以统一。

另外，对于那些特别需要根据互惠原则进行国际统一，并且在互惠的前提下予以适用的私法领域，一般说来也应该以国际条约的形式来进行统一，因为只有国际条约才能将缔约国的具体权利和义务最为准确地规定下来。

① 该公约于1969年修改，但1975年三国已决定放弃该公约草案，本作者未找到该公约草案的中文翻译。

（二）缺点

国际条约作为国际统一私法渊源的上述优点便决定了它也必然存在一个缺点，即国际条约的机械性。这主要表现在，所有国际统一私法条约就性质而言都具有国际公法上的国际条约的性质，因而都受国际条约法的支配。与其他所有国际条约一样，这种条约只有在获得缔约国有关权力机构的批准后才在该国生效。就国际统一私法的多边国际条约而言，那些参与条约的准备和起草工作的国家的权力机构往往能够较快较顺利地批准该条约，而那些未参与这种准备和起草工作的国家往往由于对公约中某一或某些规定不满而又无法修改它们，而迟迟不批准甚至拒绝批准这种条约。为了克服这一缺点，一些从事私法国际统一的国际组织在私法统一的活动中发展了一种新的实践，即在某一具体的国际统一私法条约准备和制订工作时便尽可能多地邀请有关各国参与这种准备和制定工作，并使它们有机会发表自己对该条约的意见，从而有利于它们日后批准该条约。这方面最典型的例子是荷、比、卢三国的“议会协商委员会”(Conseil interpar lementaire consultatif)。该委员会参与私法条约的起草工作，这对日后三国的议会批准这种国际条约无疑是非常有帮助的。这种尽可能地让更多的国家参与国际统一私法条约的起草和制定工作的实践在《联合国国际货物销售合同公约》的起草和制定工作中也成功地获得运用。1980 年 3 月 10 日至 4 月 11 日召开了维也纳的关于制订该公约的外交会议就有包括我国在内的 62 个国家应邀出席会议。它们有机会在该会议上就该公约的内容发表各自的意见。可以肯定，该公约到目前为止所业已取得的广泛的影响是与这一实践的运用分不开的。

当然，国际条约的上述缺点尚可以在一定程度上通过让缔约国对条约的某些规定声明保留，并从而不受它们的约束来获得弥补。国际统一私法条约通常都允许缔约国做出保留，只是有些条约规定可以做出保留的范围大，而另一些则只允许就条约中少数几条规定做出保留。考察国际统一私法条约缔结的实践可以看出，条约本身允许缔约国做出保留的范围愈广泛，相反缔约国在考虑批准这种条约时的观望态度就愈大。但是，考虑到国际统一私法条约应该最广泛地获得各国批准和缔约国对条约内容的特别要求应尽可能予以满足这一冲突，我们认为国际统一私法条约应该在不破坏条约的目的和宗旨的前提下允许缔约国广泛地就条约的具体内容做出保留。在这方面，《联合国国际货物销售合同公约》对于保留的规定(第 92、98 条)我们认为是合理的。

为了克服国际条约的上述缺点，还产生了一种以所谓的“最低标准条约”(Minimumkonventionen)进行私法国际统一的实践。这种最低标准条约是指本身只规定有关问题的国际最低标准，而不进一步规定更具体的内容，而且它们的实施留给缔约国的国内法规定的国际条约。例如，国际劳工组织便常常通过这种公约形式协调各国在劳工问题上的标准。而且，国际劳工组织所制定的这种公约中尚经常使用诸如“合理的”、“恰当的”、“有效的”、“必须的”、“充分的”、“实用的”以及“公平的”等不确定的形容词对条约进行软化处理，以克服国际条约通常所具有的僵硬的缺陷。

最后，还需指出的是，国际条约的缺点还在于缔约国在签署和批准条约后遇到对条约中的个别条款履行困难时只有以退出条约的方式排除条约对自己的约束。而实践中，由于单方面退出自己所签署、批准的国际条约常常会被其他条约成员国认为是国家的一种不友好的行为，因而这些一方面遇有履行条约某些条款困难，而另一方面又不愿退出整个条约，以给其他国家留下不好的印象的国家便处于进退两难的境地。为了克服这一缺陷，有学者建议所有国际统一私法条约都应该不仅允许缔约国在签署或批准条约时对条约的一些条款作出保留，而且，尚应该允许它们在批准条约后的一段时间内对条约的部分条款声明保留从而不受它们的约束。事实上在私法国际统一的实践中，业已有一些条约规定缔约国可以事后对条约的一些规定做出保留。例如，《统一本票法公约》第 1 条第 4 款规定，在紧迫情况下，缔约国可以事后对公约提出保留。

## 四、国际统一私法条约与缔约国国内法的关系

就国际统一私法条约与缔约国国内法的关系而言，我们这里仅讨论两个问题，即国际统一私法条约在缔约国施行的国内法律基础问题以及条约与国内法规定相冲突时，冲突的解决问题。对于前者，也即缔约国在签署和批准某一条约后，该条约如何才能在该国施行的问题世界各国有不同的实践。如上所述，具有直接适用效力的那些国际条约通常在缔约国批准后便可以直接在缔约国施行，而那些不具有直接适用效力的条约则必须首先通过缔约国国内立法接受为国内法后才能在该国施行。但是，英国法律却规定所有英国缔结或加入的条约不管是否具有直接适用的效力都必须首先经过立法接收为国内法才能在英国获得适用。例如，英国批准加入 1961 年 10 月 5 日关于遗嘱形式的海牙公约后，于 1963 年 7 月 31 日颁布了《遗嘱法》(Wills Act of 31. 7. 1963)。该法重复了海牙遗嘱形式公约的全部内容。除此之外，它还包含了其他一些规定；但是，从法律本身人们无法看出哪些规定是海牙公约的规定，哪些规定是新的规定。正因为如此，有学者批评英国的这种实践忽略了国际统一私法的特殊性，从而可能导致以适用国内法的方法适用国际统一私法，破坏国际统一私法适用的统一

性的危险。德国在该问题上的实践似乎比较合理，根据德国《基本法》第 59 条第 2 节的规定，所有涉及德国联邦立法范围的国际条约都必须由有关机关通过联邦立法形式予以批准，但与英国的实践所不同的是，这种立法只限于在形式上批准该条约，并申明该条约在德国具有约束力，而不涉及该条约的任何内容方面的问题。我国在该问题上的实践类似于德国的实践。根据我国宪法第 67 条第 14 项的规定，我国与外国所缔结的条约由全国人民代表大会常务委员会批准，在实践中，这种批准属于形式上的批准，而不涉及条约的具体内容。某一国际条约一旦获得这种批准便在我国具有约束力。

在国际法上，国内法与国际条约冲突的解决问题是一个比较复杂的问题。对此问题，各国的实践也不相一致，有些国家宪法或者法律明文规定条约和国内法具有同等的效力，也有些国家宪法或者法律明文规定条约的效力高于国内法。但是，我们认为，一国既然批准国际条约便意味着它有义务信守该条约，并履行该条约所规定的义务，因此，在条约规定与本国国内法相冲突时，该国必须适有条约的规定，而不得以此为借口违反自己所业已承担的国际义务。基于这种观点，我们认为我国法律在处理我国法律与国际条约相冲突时的一般规定，即中华人民共和国缔结或者参加的国际条约同中华人民共和国的法律有不同规定的，适用国际条约的规定，但是中华人民共和国声明保留的条款除外，是合情合理的。①

## 第三节　国际统一立法

### 一、国际统一立法的名称、概念和特征

与通过国际条约进行私法国际统一的同时，一些从事私法国际统一的国际组织，尚试图在世界范围内或在地区范围内以类似于国内立法的形式，通过制定有关国家一致予以采用，但却不具有国际条约约束力的“法律”来进行私法的国际统一。这种国际统一私法的法律文件在国际私法学界常被直接称为“统一法”(loi uniforme，uniform act，Einheitsgesetze)。考虑到私法国际统一的这种方法以及以此种方法所产生的统一私法规范的性质和特征，我们姑且称这种国际统一私法以及这种国际统一私法规范为“国际统一立法”。国际统一立法也

① 见《中华人民共和国民法通则》第 142 条第 2 款；《中华人民共和国涉外经济合同法》第 6 条有关法律条文等的规定。

是国际统一私法的一种重要渊源。

国际私法学界对国际统一立法并无统一的定义，不同的学者对这一概念有不同的理解，而且在国际统一私法的实践中对这一概念的运用也是非常不一致的。下面试以几例说明：

例一：德国学者克罗波勒(Kropholler)认为，国际统一立法由于缺乏国际条约的约束力，而且加之这种法律的行文在各成员国又总是不完全一致的，因而所谓的"统一法"(Loi uniforme)最好应该称为"一致的法律"(Loi conforme)，或者"原则统一法"(Einheitsrahmengesetze)以表明这种统一法律与上述通过国际条约实现的统一法律的差异。而且，克氏在其《国际统一私法》一书中论述国际统一私法时却又把这种法律称呼为"一致的国内立法"(uebereinstimmende nationale Gesetzgebung)，并认为它是国际统一私法的渊源之一。但是，克氏是在严格意义上运用国际统一立法这一概念的，他认为作为国家统一私法渊源的这种法律只包括那些有关国家以特定的法律统一程序所协调、统一而不是基于国际条约才在有关国家予以适用的国际统一私法规范。凡是以国际条约为基础的统一法，如《联合国国际货物销售合同公约》等统一私法公约都不属于他所理解的国际统一立法的范畴。但是，那些作为国际条约的附件所存在的"标准法律"(Loi—type，Mustergesetz)和"示范法律"(Loi modele，Modellgesetz)，由于缔约国都不必须严格地逐字逐句地执行，而可以变更和修改它们的内容，并从而成为"统一法"，因而它们也属于克氏所理解的国际统一立法的范畴。

例二：海牙国际私法会议在实践中也从其于1960年召开的第九届会议起使用国际统一立法(loi uniforme)这一概念，并以这种方法作为其进行国际私法的国际统一的方法之一。但是，该会议所理解的国际统一立法却是指在国际条约本身予以规定或者作为国际条约的附件而存在，并为其成员国通过缔结国际条约的程序而接受的统一国际私法规范。因而，海牙国际私法会议所理解的国际统一立法正是我们上面所讨论的国际统一私法条约，而不是我们这里所说的作为国际统一私法另一独立渊源的国际统一立法规范。第九届海牙会议在决定采用国际统一立法作为其法律统一方法的同时还决定采用"示范法"。作为它此后进行国际私法的国际统一的另一种方法。与国际统一立法不同，海牙会议意义上的这种示范法只是"向特定或非特定国家所提出的一种建议，每个国家都可以接受这种法律原则，并可以在开始或事后改变和放弃这种法律原则"，它们是不具有条约基础的。

此外，美国国内法律统一实践中所使用的两个与我们这里所讨论的国际统一立法类似的概念也有必要简单提及。美国全国州法统一会议(National

Conference of Commissioners on Uniform State Laws)在进行国内法律统一时采用两种法律统一方法，即“统一法规”(uniform acts)和“示范法规”(model acts)方法。区分这两种法律统一的方法的标准在于，由该会议所进行统一的法律是否必须予以统一，或者是否是可进行也可不进行统一的法律领域，以及与此相应，所进行统一的法律的范围是否必须是联邦所有州，或者仅仅是联邦的若干州。对于那些必须在所有联邦州进行统一的法律，该会议都以统一法规方法去进行统一，以此所实现统一的法律称为统一法规，这种法规必须获得美国律师协会(American Bar Association)的批准。相反，对于那些并非必须进行统一的法律则运用示范法规方法予以统一，以此实现统一的法律称为示范法规，它们不必获得美国律师协会的批准。① 不难看出，美国国内法律统一的这两种法律就其性质而言都只是不具有条约约束力的示范法律，与我们这里所讲的作为国际统一私法渊源的国际统一立法也是不一致的。

我们所理解的作为国际统一私法渊源之一的国际统一立法是与上述克罗波勒的理解一致的。所谓作为国际统一私法渊源之一的国际统一立法是指有关国家通过特定的立法程序和法律统一程序在这些国家间原则上实现统一的法律规范。国际统一立法有以下几个主要特征：第一，它是国家间统一的法律规范。第二，它是通过特定的立法和法律统一程序在有关国家间实现统一的法律规范。这里所说的特定的立法和法律统一程序是指与国内立法和法律统一程序以及私法国际统一的一般方法，如国际条约等不同的私法统一方法。至于这种方法的内容我们将在下面介绍斯堪的纳维亚国家以这种方法进行其私法统一经验时予以讨论。第三，它只在原则上实现了有关国家间私法的国际统一，这意味着，这种统一法律规范使有关国家私法实现国际统一的程度不及国际统一私法的其他渊源。

## 二、国际统一立法作为国际统一私法渊源的优点和缺点

国际统一立法不具有国际条约的约束力，因而不必须，且不能像国际私法条约那样在有关国家执行。正因如此，以国际统一立法实现私法的国际统一便具有与以国际条约进行私法国际统一正好相反的优缺点：一方面，就具体的国

① 关于美国国内私法统一方法，See Peter Hay，“Uniform of Law in the United States：Uniform State Laws，Treaties and Judically Declared Federal Common Law，”in：Hazard/Wagner (ed.)，Legal Thought in the United States of America under Contemporary Pressures(1970)，pp. 261-293。

家而言，由于国际统一立法可以允许它们单方面对这种“统一立法”进行变动，或者事后以国内立法或判例方式予以修改，因而这种私法国际统一方法便于具体国家使统一私法规范适应本国的具体情况，并因此可能更易为有关国家所接受；但是，另一方面，由于各国根据自己各自的需要变更、修改这种“统一立法”，便可能实际上使这种私法的国际统一名存实亡，不能实现私法真正的国际统一，这样也便可能使一些国家根本就无兴趣参与以这种方法进行私法的国际统一的活动。

对于一些特别的联邦国家而言，由于这些国家的宪法将私法的立法权只赋予各联邦州，而不是联邦，但联邦却绝对地享有缔结国际条约的权力，因而，从国内宪法对私法立法权的这种区分来看，以国际统一立法的形式进行私法的国际统一有利于使这些联邦国家加入私法的国际统一运动。因为，这种私法国际统一的方法并不束缚这些国家的联邦政府，使得它们要么逾越本国宪法所赋予的权限去缔结私法国际统一条约并使该国的所有联邦州受制于这种私法条约，要么干脆不接受任何私法国际统一条约。采用这种方法，联邦政府便可以在不逾越自己的立法权限的情况下缔结通过国际立法形式所产生的私法国际统一条约，联邦各州也便可以不死板地受联邦政府所缔结的私法国际统一条约的约束，而可将这些条约作为自己立法时参考的“示范法”(Model-lgesetz)予以采用。①

### 三、国际统一立法在私法国际统一中的具体运用——斯堪的纳维亚国家的实践与经验

瑞典、挪威、丹麦、芬兰和冰岛五个斯堪的纳维亚国家长期以来便进行彼此的私法统一活动。但是，它们除对国际私法等有特别的形式要求的私法部门采取国际公约的方法进行统一外，大多以灵活、机动的所谓“立法合作程序”(Verfahren gesetzgeberischer Zusammenarbeit)进行它们之间的私法的国际统一工作。这种“立法合作程序”也就是我们这里所说的进行私法的国际统一的立法方法，以这种方法所实现国际统一的法律规范便是作为国际统一私法渊源之一

① 美国最初加入海牙国际私法会议时国内便曾有过这样做是否合宪的讨论，参见 Nadelmann，“Legislation versus International Conventions Revisited” in：American Journal of Comparative Law 16(1968)，28-50。美国正式加入海牙国际私法会议后曾积极建议会议制定“示范法”，且尤其是 1965 年 11 月 25 日的“关于选择法院的海牙公约”。参见 Reese，A Proposed Uniform Choice of Forum Act，in：Colum. J. Transna. Law 5(1966)，193-204；同作者“The Model Choice of Forum Act”，in：Ameri. J. Comp. L. 17(1969)，第 292 页以下。

的国际统一立法。

斯堪的纳维亚国家所采用的“立法合作程序”可以简单概括如下：首先，这些国家的司法部长和本部的官员每年相会若干次，讨论将对哪些私法领域进行彼此间的统一。1962 年 3 月 23 日所缔结的斯堪的纳维亚立法合作公约规定成立一个部长委员会的机构。此后，上述司法部长会议便成为该部长委员会活动的一个部分。① 除司法部长会议外，各国议会也可以在某一国际统一立法草案提交各国议会讨论通过之前，通过部长委员会的法律委员会提出法律统一的建议，讨论法律统一方案并相互交换对该方案的意见。② 此外，各国司法部中都有若干官员专门负责与其他国家进行立法统一方面的联系工作。各国司法部的这些官员定期会面交流信息。

一项私法统一计划一旦确定下来，便由各国的专家委员会在本国进行统一法律的准备和起草工作。各国专家委员会在工作中通常以书面或口头形式彼此联系，相互交流经验，共同寻求为各国都能接受的共同法律原则，探讨各国措辞尽可能一致的法律条文。各国专家委员会在完成这些工作后都公开发表各自的工作报告和自己所负责起草的本国的法律草案，并同时将别国专家所起草的它们各自国家的法律草案作为附件一起发表。各国司法部在紧接着对本国专家委员会所提交的法律草案进行加工的同时，尽可能广泛地与其他国家进行相同工作的司法部的官员，以及在必要的情况下，与各国议会法律委员会取得联系，以便各国所分别制定出来的法律草案能更趋统一。

值得指出的是，与美洲国家私法国际统一的实践不同，斯堪的纳维亚国家在进行私法国际统一时并不预先制定所谓统一的“标准法律”供各国立法借鉴、采用。只是在例外的情况下，斯堪的纳维亚国家才产生单一的统一的法律草案和关于该法律草案的报告，如 1967 年 12 月斯堪的纳维亚国家统一的专利法草案及关于该草案的报告，而在其他情况下一项私法统一计划则是五国分别有自己的法律草案和关于该草案的报告。

值得注意的是，斯堪的纳维亚国家采用这种方法对它们的私法进行国际统一的速度很慢，这主要是因为这种方法需要各国在起草自己的法律时不间断地

① See “Dolva, Cooperative nordique en matiere juridique etharmonisation communantaire des legislations”, in: Revue du Marche Commun 1972, pp. 29-32。

② 关于斯堪的纳维亚国家部长会议在法律统一中的作用，参见该会议的“备忘录”，载 UNIDROIT 1956-II, 291-297; Falk, UNIDROIT 1956-II, 第 309 页以下; Kling, “La Cooperation legislative des Pays nordiques”, in: La Cooperation internordique. (1965) pp. 99-107.

与它国取得联系，彼此交流工作信息和经验，而到最后各国的法律草案内容达到一致，往往需要相当长的时间。正因如此，它们中的个别国家，且尤其是瑞典已无太大的耐心通过这样的私法国家统一进程，实现自己本国的私法改革。因而，瑞典在保持与其他斯堪的纳维亚国家进行私法统一合作的同时，独自加快步伐通过自己的立法进行本国的私法改革。这样的结果，一方面是影响了斯堪的纳维亚国际私法国家统一的统一步伐；但另一方面这些国家独自的私法改革也为斯堪的纳维亚其他国家所密切关注，并可成为该地区新的私法统一计划的前奏曲。

斯堪的纳维亚国家通过国际统一立法形式进行它们间的私法统一取得了相当大的成果，这一方面应归功于这些国家司法部和议会官员的不懈努力，但另一方面这些成果的取得也是与这些国家间内在的紧密联系分不开的。由于地理位置和历史背景等因素，斯堪的纳维亚国家之间存在着一种紧密的联系，这种联系是它们可以以国际统一立法方式实现它们间私法统一的先决条件，因为此种私法国际统一方式特别需要有关国家彼此的理解和信任。也正因如此，我们认为这种私法国际统一的方法难于，甚至无法在广泛的国际范围内予以采用。

## 第四节　国际组织的立法

### 一、国际组织立法的概念

在着手讨论国际组织的立法作为国际统一私法的渊源之前，有必要首先弄清楚国际组织立法这一概念中“国际组织”和“立法”两个概念的含义。根据我国国际法学界的一般理解，国际组织是指由国家作为主体参加的以成员国主权平等为最基本原则，并以国家间多边条约为基础而建立的国家之间的组织。按不同的标准可以将国际组织分为不同的种类，如一般性的和专门性的国际组织、世界性的和区域性的国际组织、政府间和非政府间的国际组织、常设的与临时的国际组织，等等。

我们这里所说的国际组织并不是指所有的国际组织，而只是指一些特定的国际组织。它们与一般的国际组织相比具有以下一些特征：第一，它们具有与国家的组织结构相类似的组织结构；第二，在组织内部适用自己独立的法律规范；第三，具有自己独立的和合法的至高无上的权力；第四，组织机构所做出的决定至少能对被决定者(国家、法人、自然人等)具有约束力；第五，该组织拥有一个自治的法院，可对一些法律争议做出司法裁决。① 由于这种国际组织具有一般国际组织不具有的上述特征，西方国家的一些国际法学者通常称它们为“超国家组织”（Suprantionale Organisationen）。到目前为止，完全具备上述特征，并成为“超国家组织”的国际组织还只有欧洲共同体一个。

我们这里所说的国际组织的立法并不是通常所说的国内立法意义上的立法，而只不过是借用“立法”一词来表明上述特定的国际组织制订、形成其组织内部适用的属于私法性质的法律原则、规范的程序，以及通过这种程序所产生的该组织的专门的私法性质的法律规范。通过这种“立法”程序，该组织的成员国间的私法便在一定程序上获得统一，因而，我们认为这种特定的国际组织以这种程序所制订的统一适用于该组织的专门的私法规范也是国际统一私法的一个渊源。

### 二、以国际组织立法进行私法国际统一的优点和缺点

由于进行国际组织立法的这种国际组织具有区别于一般国际组织的上述特殊性，而这种立法又总是以该组织的成员国自愿放弃或限制自己在某些方面的立法权为条件的，因而，以这种方法进行私法的国际统一速度快、效果好。而且，还因为这种国际组织具有自己的立法机构，且其立法活动有一定的连续性，所以，以该方法进行私法的国际统一活动，不但可以使个别的国家不致因为私法统一过程中的一些麻烦而放弃参加私法国际统一运动，而且，尚可以使私法的国际统一更具系统性和连续性。当然，从私法国际统一的长远发展看，私法国际统一的工作如果与具体参与国家的意愿不符，那么，这种私法统一工作是不可能取得成功的。

如上所述，我们这里所讲的进行立法的这种国际组织拥有自己自治的法院，这一特征决定了以国际组织立法的方法所实现统一的私法的统一实施在一定程序上获得了保证，因为此一法院可以对这种统一私法的统一解释以及这种统一私法优先于国内法的适用进行监督。以欧洲共同体为例，该共同体所属的设于卢森堡的“欧洲共同体法院”对保证欧共体法律的统一执行起到了非常重

① 参见 Schlochauer，“Das Verhaeltnis des Rechts der Europaeischen Wirtschaftsgemeinschaft zu den nationalen Rechtsordnungen der Mitgliedstaaten”，in：*Arch. VoelkR.* 1963/1964. S. 2。

要的作用。①

然而，另一方面，我们也应看到，以欧洲共同体为典型的这种所谓超国家组织在其进行法律的国际统一活动中往往缺乏民主。这意味着它们在进行私法的国际统一时常常过于强调它们的成员各自的特殊性。而且，在进行具体的立法活动时，这些组织也不大注意与其成员国的立法机构进行配合，并在一些关键问题上获得成员国的普遍的共识。正因为如此，在实践中这种国际组织的成员国的立法机关只在极个别的情况下才把自己立法和司法的权力拱手让给这种国际组织去行使。再以欧共体为例，人们批评该组织的活动，包括其进行私法国际统一的活动，在一定程度上尚缺乏“透明度”(Transparenz)、“参与性”(Partizipation)以及“效率”(Effizienz)。因而，人们提出了不少使该组织的活动更为民主化的建议。② 可以说，尽管欧共体在法律国际统一方面业已取得很大的成果，欧洲共同体法的体系也已形成，但是，欧共体实现法律一体化活动中的非民主因素，以及该组织与其成员国在法律统一方面的相互协调问题还远未获得圆满解决。

### 三、以国际组织立法进行私法国际统一的成果——欧洲共同体和其他有关国际组织的私法统一活动

#### (一)欧洲共同体的私法立法活动

欧洲共同体到目前为止主要是通过“指令”(Directive, Richtlinien)和“规定”(Regulations, Verordnungen)两种立法形式进行私法的国际统一活动。

1957年3月25日《关于建立欧洲经济共同体公约》第100~102条一般性地授权共同体理事会可以根据共同体委员会的建议颁布“指令”以实现共同体成员国法律和行政管理规定的协调、统一。这种指令对有关成员国具有约束力，但是，成员国有权选择它们贯彻、实施这种指令的形式和方法。③ 在欧洲共同体中，这种指令的最主要的目的在于在那些成员国的国内法律的不统一可能会影响欧洲共同市场的建立或其作用的领域，如农业、保险、能源、对外贸易、

---

① See Bleckmann, *Europarecht* (5. Auflage, Munich 1991); Oppermann. *Europarecht* (1991 Munich); Grossfeld/Bilda, “Europaeische Rechtsangleichung”, in: Zeitschrift fuer Rechtsvergleichung internationales Privatrecht und Europarecht(ZfRV)6(1992). S. 421-433.

② See Zuleeg, “Die Anwendbarkeit, des parlamentarischen Systems auf die Europaeischen Gemeinschaften,” in: Europarecht 7(1972)S. 1-15.

③ 参见《关于建立欧洲经济共同体公约》第189条;《关于建立欧洲原子能共同体公约》,第161条。

税收、金融与财政事务以及关税等领域，各成员国法律的协调和统一。① 欧洲共同体实现其法律统一的这种指令与我们下面即将讨论的“规定”不同，前者不具有直接适用的效力，而必须由有关成员国采取自己所选择的形式和方法来贯彻和实施它们。共同体理事会在制定指令时大多规定有关成员国贯彻和实施这种指令的期限，但是，实践中一些国家往往都不能严格遵守此一期限。例如，1985 年 7 月 25 日的欧共体关于产品责任的指令便明确规定，成员国必须在该指令颁布后三年内，即 1988 年 7 月 30 日之前，予以贯彻和实施。然而，德国直到 1989 年 12 月 15 日才颁布其贯彻和实施该指令的产品责任法。②

规定(Regulations，Verordnungen)是欧洲共同体实现私法统一最为重要的一种方法，也是欧洲共同体法最重要的一个“二级渊源”。根据《关于建立经济共同体公约》第 189 条，欧共体的这种规定“具有一般的适用效力。它们具有完全的约束力，并可在所有成员国直接适用。”而且，依据欧洲共同体法院的“判例法”，规定可以产生所谓的“直接效力”(direct effect)，③ 且优先于国内法的适用。欧洲共同体的指令与规定是完全不同的，这种差别不仅在于它们的适用效力，即后者具有直接适用的效力，而前者则不具有此种效力；而且，还在于它们实现欧共体私法统一的途径和程度上。在这方面，前者主要在于修改和协调成员国既存的法律制度，使它们趋于统一，而不创立一套独立于成员国法律之外的法律制度；与此相反，欧共体的规定则并不修改成员国各自的法律，而是在成员国法律之外建立一套欧洲共同体法律制度。以卡特尔法为例，欧共体以规定形式制定了一套独立于成员国卡特尔法之外的欧共体统一的卡特尔法律制度。这两套卡特尔法都有各自的适用范围，前者适用于欧共体成员国之间的经济交往关系，后者则只适用于成员国国内的经济交往关系。如果在具体适用中它们二者出现冲突，则如前面所述，欧共体现规定享有优先于成员国国内法适用的效力。

---

① See Toth，The Oxford Encyclopedia of European Community Law，Vol. I，International Law，Oxford 1990. p. 176；参见《关于建立欧洲经济共同体公约》，第 43、49、54、56、57、63、66、75、99、100、101、103、112、113、213 以及 235 条。

② 参见徐国建：《联邦德国新产品责任立法》，载《法学季刊》(重庆)1990 年第 6 期，第 91~93 页。

③ “直接效力”是欧洲共同体法院所创造的欧洲共同体法上的一个专门概念。欧洲共同体的一些规范可以直接产生权利和义务，且这种权利和义务均为成员国承认，并可在成员国国内法院执行，此种效力便是直接效力。

### (二)其他国际组织通过国际组织立法进行私法国际统一的活动

如前所述，能够通过国际组织立法进行私法国际统一的“超国家”国际组织到目前为止还只有欧洲共同体。其他有一些重要的国际组织具有上述“超国家”组织的部分特征，但是，它们进行私法国际统一的活动无论在方法上或在实现统一的法律的效力上都与上述“超国家”的组织的国际组织立法存在很大的差别。这里我们仅简单地提及若干个这种国际组织及其统一私法的活动。

例一：国际劳工组织。

第一次世界大战结束后于1919年成立的国际劳工组织是一个政府间的多边国际组织，它于1946年与联合国缔结协议从而成为联合国的专门机构之一。在酝酿成立该国际组织之初，意大利曾于1918年建议赋予该即将成立的国际组织充分的权力以使其以三分之二多数代表同意通过的组织的决定能对所有成员国具有约束力。然而，此一过于激进的建议未获通过，国际劳工组织到目前为止都不具有如此大的制定国际劳工法律方面权力。

国际劳工组织成立以来主要通过公约(Convention)和建议(Recommendation)两种方式进行劳工法方面的国际统一活动。与上述“超国家”组织的国际组织立法不同，国际劳工组织所制定的公约和建议正如法国学者勒内·达维(Rene David)所明确指出的那样，都不具有“超国家”的性质，并不对组织的成员国具有必然的约束力。①

例二：国际民航组织。

根据1944年12月7日订于芝加哥的《国际民用航空公约》所成立的国际民航组织也通过“指令”和“建议”的方式进行国际民用航空法方面的国际统一工作。然而，该组织的“指令”与上述欧洲共同体所颁布的“指令”不同。一方面，国际民航组织所颁布的这种指令只涉及民用航空的技术领域，如民用航空的安全性、规则性和效力，因而，其运用范围较小；另一方面，这种指令只有在成员国通过本国立法予以采纳才在该国有效，而成员国不是必须采纳这种指令。

## 第五节　国际贸易惯例法

### 一、国际贸易惯例法的概念

在长期的国际交往，且尤其是国际贸易中，为了便于这种贸易的进行，各

① See Rene David, International Encyclopedia of Comparative Law, Vol. II, Chap, 5, The International Unification of Private Law, pp. 176-177.

行业均制定有自己的标准合同、标准合同条款以及一般交易条件，它们中所确定的一些国际贸易的原则、规则长期以来为本行业的参与者所普遍遵守，并因而被认为对本行业的参与者具有约束力。在西方国际私法学界，这种体现于标准合同、标准合同条款和一般交易条件中的对有关当事人具有法律约束力的国际贸易原则、规则常被称为“共同法”(Droit Corporatif)、“条款法”(Clausal Law，Klauselrecht)或“行业法”(Verbandsrecht)。当然，无论是关于这种法律的法律性质、适用范围，还是它们的名称，在西方法学界都还存在着激烈的争论。考虑到这种法律的产生历史、法律性质并结合我国国际私法学界的理解，我们这里把这种法律称为国际贸易惯例法。国际贸易惯例法是国际统一私法的重要渊源之一。

如上所述，国际贸易惯例法是在国际标准合同、标准合同条款以及一般交易条件中体现出来的，那么，国际贸易惯例法的这三种“载体”究竟分别指什么？它们间的关系怎样呢？首先，所谓国际标准合同是指国际经济交往中所使用的合同的主要条款事先已明确规定好的合同，就这种合同而言，合同的当事人只需按合同的要求将一些事项填入合同所留下的空白处并在合同上签字，他们间的合同关系便告成立。其次，所谓一般交易条件是指对大批量的合同所事先规定的，由合同的一方当事人，即一般交易条件的使用人在合同的缔结时向另一方当事人所提出的合同的条款。在国际贸易实践中，一般交易条件与上述国际标准合同具有紧密的联系，甚至它们二者常常结合在一起组成一种标准合同。正因如此，在法学界一般交易条件常常被视为标准合同的一种(另一种重要的标准合同是空白表格合同)，或者被认为是构成标准合同的一个组成部分(标准合同的另一个重要组成部分为空白表格，且在实践中空白表格常作为标准合同的正面，而一般交易条件则多以很小的字体印于合同的背面)。最后，我们这里所说的合同标准条款是指在合同实践中逐渐标准化并固定下来的合同条款。合同标准条款与上述国际标准合同都是为了便于合同当事人谈判、订约，而预先确定了内容的格式协议。所不同的是，前者只是合同的个别条款，而后者则是整个合同。合同标准条款的具体内容通常都由有关的民间国际组织予以统一，合同当事人在合同中只需援引该条款，而不必规定该条款的具体内容。在国际贸易实践中，最为广泛适用的合同标准条款有如国际商会统一后的标准不可抗力条款、离岸价格和到岸价格等国际货物买卖合同的价格条款。

## 二、国际贸易惯例法的法律性质

应予指出的是，我们这里所说的国际贸易惯例法中的“法”是指特定意义上的法，它通常说来并不是具有一般拘束力的法律规范，而是国际贸易中的一种“软法”。那么，这种国际贸易“软法”的法律性质究竟是怎样呢？为能更清楚地看出国际贸易惯例法的法律性质，我们有必要首先考察国内贸易惯例法的法律性质。

就国内贸易惯例法而言，如果上述体现于标准合同、标准合同条款和一般交易条件中的贸易惯例已经成为一种习惯法，或者，业已通过国内立法被确定为法律规范，那么，它们成为国内法律规范，具有与国内立法相同的法律效力。但是，就世界各国司法实践来看，国内贸易惯例通过此种程序改变自身性质，而成为国内实证法律规范的情形并不普遍。原苏联和东欧国家，也即原经济互助委员会国家间的共同交货条件的实践是这方面的一个典型。这种共同交货条件实际上是一种国际贸易的一般交易条件；但是，由于经济互助委员会各成员国都以各自国内法律所规定的方式，如通过国内立法、国内有关部的承认此种共同交货条件的文件等，将它们纳入本国法律的体系，因而，它们实际上已成为经互会国家国内法律的有机组成部分，具有与一般法律相同的法律效力。然而，在大多数情况下，国内贸易惯例并不是国内实证法，不具有国内一般法律规范效力。它们只有在当事人协议适用时，方对他们具有法律约束力。从各国一般的司法实践来看，当事人适用贸易惯例的协议既可以明示做出，也可以默示方式做出。在我国，习惯被一致认为是我国民法的渊源之一。一项习惯只要与我国现行法律、法令等规范性文件不相抵触，或经国家认可，便具有民法渊源的意义。由此，我们可以认为，一方面，在我国，当事人可以协议选择适用贸易惯例或贸易习惯，并从而受它们的约束。但另一方面，习惯通常并不具有一般法律规范所具有的法律约束力。贸易惯例或贸易习惯只有为我国立法机关在立法中确定下来，才成为我国国内的一般法律规范，具有法律的一般约束力。但是，参与贸易的所有当事人都有义务顾及贸易惯例或贸易习惯，因为，通常说来，贸易惯例或习惯反映了贸易的一般规律，体现了大多数贸易参与者的要求，因而顾及它们便是顾及贸易伙伴的利益，而这正是我国 1986 年 4 月 12 日的《民法通则》第 4 条所规定的诚实信用原则的内容之一。从这一意义出发，我们也可以认为，在我国的贸易和司法实践中，贸易惯例在一定程度上也具有广泛的一般的约束力。这意味着，在一些情况下，即使当事人不选择适用这种贸易惯例，它们也可能会对当事人具有约束力。在这方面，德国法律有明确的规定。《德国民法典》第 157 条规定，合同得考虑交易习惯(Verkehrssitte)依诚实与信用进行解释。《德国商法典》则明确规定商人有义务顾及贸易交往中所适用的贸易习惯和惯例规定。

国际贸易中的所谓国际贸易惯例法的法律性质与上述国内贸易惯例法的法律性质是不同的；但是，国际贸易惯例法的法律性质究竟怎样，目前仍是国际法学界所激烈争论的一个问题。此一争论是与国际私法学界长期以来所探讨的所谓现代商人法问题紧密相联的。由于国际贸易惯例法是现代商人法渊源之一，是构成现代商人法这门独立于国内法和国际法的国际贸易的自体法律的组成部分，因而，国际贸易惯例法的法律性质是与现代商人法的法律性质一致的。目前，法学界对于现代商人法的法律性质意见尚存很大的分歧。① 我们不同意法学界有人所持的那样的观点，认为现代商人法不是法律，而只不过是一种所谓的贸易原则。在我们看来，现代商人法是法律，具有法律所具有的一般约束力，因为，它具有法律所应有的所有必要条件，即可适用性（applability）、公正性（fairness）、可预见性（predicability）、权威性（authoritativeness）和连续性（consistancy）。总之，国家贸易惯例法也是法律，对国际贸易的当事人具有约束力。国际贸易惯例法的这一法律性质也已为一些私法国际统一条约所明确确认。例如，1980 年的《联合国国际货物销售合同公约》第 9 条规定：（1）双方当事人业已同意的任何惯例和他们之间确立的任何习惯做法，对双方当事人均有约束力；（2）除非另有协议，双方当事人应视为已默示地同意对他们的合同或合同的订立适用双方当事人已知道或理应知道的惯例，而这种惯例，在国际贸易上，已为有关特定贸易所涉及同类合同的当事人所广泛知道并为他们所经常遵守。

### 三、以国际贸易惯例法实现私法国际统一的优点和缺点

（一）优点

首先，通过国际贸易惯例法可以较快地实现私法的国际统一。国际贸易惯例法存在和得以为人们遵守的基础是国际贸易当事人的一致同意，也即所谓的国际贸易中当事人意思自治原则。而此一原则实际上为所有国家的法律所确认。② 正因如此，通过国际贸易惯例法所实现国际统一的私法不必像上述国际统一私法公约那样需要获得公约成员国的批准。因而，以这种方法实现私法的国际统一起码可以省去那些常常是旷日持久的国内法律所规定的条约批准程序。而且，以这种方法所业已实现国际统一的私法也同样可以较快地得以修改，以适应发展了的形势的需要。

---

① 参见徐国建：《现代商人法论》，载《中国社会科学》1993 年第 2 期，第 79~99 页。

② See Schmitthoff, Das neue Recht des Welthandels, in: RabelsZ 28(1964), pp. 68-76.

其次，通过国际贸易惯例法所实现国际统一的私法往往较符合国际贸易的实际情况，能够更好地为国际贸易的当事人所接受。由于国际贸易惯例法通常是在国际贸易中自发产生的，并常常经由有关国际贸易的专门组织加工整理，因而，这种国际贸易惯例法，且尤其是包含于国际标准合同中的规范，一般说来更符合一般以及特殊国际贸易的实际情况，并从而能够更好地为国际贸易的当事人所接受。对此，有学者非常恰当地把国际贸易惯例比喻成“将现实翻译成法律规范，而不是把现实强行地纳入法律制度”①。

而且，由于国际贸易惯例法中的相当部分是十分专业化了的，因而，它们能在很大程度上满足国际贸易的法律安全的需要。国际货物买卖法领域中的所谓横向的统一私法(vertikale Vereinheitlichung)则是这方面最典型的例子。这里所说的横向的统一私法是与纵向的统一私法(horizontale Vereinheitlichung)相对应的一个概念，前者是指适用于国际贸易的特殊领域，或特定种类的货物，如某类原材料、机器和设备的国际买卖的统一的国际贸易惯例法，而后者则是指适用于所有国际货物买卖领域的统一的国际贸易惯例法，如《国际贸易术语解释通则》便属于这种纵向的统一私法。② 一般说来，纵向的统一私法较之横向的统一私法，其内容要更为周密、详细，较少有内容方面的漏洞。③

(二)缺点

在国际统一私法领域，一种私法国际统一方法的优点通常都是与相应的缺点紧密相联的，或者，换句话说，这种优点之所以存在，是因为它存在有相应的缺点。对此，国际贸易惯例法这种私法国际统一方法也不例外。作为私法国际统一的一种方法，国际贸易惯例法也有它的缺点：

首先，在实践中国际贸易惯例法的效力受到多方面的限制。如上所述，国际贸易惯例法的存在和得以为人们遵守的基础是国际贸易中当事人意思自治原则。尽管该原则得到世界各国广泛的接受，但是，它也同时受到种种限制。(1)这种限制首先来自该原则的自身，也就是说，国际贸易的当事人适用法律的协议只能限于特定的领域，如国际货物销售、银行、保险以及国际货物运输领域等，因而，以国际贸易惯例法所实现统一的私法，且尤其是上述所谓的纵

① Henri Cornil, The ECE General Conditions of Sale, in: Journal of World Trade Law 3 (1969), p. 400.

② See Eisemann, Die Incoterms in Hndel und Verkehr, Wien 1963.

③ See Eisemann, “Incoterms and the British Export Trade.” The Journal of Business Law 1965. pp. 114-122.

向国际统一私法，其效力也就只能限于特定的领域。(2)尽管我们认为国际社会存在一种独立于国际公法与国内法之外的，支配国际贸易合同当事人权利和义务的现代商人法，而且，我们这里所说的国际贸易惯例法是这种国际贸易自体法律的渊源之一；但是，在实践中这种法律的效力尚未获得国际社会广泛、明确的确认。正因如此，国际贸易惯例法在实践中尚受到有关国内法律的限制。这意味着，一方面，国际贸易惯例法的内容不得违反有关国家强制法律规范的规定；另一方面，国际贸易的当事人尽管可以在最大程度上彼此协议规定他们间合同的内容，并使之受国际贸易惯例法的支配，然而，他们不得完全排除国内实证法的基本原则对他们的合同关系的控制作用。因为，不同国家的法律为确保标准合同和一般交易条件等贸易惯例法的公正与合理，而对它们的适用和效力有不同的严格要求，因此，国际贸易当事人应使他们的合同关系受国内实证法律的"控制"，以使这种合同关系合法有效。当然，在对贸易惯例法进行控制时，各国立法都应尽量顾及国际贸易的一般标准，以便它们能在国际范围内获得统一的适用。(3)此外，国际贸易惯例法还不得不受公共秩序(ordre public)的限制。这主要表现在两种情况下：其一，如果当事人间的国际贸易合同关系受制于一外国法律，那么，这种国际贸易惯例法便不得与该国法律的强制规定以及该国法律所规定的公共秩序相抵触；其二，如果当事人间的国际贸易合同关系受一般法律原则的支配，那么，国际贸易惯例法的效力以它们不违反这种一般法律原则中的强制性的原则以及公共秩序原则为前提条件。

其次，国际贸易惯例法的内容有时有对国际贸易中不同利益的当事人利益不均的缺点。此缺点的产生主要是由于在国际贸易的实践中一些专门性的进行私法国际统一的民间国际组织在制定供本行业所适用的标准合同或一般交易条件时总是优先考虑对本行业的当事人的利益的保护，并相应地忽略了对本行业的国际贸易伙伴的特殊利益的保护。但是，应予指出的是我们这里所说的国际贸易惯例法的这一缺点并不是普遍的，也就是说，出于种种不同的原因，在国际范围内有不少民间国际组织致力于制定对国际贸易的不同利益的参与者予以同等保护的公正合理的国际贸易惯例法。这种不同的原因包括，譬如，像国际商会这样的国际组织，由于它不是行会性质的专业性的国际组织，而是一个国际商事方面一般性的国际组织，因而，它在制定国际贸易惯例法时较能够中立行事，制定出对不同利益的当事人的利益予以同等保护的公正合理的国际贸易惯例法。而且，即使一些专业性的国际组织，例如1872年成立的不来梅棉花交易所(Bremer Baumwollboese)、1873年成立的美洲丝绸协会(Silk Association of America)以及1877年成立的伦敦谷物贸易协会(London Corn Trade

Association)，由于它们的成员同时是货物买卖的买方和卖方，因而，这些国际组织所制定的贸易惯例法自然必须同时兼顾贸易各方当事人的利益。此外，随着广大第三世界国家积极参加广泛性的国际贸易，以及它们要求建立国际经济新秩序的斗争也直接或间接地迫使一些国际组织去制定公正合理的国际贸易惯例法。

## 四、国际贸易惯例法向国际贸易习惯法的转变

我们上面所讨论的国际贸易惯例法与所谓的国际贸易习惯法是不完全一致的两个概念。就国内法而言，所谓习惯法是指国家认可和由国家强制力保证实施的习惯，是法的渊源之一。而所谓国际贸易习惯法，则如我们前面所已经提到的，是业已为国家认可并由国家强制力保证实施的那部分国际贸易惯例。尽管国际社会有诸多进行私法国际统一工作的机构从事私法的国际统一工作，但是，不管它们是政府间的国际组织，还是非政府间的民间国际组织，它们都不拥有国家立法机构那样的立法权，因而，我们这里所说的国际贸易习惯法并不是国际组织，或者甚至"超国家的国际组织"所确认的国际贸易惯例，而是国家立法机构所确认的国际贸易惯例。从体现形式上看，国际贸易习惯法通常表现为各国立法中对国际贸易惯例的一致的确认和规定。例如，冲突法中的不动产物权适用不动产所在地法的冲突法原则(locus regit actum)便是一条国际贸易习惯法规则，但它主要并不是存在于国际统一私法条约中，而是一致地存在于世界各国的冲突法立法中。例如，《中华人民共和国民法通则》第 144 条便明确规定，不动产的所有权，适用不动产所在地法律。

国际贸易习惯法是国际贸易惯例法的一个部分，是转化了的国际贸易惯例法。在一定的条件下，国际贸易惯例可以转化为国际贸易习惯法。德国学者霍尔恩(Horn)认为国际贸易习惯法的形成经过三个阶段：第一阶段是所谓的实际运用阶段，这种实际运用便形成一种实践，这就是人们通常所说的习惯(Brauch)或交易道德(Verkehrssitte)；第二阶段是这种习惯或交易道德发展成为一种具有规范作用的贸易惯例的阶段；第三阶段则是这种贸易惯例获得国家认可，并因而由国家强制力保证实施的阶段。① 霍尔恩在其所著的《国际借贷法》一书中还具体认为，在国际借贷领域，一种国际习惯法正在形成。②

国际贸易习惯法和国际贸易惯例法在法律性质上是不完全一致的。国际贸

① See Horn, Das Recht der internationalen Anleihen, Frankfurt a. M. 1972. S. 528.

② See Horn, Das Recht der internationalen Anleihen, Frankfurt a. M. 1972. S. 517.

易习惯法由于业已为国家确认，并由国家强制力保证实施，因而，它具有国内法律所具有的一般的法律约束力，其适用通常并不需要当事人的选择；与此相反，国际贸易惯例法一般说来则不具有这种一般性的法律约束力，它们的适用以国际贸易当事人的选择为前提条件，只有在当事人协议选择适用它们时，它们才对当事人具有约束力。如果我们把国际贸易惯例法比喻为国际贸易的“软法”(soft law)，那么，国际贸易习惯法则可比喻为国际贸易中的“硬法”(hard law)。

## 第六节 判 例 法

### 一、判例法的概念及其在私法国际统一中的作用

判例是英美普通法系国家法律的主要渊源。在大陆法系国家，尽管判例并不是法律的渊源，但是，它们对于这些国家法律的正确解释以及法律制度的完善和发展起着非常重要的作用，在这些国家的司法实践中法院的判决被法官和律师加以援引是司空见惯的。在国际贸易法和国际私法实践中，判例也起着很重要的作用，西方法学者普遍认为判例是这种法律的渊源之一。尽管我国法律实践中一般不承认判例是我国法律的渊源；但是，我国学者都一致认为判例在国际私法和国际贸易法中具有重要的作用。那么，就本文所探讨的国际统一私法而言，判例在私法的国际统一中究竟具有什么作用呢？它是不是国际统一私法的渊源？如果是，那么它与我们前面所业已讨论的其他渊源地位有何不同？

在回答这些问题之前，我们有必要首先探讨这里所说的判例的准确涵义。一般说来，判例是指法院可以援引，并作为审理同类案件的法律依据的判决和裁定。这种判例所产生的法律规范在西方法学界常被称为判例法(case law)或法官制定法(judge-making law，Richterrecht)。与一般意义上的判例相比，我们这里所说的判例具有以下几个主要特征：首先，这里所说的判例不仅指法院所作的判决和裁定，而且，还指仲裁庭所做的仲裁裁决。其次，我们这里所说的判例除包括一国国内法院的判决和裁定，以及一国国内仲裁庭的国际经济和贸易仲裁之外，尚包括国际法院和国际商事仲裁庭所作的判决、裁定和仲裁裁决。

我们认为判例法是国际统一私法的渊源之一，但是，它作为国际统一私法渊源的意义不如国际私法条约等国际统一私法的其他渊源的意义大。换句话

说，判例对于私法国际统一的意义不及我们前面所说的私法国际统一的其他诸途径。一般说来，判例本身并不能直接实现私法的国际统一，也就是说，人们无法让法院或仲裁庭去做出使各国私法得以国际统一的判决和仲裁裁决。正因如此，德国学者克罗波勒(Kropholler)正确地指出，就目前判例在法律统一方面的作用而言，它只起着一种补充的作用。然而，人们却不能忽视法院的判决与裁定和仲裁庭的裁决在私法国际统一中的作用。与国内法一样，国际统一私法的产生与有效的执行离不开三个方面的相互作用，即立法、司法和法学研究，而其中司法则主要是法院的执法活动。而且，尤其重要的是国际统一私法必须在法院司法实践中获得统一的执行，且其内容也应通过法院的判决和裁定以及仲裁庭的裁决得到进一步的具体化。总之，我们一方面要看到判例作为国际统一私法的渊源之一在私法国际统一中的作用，但是，另一方面，我们也应认识到判例在私法国际统一中作用的局限性。

## 二、国内法院的判例在私法国际统一中的作用

一般而言，国内法院有义务适用在本国生效的国际统一私法，并从而使国际统一私法得到进一步发展与完善，因而，国内法院对于国际统一私法的适用来说具有非常重要的意义。但是，这并不意味着国内法院自己创制新的国际统一私法规范，恰恰相反，通常说来，国内法院不必，而且也不应创制新的国际统一私法规范。这是因为在大多数国家——起码在欧洲大陆国家——国内法院习惯上受本国法律的约束，而这些国家的国内法律显然都不要求本国法院这样去做。即使在司法实践中有的国家的法院在本国法律无具体的法律规定的情况下创制一条新的法律规则，而该规则与另一国或另一些国家的法律规定是完全一致的。那么，法院的这种活动也不是进行私法国际统一的活动，而只不过是一种所谓的法律的同化活动(Rchtsangleichung)。

当然，实践中也存在一些例外的情况，其中以欧洲共同体成员国国内法院以法院判决实现共同体有关私法统一的实践最引人注意。欧共体各成员国法院试图通过法院判决在违反欧洲共同体法的民事法律责任，如民事损害赔偿责任领域中，发展一种在欧共体统一适用的法律规范。

出于多种原因，且尤其是不同法系的国家对于判例是否是国内法律的渊源的实践不同，世界上不同法系的国家对于国内法院判决在私法国际统一方面的作用有不同的认识和实践。这里我们仅举一些主要的例子加以说明：

首先，就民法法系国家而言，这些国家的法院总是严格地受本国法律的约束，并在司法实践中适用本国的法律。而且，就这些国家的法官的法律意识而

言，他们事实上总是存在着这样的一种感觉，即认为世界上并不存在一种应予普遍适用的统一法(Rechtseinheit)。因而，一般说来，民法法系国家法院判决所产生的新的法律规范对于私法国际统一而言，并不具有非常直接的意义。然而，如果我们考察一下一些新诞生的，在整个世界范围内具有重要影响的国际统一私法国际公约，以及一些民法国家较新的司法实践，就不难看出，即使是民法法系国家法院的司法判决对于国际统一私法的发展也具有重要的意义。例如，1980 年的《联合国国际货物销售合同公约》第 7 条第 1 款就规定："在解释本公约时，应考虑到本公约的国际性质和促进其适用的统一……。"①这意味着，各国法院在适用本公约时，应该顾及其他国家法院适用该公约的情况，以便能满足公约所规定的对公约解释的这一要求。从这一意义上说，民法国家法院适用国际统一私法所做出的判决，对于国际统一私法的正确适用及其发展也具有重要意义。再就一些民法法系国家法院的实践来看，像荷兰等国家的法院在实践中实际上也是考虑外国法院适用国际统一私法的判决的，而且，本国高等法院尤其最高法院(Hoge Raad)适用国际统一私法所作的判决事实上(de facto)对其他法院均有约束力。②

其次，原东欧社会主义国家在该问题上的实践与上述民法法系国家的实践是基本一致的。有趣的是，在波兰学者们普遍认为法院在解释国际统一私法时应采用比较法的方法。而且，波兰的法院在实践中也是考虑外国法院适用国际统一私法的判决的。这方面最典型的判例是波兰最高法院 1975 年所作的一项解释《华沙国际航空运输公约》的"瓜达拉加拉议定书"的判决。保加利亚也有类似的实践。保加利亚法院以及保加利亚国际商事仲裁院在解释国际统一私法公约时也总是考虑公约其他成员国法院和仲裁庭对这些公约的解释，以便能揭示公约规定的确切含义，和使对公约的解释得以一致。

最后，普通法系国家的法院在该问题上的实践与上述民法法系国家的实践大相径庭。法院的判决在普通法法系国家都被认为是法律的渊源之一，对法院具有约束力。③ 在普通法法系国家法官的心目中，世界上存在一种统一的法律

---

① 类似的规定尚可见于 1974 年《联合国国际货物销售时效期限公约》第 7 条；1978 年《联合国海上货物运输公约》第 3 条。

② See Honnold, Uniform Words and Uniform Application: The 1980 Sales Convention and International Juridical Practice, in: Schlechteriem (Hrsg.), Einheitliches Kaufrecht und nationales Obligationsrecht, Baden-Baden 1982, S. 123-124.

③ See David/Grasmann, *Einfuehrung in die grossen Rechtssysteme der Gegenwert*, Munich 1988, *S.* 480-493.

(Rechtseinheit)，法官也应适用此种法律。但是，在国内法院的判例对于私法国际统一的意义问题上，普通法系中不同的国家的实践并不是完全一致的。这里我们仅就几个主要的普通法系国家的实践加以讨论：

第一，英联邦国家的实践。英国是普通法的发源地，英国法律由于历史的原因，经过漫长的岁月，广泛地为英联邦其他成员国所接受。因而，英联邦国家存在着一种共同的判例法，或者更准确地说，这些国家在私法领域存在着大量相同的法律规定。但是，英联邦国家接受英国法律的实践却是不完全一致的。如果说原来属于英国殖民地的一些国家曾在一些法律领域全盘接受英国法律制度，那么，随着这些国家的独立，现在这些国家在法律制度方面已不愿，且也在一定程度上不再紧紧地依赖英国的法律制度，而是根据本国的情况，发展具有自己特点的法律制度。例如，为保证法院判决质量，以及为维护英联邦法律的统一性，作为英联邦最高上诉法院而存在的枢密院(privy council)已不再为一些新独立国家承认为最高上诉法院。尽管在一些目前尚未通过立法加以统一的“传统”法律领域，英国法院的判例目前仍为英联邦国家视为具有“权威性”，但是，英联邦成员国仅在这些判例所适用的解决法律问题的方法符合本国实际情况时，才为它们所接受。由此，我们可以得出这样简单的结论，即在英联邦国家法院的私法判例对于英联邦国家的私法统一具有直接的作用，可以说英国法院的判例是英联邦统一私法的渊源之一；但是，随着原英殖民地国家的纷纷独立，以及私法范围内成文立法的不断增加，英国国内法院判例对于私法国际统一的这种重要作用愈来愈大地受到削弱。

上面我们揭示了英联邦成员国接受英国法院判例的情况，那么，英国法院对于其他国家法院的私法方面的判例的态度又怎样呢？就外国法院解释国际统一私法的判例来说，英国法院的传统是不去考虑这些外国法院判决的。直到现在英国法院在解释有关国际范围内非常重要的一些国际运输方面的统一私法公约(如海牙规则和华沙条约)时也还固守这一传统，而不肯顾及外国法院解释这些公约的判例。

第二，美国的实践。作为一个联邦制国家，美国各联邦州各自拥有自己不同于其他州的私法制度，在美国全国范围内并无统一的“美国私法制度”。这意味着，一方面，在美国并不存在联邦各州统一适用的联邦私法方面的立法，另一方面，在美国也不存在全国统一适用的由法院判例所创制的私法规定。当然，这不是说美国联邦法院不想通过判例法去实现各州私法的统一。事实上，近一个世纪以来，美国联邦法院都在为创立联邦统一的私法制度而进行不懈的努力。① 实践中，联邦法院的私法方面案件的判决也形成了一些联邦判例私法规则，只是这种联邦统一判例私法在法院司法实践中并不起多大作用罢了。因为，根据美国联邦最高法院 1938 年所作的埃利铁路公司诉唐姆金斯(Erie Railroad Co. v. Tompkins)一案的判决，即使是联邦法院作为例外情况所受理的住所在不同州的当事人间的私法方面的案件(即所谓的"不同州籍管辖权"，diversity-of-citizenship jurisdiction)。法院也只能依据有关联邦州的法律，而不是这种所谓的联邦私法去做出判决。② 总之，判例作为私法统一的一种方法和手段在美国国内私法统一中并不起很大的作用，美国国内私法的统一主要是通过各联邦州合作，并由有关促进私法统一的民间机构所编撰的成文法典(如《美国统一商法典》)的方式来进行的。

### 三、跨国法院判决在私法国际统一中的作用

由于联合国所属的设立于荷兰海牙的法院被称为国际法院，为避免混淆，我们这里把所有国际组织所设立的从事司法裁决活动的法院组织称为跨国法院。目前，世界范围内跨国法院为数不少。但是，它们中只很少几个与私法的国际统一有关。因而，相对于国内法院的判决而言，跨国法院的判决对于私法的国际统一意义是比较有限的。

#### (一)联合国国际法院与私法的国际统一化运动

作为联合国的主要司法机关之一的联合国国际法院的职权主要是诉讼管辖权与咨询管辖权。国际法院的诉讼当事人限于国家，任何组织、团体或个人均不得成为诉讼当事人。由于这一限制，当事人主要是法人和自然人的私法方面的案件便被排除在国际法院司法管辖权之外。而且，又由于《国际法院规约》第 38 条明确规定国际法院裁判案件时所应适用的法律是：(1)国际公约；(2)国际习惯；(3)一般法律原则为文明国家所承认者；(4)司法判例和各国权威最高之公法学家学说，而并不包括冲突法规范，因而，国际法院在其司法实践中并不经常遇到依据冲突规范确定适用法律的情况。③

① 早在联邦法院 1842 年所作的 Swift v. Tyson 案判决中，该法院就认为应在那些主要是以判例法形式表现出来的私法领域，创立联邦统一适用的判例法。

② 此判决的旨意在于防止国内法律适用中"选择法院"情况的出现。参见 Thann-Haeuser, Die "Erie-Doctrine" in Spannungsfeld zwischen Bundes-und Staatsgerichten der Vereinigten Staaten (1969)。

③ See Erades, "Application of Private International Law by the International Court of Justice," in: De Conflictum Legum, Essays Kollewijn/Offerhaus, Leiden 1962. S. 145-153.

与联合国国际法院不同，它的前身国际联盟常设法院在司法活动中曾有机会经常涉及冲突法问题。这是因为国联常设法院认为冲突法是国内法的一部分，而它常常适用国内法，因而，也便不得不经常适用冲突法规范来确定有关国内法的适用。① 这方面最有名的案件是国联常设法院曾受理的塞尔维亚贷款案和巴西贷款案。② 该两案的原告均为法国，被告则分别为塞尔维亚和巴西。原告法国向国际常设法院诉请判决被告分别依据贷款协议以金法郎偿还该两国分别欠法国债权人的款项。而该两被告国则认为法国债权人只有权要求以业已贬值的纸法郎获得支付。该两案的中心问题在于对于债券的支付是适用被告塞尔维亚和巴西的法律，抑或适用原告法国的法律。如果适用法国的法律，债券便应以金法郎支付，而如果适用塞尔维亚和巴西的法律，债券便可以纸法郎偿还。由于不存在可以适用的国际公约、为文明国家所承认的一般法律原则以及国际惯例，国联常设法院就不得不在上述国家的国内法中确定支配该案的法律。就法律适用问题法官最终判决原告国法国的法律是支配该两案件中债券支付问题的准据法，而被告塞尔维亚和巴西的法律是支配债券发行所基于进行的贷款合同实质问题的准据法。

联合国国际法院成立四十多年的司法实践中所涉及冲突法以及私法国际统一问题方面最著名的案例是1958年11月28日判决的波尔案（Boll Case），或称荷兰诉瑞典案（Pays—Bas v. c. Suede）。③ 本案案情可以简单归纳如下：玛莉·伊丽莎白·波尔1945年5月7日生，她的父亲约翰内斯·波尔是荷兰人，而母亲格德·伊丽莎白·林德瓦尔系瑞典人。小波尔居住在瑞典。1953年12月5日她的母亲林德瓦尔死后，父亲约翰内斯·波尔即依据荷兰民法典第378条的规定而成为小波尔的监护人。其后，根据荷兰一地方法院的判决，由波斯特玛太太取代约翰内斯·波尔作为小波尔监护人的资格。与此同时，瑞典根据其1924年6月6日的有关未成年人保护的法律把小波尔送入育儿院（Child Welfare Bord）进行所谓的托管教育（skyddsuppfostran, protective Upbringing, Fuersorgererziehung）。对此，波斯特玛太太不服并向瑞典最高行政法院诉请撤销这一决定。然而，瑞典最高行政法院驳回了这一诉请，拒绝将小波尔交给她

① See Wilfred Jenks, "The Interpretation and Application of Municipal Law by the Permanent Court of International Justice," in: British Yearbook of International Law XIX (1938). p. 67 et sep.

② See Serbian and Brasilian Loans Cases, P. C. I. J. Series A, nos. 20/21.

③ Affaire relative a l'application de la Convention de 1902 pour regler la tutelle des mineurs (Pays Bas c. Suede), C. I. J. Receil 1958, p. 55 ff.

监管。为支持波斯特玛太太，荷兰政府于是向国际法院提起了针对瑞典的诉讼，请求国际法院裁决瑞典有关机构所做出的得到瑞典最高行政法院支持的关于对小波尔进行托管教育的决定违反了对瑞典和荷兰均具约束力的1902年海牙未成年人监护公约。1958年11月28日国际法院做出了判决，判决中首先对“监护”和“托管教育”这两个概念做了界定，然后指出瑞典有关机构所做出的决定与1902年海牙未成年人监护公约的规定并无冲突，因而，荷兰所提出的诉请不予支持。法院这样判决的主要理由在于，依据1902年海牙未成年人监护法律在未成年人的国籍国(本案中荷兰)所确定的监护，如果受到该未成年人居住国(本案中瑞典)法律所规定的对未成年人保护措施(本案中瑞典的托管教育)的限制，那么，除非这种保护措施属于该公约所规定的内容，否则，对该公约适用的限制便不构成违反该公约义务，因为，该公约并未禁止它所规定的内容以外的其他法律的适用。

对于国际法院的这一判决，且尤其是该判决所基于做出的理由，在法学界曾引起激烈的争论。一些学者对判决提出尖锐的批评，如参与该案审理的法官之一的劳特派特(H. Lauterpacht)便指出如果仅以“托管教育”措施不属于公约规定的范畴，因而，以此种措施限制公约的适用便不构成对公约义务的违反是不对的。① 与此相反，巴蒂福尔(Bartiffol)和法朗希斯卡基斯(Francescakis)则在法学理论上支持该判决。他们认为此一判决有利于避免统一私法公约义务的扩大，从而使缔约国对国际统一私法公约敬而远之的危险。②

在国际法院与私法的国际统一关系问题上尚需指出的是，国际劳工组织的宪章第37条第1款规定，所有涉及该组织的宪章以及该组织的其他任何公约的解释的争议均由国际法院受理。此外，诸如“1962年12月10日关于缔结婚姻的纽约公约”(第8条)、“1960年3月15日关于内河船舶碰撞公约”(第14条)、“1948年6月26日伯尔尼版权公约”(第27条)、“1952年9月6日世界版权公约”(第15条)等私法国际统一条约中均规定联合国国际法院享有对这些公约解释争议的管辖权。但是，到目前为止，这些公约的成员国很少将这种争议提交给国际法院。因此，总的说来，国际法院的司法活动尚未对私法的国际统一起大的推动作用。

---

① See “Seperate Opinion of Judge Sir Hersch Lauterpacht”, in: C. I. J. Recueil 1958, p. 79 ff.

② See Batiffol/Francescakis, Phocion: L'arret Boll de la Cour internationale et sa Contribution a la theorie du droit international prive, in: Rev. Crit. 48(1959), p. 274.

（二）欧洲共同体法院与私法国际统一化运动

欧洲共同体法院是欧洲共同体的司法机构，其任务主要在于进一步发展欧洲共同体的法律和维护共同体法律的统一。① 该法院的管辖权主要包括四个方面：(1)裁决共同体成员国是否违反它所承担的国际公约的义务；(2)裁决共同体的决定是否有效地做出；(3)受理向欧共体提出索赔的民事和行政方面的诉讼；(4)受理共同体与其工作人员间的纠纷。与联合国国际法院不同，欧共体法院所受理案件的当事人可以为自然人个人，换句话说，个人可以向欧共体法院寻求法律方面的救济，但是，该法院的上述四项管辖权仅第(2)、(4)项可以涉及共同体成员国公民个人的诉讼。②

就欧共体法院与私法国际统一的关系而言，它的所谓"先行裁决程序"(preliminary ruling；decision a titre prejudiciel；Vorabendscheidung)对于欧共体国家法律，且尤其是它们的法院判决的统一一致具有重要意义。③ 根据《关于建立欧洲经济共同体公约》第177条和《关于建立欧洲原子能共同体公约》第150条规定，如果成员国法院在做出有关共同体公约的解释或者共同体机构的行为的解释和有效性方面的裁决时认为有必要，它可以将该问题提交给欧共体法院，请它做出先行裁决。而且，如果遇到这种问题的共同体成员国法院是该国法律规定的这一案件的终审法院，那么，该法院必须把一问题提交给共同体法院进行先行裁决。欧共体法院的这种先行裁决在形式上只对提交该案件的国家的该法院具有约束力，而并不具有对所有共同体成员国的普遍约束力。尽管如此，欧共体法院通过这种司法活动有利于渊源于共同体各种法律文件，如共同体公约、指令和决定，以及在共同体适用的不成文的一般法律原则的统一私法规范的统一解释和适用。也正因如此，欧共体各成员国都非常重视共同体条约所确定的这一司法制度，并且通过缔结有关议定书的方式进一步发展和完善了这一制度。

就欧洲统一私法中的经济法分支的发展而言，欧洲共同体法院作为共同体的"行政法院"的司法活动具有特殊的意义。这集中表现在共同体法院在通过

---

① 参见：(1)1957年《关于建立欧洲经济共同体公约》，第164条；(2)1957年3月25日《关于建立欧洲原子能共同体公约》第136条；(3)1951年4月18日《关于建立欧洲煤钢共同体公约》第32-32c条。

② See Herey G. Schermers，"The European Court of Justice：Promoter of European Intergration."in：Am. J. Comp. L. 22(1974)，p. 446。

③ 关于欧共体法院的"先行裁决"，请参考 Wall，The Court of Justice of the European Communities，London 1966，pp. 130-140。

其司法活动保证共同体为保护竞争禁止垄断所颁布的许多保护竞争法规的统一解释与适用方面。

欧洲共同体法院受理的案件的当事人可以是自然人和法人，所以，从一定意义上说，该法院对私法统一的影响较之像联合国国际法院那样只受理国家间诉讼的跨国法院对私法国际统一的影响要更大。当然，欧洲共同体法院所受理的涉及自然人和法人的案件的种类也是有限制的。《关于建立欧洲经济共同体公约》第173条第2款和《关于建立欧洲原子能共同体公约》第156条规定，任何一个自然人和法人都可以向共同体法院提出反对共同体有关机构直接针对该人所作的决定，或者是针对某第三人但却直接或个别涉及该人的利益的决定的诉请。

(三)荷、比、卢法院与私法国际统一化运动

荷兰、比利时和卢森堡三国于1951年11月5日缔结条约成立三国联盟。该联盟除在经济领域进行合作外，在法律方面尚进行法律的国际统一活动，而且，在这方面到目前为止业已取得相当大的成就。在进行法律，且尤其是私法国际统一的同时，荷、比、卢三国也在酝酿设立一个“荷、比、卢法院”(The Benelux Court)以促进该三国共同的法律规范的统一适用。1965年3月31日荷兰、比利时和卢森堡三国在布鲁塞尔签署了《关于成立荷、比、卢法院及其章程的公约》。该公约于1974年1月1日生效，荷、比、卢法院因而也正式在布鲁塞尔成立。

荷、比、卢法院享有三个方面的管辖权，即先行裁决管辖权、咨询管辖权和对若干行政事务的管辖权。该三国国内法院在解释三国共同的法律规范遇有困难时，可以将所遇问题提交荷、比、卢法院，请它做出先行裁决。但是，如果遇到这种问题的是该三国的国内最高法院，那么，它们必须提请荷、比、卢法院做出先行裁决。由此，我们可以看到荷、比、卢法院的这种先行裁决管辖权与上述欧洲共同体法院所享有的先行裁决管辖权是很相似的。如果荷、比、卢三国政府在该三国共同的法律规范的解释问题上遇到困难，可以提请荷、比、卢法院作出咨询意见。但是，实践中三国政府很少提出这种请求，因而，该法院也就很少有机会行使其咨询管辖权。

## 四、国际商事仲裁裁决对私法国际统一的作用

国际商事仲裁裁决对于私法的国际统一起着非常大的作用。这集中表现在作为国际统一私法重要渊源的习惯法和一般法律原则通过国际商事仲裁裁决而更好地得以确定。

由于国际商事仲裁具有速度快和费用低等优点，在国际商事合同实践中有不少合同当事人选择这种方法解决他们间可能出现的争议的途径。据有人统计实践中百分之九十以上的对外贸易合同中规定了合同争议仲裁条款。而且，尤其是国际海商法领域的争议几乎全部是通过仲裁手段解决的。所以，国际商事仲裁在解决国际商事争议方面的作用是明显的。

适用于国际商事仲裁的实体法在很多情况下是习惯法和所谓的一般法律原则。这些法律规范是不成文的，且其具体内容也有待进一步确定，而国际商事仲裁庭在实践中适用这种法律规范裁决案件就必须确定它们的内容，并解决在适用中所遇到的其他一些问题，这样，广泛的国际商事仲裁裁决自然也就促进了私法的国际统一。但是，由于国际商事仲裁裁决并不像法院判决那样都可以公开，而是只有获得当事人同意的裁决才能公开。因而，国际商事仲裁裁决对私法国际统一的作用受到了限制。

国际上进行国际商事仲裁的仲裁机构很多，其中主要包括国际性的常设国际商事仲裁庭、国内涉外商事仲裁庭以及特别的临时仲裁庭。这里我们仅以国际商会和伊朗—美国仲裁庭的活动来具体说明国际商事仲裁裁决对私法国际统一的意义。

(一)国际商会的国际商事仲裁活动与私法的国际统一

国际商会的国际商事仲裁活动对私法的国际统一化运动具有重大的影响。成立于1919年的国际商会是一个旨在“促进世界范围内的国际贸易”而由主要是参与国际贸易事务的公司以及它们的本国组织所缔结的一个民间国际组织。目前，它的会员计有7 164个，分布于114个国家。解决国际商事争议是国际商会的重要活动之一。而此一活动具体又是由国际商会下设的五个机构来完成的，它们是：(1)国际商会仲裁院；(2)国际仲裁委员会；(3)国际海事仲裁组织；(4)技术鉴定国际中心；(5)调整合同关系常设委员会。然而，就国际商会的国际商事仲裁活动而言，上述国际商会的国际仲裁委员会和国际海事仲裁组织并不参与具体的仲裁活动。

根据《国际商会合同调整规则》第1条第1款的规定，国际商会调整合同关系常设委员会的任务在于“为促进国际经济活动，安排第三人进行调停，完成当事人在他们的合同关系范围内所委托给他的任务”。合同当事人可以在合同关系存续的任何时候请求该常设委员会指定调停合同争议的第三人或三个人组成的调停小组。《国际商会技术鉴定规则》第1条第1款规定国际商会设立技术鉴定国际中心以向在国际贸易活动中寻求技术专家的服务的当事人提供此种服务。国际商会设立该两机构的目的在于避免提交仲裁之前国际商事争议的升级，并试图通过这种新颖的方法来解决国际商事争议。但是，它们成立至今在实践中所起的作用却受到很大的限制。因而，到目前为止，它们对私法国际统一所起的作用并不大。

我们讲国际商会的仲裁活动对私法国际统一化运动具有重大意义主要是讲国际商会下设的仲裁院的国际商事仲裁活动。该仲裁院的目的主要在于通过仲裁活动解决具有国际性质的商事争议，但它同时也可以受理由当事人通过仲裁协议所提交的不具有国际商事性质的商事争议。国际商会仲裁院在成立至今的七十多年时间中共仲裁了六千多个案件，且目前提交给它仲裁的案件愈来愈多。实践中国际商会仲裁院积累了非常丰富的国际商事仲裁经验，而这些经验对于一些重要的商事仲裁国际公约，如1923年和1927年关于承认仲裁条款和仲裁裁决的日内瓦公约、1958年关于承认与执行外国仲裁裁决的纽约公约、1961年关于欧洲商事仲裁的日内瓦公约、1966年联合国欧洲经济委员会仲裁规则、1976年联合国国际贸易法委员会仲裁规则以及1980年联合国国际贸易法委员会仲裁示范法等的问世都起到积极的影响。而且，在具体的法律适用方面，国际商会仲裁院的实践对于私法的国际统一也起着积极的作用。例如，对于国际商事仲裁适用法律方面的所谓“现代商人法”问题，该仲裁院的仲裁裁决中所表明的意见基本上是倾向于赞成这种在国际贸易交往中逐渐形成的、到目前为止仍未完善的、以国际贸易惯例、一般法律原则和一般交易条件等形式体现出来的，独立于国际公法和国内法以外的，支配国际贸易合同中当事人的权利与义务的法律。而这实际上便有利于现代商人法这一与国际统一私法紧密相联的理论和实践问题的进一步发展。

(二)伊朗—美国仲裁庭与私法的国际统一

1979年2月伊朗革命推翻巴立维王国，同年11月4日美国驻德黑兰大使馆被占，使馆内的52名美国人被扣为人质。1980年4月该两国断绝外交关系。为了解决美国人质问题以及伊朗革命和美伊断交所产生的其他一些问题，作为美伊冲突调停斡旋者的阿尔及利亚政府于1981年1月19日发表了为伊朗和美国政府所认可的，对它们均具有约束力的两个“阿尔及尔声明”，即“一般声明”和“权利要求解决声明”。该声明除规定伊朗释放美国人质以及美国所冻结的伊朗在美国的财产问题的解决外，还主要规定了该两国公民与对方国家间因商业债务、国有化、财产没收、违反合同等问题所产生的争议的解决。依据该声明伊朗—美国仲裁庭(The Iran-United States Claims Tribunal)于1981年在荷兰海牙成立。

作为一个临时(ad hoc)仲裁庭，伊朗—美国仲裁庭的作用主要包括两个方面。其一，它是解决伊朗与美国两国之间的争议的仲裁机构，其使命在于和平解决国际公法意义上的美伊两国之间的国际争端。其二，该仲裁庭作为一个国际商事仲裁庭，其使命同时又是解决自然人和法人作为当事人的私法性质的争议。但是，从仲裁庭受理的争议的法律性质来看，它们实际上都是“私法”性质的争议，例如，美伊两国彼此间因货物买卖合同和服务合同所生的争议。上述“权利要求解决声明”第 5 条对于该仲裁庭仲裁案件所应适用的法律作了明确规定：“仲裁庭应在尊重法律的基础上，适用仲裁庭决定可以适用的法律选择规则以及商法和国际法的原则，并考虑贸易习惯、合同规定以及变化了的情势裁决所有案件。”仲裁庭所适用的程序法是 1976 年联合国国际贸易法委员会仲裁规则。① 只是仲裁庭在具体适用该仲裁规则时可以根据案件的具体情况并出于对仲裁工作的方便对于该仲裁规则进行修改。

伊朗—美国仲裁庭共由九名仲裁员组成，其中伊朗和美国各占三名，另外三名是第三国的仲裁员。仲裁庭下设三个仲裁室，每一仲裁室均由三名仲裁员组成。提交给仲裁庭的大多数案件都是由这三个仲裁室进行仲裁的，只是美伊两国间的属于国际公法性质的争议以及其他特别重要的案件才由九人仲裁庭审理裁决。伊朗—美国仲裁庭成立至 1988 年共受理自然人和法人所提交的仲裁案件3 800多件，其中涉及标的金额最高者达 120 亿美元。截止 1988 年 9 月该仲裁庭共审结案件1 100多件。

伊朗—美国仲裁庭的实践对于私法的国际统一具有重要的意义。这集中表现在仲裁庭仲裁实践中具体适用仲裁程序法和实体法律规范两大方面：

首先，在程序法方面正如我们上面所述，该仲裁庭灵活地适用了联合国国际贸易法委员会仲裁规则。伊朗—美国仲裁庭适用该仲裁规则可以说是对此规则本身最重要的一次检验，也是该规则在实践中最全面的一次运用。通过这次全面的检验，该仲裁规则的优点和缺点便得以更直接地揭示。这对于该规则的进一步完善无疑是很有益的。而且，这一国际仲裁庭对于该仲裁规则在实践中所作的解释对于该规则以后其他适用者来说也具有很好的参考作用。此外，伊朗—美国仲裁庭在具体的仲裁程序问题上(如：书面审与口头审、取证与证据材料、鉴定人、临时保全措施以及仲裁费用等)都有独到和创新的做法，而这些对于国际商事仲裁法律制度的国际统一无疑也具有有益的参考作用。

其次，伊朗—美国仲裁庭在实体法律适用方面的一些独到的实践对于私法

① “伊朗—美国仲裁庭规则”第 33 条有类似的规定。该规则载于 Baker and Davis, The UNCITRAL Arbitration Rules in Practice—The Experience of the Iran—United States Claims Tribunal, Kluwer 1992, pp. 239-273。

的国际统一具有重大影响。尽管我们上面已提到仲裁庭所适用的实体法依据"权利要求解决声明"以及"伊朗—美国仲裁规则"的规定可以是依据冲突法规范所指引的伊朗和美国的国内法，但是，由于仲裁庭所审理的具体案件的一方当事人大多为一国政府或者政府所控制的实体（state controlled entity），因而，仲裁庭在遇有根据冲突法中"最密切联系原则"或者所谓的"商事交往的重心"（center of gravity of the business dealings）规则应适用伊朗或美国国内法律时，常常也不直接去适用这种国内法，而是依与这种国内法规定一致的所谓一般法律原则去做出裁决。总的说来，伊朗—美国仲裁庭对于"现代商人法"（lex mercatoria）理论以及适用现代商人法裁决案件是持肯定态度的。这对于该理论的进一步发展具有重要意义。此外，伊朗—美国仲裁庭还在其仲裁裁决中对国际贸易法中的不可抗力（force mejeure）、情势变迁（clausula rebus sic stantibus，changed circumstances，We gfall der Geschaeftsgrundlage）、国家外汇管制、货币兑换比率变化以及利息等一些具体问题表明了自己的意见，而这些意见对于国际统一私法中有关法律制度的具体适用具有参考作用。

## 第七节　一般法律原则

### 一、一般法律原则的概念

尽管一般法律原则（general principles of law，principes generaux du droit，allgemeine Rechtsgrundsactze）这一概念频繁地出现于法律文献中，而且它在国际和国内法律实践中也获得广泛地适用，但是，国际法学界对这一概念却没有统一的理解。① 这种理解的不统一根源于很多原因，其中如它既是国内法中的一个概念同时却又是国际公法和国际私法中的一个概念，与此相适应，不同的法学者从不同的法律学科角度出发又可能会对此概念有不同的理解，例如，国内民法学者、国际公法学者和比较法学者由于他们的出发点和着眼点各异，因而，也可能会对这一概念有彼此相异的理解。为便于我们更好地理解作为国际统一私法渊源的一般法律原则这一概念的确切涵义，我们这里先举国际上几位

① 不少国家的民法典中规定一般法律原则是本国民法的渊源。如西班牙现行民法典第1条第4款便规定："如果没有法律规定，且也没有惯例可供适用，则可适用一般法律原则。"各国在这方面的详细规定请参见 Bin Cheng，General Principles of Law，London 1987 reprinted，pp. 400-408。

著名的法学家给《国际法院规约》第 38 条第 1 项(寅)款所规定的作为国际法院所可以适用法律的“一般法律原则为文明各国所承认者”这一概念所下的定义：

(1)法国国际法学家卢梭认为所谓一般法律原则是“文明国家视为每一个法律秩序的必要组成部分的法律理念”。

(2)奥地利国际法学家费德罗斯认为人们不能把不同国家那些偶尔相同的法律规范理解为一般法律原则，而真正的一般法律原则是那些以一般的法律理念为基础的在国家和国家的交往中可以互换的法律原则。

(3)英国国际法学家奥本海所理解的一般法律原则是国内法律的一般原则，且尤其是可以适用于国家间关系的私法的一般原则。

(4)我国国际法学家王铁崖主编的高等学校法学教材《国际法》一书认为“一般法律原则可以理解为各国法律体系中所包含的共同的原则”，“这里所谓‘文明各国’当然不能按照西方资本主义国家污蔑不发达国家的意义来解释，而应该指作为国际社会成员的主权独立国家”。

我们认为作为国际统一私法渊源的一般法律原则与上述联合国国际法院规约中所规定的可以为国际法院所适用的一般法律原则的内涵与外延是基本一致的。参考国际法学者们对一般法律原则所下的各种不同的定义，且尤其是我国学者对这一概念的理解，并考虑国际统一私法的特点，我们不妨认为作为国际统一私法渊源的一般法律原则是指基于国际社会中各民族的一致的法律意识，各国法律所共同具有的指导思想和原则，以及国际贸易实践所据以进行的、为国际贸易的参加者所普遍接受的原则。

在法律发展史上，大约从本世纪初开始有法学家便开始以比较法的方法寻找一般法律原则，直到现在探寻一般法律原则也还是比较法研究的重要任务之一。也正是由于比较法学者长期大量的研究工作，才使得人们可以越来越多地认识属于一般法律原则的具体的一些法律原则。法学界通常认为一般法律原则起码包括以下诸点：

(1)约定必须信守的原则。作为一条一般法律原则，约定必须信守原则(pacta sunt servenda)要求所有参与法律交往的当事人忠实地履行自己对对方当事人所作的承诺。该原则被普遍认为是当今各国法律的一项一般原则，是国际社会确实存在着一种一般法律原则的佐证。在国际法律实践中，它获得了广泛的承认和适用。例如，仲裁员卡维营(Cavin)在著名的沙菲尔诉伊朗国家石油公司案(Sapphire v. National Iranian Oil Company；1963 年 3 月 15 日裁决)的仲裁裁决中就明确承认并适用了该原则。他在裁决中指出，“合同的约定必须得到尊重乃始终为国际法院认为是法律的一项根本原则。约定必须信守是所有合同关系的基础。而且，它也包含在争议双方当事人本国的法律中，即伊朗民法典第 21 条和加拿大法律中。”

(2)诚实与信用原则。考察各国法律，人们不难发现诚实与信用实际上是所有国家民、商事法律的基础，它在事实上早以为各国法律所承认。该原则同时也是进行国际贸易的基础。正因为如此，有人将该原则比喻为国际贸易的堡垒。毫无疑问，该原则是参与国际贸易活动的当事人所必须遵守的一项法律原则，他们在进行国际贸易的所有活动时都必须做到诚实与信用而为。该原则要求当事人不得滥用权利，不应不当得利，要诚实地履行合同，在可能出现损害时尽可能地减少损害，以及对对方当事人的信任予以合理的保护(Vertrauenschutz)。在国际商事仲裁实践中，该原则曾被作为法律规范适用于国际商事合同当事人的权利与义务的确定。

(3)不可抗力免责的原则。由于不可抗力造成合同一方当事人无法履行其合同义务，他便可以不再履行这种义务，且还可以免负因不履行合同所可能产生的违约责任，这便是所谓的不可抗力免责原则。该原则被人们广泛地认为是一条一般法律原则。但是，人们在实践中对于什么是不可抗力，当事人何时才可以基于该原则免除不履行合同义务的责任，以及诉诸该原则所产生的具体法律后果，理解得并不一致。通常说来，一项导致合同当事人不能履行合同的障碍，只有在下列情况下才可能被认定为不可抗力：(甲)它不是当事人自己所致(evenement exterieur)；(乙)它的出现在合同缔结时是不可能预料到的(imprevisibilite)；(丙)它是当事人无法通过自己的力量予以克服的(insurmontabilite)。因不可抗力而无法履行合同义务的当事人在知晓不可抗力出现后应立即通知对方当事人。在新近的国际商事仲裁裁决中，出现了使合同当事人不因不可抗力免除履行合同义务，而只使他暂时中止履行合同义务的趋势。与国内仲裁实践不同，在国际商事仲裁实践中还出现了让合同双方当事人平摊因不可抗力所导致的事先未约定的费用的裁决。

我们讲一般法律原则是国际统一私法的一个非常重要的渊源。是因为国际统一私法无论在法律性质、调整的对象还是在产生历史和具体内容上都有别于国际公法。尽管《国际法院规约》第 38 条明文规定一般法律原则是国际公法的渊源，但它不是独立的国际法渊源。事实上，作为国际公法渊源的一般法律原则是为数不多的，它在国际公法上并不占重要的地位，国际法院以及国际仲裁法庭在它们裁决案件中也很少适用一般法律原则。但是，我们不能因此就认为一般法律原则作为国际统一私法的渊源也是不重要的。与国际公法不同，国际统一私法所调整的主要是自然人、法人之间具有跨国因素的私法性质的法律关系，而对于私法关系的法律调整国内法所基于的原则大多比较一致，这种一致性一方面是一般法律原则存在的基础，另一方面也是一般法律原则能够成为国际统一私法重要渊源的基础。而且，又由于一般法律原则本身具有灵活性，因而，尤其是在不存在成文的国际统一私法规范时，一般法律原则的适用便显得格外重要。此外，世界范围内一般法律原则的存在也是使得世界各国能够较顺利地进行彼此私法的国际统一的一个重要因素，从这一意义上说，一般法律原则对于私法的国际统一也具有重要意义。

我们讲一般法律原则是国际统一私法的重要渊源，但是，我们也不否认这种法律渊源的缺陷。与上述灵活性的优点相对应，一般法律原则较之国际统一私法的成文法渊源则具有标准不确定，因而实践中难于掌握和适用的缺点。也正因如此，在私法的国际统一化运动中一般法律原则作为国际统一私法的渊源尚需进一步得到发展。为此，不仅法官、仲裁员和律师等国际法律实务工作者应在实践中探索适用一般法律原则解决跨国民、商事法律关系的规律，而且，国际法学者是和比较法学者也应通过其法学理论研究去更多地揭示地区范围内和国际范围内所普遍适用的一般法律原则。

### 二、一般法律原则的适用范围

就国际统一私法而言，一般法律原则主要在两种情况下适用，即在国际统一私法无成文法律规范可以适用时，作为对国际统一私法空白的补充而得以适用，以及在存在可供适用的国际统一私法成文规范时而独立于这些成文法规范之外获得适用。

(一)一般法律原则填补国际统一私法成文法的空白

私法的国际统一是一个漫长的过程，到目前为止尽管世界上已有相当数量的国际统一私法的成文文件问世，但是，它们还远没有使国际统一私法成文化；而且，由于国家间的利益冲突等多方面的原因，国际统一私法在相当长的时间内还只能部分地以成文法的形式表现出来。因此，现在以及在将来很长一段时间内在国际统一私法无成文规定的情况下一般法律原则都会获得适用。

(二)一般法律原则的独立适用

一般法律原则除在国际统一私法无成文法律规范时获得适用外，还可以在国际范围内独立地支配国际民、商事法律关系，直接获得国内法院、跨国性质的法院以及国际商事仲裁庭的适用。

(1)一般法律原则可以直接被国内法院适用于处理国际民、商事法律关系。但是，法院这样适用必须以国内法律允许法院这样去适用为前提条件。而这种允许可以不同的形式表现出来，如国内法律允许国际合同的当事人选择合同准据法，当事人据此选择一般法律原则支配他们的合同关系，这便应视为国内法律允许法院适用一般法律原则。在国际商事法律实践中，一些自然人与法人彼此间，或者法人且尤其是跨国公司与国家之间所缔结的与多个国家相联系的跨国经济合同(即特许协议)常常规定适用一般法律原则。对于特许协议适用一般法律原则调整，我国已故著名的国际经济法学家姚梅镇教授曾持否定的态度，认为“一般法律原则无固定标准，概念抽象，理解不一，难于受到规范的作用”，加之国际上习惯把一般法律原则冠之“文明国家所公认的”定语，而这“显然是从西方资产阶级法制观点出发，与发展中国家当然就没有同一语言、同一标准”，“事实上，难为发展中国家所接受”，并因而认为一般法律原则不得适用于特许协议。我们认为这种断然拒绝特许协议可受一般法律原则支配的观点，是不符合发展了的国际形势和国际法律实践，因而，也是我们所不能赞成的。当然，实践中如果当事人滥用法律所赋予的法律适用方面的意思自治权，排除本应适用的国内法，且尤其是发展中国家的国内法的适用，而一味地追求适用一般法律原则也是不允许的。

西方有些国际法学者建议，国内法院在依据冲突法规范应该适用某一外国法律，而该外国法律的内容却无法获得证明的情况下，法院可以以一般法律原则作为替代的法律予以适用。德国学者柯茨(Koetz)认为，在上述情况下世界上很多国家都以法院地法(lex fori)作为替代法律予以适用的做法是不合理的，因为，法院地法可能与案件不存在实质联系，而且，实践中这种解决方法可能也会得出很不合理的结论，因此，他建议法院在上述情况下可以直接适用一般法律原则。

尽管国内法院在上述情况下可以或者应该适用一般法律原则，但是，国内法院是否有能力去取证一般法律原则的内容呢？由于法学研究，且尤其是比较法的研究到目前为止还远没有使人们可以方便地掌握一般法律原则的内容，因而，国内法院在适用一般法律原则时肯定会遇到确定一般法律原则具体内容的困难。对此，西方一些法学家们提出了相应的建议。首先，世界各国的比较法学者应进一步加强对一般法律原则的比较法研究，更广泛、更全面深入地揭示一般法律原则的内涵。其次，国内法院为了能在实践中顺利地适用一般法律原则，可考虑安排对该问题有专门研究的法官从事这方面的审判工作。最后，如果国内法院在具体案件的审理中尽管做出很大努力但确实无法确定一般法律原则的具体内容，则可以某一国国内法律作为替代法律适用于解决案件。

(2)一般法律原则可以为跨国法院直接适用于解决国际民、商事关系方面的法律纠纷。如前所述，联合国国际法院规约中明确规定，国际法院可以适用一般法律原则。但是，在国际法院几十年的实践中，它很少适用一般法律原则来解决国家间属于商事、经济关系的法律纠纷。其他的一些跨国法院，如两次世界大战后分别为解决战争遗留问题而设立的国际性质的法院和仲裁院，也同样很少有机会适用一般法律原则于国际民、商事争议的解决，因而也就未能在一般法律原则的适用方面推动私法的国际统一。

与上述一般性的跨国法院的实践不同，欧洲共同体法院在实践中曾多次在属于国际民、商事性质的案件的审判中适用一般法律原则。《关于建立欧洲经济共同体公约》第 215 条第 2 款和《关于建立欧洲原子能共同体公约》第 188 条第 2 款均明确规定，共同体的机构和职员在进行公务时所为的损害，“应依据成员国法律中所共有的一般法律原则”予以赔偿。这便要求共同体法院通过其审判活动去发展一套统一的共同体损害赔偿法律制度。通过适用一般法律原则，欧洲共同体法院一方面可以建立这样一套共同体统一的损害赔偿法律制度，另一方面，这一法律部门的统一也有利于诸如因果关系、过错的形式等统一民法的基本概念的形成和发展。此外，欧洲共同体法院在其他法律领域也有适用一般法律原则的实践，这些一般法律原则具体涉及民法上的意思表示的生效、不当得利以及物权法上的所有权保留问题。

(3)国际商事仲裁庭由于其本身性质以及所受理的案件的性质都有别于上述国内法院和跨国法院，因而，它在实践中则有更多的机会直接适用一般法律原则。如前所述，国际商事和经济合同，且尤其是那些国际投资协议的当事人经常在合同中规定合同争议的仲裁适用一般法律原则。而且，国际上的一些仲裁规则也规定仲裁庭可以适用一般法律原则裁决案件。如联合国 1958 年制定的《仲裁程序示范规则》第 10 条便规定，在当事人未指定使用的法律，或者未达成协议时，法庭应适用一般法律原则进行裁决。1966 年 10 月 4 日生效的《解决国家和他国国民间投资争议公约》规定解决投资争议国际中心有选择适用属于国际法规范内一般法律原则的可能和权限。在国际商事仲裁实践中已有一些仲裁裁决是依据一般法律原则做出的。

### 三、一般法律原则内容的确定

就法学方法论而言，一般法律原则的内容主要是运用“功能比较法方法”(Funktionelle Rechtsvergleichende Methode)并通过所谓的“从具体问题出发解决具体问题”(topisches Denten)的比较法的思维方式去予以揭示。我们这里并不试图去专门探讨这些复杂的比较法方法论问题，而仅就实践中确定一般法律原则的内容时所应注意的一些问题予以简单讨论。

首先，在国内法律中揭示一般法律原则的内容。如前所述，一般法律原则是基于国际社会中各民族的一致的法律意识，各国法律所共同具有的指导思想和原则，以及国际贸易实践所据以进行的、为国际贸易的参加者所普遍接受的原则。那么，这种原则究竟应从什么地方去揭示呢？只要世界上仍然存在国家，而各国又都有自己的法律制度，那么我们所说的一般法律原则便只是作为国际社会的成员国的各国所共同具有的一般的原则。尽管人们也可以认为，国际社会存在有独立于国内法之外的，支配国际私法关系，如国际贸易合同关系的所谓现代商人法（lex mercatoria）的存在，但这种法律的一个重要渊源也是一般法律原则，而这种一般法律原则也同样根源于国内法中。因此，人们不能以这种法律规范的存在为由，认为可以从国内法之外去获得一般法律原则的具体内容。

其次，揭示一般法律原则内容的具体方法和步骤。一般法律原则的具体内容既然必须从各国国内私法中去获得，那么，只有通过比较法的方法对不同国家的法律进行比较研究，才能看出在所有这些国家统一适用的一般法律原则。在具体操作上，应是先针对案件中所应解决的某一具体问题考察各国法律，找到这些国家的法律对这一问题的答案。比较这些答案，如果它们的内容是一致的，那么，我们由此所得到的法律规范便是我们依据一般法律原则所应适用的法律规范，而这一法律规范也就是有人所说的“一般法律原则所浓缩成的具体法律规范”。相反，如果这些答案内容上彼此相异，我们不能通过剔除不同而保留相同的程序得出一个“起码的共同标准”，并以由此得出的“相同的法律规定”判决案件。而应是在这诸多的答案中寻找“最为恰当的那个答案”，并以此法律规则判决案件。当然，这种最为恰当的答案应该是通过比较法上的所谓“严格的评价”（kritische Wertung）所得出的答案。

在通过比较法方法确定一般法律原则的内容时，便出现了究竟应在多大范围内进行比较的问题。实践中那些需要进一步补充内容的成文的国际统一私法法律条文以及当事人间所缔结的内容欠全面的协议都可以提示人们应在多大范围内比较哪些国家的法律。例如，《关于建立欧洲经济共同体公约》第 215 条和《关于建立欧洲原子能共同体公约》第 188 条规定适用的一般法律原则只是共同体成员国的一般法律原则，因而，确定这种一般法律原则只需比较考察这两个共同体成员国的法律。然而，如果所应适用的一般法律原则不是这种“地区性的一般法律原则”，而是广泛性地适用于全球的一般法律原则，那么在确定其内容时则应该尽可能大地扩大比较的面，例如，所比较的面应包括世界上各大法系的各主要国家以及各种社会制度的国家。当然，这主要是指那些与经济密切相连的法律领域，如合同法、贸易法、运输法以及票据法等法律部门；而那些与家庭和亲属关系紧密相联的，具有浓厚的伦理道德因素的法律部门，如婚姻法、继承法等方面的问题，则在一般情况下无法进行如此广泛的比较，而只需在有限的范围内，即在有关的法系内进行比较。

再次，成文的国际统一私法作为一般法律原则的证明。西方有学者提出这样的论题，既然成文的国际统一私法，如国际统一私法公约，是基于长期大量的比较法研究而最后制定出来的，且这些成文立法的具体规定大多又是直接或稍有变动地接受了一般法律原则的内容，也就是说是不成文的一般法律原则的成文化，那么，法院或仲裁庭在应适用一般法律原则时，是否可以反过来直接适用有关的国际统一私法的成文法律规范，或者，通过这种成文法律规范证明一般法制原则的内容呢？德国学者克罗波勒对此持肯定的态度，认为只要当事人不特别排除这样的适用或者案件的具体情况表明这样作不恰当，那么，法院或仲裁庭便可以这样做。而且，法院或仲裁庭这样做还可以减轻它们在确定一般法律原则内容方面繁重的负担。我们认为，如果有与法院或仲裁庭所应调查和确定其内容的一般法律原则相对应的成文的国际统一私法规范的存在，那么，法院和仲裁庭可以以这些法律规定作为有关的一般法律原则内容的证明，而不必再去作更多的比较法研究。例如，1980 年《联合国国际货物销售合同公约》的规定在实践中便可以作为证明有关货物销售合同方面的一般法律原则的具体内容的证明。但是，法院和仲裁庭只能以成文的国际统一私法规范作为确定所应适用的一般法律原则的证明，而不能像上述克罗波勒所主张的那样以成文的国际统一私法规范代替一般法律原则的适用。

最后，比较法对于揭示一般法律原则的具体内容的意义。这主要表现在两个方面。首先，法官和仲裁员必须具备比较法的知识。如上所述，一般法律原则内容的揭示通常必须通过比较法方法进行，因此，实践中从事国际统一私法适用工作的法官和仲裁员应具备必要的比较法知识。否则，对一般法律原则的适用便可能演化成适用法院地法（lex fori），或者，变成以本国法为基础加上"想象与愿望"。其次，比较法的科学研究有利于实践中对于一般法律原则内容的揭示。比较法学早已成为一门重要的法学学科，世界上目前有不少的专家学者在从事比较法的研究。比较法研究的成果也不断地问世。目前，世界上比较法研究的一个最大的项目要算《比较法国际百科全书》的编纂，该书由世界上为数众多的私法各领域的著名专家撰稿。到目前为止，该书已出不少分卷。像这样的比较法著作的问世无疑给实践中人们揭示一般法律原则的具体内容提供了很大的方便。

美国康耐尔大学法学院 20 世纪 60 年代所进行的一项重要的比较法研究工作充分说明了比较法的研究对于一般法律原则内容的揭示具有重要的意义。康大法学院所进行的这个研究项目是组织世界上主要法系国家的多位法学家一起对合同缔结问题进行比较研究。在该研究结果公布之前，即使是比较法的专家们也都不清楚法院在下面这一案件中应如何判决：一国家将一条破废了的远洋船只卖给一外国公司，但却在该要约中所规定的供被要约人考虑是否接受该要约的承诺期限内撤销了此要约，而该外国公司却又在承诺期限内做出了接受此要约的承诺。对于要约是否具有约束力，以及要约能否撤销，各国法律规定不同。例如，《德国民法典》第 145 条规定，要约具有约束力，对要约的撤销是无效的。然而，英、美普通法对该问题的规定却截然不同，认为要约一般说来是没有约束力的。这样粗略的比较似乎给人这样的印象，即在这一问题上并不存在全球普遍适用的一般法律原则。但是，上述康大比较法研究却得出了与此不同的结论，也即上述德国民法规定要约具有约束力且不可撤销所企图达到的对被要约人保护的目的恰恰也是普通法的目的之一，只不过普通法是通过另一制度，即所谓的投邮主义（mailbox theory）去达到这一目的罢了。根据投邮主义，上述案件中要约人做出的在承诺人发出他接受要约的承诺之后到达承诺人的对要约的撤销是无效的。康大比较法研究中所比较的所有国家的法律几乎都认为要约人做出的在承诺人发出承诺之后到达承诺人的对要约的撤销是无效的。由此人们不难看到比较法的研究对于揭示一般法律原则的内容具有非常重要的意义。

# 第三章 国际私法的趋同化与统一国际私法的各类国际组织

## 第一节 广泛性的政府间国际组织及其工作评价

### 一、国际联盟

第一次世界大战结束后，于1919年召开的巴黎和会上，成立了国际联盟。国际联盟的存在尽管已成为历史，然而它作为世界上第一个一般政治性的国际组织，不仅从国际组织的发展来看，具有重要的意义，而且从法律国际统一化运动的角度来看，也具有一定的意义。在其存在的历史中，就从事法律统一的活动来讲，它主要是进行国际公法领域的法律统一的活动，而其所进行的私法的国际统一活动，主要包括以下几个领域：

1. 关于自然人身份与能力问题

在这方面国联曾缔结了《关于俄国和亚美尼亚难民法律地位的协定》(*Arrangement Relatif An Statut Juridique Des Réfugiés Russes et Armeniens*)(1928年)、《难民国际地位公约》(*Convention Relative An Statut International Des Réfugiés*)(1933年，日内瓦)、《关于德国难民地位公约》(*Convention Concernant Le Statut Des Réfugiés Provenant d'Allmagne*)(1933年，日内瓦)等。

2. 关于票据法问题

在这方面，国联曾成功地制定了《统一汇票本票法公约》(1930年，日内瓦)和《统一支票法公约》(1931年，日内瓦)。这两个公约从其生效一直适用至今，并成为统一票据法的重要的法律渊源。可以说，票据法的统一是国际联盟从事私法国际统一最成功的一个领域。

3. 关于仲裁问题

在这方面国联制定了《关于仲裁条款的议定书》(于1923年9月24日在日内瓦签署)和《关于执行外国仲裁裁决的公约》(于1927年9月26日在日内瓦

签署）。

## 二、联合国

1. 联合国从事私法国际统一活动的法律依据

第二次世界大战以后，于1945年成立的联合国，是迄今为止人类历史上最有影响的一个国际组织。《联合国宪章》第13条第1款子项和第55条规定了联合国“……提倡国际法之逐渐发展与编纂”和促进国际经济、社会、卫生及其他有关问题的解决的任务。此处“国际法”尽管主要是传统的国际公法领域，但它也成为联合国进行私法的国际统一的法律依据。

2. 联合国直属机构中从事私法国际统一的机构

（1）联合国国际法委员会

为了实现宪章第13条规定之任务，1947年，第二届联合国大会通过了国际法委员会规约，成立了联合国国际法委员会。其规约确定了委员会目的在于“促进国际法的逐渐发展及其编纂”，规定了委员会的活动应主要集中于国际公法方面，但也不应排除国际私法领域。然而，实践中，联合国国际法委员会在其成立早期所进行的工作主要属于国际公法范畴。它对私法国际统一化仅仅作了一些间接的工作。但是委员会后来和正在从事的一些统一法律的工作，实质上也已直接涉及私法领域。这方面如，关于“国籍包括无国籍”、“国家及其财产的管辖豁免”、“外国人的待遇”等问题，以及其所拟就的“消除未来无国籍公约草案”、“仲裁程序示范规则”等，都直接与私法有关，是对私法的国际统一。

（2）联合国国际贸易法委员会

为了更好地消除国际贸易中的法律障碍，联合国大会于1966年12月决议（2205XXI），成立了贸易法委员会（UNCITRAL）。该委员会旨在促进国际贸易法的逐渐协调和统一。联大2205XXI决议本规定委员会成员国为29个，但是联大通过其3108（XXVIII）决议，把委员会成员国增至36个。中国现为会员国之一。

联合国国际贸易法委员会为实现其宗旨，与其他从事国际私法工作的国际组织进行工作方面的协调，并推动这些组织间的合作，促进更多的国家加入既存之国际协定，准备和起草新的国际公约以及示范法律（Model Law）和统一法律（Uniform Law），促进这些公约法律的采纳，以及促进国际公约和统一法律的统一解释。

该委员会从1968年第一届年会以后，便主要致力于国际贸易法的四个领域的法律统一工作：

第一，国际货物买卖领域。在该领域，委员会主要就几个问题展开工作，即国际货物买卖合同的法律问题；国际货物买卖的期限（time-limits）和时效（Limitation or Priscription）以及国际货物买卖的一般条件和标准合同。

在委员会第二届年会上设立了一个工作小组，审查如何对1964年海牙会议所通过的《国际货物买卖统一法》进行修改，以使该公约能够为更多国家所采纳，或确定是否有必要重新起草一个公约草案。后来工作小组起草了一个新的关于国际货物销售合同的公约草案，以取代上述《国际货物买卖统一法》。委员会于1977年6月采纳了该公约草案。工作小组尚在1962年海牙会议通过的《国际货物销售合同形式统一法》基础上，起草了一个新的关于国际货物销售合同形式的公约草案，并于1977年获委员会的采纳。委员会于其第11届例会上决定将上述两个新的公约草案合而为一，为此目的，成立了一个起草委员会专门从事此项工作。1980年在维也纳召开了联合国国际货物销售合同大会，会上通过了《联合国国际货物销售合同公约》。该公约已于1988年1月1日起生效。我国是该公约的原始缔约国之一。

关于国际货物买卖的时效与期限问题，由委员会设立的另一个工作小组负责起草一个公约草案。1972年委员会批准了工作小组起草的公约草案。1974年6月由联大发起召开的联合国外交会议上通过了《国际货物买卖时效期限公约》。该公约已于1988年8月1日起生效。

第二，国际贸易支付领域。在该领域，委员会主要是致力于解决由于各国适用于汇票、本票等票据的法律规范的差别所出现的问题。委员会于其第20届例会上通过了"国际汇票和期票公约草案"，并把该草案提交给联合国大会，以使"联合国大会出于采纳该公约草案或对其采取其他行动为目的，考虑该公约草案"。① 除此之外，委员会还与国际商会进行合作，对信用证（Letter of credit）的统一以及各种银行担保问题展开工作。

第三，国际商事仲裁领域。1973年，该委员会提请秘书长与其他有关国际商事仲裁的组织进行协商后，起草一个供国际贸易临时仲裁所选择适用的程序规则。其后，委员会秘书处草拟了一个规则草案，委员会于1976年5月通过了以该草案为基础写成的仲裁规则，即"联合国贸易法委员会仲裁规则"。联合国大会确认该规则对协调国际关系会起到重大的作用，并推荐以该规则来

① See Report of the United Nations Commission on International Trade Law on the Work of its 20th Session.

解决国际贸易中所产生的各种争议。1986 年召开的委员会第 19 届会议上决定，由委员会秘书处对国际商事仲裁程序中的取证问题以及多数当事人的仲裁进行深入研究。秘书处计划尽快地把研究成果提交给委员会。

第四，国际海运法领域。在该领域，委员会应联合国发展会议(UNCTAD)国际海运立法工作小组之邀，对既存关于海上运输人对货物灭失、毁损的责任的国际公约和规则进行审查，此举的目的在于消除关于该问题的不确定性并谋求货物所有人与运输人间风险的平衡。

委员会于 1976 年通过了一个关于海上货物运输的公约草案。1978 年联合国大会召集在原西德汉堡召开了外交会议，会上通过了该公约，定名为《联合国海上货物运输公约》(1978 年 3 月 31 日，简称《汉堡规则》)。

总之，联合国国际贸易法委员会在当今私法的国际统一化运动中起着非常重要的作用，这不仅是因为它是联合国的一个专门性国际组织，具有广泛的代表性，可以由联合国大会召集外交会议形式来进行私法的统一工作；还因为它具有大量的国际贸易法方面的专家协助其进行工作。

3. 联合国专门机构中从事私法国际统一的机构

(1)国际劳工组织(The International Labour Organization，ILO)

1919 年于巴黎召开的和平会议上的一项活动之一，便是设立一个有关国际劳工问题的委员会，以研究对国际劳工的保护并制定一个固定的章程。巴黎和会后来采纳了一个由英国起草的章程草案，从而成立了国际劳工组织，它隶属于国联。国联完成其使命后，该组织却依然存在下来，并于 1940 年将其所在地由日内瓦迁至加拿大的蒙特利尔。1946 年，联合国与国际劳工组织签订协议，从而使两者结合起来，并使该组织成为联合国的第一个专门机构，总部设在日内瓦。

联合国的所有成员国都可以成为国际劳工组织的成员国，非联合国会员国在国际劳工大会三分之二多数，包括三分之二的政府的代表同意的情况下，也得成为会员国。该组织有三个组织机构，即大会(也即“国际劳工大会”)，一个执行机构和秘书处(即国际劳工局，The International Labour Office)。

国际劳工组织进行私法统一的运动，主要表现在它以公约和建议(recommendations)的形式制定国际劳工标准。截至 1979 年 12 月该组织已通过了 300 多项国际劳工标准。该组织是通过以下程序来制定这种标准的。首先，该组织的执行机构对各方面(包括国家、国际组织、专家等)提出的建议进行审查。如果某一建议被该执行机构采纳，则由秘书处起草一份报告，介绍该建议对各国的立法和实践会产生什么影响。执行机构在与专家小组协商后，若认为有必要，可把该问题列入会议之议程。在这种情况下，秘书处向各成员国政府发送有关问题的报告，并就该问题征求它们的意见。秘书在收到各国政府的意见后，准备一份文件草案供大会上讨论使用。国际劳工大会通常采用一种所谓的“双讨论法”(the double discussion method)。这就是说，把列入会议议程的问题，分由两次会议进行讨论。在第一次会议上，由专家委员会对秘书处的草案进行讨论，并进而草拟出一个初步草案。此一草案再由秘书处寄送给各国政府。在各政府对该问题进一步发表意见后，该问题则再在下次会议上，由另一个专家委员会进行讨论。经过这一讨论和修改后的最后草案由大会进行表决，若大会以2/3多数表示赞成，则此一文件便获通过。

如上所述，国际劳工组织通过公约和建议两种形式制定国际劳工标准。这里有必要简单介绍一下该组织制定的公约与建议间的关系。首先，这两种形式的文件都不能自动地对成员国产生约束力。法国学者勒内·达维在分析这一特征时指出：“必须清楚地认识到，国际劳工组织并不具有任何超国家的(Supranational)的管辖权，因而它所通过的文件对国家不产生约束力。”①该组织之成员国的唯一义务是确定它们是否应采纳这些文件，并根据组织章程第19条的规定，在12个月内(特殊情况下18个月内)把这些文件提交给本国有关当局。当然，从实践来看，各成员国都比较乐意采用和批准该组织所制定的文件。截至1979年12月，各成员国对该组织制定的公约的批准总数超过4000个。其次，国际劳工组织所制定的公约具有一般国际公约的特征。也就是说，一旦成员国有关当局同意，则便可批准该公约，从而，使之在该国生效，该国也因此而承担起公约所产生的国际责任。然而，该组织所制定的建议则不具有该特征。此种建议只起着指导成员国进行国内活动的作用，而不能产生任何国际义务。

国际劳工组织于1919年成立后共通过3 120多项公约和125项建议。1947年后，该组织主要集中精力于现存公约的修订，因而，越来越少地通过新标准。

国际劳工组织从事私法国际统一活动的特征可归纳如下：

第一，该组织从性质上来看，是一个从事社会和人文问题工作的国际组织。尽管它也对私法的国际统一作了不少工作，取得了很大的成果；但是，这项工作并不是它的主要任务。该组织从事劳动法方面的国际统一，目的在于更好地保护劳工，从而实现该组织的宗旨。对该组织来说，实现法律的国际统一

① David, pp. 176-177.

并不是一个目的，而仅为一种手段。它并不希望各国劳动法获得统一，恰恰相反，它希望各国立法继续存在差异，且各国根据其不同的情况寻求对劳工利益更为有利的保护途径。而这并不能由国际劳工组织统一规定下来。

第二，该组织统一私法的方法是通过公约和建议的形式，制定国际最低劳工标准，供各国采用。对于公约，若组织成员国批准，则对其生效。而对于公约在会员国执行公约的情况，该组织也有一套措施。这主要表现在，各国应向该组织提出年度报告，以介绍该国执行它所批准的公约的情况，供组织审查。该组织也召开一种特别会议，由此督促公约成员国执行公约。此外，该组织还通过公约一成员国对另一成员国的起诉或控诉，来审查公约是否获得适当的执行。在这方面，加纳曾于1961年起诉葡萄牙未遵守1957年关于强迫劳动公约(Convention on Forced Labour)。至于组织所起草的建议，它并不具有国际公约的特征，而只是一种供各国选择适用的示范规则。

(2)国际民航组织(The International Civil Aviation Organization)

1947年4月在美国芝加哥召开了一次国际民航会议，会上26个国家签署了"国际民航公约(*the Covention on International Civil Aviation*)。国际民航组织便是根据该公约于1947年4月4日成立的一个政府间的国际组织，总部设在加拿大的蒙特利尔。1947年10月该组织成为联合国的一个专门机构。

国际民航组织的组织机构有大会(Assembly)，理事会(Council)和常设委员会(Permanent Comissions and Committes)。大会是该组织的最高机构，该组织的各成员国皆为大会的成员国，且均享有一票的投票权。大会决定该组织的政策、投票确定预算并解决与组织有关的其他一些重要问题。大会通常每三年举行一次。理事会是该组织的执行机构，其行动对大会负责。理事会由大会选出的30个成员国组成，其任务主要在于管理组织的财政，指定组织的秘书长和常设委员会的会员，并负责国际航空和安全的标准的制定。理事会根据前述芝加哥公约第84条规定，还有权解决对该公约及其附件解释与适用方面的冲突问题，而且，它还可以对与民航有关的争议进行仲裁。常设委员会包括从事技术问题研究的航空委员会，处理国际航空运输的经济问题的航空运输委员会，以及从事国际航空法公约起草并负责向大会和理事会提供法律咨询的法律委员会等。

起草国际航空法公约是国际民航组织的一项职能，但此项工作具体由上述法律委员会负责。国际民航组织起草公约的程序通常如下。首先，由法律委员会下设的一个专门委员会起草出初步草案。该专门委员会的成员的分配通常是尽可能地照顾不同的法系。然后，由一专门的起草委员会完成该草案的起草工作。法律委员会这时便把草拟完的草案提交给理事会，由理事会再送达各国政府以征求其意见。最后，公约草案在名为"空间私法国际会议"(The International Conference on Private Air Law)的外交会议上进行最后的审查和通过。

1947 年以后，国际民航组织已通过了下列五个关于国际航空法的公约。

①《关于飞行器的财产权和其他权利的国际承认的公约》(1948，日内瓦)。该公约的目的是，当航空器在外国时，保护航空器的所有人的这些权利。

②《关于外国航空器在地面对第三人造成损害的公约》(1952，罗马)。该公约中尚有条文规定对外国判决的强制承认与执行。

③《修订 1929 年华沙公约的议定书》(1955 年海牙公约)。该议定书把原来华沙公约所规定的对飞行事故受害者的赔偿责任提高了 1 倍。

④《关于承运人责任的公约》(1961 年，瓜达拉哈拉)。该公约规定了承运人在承运合同之外的一些未被华沙公约所规定的事故中的责任。

⑤《关于在航空器上进行犯罪的公约》(1963 年，东京)。该公约赋予航空器的注册国行使对这种犯罪的管辖权。

1960 年后，国际民航组织的法律委员会起草了一个关于统一飞机互撞事件中责任关系的公约草案。此外，该组织还计划起草一个关于空间交通管理服务责任的公约草案。

(3)国际海事组织(The International Maritime Organization)

1948 年在日内瓦召开了联合国海事会议，会上通过了一个公约，据此成立了政府间海事协商组织(Intergovemmental Maritime Consultative Organization, IMCO)，秘书处设在伦敦。它是联合国的专门机构之一。该组织旨在加强政府间的合作和技术信息的交流，在必要时召集国际海事会议，以及从事国际海事公约和协定的起草工作。1982 年，该组织改为现名"国际海事组织"。

国际海事组织具有三个主要机构，即大会、理事会和海事安全委员会。大会是该组织的政策制定机构，由该组织全体成员国和香港参加。它确定组织的工作计划，判定组织的预算，批准财政规定，选举组织的理事会以及批准秘书长的任命。理事会是组织的执行机构，由大会选出的 16 个成员国组成。理事会通常一年集会两次。海事安全委员会是该组织的第三个主要机构，它由 14 个国家的代表组成，这些代表由大会选举，任期 4 年。

政府间海事协商组织在其成立之初期的行动并不涉及私法问题。但是，从著名的"托利 · 刚勇号"油轮(Torry Canyon)事故(1967 年)后，它也开始致力于私法的统一工作。该组织曾促使于 1969 年 11 月在布鲁塞尔签署了两个关于海事方面的公约。其中第一个是《关于公海油污的公约》。该公约于 1975 年 5 月生效。第二个是《油污损害民事责任公约》，于 1975 年 6 月生效。该公约规定了船主对受害者的赔偿及其他民事责任。我国于 1980 年 1 月加入了该民事责任公约。

1971 年，该组织召集会议，并在会上通过了《建立油污损害赔偿国际基金公约》。该公约于 1978 年 10 月生效。而且，在该组织的促使下，于 1973 年通过了“防止船舶污染公约”(MARPOL)。该公约不仅规定油污而且还规定垃圾、化学品等其他有害物质对海洋的污染。然而，各国批准加入该公约之步伐却非常缓慢，1978 年 2 月该组织再一次召集讨论了《关于油轮安全国际公约》和 1973 年《海上污染公约的议定书》，并强调应尽早使该两公约生效。

总之，国际海事组织在当今海事私法和海洋环境保护国际法律统一方面起着较大的作用。

(4)世界知识产权组织与知识产权保护联合国际署

世界知识产权组织(World Intellectual Propetey Organization，WIPO)于 1967 年 7 月 14 日在瑞典首都斯德哥尔摩成立。其宗旨在于“促进世界范围内对知识产权的保护”。为实现这一宗旨，该组织进行有关世界知识产权保护的新的国际公约，即在知识产权法领域从事私法的国际统一工作。1974 年 12 月 17 日，该组织与联合国缔结了一项协定，据此，世界知识产权组织成为联合国的一个专门机构。

正如彼特斯(marc peeters)所指出的那样，“世界知识产权组织的结构及其活动与法只有通过其历史去加以理解，而这种历史却又大大地反映了巴黎和伯尔尼联盟的历史”。① 1873 年一些专利方面的法学专家聚首维也纳，试图实现国际范围内专利法的统一。五年后一个与此有关的委员会在巴黎成立。该委员会于 1879 年向各国政府提交了一份关于知识产权国际保护的公约草案。1880 年在巴黎召开了一次国际会议讨论该公约草案，三年后在巴黎召开的第二次国际会议上便通过了《关于工业产权保护的公约》，即《巴黎工业产权公约》，并据此产生了《工业产权保护的国际联盟》，即“巴黎联盟”。

在上述工业产权法律规范国际统一的同时，一个成立于 1878 年名为“国际文学艺术协会”的民间组织，也积极开始准备文学、艺术产权保护方面的法律统一工作。该协会在 1882 年召开的大会上决定，由其执行理事会起草一个关于文学、艺术产权保护的国际公约的草案。执行理事会很快准备出一个草案，

① M. Peeters，World Intellectual Property Organization，in EPIL/vol. 5，p. 411.

并在协会翌年于瑞士伯尔尼召开的大会上获得通过。协会把该草案提交给瑞士政府。1886年瑞士政府发起召开了一次国际会议，讨论文学、艺术品产权的国际保护问题，协会提交给瑞士政府的草案成为该会议上讨论的基础。该公约在稍作修改后，获得通过，此即《关于文学艺术品保护的伯尔尼公约》(1886年9月9日)。与上述"巴黎公约"一样，伯尔尼公约产生了一个"关于文学、艺术品的国际联盟"(伯尔尼联盟)。

巴黎公约和伯尔尼公约在一个多世纪的历史中，均经过多次修改。其中巴黎公约于1900年在布鲁塞尔，1911年在华盛顿，1925年在海牙，1934年在伦敦，1958年在里斯本以及1967年在斯德哥尔摩获得修订。伯尔尼公约于1896年在巴黎，1914年在柏林，1928年在罗马，1948年在布鲁塞尔以及1967年在斯德哥尔摩获得修订或补充。

上述两个联盟产生后，都在伯尔尼设立了办事处，分别负责各联盟的事务。该两个办事处均在瑞士联邦政府的监督下进行活动。1892年在瑞士联邦政府的建议下，该两个办事处合二为一，称为"知识产权保护联合国际署"(Le Bureaux Internation aux Réunis Pour la protéction de la propriété Intellectuelle, BIRPI)，总部先设在伯尔尼，后于1960年迁至日内瓦。该联合国际署主要目的在于在知识产权国际保护方面，提供信息和进行研究工作。它也经常判定公约草案或示范法律。

该国际署于1964年为发展中国家起草了一个示范专利法草案。该法律草案被送达给64个发展中国家的代表以征求意见，而且，该草案还被提交给一个由22个发展中国家代表组成的"示范法律委员会"。1966年该联合国际署又尝试为发展中国家起草了有关商标、商号及不正当竞争行为的示范法律。1968年它发表了一项为发展中国家起草的有关工业设计的示范法律草案。而且，该署尚与联合国教科文组织合作起草了一份版权示范法律。

由于国际社会的发展，尤其是广大第三世界国家的发展壮大和对国际社会事务的积极参与，"伯尔尼联盟"、"巴黎联盟"及其国际联合署的活动已日显落后于形势，因而迫切需要改革。20世纪50年代，联合国曾试图把该两个联盟纳入其体系，但遭到失败。进入60年代，很多新的国家加入联合国，使联合国原来仅受发达国家控制的局面大大改变。广大第三世界国家为其利益积极努力，尤其是为建立代表它们利益的国际经济新秩序而奋斗，它们极力批评既存的两个联盟只代表工业发达国家在知识产权方面的利益，并争取发展中国家能有机会参与既存的知识产权国际公约的修改工作。在这种新形势下，上述原设在伯尔尼，且由瑞士联邦政府控制的两个联盟的办事处，改成现在的名称并迁至日内瓦，以与联合国组织进行密切的联系，从而实现了初步的“国际化”，1958 年在里斯本召开的修改巴黎公约的大会上，对发展中国家的批评曾予以一定的注意，但未有大的改革行动，10 年后，于 1967 年在斯德哥尔摩召开的知识产权国际会议上，决定成立一个新的国际组织，“为进一步保护知识产权进行一般的服务工作，并使联盟的非成员国有机会参加，且体现发展中国家的利益”。这样便诞生了“世界知识产权组织”。

世界知识产权组织是当今知识产权国际保护方面一个重要的国际组织。其组织机构与一般国际组织一致，包括三个主要机构，即大会、理事会和秘书处，即国际署。这里需要特别指出的是，国际署负责知识产权国际保护方面的国际公约、示范法律的起草，以及一般的公约所应符合的标准的确定工作。

## 三、国际统一私法学会(Institut international pour I'unification dudroit privé，Unidroit)

国际统一私法学会(又译成“国际统一私法协会”等)，成立于 1926 年。其宗旨在于统一和协调不同国家或不同的国际区域(groupe of states)间的私法规则，以促进逐渐地采纳统一的私法制度。成立该学会的建议是由意大利比较法学者西雅洛加(Scialoja)提出的，意大利政府采纳了该提议，并与当时的国际联盟订立协议，在罗马成立该组织，其经费由意大利政府负责，而其权利和作用则由国联理事会确定。因而，有人认为该学会最初实为意大利政府献给国联的一个礼物。该组织于 1928 年开始工作。后来，随着意大利退出国联，该组织也便成为不再依附于国联的独立的国际组织。

国际统一私法学学会现有(截至 1990 年 4 月)会员 53 个。我国于 1985 年 7 月 23 日正式接受该学会章程，并从 1986 年 1 月 1 日起正式成为该组织的成员国。

国际统一私法学会主要有三个组织机构，即大会、执行理事会和秘书处。大会(General Assembly)是该组织的最高机构，由组织的所有成员国组成，每个成员国都在大会上有一代表席位。大会的主要任务在于确定组织的工作计划和决定组织的财政预算。由于出席大会的大多是各国驻意大利的外交官，而非从事国际私法工作的专家，因而大会在该组织从事私法统一的具体活动方面并不起太大的作用。执行理事会(Executive Councile)实际上是该组织进行私法国际统一活动的一个最重要的组织机构，它负责起草组织的工作计划，并决定组织的活动。执行委员会由大会选出的代表组成，这些代表大多是法学教授、法官、各国司法部的官员等，这种代表成分，无疑有利于组织顺利地从事私法国际统一的工作。该组织的第三个主要组织机构是秘书处(Secretariat)。秘书处主要是在秘书长领导下负责组织的日常事务。

在当今私法统一化进程中，海牙国际私法会议与罗马国际统一私法学会，无疑是联合国组织之外最为重要的两个广泛性的国际组织。然而，该两组织统一私法活动的范围差别是很明显的。法国法学家达维教授非常简明扼要地归纳这种差别为："学会致力于那种可以实现统一的领域的实体法规则的起草，而把法律冲突和管辖权冲突的解决留给海牙国际私法会议。它们间的这种合作使得它们两者在行动方面互不干涉，即一方寻求那些有必要而且也有可能实现法律统一的领域的法律的统一；而一方则负责那些并不可能实现统一的领域的工作，以填补统一法律中可能出现的缺陷。"

首先，国际货物买卖法律统一。该领域是该组织几十年工作的中心，而且，由于该组织准备的，于1964年在海牙获得通过的关于国际货物买卖统一法的两个公约，即"国际货物买卖统一法公约"和"国际货物销售合同形式统一法公约"，是该组织几十年私法国际统一工作所获得的最大成果。

罗马统一私法学会在20世纪20年代成立时，国际上已有不少组织从事冲突法，运输、版权、工业产权等私法领域的法律统一工作，因而，学会成立后便决定不与这些现存的组织竞争，而是与它们进行合作。然而，为实现学会的宗旨，并通过活动使其在私法国际统一化运动中有一定的地位，它不得不独立地选择课题，从事私法的统一工作。在20世纪20年代末，国际货物买卖法领域，尤其是国际货物销售合同的法律规范的国际统一，尚未有人问津，而这些领域的法律统一又无疑具有非常重大的意义。在这种情况下，该学会便选择该领域开始工作。

1930年4月该学会执行理事会指派一个七人委员会起草国际货物销售统一法。1934年10月，执行理事会通过了该起草委员会草拟的初步草案。该草案与一份报告由执行理事会提交给国联理事会。1935年1月，国联秘书处把该草案发送(国联成员国或非成员国)各国政府，以征求意见。一些国家表示赞成这方面的法律统一设想及该公约草案，另一些国家建议该学会对草案作进一步的修改。学会因而改组起草委员会，以根据各国的意见审查和修改公约草案。第二次世界大战以后，在学会的建议下，荷兰政府于1951年在海牙召集了一次国际会议。会上通过了上述1939年由学会执行理事会通过的公约草案，但建议对它作进一步的修改。为此成立了一个由十二位代表组成的特别委员会，负责公约草案的进一步修改工作，并于1956年完成新草案的起草工作。该新草案与一份报告，由荷兰政府发送给各国政府以广泛征求意见。特别委员会综合意见，于1962年拟出了最后草案。

荷兰政府邀请于1964年4月在海牙召开了一次外交会议，28个国家的代表出席了该会议。会上起草了一项公约，并于1964年1月1日获得签署。“国际货物买卖统一法”作为该公约的附件，也在大会上获得通过。该统一法便是1980年《联合国国际货物销售合同公约》的前身。

1964年海牙国际货物买卖统一法公约，只涉及此种合同的内容问题，而对国际货物买卖合同中当事人的责任问题、合同不履行的补救问题等置之不顾。而这无疑是不完善的。因此，在上述1964年海牙会议上又通过了《国际货物销售形式统一法公约》。该公约也有着差不多与上述合同统一法类似的历史。

在该领域，除上面两个公约外，罗马国际统一私法学会还起草了有关代理、货物买卖合同的有效性、货物的善意(bona fide)卖主的保护的公约草案。

其次，国际运输法领域。鉴于世界上已有不少专门性的国际组织从事国际运输法律的统一，国际统一私法学会便选择公路、铁路以及内河运输方面法律规范的国际合作为其重点，学会在这一方面所起草的公约草案大多并入一些有关的地区性的公约中。例如于1961年生效的《陆路国际货物运输合同公约》及关于内陆水路船只物权的两个议定书，在联合国欧洲经济委员会负责下由各国政府签字。学会制定的关于陆路旅客运输公约草案，也已由意大利政府发给各国政府，征求意见。此外，学会还准备了两个公约草案，分别规定国际运输公司(International forwarding agents)和国际货物联运合同。

再次，国际仲裁领域。国际统一私法学会在该领域曾起草了《关于国际私法关系仲裁统一法初步草案》(*Preliminary Draft of a Uniform Law on Arbitration in Respecf to International Relations of Private Law*)，此项工作成为国联制定1923年日内瓦《仲裁议定书》和1927年日内瓦《关于执行外国仲裁裁决公约》的基础。学会的此项工作后来实际上也成为联合国制定1958年《关于外国仲裁裁决的承认与执行的国际公约》的基础，并由此在广泛的国际范围内产生影响，而且，此项工作也在地区范围内对欧洲经济委员会制定1961年《欧洲国际商事仲裁公约》，与欧洲理事会起草《关于仲裁统一法的欧洲公约》都产生了深刻的影响。

最后，民事责任领域。在该领域，学会起草了两个公约草案，即《关于汽车司机民事责任统一法公约草案》和《关于旅馆主民事责任统一法公约草案》。该两公约草案均被并入关于汽车司机对第三人造成伤害的民事责任和关于旅馆主对游客行李责任的两个欧洲公约中。

总之，国际统一私法学会是国际范围内人物私法统一的一个非常重要的国际组织。它从成立至今已在私法国际统一方面取得了不少的成果。我国加入该组织，无论对该组织扩大其影响和更顺利地取得私法统一的成果，还是对我国加入私法国际统一化运动，以使国际统一私法能考虑我国法律的基本原则，并使我国的法制建设进一步完善，都是极为有益的。

## 四、海牙国际私法会议(Hague Conference on Private International Law)

在从事统一国际私法工作的国际组织当中，最有成效、最富影响的当首推海牙国际私法会议。旨在促进国际私法之国际统一的海牙国际私法会议，迄今(1893—1993)已走过整整一个世纪的历程。100 年来，它为国际私法的国际统一化运动作出了巨大贡献。因本书主编在他的另一本论著《中国与国际私法统一化进程》中，对海牙国际私法会议做了较为全面的论述，我们这里只拟对其统一国际私法的方式与途径略加评析。

1. 海牙会议统一国际私法的基本方法

对于国际私法的范围，学术界历来存有不同的观点，从而也导致了在“国际私法统一化”问题上的不同主张和实践。一种观点认为，对统一国际私法应作广义理解，它既包括对传统国际私法即冲突法的统一，也包括对于实体民商法的国际统一。另有一种观点则认为，统一国际私法乃是对“私法”的国际统一，所以，关于国际私法的“国际立法”是指统一实体民商法的各种国际条约。诸如罗马统一私法学会、联合国国际贸易法委员会均持这种观点。海牙会议则采取了第三种立场，即统一国际私法只是就传统的国际私法进行国际统一，认为国际私法的国际统一只涉及冲突法领域，但经过这种统一的国际私法，仍包括冲突规范、法院管辖权规范以及关于判决的承认与执行的规范。因此，长期以来海牙会议主要是从事冲突法的国际统一化工作。

海牙会议的这一立场，无疑是应该赞同的。无论对国际私法的范围采取何种观点的学者，都从未否认冲突法是其核心部分。实现冲突法的国际统一，是统一各国实体民商法的必经阶段。冲突规范本是解决国家间实体法冲突的重要手段，但各国冲突规范本身也存在很大差异。因此，法律的冲突并不仅限于各国实体法之间的冲突。要解决各国法律间的冲突，就有必要首先解决各国冲突规范本身的冲突。对冲突规范进行国际统一，显然是最佳选择。由于冲突法的国际统一并不涉及国家间存在着根本分歧的实体民商法领域，所以它比实体法的国际统一更易取得成功。这一点已由海牙会议的实践予以证实。

在具体选题上，海牙会议总是力图与国际社会的实际需要相适应，其工作的重点表现出了从婚姻家庭法等传统民事领域向国际经济、贸易等新领域转移的明显趋势。在早期，海牙会议统一冲突法的范围，重点放在婚姻家庭法、继承法、国际民事诉讼法等领域，并陆续制定了关于结婚、离婚、家庭、国际民事诉讼等方面的一批公约。这与那时国际社会的实际情况显然是相适应的，当时的国际社会，自由资本主义仍占居主导地位，各国之间的联系主要表现为私人间的往来，由此而产生的也多为婚姻、家庭、人的身份能力和一般的债的关系。但第二次世界大战以后，国际经济生活发生了根本性变化，国家间经济技术合作明显加强，国际经济贸易活动得到迅速发展，这就使得经济、贸易关系成为涉外民事法律关系中的主要内容；而已有关于一般的债的冲突规范，已不能适应这种新的形势，亟需加强这方面的国际统一立法工作。海牙会议正是顺应了这种潮流，将其工作的重点由传统民事领域逐渐转移到了国际经济、贸易关系与侵权行为责任这些新领域，且显示出向更为广泛的领域铺开之势。“二战”之后，它已制定了一系列涉及商业关系的冲突法公约，如《国际货物买卖合同法律适用公约》、《关于产品责任法律适用公约》、《关于代理的法律适用公约》等。这都是它的这一发展趋势的具体表现。

从海牙会议制定统一公约的内容来看，也正经历一个由全面性公约向单一性专门公约转变的过程。起初，海牙会议的目的是考虑制定有关国际私法问题的欧洲统一国际私法典，即制定一个囊括各方面内容的综合性公约的可能性。在第一届海牙会议上，发起国荷兰的外交部长范·庭欧文在开幕词中，就表示希望在将来制定出一部能为“文明国家”所采纳的国际私法典。虽然这一愿望不切合实际、也未被尝试过，但在早期还是制定了企图涵盖国际私法某一领域所有问题的公约。例如，海牙会议于 1905 年制定的民事诉讼公约以及于 1954 年修订后的该公约，大多包括了司法和司法外文件的送达，在国外取证、诉讼费用担保的免除，免费的诉讼救济、免费提供民事身份登记等较为全面的内容。尽管该公约曾是一个较为成功的公约，但它经不起后来各种情况所发生的巨大变化和具体实践的考验。而且，国家间法律的歧异往往普遍存在于各个方面，如果要求统一立法的内容太多，便会大大增加谈判起草的难度，造成公约迟迟不能诞生，既使拟订了，也会因各国难能同意其中所有问题，使公约不能奏效。正是由于这些原因，促使海牙会议在后来改变了这种作法，它所制定的公约的内容越来越专门化，立法范围也愈加缩小。前述民事诉讼公约在后来的修订过程中，就已分别被《关于民商事域外取证公约》和《关于减轻国际诉讼负担公约》等几个新公约所取代。这种转变还可从海牙会议制定继承方面公约的实践得到进一步证实。早在两次大战之间，海牙会议就开始着手起草一个继承公约，但因其内容过于广泛而未能取得进展。“二战”之后，海牙会议放弃了这一作法，转而选择各国分歧较小而又亟待统一的两个专题，分别制定并通过了《关于遗嘱处分方式法律适用公约》和《关于遗产国际管理公约》等两个专门性公约。

海牙会议还明显表现出另一重要趋势，即已由初期的地区性的临时国际私法会议，日益发展成为当代最有影响的统一国际私法的全球性常设国际组织。为此，海牙会议进行了长期的努力，采取了诸多措施。1893年，通过法学家阿塞尔(Asser)提议、并获荷兰政府的支持，荷兰政府发起和召集了统一欧洲范围内各国国际私法的地区性国际会议。此后，这种会议不定期地在荷兰海牙举行了七届。在这一时期，日本于1904年召开的第四届会议上派出了它的代表。尽管从第一次会议开始，荷兰政府就曾向英国发出邀请，但被其以普通法制度与大陆民法制度存在很大差异为由而谢绝。但最初召开的几届会议均未向欧洲以外的国家发出邀请。所以，前期的海牙国际私法会议主要乃是欧洲国家统一大陆法系国际私法的地区性质的临时国际会议。在1951年召开的第七届会议上通过了《海牙国际私法会议规约》，此后，海牙会议便具备了政府间常设国际组织的性质，并开始致力于国际范围内国际私法的统一化工作。在前期，海牙会议虽也曾向美国发出参加会议的邀请，但被谢绝；直到1963年美国国会才批准美国加入海牙会议，并在第十届会议上成为该组织的正式会员国。随着英、美等普通法系国家的加入，以及世界各大洲其他国家的陆续参加，截止到1988年，海牙会议已有包括我国在内的36个成员国，从而使它逐渐发展成了当代最大的统一国际私法的普遍性国际组织。

为使海牙会议统一国际私法的工作进一步全球化，它还十分注意加强同一些非会员国和其他从事国际私法统一化工作的国际组织间的联系。例如，在修订1955年《关于国际货物销售合同法律适用公约》时，海牙会议便突破其传统实践，在就此召开的几次专门委员会会议和特别会议上，决定邀请非海牙会议成员国参与此项工作，几乎所有联合国国际贸易法委员会的会员国不论其是否为海牙会议成员国都受到了邀请。事实上，中国、美国等许多国家在正式加入海牙会议前，都曾受到海牙会议的邀请，都经历了先仅派自己的观察员代表出席会议的过程。实践证明，海牙会议的这一作法，对于让更多国家了解其工作的意义、吸引更多国家加入该组织，从而增强其普遍性，起到了极为重要的作用。在海牙会议的长期实践中，它还根据其着手统一的国际私法问题的性质，邀请其他从事统一化工作的国际组织派观察员参加该组织制定多边公约的预备性会议或大会。根据海牙会议的传统，这些组织所派的代表，可以自由地提出建议、参与讨论。这对于海牙会议获得广泛信息、借鉴其他组织统一国际私法的经验，无疑具有重要意义。海牙会议与联合国法律委员会和联合国国际贸易法委员会保持有较为密切的合作关系，这两个国际组织曾给予海牙会议的工作很大帮助。海牙会议还与欧洲议会、欧共体、罗马统一私法研究所、美洲国家组织、亚非法协等地区性组织保持着联系。

此外，在会议所使用的语言方面，海牙会议也作过调整，以使其适应它作为普遍性国际组织的需要。起初，法语是会议使用的唯一正式语种。但由于会员国的不断增多，尤其是普通法系的英语国家广泛加入该组织，从 1951 年第七届会议起，英语便在一定程度上被英语国家或讲英语的代表在会上使用。而从第九届会议起，会议的最后文件和公约便都以法、英两种语言作成，这些公约本身也规定法、英两种文本具有同等效力。因此，在这届会议上，英语已基本上与法语一样，成了会议的正式语言。

上述种种措施，都从各个不同方面扩大了海牙会议及其所制定的统一国际私法公约的影响，并促使其愈益全球化。

2. 海牙会议统一国际私法采取的形式

通观海牙会议的历史，它所取得的最终成果，大多是以条约的形式表现出来的。目前，海牙会议已经通过了 34 个公约。可以说，海牙会议是以制定国际条约作为其统一国际私法的主要形式的。

海牙会议之所以采取条约这种形式，是由其性质决定的。如前所述，海牙会议是一个政府间的国际组织，而不是超越国家之上的组织。因此，它只能以条约形式制定统一国际私法的规范，这样的规范并不能直接对会员国产生拘束力，一国只有在自愿批准加入条约后，这些统一国际私法的规范才对它发生效力。早在最初的海牙会议上，就曾有人提出制定统一国际私法典的设想，但正如荷兰的吉达教授所指出的那样，“在不具有一个联邦立法权的欧洲，不可能制定超越国家之上的法律。会议必须在使用统一立法和制定一般公约两种形式之中选择一种。结果选择了制定一般公约的方法，即一种给予契约性互惠的方法。采取这种方法可能有其缺陷，但是，这一实践开辟了一条可以日臻完善的道路”。吉达教授的见解，显然是正确的，这已被海牙会议后来的实践所证实。条约形式的缺陷，就在于它生效程序较为繁琐，对成员国拘束力又过大，以致许多国家不愿轻易加入；即使加入，也会作出种种保留或依据公共秩序的理由排除公约之规定的适用。因此，在实践中，海牙会议根据具体情况，也采用了其他一些形式，以弥补单纯采用条约形式的不足。以下将分别对其中几种主要形式进行简要评介。

示范公约。在国际私法范围内，有些问题往往难于取得协调、达成一致协议，所以不便于采用公约的形式。例如，关于破产法律的统一问题就与国际私法的其他领域如物权、婚姻等不同，后者主要是在各国法律规定不同时，确定依哪一法律来处理这些具有涉外因素的民事关系；而前者则主要在于确定根据一国法律所作的破产宣告，是否影响位于外国的财产、破产者的法律地位对破产的国际影响，以及对部分支付证明、和解协议等如何进行国际解释的问题。由于破产问题的特殊性，在第二、第三届会议上虽都曾就此进行讨论，但终未取得一致意见。于是，在第四届会议上最终形成了一个与海牙会议以前制定的公约不同的草案。海牙会议在破产问题上，并不是试图去制定一个对参加国都有约束力的公约，而是制定了一个示范公约(model treaty)，以供会议参加国之间缔结有关破产问题的公约时参考采用。又如，关于判决的承认与执行问题，在第五届会议上拟出了一个供各国签署该问题的双边条约时可供参考的示范公约。这个示范公约被认为是第五届海牙会议在该问题上取得的“可喜成果”，更有人评价它“对这一重要领域的双边关系的扩大，作出了非常大的贡献”。关于示范法律的问题，第十届海牙会议还决定把它作为未来应予专门研究的一项工作。

建议书。在1966年召开的海牙会议特别会议上，制定了关于外国商事判决的承认与执行的公约草案。这次会议所设专门委员会还就无恰当管辖权的法院所作判决的承认与执行问题进行研究，并于10月份就制定一个关于解决该问题的附加草约的实质内容达成协议。海牙会议决定将公约与附加草约之关系问题列为第十一届大会的议程，本届会议对此进行了讨论，最后制定出一个建议书草案，并获全体代表同意。海牙会议要求成员国同时签署与批准公约和附加草约；如果成员国不愿这样做，会议则建议它们在制定双边条约时考虑附加草约的内容。最后，建议书还建议任何业已受有关条约约束的国家，应采取一切有效措施去遵循附加草约所阐述的原则，如果这些既存条约所采用的原则与该附加草约中的原则不一致的话。此外，本届会议还就成员国的国家机构间彼此交换信息问题进行讨论，并作成了一个建议书。

附加议定书。在第六届海牙会议上，制定了一个附加议定书，规定妻子并不因为结婚而丧失其本国国籍和在本国的住所，以及妻子由于结婚而丧失本国国籍但别居后重新获得本国国籍的问题。该附加议定书对海牙会议制定的离婚与别居的公约中的有关规定作了一个例外规定，即在上述情形下，妻子的本国法院可以其本国法律规定的理由作出离婚判决，而不必考虑丈夫的本国法律、或夫妻的最后共同本国法是否允许离婚。同样，该附加议定书的任何签署国，尤其是丈夫之本国，可以拒绝承认此种离婚判决。本届会议之所以在该问题上选择附加议定书这一途径，是因为难以在这个问题上达到一致协议；另一方面也是为了避免由于在这个问题上的争议而影响对1902年公约修正案的签署。它的效力和影响，则取决于究竟有多少国家以及哪些国家同意和采用它。附加议定书形式的采用，为解决类似的难题提供了另外一条统一国际私法的灵活途径。

海牙会议统一国际私法的立法模式的多样化，为其工作的开展带来了许多方便，促成了各国法律间的进一步协调。

3. 海牙会议统一国际私法的方式和具体手段

为了在某一专门问题上使各国法律间的歧异得以消除，从而达成协议，海牙会议在其统一国际私法的实践中，不断研究探索出了一些颇有效果的具体手段，其统一国际私法的方式正日渐灵活多样。

海牙会议在制定多边国际公约时，基本上都遵循下述程序：会议分成若干专门委员会(或小组)，分别自由地、详细地讨论具体问题，并形成具体的意见和解决方法，而且，从1890年开始，各国政府都对具体问题表明其态度。荷兰政府收集这些意见和建议并连同荷兰特别委员会的意见一起转达给各国政府。各专门委员会的主席还准备一份详细的报告提交给全体会议，有时这一报告也由特别指定的报告人拟出。这类报告首先由委员会成员审查讨论，其间各国代表都可提出修改意见。作为会议的一项规则，对条约草案应两读通过，这通常是对文本本身进行修改、进一步讨论和对一些问题表决通过。条约草案形成后，由荷兰政府递请会议参加国签署批准。这种第一届海牙国际私法会议时便开始采用的方式，已经成为历届会议的一种惯常工作方法和作风。

在海牙会议制定统一国际私法公约的过程中，大陆法系国家与普通法系国家之间在属人法方面存在的本国法和住所地法的尖锐对立，往往成为其统一化工作的重大障碍。在属人法问题上，各国无论是采用本国法、还是住所地法，都有其深刻的社会历史原因。在早先，欧洲许多国家内部政治、法律均未统一，只有以住所地法作属人法才是切实可行的，但到后来，各国相继实现了内部政治、法律的统一，一些国家并出现了向国外大规模移民的情况，这不仅使适用本国法有了可能，而且对继续支配移居海外的本国公民，也很有必要。而英、美普通法系一些国家，包括加拿大、澳大利亚以及南美若干国家，或者至今内部法律仍不统一，或者是大量向内移民的国家，为了有效控制在本国境内居住的外来移民，便一直以住所地法作为属人法。因此，以何者为属人法，关系到各国的重大利益，属人法的统一就极其困难。但是，在国际私法中，自然人的权利能力和行为能力，以及其身份问题，包括结婚、婚姻的效力、收养、亲子关系、扶养等，均只适用有关当事人的属人法。而且，当事人的属人法往往也是处理离婚等问题的准据法。可见，属人法在国际私法中具有十分重要的地位，尤其是在海牙会议制定一系列关于亲属法等方面的公约时，统一属人法是首先必须解决的、不可回避的难题。

为解决两大法系在属人法问题上的传统分歧和对立，海牙会议曾于 1955 年制定了一个试图协调本国法与住所地法冲突的专门公约，即《关于解决本国法与住所地法冲突的公约》。该公约规定："当事人住所国规定适用他的国籍国法，而他的国籍国规定应适用他的住所地法时，各缔约国应适用他的住所地国的内国法"(第 1 条)；"当事人住所地国和国籍国都规定适用他的住所地法时，各缔约国应适用他的住所地国的内国法"(第 2 条)；"当事人住所地国与他的国籍国都规定应适用他的本国法时，各缔约国应适用他的国籍国的内国法"(第 3 条)。从这些规定可以看出，该公约并不要求缔约国放弃其所采用的确定属人法的某些标准，而是帮助缔约国去确定属人法。而且，条约主要是以住所地作为连结点来协调本国法与住所地法的对立的，后来的实践证明，该公约并未达到预期的效果，海牙会议在制定有关公约时，两大法系在属人法方面的严重对立，仍是制定统一冲突法公约的主要障碍之一。

为了寻找到一个更为有效的办法，经过长期的研究，海牙会议率先采用"惯常居所地"作为连接点，从而使这一矛盾得到了一定程度的调和。早在第五届海牙会议对它以前制定的一些有关家庭法方面的公约进行补充与修订时，该原则就开始被采用，但这主要是在解决国际私法中自然人国籍的积极与消极冲突时，作为补充性原则使用的。在 1958 年第八届海牙会议制定的《未成年人抚养义务法律适用公约》和《未成年人抚养义务之判决的承认与执行公约》中，"惯常居所地"这一连结点作为沟通"住所"与"国籍"间不可逾越的鸿沟的方法，受到各国的普遍赞同，并首次作为一项基本原则在公约中得到正式采用。如前一公约的第 1 条规定："子女可在何种程度上并可向何人要求扶养，应依子女惯常居所地法律决定。"

与前述 1958 年公约不同，第十六届海牙国际私法会议制定的《死者财产继承法律适用公约》则采用了另一种规定方式。该公约第 3 条规定："继承受死亡人死亡时是其国民的惯常居所地国法律支配(第 1 款)；死亡人临终前在一国已居住不少于 5 年的期限时，继承也受该死亡人死亡时的这一惯常居所地国法律支配，但在特别情况下，如果他死亡时与当时是其国民的国家有明显的更密切联系，则应适用该国的法律(第 2 款)；其他情况下，继承受死亡人死亡时是其国民的国家的法律支配，除死亡人当时与另一国有更密切的联系。这种情况下，应适用该另一国家的法律(第3款)。”可以看出，在本公约中“惯常居所地”这一连结点并未起决定性作用，它受到了“国籍”这个连结点的制约。同时最密切联系原则在继承的准据法的确定方面，也起到了辅助作用，并协调了“惯常居所地”和“国籍”之间的关系。

除以上公约外，在海牙会议制定的许多亲属法方面的法律适用公约中，“惯常居所地”这一连结点都得到了广泛采纳。当前，海牙会议首创的这一原则，已成为国际私法中消除属人法标准问题上本国法与住所地法对立的基本手段。惯常居所地法原则之所以能为各国普遍接受，主要是因为它是本国法与住所地法之间的一个较好的中介点，两大法系的主要国家都能够容允它的存在、并在某些情况下成为各自的属人法标准。而且当前在许多国家的国内立法中，这个连结点也被广泛采用。例如，阿根廷本以住所地法作属人法，但在它1971年颁布的国际私法草案中，却建议把习惯居所作为认定人的住所的首要标志；而德国惯以本国法作属人法，在它1986年颁布的新法中，也以习惯居所作为解决国籍的积极和消极冲突的首要标志。这样，在本国法与住所地法的对立中，习惯居所就成了沟通二者的桥梁。此外，惯常居所地本身的一些特点，也是它能被广为接受的重要原因。现代社会中，人口流动频繁，原有的住所和国籍并非一定是当事人的生活中心；加之住所往往不易认定，住所和国籍的积极冲突和无国籍现象的大量存在，更增加了法院确定住所和国籍的困难，相反，惯常居所不但易于认定，而且它往往是人的生活中心和主要财产所在地，它取代住所和国籍而成为属人法的标准就是势所必然的了。

海牙会议在确定法律适用原则时，还往往以一种连结点为主，同时又规定一些例外情况。例如，在第十三届海牙会议上制定的《关于夫妻财产法律适用公约》中，便规定以适用惯常居所地国家的法律为基本原则。但在当事人婚前未选择适用于其财产关系的准据法时，公约规定了夫妻婚后第一个共同惯常居所地、夫妻共同国籍国、最密切联系国等三个另外的连结点。这届会议制定的《关于婚姻缔结及婚姻有效性承认的公约》，规定婚姻缔结地法为主要适用的法律，并同时附加了若干例外情况下确定准据法的方法。另外，海牙会议还采用了其他一些较为灵活的规定，以协调各国立法上的冲突。例如，《关于产品责任法律适用公约》规定了采用“选择性的重叠连结点”的法律适用原则；《关于离婚及别居管辖权与法律冲突公约》规定的是“双重隶属原则”；《关于信托的法律适用及其承认公约》则仅试图就实践中所出现的有关信托的问题作出比较一般性的规定，而有意把一些问题留给人们在适用公约时通过对公约的解释来解决。

在海牙会议的实践中，反致制度也曾作为调和国际上不同法系间法律差异的方法而被采用过。例如，在《关于婚姻法律冲突的公约》中，在采用当事人本国法作为主要原则的前提下，同时规定在当事人之本国法指引适用本国法以外的另一国法律如当事人之住所地法时，则不管该人在何处，皆适用这后一法律。在海牙会议制定的统一国际私法的公约中，在允许对公约作出保留的同时，还越来越多地规定公共秩序保留条款。例如，《关于婚姻缔结及婚姻有效性承认公约》第 6 条规定，公约成员国可以对公约第 3 条第 1 款的适用作出保留，但它同时又规定可以适用公共秩序条款限制其中某些激进规定的适用；《关于继承与遗嘱的法律冲突公约》要求原则上得承认遗产所在地国家的“公共秩序”；而在《关于婚姻法律冲突的公约》中，实际上也规定了公共秩序制度。如它规定在涉及条约所明确规定的宗教和社会政策的一些情况下，一国可以拒绝为外国人缔结其本国法所允许的婚姻，或者可以拒绝仅为该国(即法院地国)法律禁止的婚姻。该公约还规定了根据婚姻缔结地法可以拒绝外国人结婚的请求，如果其婚姻违背该国法律关于绝对禁止的可通婚亲等的规定，或拆散一方之婚姻而缔结新婚的通奸者结婚的绝对禁止性规定，或禁止试图谋杀一方当事人之配偶的内部通婚规定。这种实践，一方面虽然通过有关国际条约使各国在某些问题上取得了国际私法的统一，但另一方面又允许各国在认为适用条约中的某些统一规则会与自己的公共秩序相抵触时，排除条约规定的适用。表面看来二者似乎是矛盾的，但允许这种灵活性的存在，有利于吸收更多的国家参加到统一国际私法的国际努力中来。

总之，制定国际条约的过程，就是一个各国间讨价还价、取得国家意志协调的过程。由于国家间在社会生活习惯、历史文化传统、经济发展水平、社会政治制度等诸方面存在种种差异，各国都要维护其自身的利益，这都使得条约的缔结极为复杂，很难达成一致的协议。所以，要想使某一国际条约的制定取得成功，关键就在于找到一个能调和各国之间在某个问题上的矛盾、求得国家意志协调的恰当方法。海牙会议正是认识到了这一点，因而它一直非常重视这个问题，并曾设立特别小组研究统一国际私法、制定国际私法公约的方法。它所采用的上述一些方式与手段，不仅使其在统一国际私法方面获得了巨大成就，而且还为其他从事这类工作的国际组织提供了宝贵的经验。海牙会议所作的这些探索和尝试，是具有重要价值的。

# 第二节　地区性政府间国际组织及其工作评价

## 一、概述

严格说来，私法国际统一化运动最初是地区性的，这主要是因为在一个世纪以前，全球范围内的广泛的国际交流尚不普遍，因而，并不具备进行广泛的全球性的私法统一的客观条件。而且，加上殖民主义的横行，“国际文明社会”和“非文明社会”观念的存在，因而，也不能进行现在意义上的那种融各法系原则于一体，由各国际社会成员平等参加的私法统一化运动。但是，由地理位置接近的一些国家所组成的地区(groups of states)，在文化、社会背景方面大多相似。而且，彼此交往也很频繁，所以，比较需要进行地区范围内的私法统一，以利于彼此的交往。再者，比较类似的文化、社会背景，也使得此种统一比较容易。在这种情况下，私法的统一化活动便容易在地区范围内开始。

在一个多世纪中，私法的地区性统一始终方兴未艾。这种地区性的私法统一化运动，以美洲尤其是拉丁美洲、西欧、东欧、北欧规模最大，取得的成果最多，因而也最为世人所瞩目。至于亚洲和非洲，尽管从 20 世纪四五十年代起，也进行了一些地区性私法统一的工作，而且，也有些专门性的国际组织从事该方面的工作，但似乎无太大的成绩。然而，并非大多数国家现在都积极加入世界范围内的私法统一化运动。

## 二、拉美从事私法统一的国际组织

1. 巴拿马大会和以后若干次拉美私法统一会议

1826 年由拉美民族英雄西蒙·波利瓦尔(Simon Bolivar)发起召开的“巴拿马大会”(The Congress of Panama)上，有人提出进行拉美公法编纂和制定，“美洲人民国际法典”(Code of International Law of American People)的建议，此一建议得到一些拉美国家的支持和拥护。此次会议实际上成为从西班牙和葡萄牙等殖民统治下独立起来的拉美国家联合起来进行法律(包括私法)统一化运动的开端。

巴拿马会议以后，拉美一些国家于 19 世纪中叶召开了几次进行法律统一的国际会议。就私法而言，这些会议研究和涉及的问题包括航海与通商，国际互惠待遇，司法及其他公文的相互承认，外国判决的承认等。1964 年 11 月在利马召开的美洲会议(the American Congress)上曾有人提出对拉美私法统一具有重要意义的建议，即厄瓜多尔全权代表皮德拉塔(Pon Vicente Piedrahita)提出的“旨在确定涉外公法，包括国际私法若干原则”的建议，以及委内瑞拉代表葛茨曼(Don Antonio Leocadio Guzman)提出的一个仅涉及国际私法的建议。遗憾的是这两项建议书当时并未获得大会讨论。

1875年12月11日秘鲁政府呼吁拉美国家努力实现私法的地区性统一，并邀请拉美国家召开一次统一民法及国际私法的会议。拉美一些国家响应了秘鲁政府的倡议，并接受邀请，参加1877年在利马召开的统一私法大会，即美洲的法学家大会(The Congress of Jurists Congreso americano de Jurisconsultos)，也即通常人们所说的利马会议。围绕着私法统一的原则问题，在利马会议上持“属人主义”观点和持“属地主义”观点的两派人间进行了激烈的争辩。经过10个多月的工作，会议最后起草出《关于建立国际私法统一规则的公约》，该公约共60条，规定了人的民事地位和能力、财产、婚姻、国际管辖权问题，他国判决的执行问题等。据说该公约之内容深受意大利孟西尼(Mancini)属人法学派观点的影响，以至于公约不大受广大拉美国家的欢迎，而只有秘鲁一国批准，从而未获得成功。

利马公约的失败并未使拉美国家中止进行私法统一化运动的努力。1888年2月阿根廷和乌拉圭两国达成协议，决定由它们分别向一些拉美国家发出邀请，召开一次“南美国际法律大会”(The South American International Juridical Congress)，并在大会上制定一个关于国际私法的公约。该大会于1888年8月25日在蒙特维的亚召开，因此，它通常被称为“蒙特维的亚会议”(montevideo Congress)或“南美会议”(Congreso sud-americano)。这次大会取得了成功，共起草和制定了关于国际诉讼法、文学艺术产权、版权、商标与专利、国际刑法、自由职业、国际民法、国际商法方面的八个国际公约和《关于国际私法若干公约的附加议定书》。上述各项公约不久便获得了绝大多数会议出席国的批准。总之，南美国际法律大会可以说是实际上取得了成功。

拉美国家进行地区性私法统一化运动，与西蒙·波利瓦尔领导拉美人民争取民族独立精神鼓舞是分不开的。波利瓦尔的精神无疑是拉美各国团结起来的一个纽带。为了纪念拉美人民的这位英雄，拉美国家召开了若干次以波利瓦尔命名的大会——波利瓦尔大会(先称为“Congresos boliviano”后改称“Congresos bolivarianos”)。波利瓦尔大会也进行了私法统一工作，所以它是拉美私法国际统一化运动发展史的组成部分。

为纪念波利瓦尔100诞辰，于1883年在加拉加斯召开的“波利维亚大会”(Congreso boliviano)，尽管主要讨论公法问题，但会议最后议定书中却规定翌年在加拉加斯召开一次内容包括探讨国际私法统一的会议。然而，这已计划的会议后来并未召开。1911 年适逢委内瑞拉独立 100 周年，在加拉加斯召开的纪念大会上，就国际私法统一问题进行了专门的工作，并缔结了一些私法统一方面的公约。当然这些公约深受 1889 年的一些蒙特维的亚公约的影响。

中美洲四国哥斯达黎加、危地马拉、洪都拉斯及萨尔瓦多早在 1872 年便签署了一个协定，并在该协定中尝试对民事、刑事和诉讼法进行一定程度的统一。1897 年中美洲一些国家在危地马拉召开了所谓的“危地马拉大会”(即第一届中美洲法律大会，Congreso Juridico Centroamericano)，会上除签署了有关中美洲联盟的条约外，尚通过了有关国际私法、商法、诉讼法、知识产权、刑法以及引渡等方面的若干公约。其中关于国际私法的公约，是以住所地原则为基础的。而且，这些公约均深受 1889 年蒙德维的亚公约的影响。这些公约在历史上均未生效。中美洲国家又于 1901 年在圣·萨尔瓦多召开了一次法律大会，即第二届美洲法律会议(Segundo Congreso Juridico Centroamericano)。会上以 1897 年的公约为基础，签署了七个公约，但只有萨尔瓦多一国全部批准。

2. 泛美会议

在美国政府的邀请下，于 1889—1900 年在华盛顿召开了第一届美洲国家国际会议，会上设立了美洲国家联盟。第一次泛美会议也对国际私法的统一问题进行了讨论。至 1914 年泛美会议共召开了六次。就泛美范围内对私法的统一化来看，这些会议并未取得实质性的成果。而且，住所地原则与国籍原则依然是泛美会议上争论的焦点。但是，这里尚有必要提及以下几次泛美会议的工作。

1923 年在智利圣地亚哥召开了第五届泛美会议，会上成立了一个国际法学家委员会(Comision International de Jurisconsultos Americanos)。会上就协调住所地原则与国籍原则的各种建议进行了讨论，并最后决定在考虑这些建议的情况下，制定一个内容广泛的国际私法典。

1928 年在哈瓦那召开了第六届泛美会议，会上通过了由古巴法学家布斯特曼特起草的一个法典草案，即著名的《布斯塔曼特法典》(*Codigo Bustamante*)。

这之后至第二次世界大战爆发，分别于 1933 年和 1938 年召开了第七、第八届泛美会议，其间于 1936 年召开了泛美会议特别会议。但这几次会议对私法的统一并未取得成果。

3. 美洲国家组织

1938 年于波哥大(Bogota)召开的第九届泛美会议上，成立了美洲国家组织(Organization of American States)。该组织宪章中规定，“发展与编纂国际公法与国际私法”是组织的任务之一，因此，该组织的成立乃是美洲，尤其是拉美私法国际统一化运动的一件大事。

美洲国家组织的主要组织机构有美洲会议、外长会议、理事会和泛美联盟(即组织的秘书处)以及特别会议与特别机构。就私法的国际统一而言，有必要把美洲国家组织的几个特别机构予以简单介绍。首先，美洲法学家理事会(Consejo Interamericano de Jurisconsultos，CIJ)。1948 年的美洲国家组织宪章把该理事会规定为组织理事会中的一个机构(第 57 条)。CIJ 的任务在于为发展和编纂国际公法和国际私法进行工作。然而，1967 年修改后的宪章取消了该组织。其次，美洲法学家委员会(Comité Suridico Interamericano，CSI)。这实际上是从事法律编纂的一个机构。CSI 是根据 1948 年美洲国家组织宪章，作为美洲法学家理事会(美洲国家组织理事会特别机构之一)的常设委员会在巴西里约(Rio)设立的。1967 年修改后的组织宪章赋予它行使原来美洲法学家理事会的职能。

美洲国家组织从事国际私法统一化运动，主要是通过美洲法学家理事会，尤其是常设机构美洲法学家委员会(CSI)的活动进行的。1950—1965 年，美洲法学家理事会共召开了五次大会，就国际私法范围内的货物买卖，司法协助等领域的法律统一问题进行了研究和讨论。特别应予指出的是，美洲法学家委员会(CSI)在这一段时间里，一直致力于“布斯塔曼特法典”的研究和修订工作，并最终于 1966 年完成了一个以住所地为基本原则的修订草案。

为了加强国际私法的编纂工作，并使国际私法的统一跟上美洲经济一体化的进程，美洲国家会议于 1971 年 4 月 23 日在哥斯达黎加召开的大会上决定召集国际私法特别会议。美洲国家组织国际私法特别会议的召开，开始了美洲国际私法统一的新阶段。

第一届美洲国家私法特别会议(Inter-American Specialiged Conference on private International Law，CIPIP)于 1975 年 1 月在巴拿马城召开，美洲国家组织的大多数会员国出席了会议。会议最后通过了两项决议和六个条约。这六个条约分别是：(1)《关于汇票、本票和发票法律冲突的美洲公约》；(2)《关于支票法律冲突的美洲公约》；(3)《美洲国际商事仲裁公约》；(4)《关于司法互助请求(Letters Rogatory)的美洲公约》；(5)《美洲外国取证公约》；(6)《关于在外国代理权力的法律制度的美洲公约》。第一届美洲国际私法特别会议获得了广泛的高度评价，这不仅是因为它所取得的上述统一私法的成果，而且，会议本身“无疑使得具有高深学术造诣的专家们能够直接交换意见；而且，正如经验所示，这种直接的接触也形成推动国际私法编纂的强大动力”。

第二届美洲国际私法特别会议于1979年4月23日至5月8日在蒙特维的亚召开。早在1975年12月美洲国家组织理事会便通过了第二届美洲国际私法特别会议的议程，根据该议程，会议应讨论以下八个方面的问题：(1)外国判决的承认与执行；(2)民、商事诉讼中保全措施的采用；(3)美洲国家间彼此法律和法规的证明；(4)国际支付中支票的法律冲突和统一；(5)关于在拉美施行的公司、企业领域冲突法规范的更新；(6)国际私法的一般规则；(7)国际货物买卖；(8)国际水路运输及提单。会议最后分别就上述前六项议题以及关于自然人的住所问题和关于司法互助请求的八个公约。

第三届美洲国际私法特别会议于1984年5月在波利维亚的拉不勒斯召开。本届会议起草了《关于未成年人收养的国际法公约》、《法人权利能力与行为能力公约》、《关于在外国取证公约的附加议定书》以及《国际管辖权作为承认外国判决先决条件的公约》。

1989年7月9—15日在乌拉圭首都蒙特维的亚召开了第四届美洲国际私法特别会议。会上通过了《国际交还(被拐卖——作者加)儿童的美洲公约》、《关于抚养之债的美洲公约》、《陆地国际货物运输的美洲公约》。这些公约均将于第二封批准书交存之日起30天后生效。本届会议上尚通过了一项关于对国际合同法律适用进行进一步研究的文件。由于一些国家的代表认为大会对国际合同的法律适用问题尚未作充分的研究，因而，会上未批准墨西哥代表所提交的一份关于国际合同法律适用问题的公约草案，而是通过了上述文件。此外，本届会议上还通过了与国际合同有关的三项决议。据此，大会建议美洲国家组织的成员国考虑签署、批准或加入以下几个国际公约：(1)国际债权转让和国际融资租赁公约(1988年，渥太华)；(2)联合国国际货物销售合同公约(1980年，维也纳)；(3)联合国国际货物销售时效期限公约(1974年，纽约)及其修改议定书(1980年，维也纳)；(4)国际货物销售合同法律适用公约(1986年，海牙)。

拉美国家从事私法统一化运动有近一个多世纪的历史，尽管其中多有曲折，但这一运动在不断发展着，而且，也取得了很大的成果。尤其是“布斯塔曼特法典”可以称为是世界上统一私法的伟大杰作。近几年来，随着拉美一体化的进程的发展，统一私法运动也随之发展壮大，这不仅表现在越来越多的拉美国家积极加入这一运动，如1989年召开的第四届美洲国际私法特别会议就有很多国家参加，而这也被认为是此届会议取得重大成功的主要标志之一，而且，统一私法的范围也越来越宽。

## 三、西欧从事私法统一的国际组织

1. 欧洲共同体

欧洲共同体实际上由三个共同体组成，即欧洲煤钢共同体、欧洲经济共同体和欧洲原子能共同体。由于这三个共同体，尤其是后二者间具有很多的相似之处，且为了便利共同体的统一行动，三个共同体间于1965年4月8日在布鲁塞尔签了一个称为“若干欧洲共同体设立单一理事会和单一委员会的公约”(Treaty Establisbing a Single Council and a Single Commission of the European Communities)，通常称为“合并公约”(Merger Treaty)，于1967年7月1日起生效。该“合并公约”并未合并既存的各共同体，而只是使三个共同体的理事会合而为一，称为“欧洲共同体理事会”，并使经济共同体和原子能共同体的“委员会”合并为一个，称为“欧洲共同体委员会”。该两个合并后的机构均设于布鲁塞尔。目前，欧洲共同体共有12个成员国，而且，1989年底奥地利也正式申请加入共同体。

欧洲共同体有四个主要机构，即委员会、理事会、议会和法院。共同体委员会，由成员国政府所指派的代表组成，其任务是建议共同体采取新政策，协调成员国的活动以确保它们能够采纳委员会的建议，调整各成员国的国内政策并考察共同体既存政策的执行情况。共同体理事会，“是成员国直接表明其权益的机构”。理事会的活动主要在于决定“欧洲经济共同体”的立法，与外国缔结协议，并与欧洲的议会一起制定共同体预算。欧洲议会(The European Parliament)以前称为各共同体的大会(Assembly)，1962年才改为现名。它的宗旨是作为欧洲共同体人民的一个代议机构。欧洲议会的主要活动是作出建议，然后，由理事会将这些建议起草成相应的决议，推荐给成员国，使之根据各自宪法规定的要求去采用。共同体法院(The Court of Justice of the European Communities)是共同体的一个司法机构，其主要任务在于确保共同体法律的施行，并作为成员国与共同体之间以及各共同体间的中介，以解决它们间的法律纠纷。此外，该法院还充当保护个人以免于共同体设在布鲁塞尔的机构官僚主义侵害的角色。

就私法的国际统一而言，欧洲三个共同体中，以欧洲经济共同体最为重要，因而，我们这里主要介绍作为区域政府间国际组织的欧洲经济共同体进行私法统一的情况。建立欧洲经济共同体公约(通常称为《罗马公约》)第3(9)条规定，成员国基于本公约所规定的目的，采取措施调整本国法律制度，以满足发挥共同市场作用的需要。欧洲经济共同体进行法律协调的一个特征，就是确认“法律制度的协调本身不是目的，而是实现共同市场的一种手段”。《罗马公约》作为欧洲经济共同体的一种重要的法律文件，尚有若干条文专门规定私法协调问题。如第54(3)(G)条规定公司对股东和第三人利益的担保；第56条关于外国人的特别规定；第57条规定无报酬活动；第117条规定社会福利制度的协调；第43条和第75条分别规定共同的农业政策和运输政策。

欧洲经济共同体进行法律的协调和统一，采用了一些不同的方法：

首先，共同体制定“得予一般适用，具有实质约束力，且对每一成员国直接适用的”“规定”(Regulations)。由于这种“规定”约束所有成员国，而且具有一般地和直接适用的特点，因而，它是实现共同体法律一体化最为有效的一种法律文件。

其次，共同体制定“指令”(Directives)。根据《罗马公约》第189条第3款的规定，成员国可以采取不同的形式和方法执行这种法律文件。欧洲共同体理事会根据“罗马公约”，尤其是第100条的规定，于1985年7月25日公布的“关于调整成员国有关瑕疵产品责任的法律规定和行政规则的指令”就属这种法律文件。

再次，《罗马公约》第220条还规定，在一些情况下，共同体成员国间可以签署国际条约，而有关私法的条约也就成为欧洲经济共同体实现私法协调与统一的法律文件。在这方面，有欧洲经济共同体的六个原始成员国，比利时、联邦德国、法国、意大利、卢森堡以及荷兰于1968年9月27日在布鲁塞尔签署了“关于民、商事管辖权和判决的执行的公约”(1973年2月1日生效)；1971年6月3日在卢森堡签署了关于法院解释上述公约的议定书(1975年9月1日生效)；1980年欧洲经济共同体制定了一个《关于合同义务法律适用公约》，并于同年6月19日在罗马对成员国开放签字(该公约是欧洲共同体统一合同冲突法问题的一个非常重要的法律文件)。欧洲经济共同体的上述六个原始成员国还于1968年2月19日签署了《关于相互承认公司和企业实体的公约》。此外，欧洲经济共同体尚草拟出《关于破产、结业、整理、债务了结以及类似程序的公约草案》。

2. 欧洲理事会

欧洲理事会是于1949年成立的一个欧洲地区性国际组织，会址设在法国斯特拉斯堡。根据该组织章程第1条的规定，它的目标是“为达到保卫和实现作为成员国共同遗产的理想和原则，并促进它们的经济和社会的发展的目的，实现其成员国间更大的联系”。该章程还规定了实现这一目标的途径，即“通过在经济、社会、文化、科学、法律和行政事务方面缔结协定和采取共同行动，以及维护和进一步实现人权和基本自由”。进行私法的统一尽管不是欧洲理事会的任务，但也是它实现该组织的目标的手段之一。从该组织成立到今近半个世纪的历史来看，它在私法统一化进程方面，也取得了一些成就。

欧洲理事会的主要组织机构包括部长会议和协商大会(章程第10条)。部长会议是组织的执行机构，代表组织进行活动。它可以为实现组织目标采取一些行动，包括缔结条约或协定，采纳共同政策等。“协商大会”由各成员国的议员组成。与各成员国的议会制度相一致，该协商大会也由不同的政治组织组成。它们包括：社会党、基督教民主党、自由党以及共产党等。1974年该“协商大会”改名为议会(Parliamentary Assembly)。作为欧洲理事会的代议机构，议会可以在组织权限范围内，就任何问题讨论并作出决议，提出意见。

为了加强该组织内部的法律协调和私法统一工作，欧洲理事会部长会议于1963年设立了一个“法律协作委员会”。其具体任务在于“就欧洲理事会现在和将来的法律计划，尤其是国际公、私法及各国私法领域的公约草案，示范法律和统一法律的起草进行协调和监督”。该委员会在私法统一化方面的活动涉及非婚生子女的法律地位，水污染的民事责任，自然人身体伤害或死亡的民事责任，产品生产者的责任，消费者的法律保护，儿童的法定代理和监护，个人稳私及数据库的保护，民法中的刑事章程，民商事关系中的消灭时效，不同国籍的配偶及其子女国籍冲突的解决等。但是，根据1973年6月在瑞典召开的第八届欧洲司法部长会议的建议，该“法律协作委员会”其后的活动主要集中于家庭法领域，尤其是离婚及其经济的和社会的后果方面。

欧洲理事会成立后共签署了80多个公约和协定，其中主要涉及公法问题，涉及私法问题的有以下几个方面：

(1)专利法。这方面包括《关于专利申请形式要件的欧洲公约》(1953年)；《关于专利国际分类的欧洲公约(包括修订后的附件)》(1954~1961年)；《关于统一发明专利实体法律若干问题的公约》(1963年)。

(2)民、商事仲裁。这方面包括《关于适用欧洲国际商事仲裁公约的协定》(1962年)以及《关于仲裁统一法的欧洲公约》(1966年)。

(3)民事义务。在这方面，欧洲理事会签署了以下几个公约，即《关于旅店主对顾客的财产责任的公约》(1962年)；《关于机动车民事责任强制保障的欧洲公约》(1959年)；《外国人货币之债的欧洲公约》(1967年)。

(4)家庭法方面。欧洲理事会起草了《关于儿童收养的欧洲公约》。该公约于1967年4月24日向成员国开放签字。

(5)公司法方面。1966年1月20日欧洲理事会签署了《关于建立公司的欧洲公约》。

(6)国际司法协助方面。这方面欧洲理事会签署了《关于外国法证明的公约》，该公约于 1969 年 12 月 17 日生效。

3. 比、荷、卢统一国际私法组织

比利时、荷兰和卢森堡是西欧三个紧密相联的邻国，各国间人员来往非常频繁，进行彼此间的私法的协调与统一，成为这些国家便于相互交往的一种迫切需要；而且，它们间密切的地理联系，类似的文化和法律传统，也自然成为这些国家进行私法统一化运动的有利条件。比、荷、卢统一私法的运动开始于 20 世纪初，从事这种运动的地区性国际组织有以下两个：

第一，比利时、荷兰、卢森堡统一法研究委员会。

1948 年比、荷、卢三国成立了“比利时、荷兰、卢森堡统一法研究委员会”，秘书处设于比利时首都布鲁塞尔。根据该委员会章程的规定，它的首要任务是起草包括刑法领域问题以及私法问题的统一法的草案。委员会由 10 名比利时代表，10 名荷兰代表以及 6 名卢森堡代表组成。这些代表都是由各国司法部任命的法学专家和其他领域的一些专家。委员会分为两个分委员会，分别负责刑法和私法方面的问题。

该委员会起草的法律草案首先提交给三国司法部，然后，由各国称为“司法部工作小组”的机构对该草案进行审查并提出修改建议。一项法律草案在最终获得通过之前还得经过“议会联合咨询委员会”审查。

与统一法研究委员会进行法律统一活动有关的尚有一个地区性国际组织的机构，即比、荷、卢经济联盟的“司法互助工作小组”。比、荷、卢经济联盟根据 1958 年 2 月 3 日三国签署的条约成立，其宗旨在于努力实现比、荷、卢国家内商品、服务、资本以及人员流通自由。如果一项法律的统一与该联盟直接有关，则它便可以提议进行有关的法律的统一，并从而由统一法研究委员会在该经济联盟司法互助工作组的领导下进行法律的起草工作。

第二，议会联合咨询委员会。

该委员会成立于 1955 年，由三国 49 位议员组成，其中比利时 21 人，荷兰 21 人以及卢森堡 7 人。根据委员会章程的规定，其目的在于统一关于经济、文化问题的意见，协调外交政策以及统一法律制度。该咨询委员会审议由上述统一法研究委员会准备的法律草案。一项法律草案只有获得该咨询委员会三分之二多数通过后，方能由该咨询委员会提交给各国议会审议批准。

由咨询委员会通过并提交给各国议会的法律，通常由该三国签署条约，规定该统一法在三国适用，然后，由三国议会批准该条约。如果咨询委员会通过后提交给各国议会的是示范法，则各国可以进行修改。

比、荷、卢议会联合咨询委员会已在冲突法、行政与司法协助、民事责任等私法领域进行了大量的法律统一工作。若干统一私法公约已获得成员国的签署，它们包括：(1)关于国际私法的公约(1951 年 5 月 2 日与 1986 年 11 月 3 日)；(2)关于机动车民事责任强制保险公约(1955 年 1 月 7 日与 1966 年 5 月 24 日)；(3)关于破产管辖权以及司法判决、仲裁裁决以及一些公事效力及其执行的公约(1961 年 9 月 24 日)；(4)关于商标的公约(1962 年 3 月 19 日)等。1966 年 6 月比、荷、卢议会联合咨询委员会尚批准关于设计与图样的公约。此外，还有关于司法互助、律师职业的公约被提交该委员会批准。而且，该委员会还建议制定有关代理合同与代理权的示范法律。

比、荷、卢地区性的私法统一化运动在上述国际组织的努力下，尽管取得了一些成果，但是，这种成果正如比利时法学家林彭斯(J. Limpens)指出的那样是不能令人满意的。上述一些公约大多数都未获得比荷卢三国一致批准。如 1951 年关于国际私法的公约，仅卢森堡一国批准，这样比荷卢议会联合咨询委员会不得不于 1965 年和 1966 年建议对该公约进行修改以便获得另外两国的批准。因而，1966 年 11 月 3 日诞生了一个修改后的新文本，并于 1969 年 7 月 3 日签署。然而，该新文本也遭同样的不幸，这样三国最终不得不放弃统一国际私法的这一计划。但是这种情况并不表明三国无统一国际私法的愿望，而是如达维在分析比荷卢国家统一私法活动未能产生令人满意结果的原因时所指出的，主要是这些统一的尝试受到那些具有广泛目标的组织的竞争。因为这三国都是欧洲经济共同体、欧洲理事会以及海牙国际私法会议的成员国，它们缔结的协定如不与上述具有更广泛目标的国际组织的统一化工作相协调，将会在更大范围内引起问题，从而使得三国欲进行小范围内共同立法工作出现困难。应该说，这一分析是合理的。①

4. 民事身份国际委员会(Commission internationale de L’etat Civil，CIEC)

该委员会是根据 1950 年 9 月 25 日签署于伯尔尼的一项议定书而成立的一个地区性的政府间国际组织，其成员国包括比利时、联邦德国、法国、希腊、意大利、卢森堡、荷兰、奥地利、土耳其以及瑞士。

该委员会的任务在于整理、收集立法及司法判决中有关人的地位方面的资料，通过法律和技术方面的努力以改善自然人的民事地位。为实现后一任务，该委员会积极制定一些有关的国际公约，从而实现该方面的法律统一工作。该

① 达维：《私法的国际统一》，载《国际比较法百科全书》第 2 卷第 5 章，第 191 页。

委员会制定国际公约的程序，大多是先由各国的分会或由专门委员会准备出公约草案，再由委员会的办公室(由各国分会的主席组成)提出意见，最后由委员会每年一度的大会批准通过。

民事身份国际委员会制定了以下公约：(1)1956年9月27日关于从外国获得自然人户口簿的巴黎公约；(2)1957年9月26日关于免费提供自然人身份证和免除法律认可的卢森堡公约；(3)1958年9月4日关于自然人身份事务信息国际交流的伊斯坦布尔公约；(4)1958年9月4日关于姓名更改的伊斯坦布尔公约；(5)1961年9月14日关于扩大承认非婚生子女之官员管辖权的罗马公约；(6)1962年9月12日关于确认非婚生子女的母亲关系的布鲁塞尔公约；(7)1964年9月10日关于简化在外国结婚手续的巴黎公约；(8)1964年9月10日关于对加入国籍相互通知的巴黎公约；(9)1964年9月10日关于对民事身份证修改决定的巴黎公约；(10)1966年9月18日关于在一些情况下确认自然人死亡的雅典公约；(11)1967年9月8日关于对婚姻问题判决承认的卢森堡公约；(12)1970年9月10日关于通过婚姻使非婚生子女准正的罗马公约；(13)1973年9月13日关于减少自然人无国籍状况的伯尔尼公约；(14)1973年9月13日关于通报自然人户口簿上姓名的巴黎公约；(15)1974年9月12日关于建立一个国际户籍簿(Stammbuch der Familie)的巴黎公约；(16)1976年9月8日关于多种语言户口簿的维也纳公约；(17)1977年9月15日关于免除对一些文件和公文效力认可手续的雅典公约；(18)1980年9月5日关于自愿承认非婚生子女的慕尼黑公约；(19)1980年9月5日关于出具结婚能力证明的慕尼黑公约；(20)1980年9月5日关于姓名法律适用的慕尼黑公约；(21)1982年9月8日关于出具不同姓氏证明的海牙公约。

5. 斯堪的那维亚国家统一国际私法组织

北欧的斯堪的纳维亚国家，包括丹麦、挪威、瑞典、芬兰和冰岛，在文化方面存在着诸多的相似之处：具有相同的宗教、相似的语言、类似的社会结构以及相同形式的民主理想。诸多的共性成为这些国家几十年来进行彼此间法律的协调与统一的推动力量。就地区性私法统一而言，北欧斯堪的纳维亚国家取得了很大的成就。美国学者欧菲尔德(Orfieid)写道，与斯堪的纳维亚国家相比，“没有其他国家如此持久、持续并如此广泛地合作去进行法律的统一工作……也没有其他国家能以这样了不起的进行持续合作的尝试感到自豪”。①从事北欧国际私法统一工作的组织主要有：

① 达维：《私法的国际统一》，载《国际比较法百科全书》第2卷第5章，第180页。

第一，斯堪的纳维亚律师大会。1872 年在哥本哈根召开了第一届“斯堪的纳维亚律师大会”，并由此揭开了斯堪的纳维亚国家进行合作以协调和统一它们间法律的序幕。斯堪的纳维亚律师大会共持续 80 年，先后召开过 24 届会议。该大会尽管只是民间组织召开的会议，对私法之统一并无很大的影响力，但是，它在北欧私法统一化运动最初阶段，无疑起到了发起和组织者的作用。这主要在于，会议每次有众多的北欧五国律师参加(七八百人)，并就若干个法律课题进行讨论并作成报告，而这种课题往往是那些应进行法律统一的问题，因而，会议对五国立法机关进行合作制定统一法律铺平了道路。

第二，北欧立法合作委员会。1946 年 2 月在哥本哈根召开了首届北欧国家司法部长会议，会议决定每个国家得有 2 至 3 位代表长期负责斯堪的纳维亚国家在法律领域进行彼此间的合作，由此，便成立了北欧立法合作委员会(Nordic Committee for Legislative Collabaration)。该委员会由 12 位成员和 1 位秘书组成，是一个从事斯堪的纳维亚国家法律协调和统一的常设组织。

北欧立法合作委员会的各国代表肩负着双重任务。一方面，他们应该时刻关注各国在那些彼此具有兴趣合作的法律领域的发展，尤其是提供和获取各国法律在具有统一示范法律的领域的改变；另一方面，他们还应该在时机成熟时主动地去扩大合作的范围。该委员会的五国代表不间断地通过召开会议或通过通讯保持联系。事实上，北欧立法合作委员会是一个法律合作的咨询和协调组织，委员会的各国代表尽管可以制订工作计划，并提出种种建议，然而他们并无作出决定的权力，只有五国的司法部长方能最后决定，是否成立专门委员会进行某领域的立法工作。正因为北欧立法工作委员会的代表无实际权力，因而不能充分地发挥委员会进行立法工作，所以，在 1959 年这些代表为各国的“联络官”(Liaision Officials)所代替。这些联络官都是各国司法部立法局的官员，或类似职衔的官员，他们不仅可以处理涉及司法部的一些事务，而且尚可以处理属于立法协作领域、但在一些国家属其他部门管辖的问题，如在丹麦和挪威属于经济部门管辖的版权问题。

但是，应该指出，北欧立法合作委员会并不是从事北欧国家统一私法制定的一个国际组织，其活动对于北欧国家通过公约、示范法律等形式实现私法统一之所以具有重要意义，主要是因为北欧的共同立法(Common Legislation)虽是由“专门委员会”进行的，但这种专门委员会进行法律起草工作的过程就是与北欧立法合作委员会进行合作的过程。

第三，北欧委员会。1950 年成立的北欧委员会(Nordic Council)，是斯堪的纳维亚国家会议和政府合作的一个组织，由各国议会选举的 69 名代表和各国政府任命的若干部长组成。北欧委员会尽管只有权向各国政府提出建议，然而，在北欧私法统一与协调方面，却起重要作用。

虽然北欧委员会的主要任务在于加强北欧国家议会和政府的合作，但是，它也“对斯堪的纳维亚国家法律的统一予以极大的兴趣和精力”。委员会的任何代表或成员国政府都可以建议立法。此种建议先提交给委员会下设的法律委员会，若该建议获得北欧委员会的批准，则它便建议各国政府就该有关问题起草法律草案。北欧委员会下设的法律委员会由作为北欧委员会成员的各国议会议员组成，定期召开会议。该法律委员会可以提议开始进行立法工作。

第四，司法部长会议。1962 年 3 月 23 日，斯堪的纳维亚五国于赫尔辛基签署了一个旨在保持和加强该五国彼此间立法、经济、文化以及社会交往的合作公约。公约签署以后，五国司法部长每年定期举行二三次会议，而且这种会议常常是与北欧委员会的法律委员会联席召开的。

1962 年 9 月在雷克雅威克召开的司法部长会议，决定成立一个合作委员会来研究斯堪的纳维亚国家加入欧洲经济共同体后如何保持和发展斯堪的纳维亚的法律制度。此外，各国司法部内都设立有专门的办公室以处理本国各部涉及统一法律的问题，各国这种办公室的负责人也定期召开会议，以协调属于斯堪的纳维亚法律合作计划内的问题。

北欧各国司法部长间的合作不仅仅在于进行共同的立法工作，而且更重要的在于通过这种持续和紧密的合作，以达到彼此对此的共识，而这无疑是一项主要的事情。

在上述各种组织的努力下，斯堪的纳维亚国家私法的各个领域均实现了一定范围的统一。在私法统一化运动的最初，即 19 世纪末，主要是在商法领域进行法律的统一工作，且第一个获得统一的法律是瑞典、挪威和丹麦三国在 1880 年 5 月制定的统一的汇票和支票法。其后，制定了有关商标、公司登记、商事代理等方面的共同立法。而且，1891 年至 1893 年间上述三国制定了一个共同的海事法典。此外，这三国在 19 世纪末还曾尝试就自然人的入籍问题制定统一的立法，但未取得圆满的成功。20 世纪初，北欧国家间进一步加强统一私法工作。丹麦学者朱利尤斯·拉生(Julius Lassen)曾建议制定一个北欧统一的私法典，但此建议未能付诸实行。然而本世纪初北欧国家成功地进行了货物买卖法、合同法的共同立法；而且，还在 1915—1927 年间就夫妻财产问题、儿童抚养、收养问题、继承等家庭法问题进行了共同的立法工作。在冲突法领域，北欧国家也进行了统一的立法工作，但这都是以实体法附录的形式进行各种冲突法领域的统一，而不是单独制定统一的冲突法典。第二次世界大战中断了北欧私法统一化运动，“二战”结束以后，北欧国家又重新开始私法统一工作，而且范围扩大到包括民事侵权责任、国家责任、分期付款买卖、时效期限、破产、自然人国籍、版权、专利等领域。

6. 东欧从事私法统一的国际组织——经济互助委员会

在原东欧社会主义国家中，进行私法统一的国际组织是经济互助委员会，简称经互会(Council for Mutual Economic Assistance-CMEA；Rat für Gegenseitige Wirtschaftshilfe-RGW)。经互会成立于1949年。1959年12月14日在保加利亚首都索菲亚召开的经互会大会上，以公约形式签署了经互会章程。它于1960年4月13日生效。经互会成员国包括阿尔巴尼亚、保加利亚、东德、波兰、罗马尼亚、捷克斯洛伐克、苏联、匈牙利以及亚洲的蒙古和美洲的古巴(1972年以后)。

根据经互会章程第1条第1项的规定，经互会的宗旨在于“通过成员国的积极的联合与协调，以促进国民经济有计划的发展、加速这些国家经济和技术的进步，提高工业欠发达国家工业化程度，不断提高生产率的程度以及繁荣成员国人民的生活”。经互会成员国在进行经济、技术和科学合作中遵循自愿平等、互相尊重主权和彼此国家利益、互利及友好互助的原则(章程第2条第2项)。

经互会为实现其经济和社会目的，也进行成员国间的私法统一工作，它主要通过协定、决定和建议形式进行。这里限于篇幅，就不再详细介绍。

## 第三节 非政府间的国际组织及其工作评价

### 一、概说

在私法的国际统一化运动中，非政府间的国际组织也起着非常重要的作用。这主要表现在一些非政府间的组织，对国际范围内既存的一些私法方面的惯例进行统一工作，从而使得作为国际统一私法渊源之一的国际惯例，在实践中得以一致地适用。

非政府间国际组织进行私法国际统一化有它有利与不利的两个方面。有利的方面在于：首先，这些组织大多是些专门性的组织，它们对某一或某些专门的领域有很深的研究，因而，能够比较便利地制定适合于有关领域适用的统一私法规范；其次，这些组织大多由一些专家组成，如国际法学会便云集了世界上知名的国际法学者，他们丰富的专业知识自然使得这些组织进行法律的统一工作比较顺利；最后，这些组织与政府间的国际组织相比说来较少受到外界来自政治等方面的直接影响，而可以比较独立、自由地进行工作。

这些组织进行私法统一的不利之处，大致也有以下几个方面：首先，由于这些组织是非政府间的组织，因而，不可能通过外交渠道进行工作，其统一的法律不可能对成员国产生直接的影响；其次，这些组织的代表往往不具广泛性，因而，制定的法律规范可能不能广泛地代表不同的法系和不同国家的利益。例如，本世纪初国际法律协会和国际海事委员会所制定的有关提单的统一规则，即《1921 年海牙规则》和《1924 年海牙规则》，为“船主规定了多项免责条款，明显地在国际海上货物运输中偏袒船主利益，因此，在使用过程中不断为货主的利益代表者所反对”。

## 二、国际商会（Chambre de Commerce international，CCI；International Chamber of Commerce，ICC；Internationale Handelskammer，IHK）

国际商会于 1920 年成立于巴黎。根据国际商会章程的规定，商会的宗旨在于，在整个国际经济交往中，谋求和表明一致的观点，采取改进国际经济关系的措施。因而，有人评价该组织，“是国际经济界最重要的喉舌”。该商会章程规定的组织成员有两种，即正式成员和非正式成员。正式成员是那些不具政治目的和没有独立的商业目的的社团组织，如商会，工业方面的专业协会等；非正式成员包括个人和贸易公司。

在私法统一化运动中，国际商会作为一个民间国际组织，起着重要的作用。它积极致力于贸易法的统一，以取消由于法律的冲突所造成的贸易方面的障碍，并积极努力去实现法律、行政手续和商业实践三个领域的标准化和简便化。为此它曾参与很多国际公约，尤其是国际货物买卖、运输、商业保护以及商事仲裁领域国际公约的起草工作。而且，它还成功地进行了国际货物买卖、信用证以及国际贸易支付方面一些“价格条件”“贸易惯例”的统一化工作。国际商会在统一私法方面的成就主要有以下一些：

1. 国际商事仲裁领域

国际商会非常重视国际商事仲裁事务，于 1951 年开始准备关于外国仲裁裁决的承认与执行方面的公约草案；经过 7 年的工作，完成了草案起草工作，并提交给联合国经、社委员会。联合国召开会议讨论该公约草案时，国际商会又派代表参加并进一步提出一些意见，阐明国际商会对该问题的观点。1958 年 6 月联合国会议所通过的“关于承认与执行外国仲裁裁决的纽约公约”实际上是国际商会从事该法律问题统一的一项成果。此外，国际商会还汇集出版各国仲裁法律的资料，这些作为进行该领域统一化工作的基础，无疑具有重要意义。

2. 国际商业惯例

在国际贸易实践中，商业惯例起着非常重要的作用，然而，这种商业惯例的不统一，无疑阻碍了国际贸易的顺利进行。国际商会成立后，便把进行国际商业惯例的标准化与统一化作为其重要工作之一。1936 年国际商会制定了一个《贸易价条件国际解释通则》，1953 年根据国际买卖关系的发展，对该通则进行了修改，定名为《1953 年贸易价格条件国际解释通则》，简称《1953 年通则》(Incoterms 1953)。后来以此为基础，分别在 1967 年、1976 年和 1980 年进行了增补和修订，鉴于 1980 年以来运输技术的不断更新以及电子数据交换(EDI)贸易方式的新发展，国际商会为使《通则》能更好地适应国际贸易中的新变化，又对《1980 年通则》作了全面修订，并于 1989 年 11 月通过了《通则》的新版本。该版本经进一步修订后于 1990 年 4 月正式公布，定名为《1990 年国际贸易术语解释通则》，该通则已于 1990 年 7 月 1 日生效。在国际贸易实践中，国际商会制定的国际贸易价格条件解释通则，经常为当事人引用来作为确定其合同中权利与义务关系的依据。

3. 国际货物买卖统一法

20 世纪 30 年代罗马统一私法学会开始进行国际货物买卖法的统一工作，并于 1951 年制定出国际货物买卖法公约草案。对此草案，国际商会，尤其是它下设的“国际商事实践委员会”，进行了大量的研究工作，并于 1958 年就该公约草案的二十几个对国际贸易至关重要的条款提出了意见和建议。该委员会特别强调国际贸易中的当事人应该以该统一法公约草案的规定，作为它们之间的合同的标准条款。

4. 统一跟单信用证规则

国际商会为适应国际贸易实践的发展，明确国际贸易支付中各方当事人间权利与义务关系，以保护银行的利益，在其成立不久便着手进行跟单信用证惯例的统一工作，并于 1930 年 5 月 5 日公布了《跟单信用证统一惯例》。该惯例在颁布后经过了 5 次修改，现行的是 1974 年修订的，1975 年 10 月 1 日生效的文本。国际商会制定的该项统一惯例，在实践中获得了各国当事人的广泛采用。我国金融机构尽管未正式宣布采用该文件，但是，考虑到它正在国际范围内长期地广泛地被采用，因而，为便于对外贸易交往，也参照采用该统一惯例。

### 三、国际法律协会（International Law Association）与国际法学会（Institutde droit International）

这是两个具有悠久历史的民间性国际组织。它们皆成立于1873年，且具有相同的宗旨——促进国际法的发展。为实现这一宗旨，它们也进行法律的统一工作。

该两个民间国际组织尽管具有诸多的相似之处，然而，它们彼此是独立的，而且，二者间也有很多不同之处。首先，在活动范围方面，国际法学会的重点是国际公法领域，只是稍微涉及国际私法领域；但是，国际法律协会则主要是在国际贸易、运输法以及仲裁领域进行活动。其次，在会员构成方面，尽管两者都具有国际范围内的广泛性，但是，国际法律协会的成员不只限于法学家，而且，还包括商人以及其他一些个人和组织；然而，国际法学会只是一个法学家学术组织，且成员最多不超过60位正式会员和72位联系会员（associés）。

国际法律协会在其成立后，就私法的统一进行了很多工作，这主要集中表现在国际海商法领域。首先，该协会曾就海损问题进行法律规范的统一工作，并试图通过该方面规则的统一，避免由于各国海商法对一般海损问题规定不一，“所产生的极为麻烦的法律冲突问题”。这一努力于1980年诞生了关于一般海损的约克—安特卫普规则。1924年于斯德哥尔摩、1949年于阿姆斯特丹，对该规则进行了两次修改。现行的约克—安特卫普规则是第三次修改后的1974年文本。该规则在实践中，广泛为当事人用于他们的海运提单和租船合同。其次，国际法律协会于1921年9月在海牙召开了一次旨在促进各国采纳一个有关海运提单统一规则的会议。该规则以公约形式——《统一提单若干法律规则的国际公约》（简称《海牙规则》），于1924年8月25日在布鲁塞尔签订，1931年6月2日生效。该规则规定了在国际海上货物运输中用提单所证明的运输合同中，承运人和托运人的权利和义务。该规则在实践中获得了广泛的采用。我国远洋运输公司的提单也是参照该规则制定的，而且，规定按该规则来确定承、托运双方的权利与义务。此外，国际法律协会还与海牙国际私法会议合作进行国际私法的统一工作。这方面最重要的是该协会参与了1955年6月15日关于动产国际买卖法律适用公约的制定。

国际法学会作为一个更多偏重于国际法学术研究的民间国际组织，就私法的国际统一而言，主要在于为私法的国际统一作学术方面的研究和准备工作，并造成一个对法律统一“有利的氛围”。由于意大利国际私法学家孟西尼

(Mancini)和荷兰国际私法学家阿塞尔(Asser)都是该学会的创始会员，因此，在他们的推动下，该学会对海牙国际私法会议最初的一些国际私法公约的制定产生了很大的影响。特别值得指出的，学会曾就国际私法中的"反致"问题进行过专门研究。在1900年于瑞士奴沙泰尔召开的学会例会上，学会认为应排除反致作为未成年人能力法律冲突时的补救方法。但是，1932年在奥斯陆召开的例会上，学会又认为应采用反致作为未成年人能力法律冲突时的补救方法。其后，学会选派希腊原司部业雅典大学名誉教授马利达基斯(G. maridakis)斥反致作出报告。该报告于1957年4月30日公布。1961年于奥地利萨尔支堡召开的学会例会上，对该报告进行了深入的讨论。会上就反致问题形成三派主要的观点。第一派观点以罗马的阿果教授(Prof. Ago)和英国的戚希尔教授(Prof. Cheshire)为代表，认为国际私法中不应采用反致规则。但后者保留一例外情况，即反致可适用于连结点为不动产和动产所在地的情况。第二派观点以西德马克洛夫(Makarov)教授和温格勒(Wengler)教授等为代表，认为除一些例外情况外，国际私法中原则上应排除反致的适用。这种例外主要是若本国冲突法反致的法律为"利益最大的国家"(the most interested Countries)，则应采纳反致。第三派观点以法国巴迪福教授(Prof. Batiffol)和瑞士尼德瑞(Niederer)教授等为代表，认为国际私法中应该采纳反致。在这派学者看来，"采纳或者拒绝(反致)乃一便利与否的问题，纵然在反致不能在所有有管辖权的国家取得一致判决(Entscheidungseinklang)的情形下，也是如此。如果法院国冲突规范规定适用外国法，且若该外国冲突法反致法院国法，为什么法官应去适用外国法，而不适用他自己最为熟悉的本国法律呢"？然而，学会依然未能对反致形成一个一致的意见。

## 四、国际海事委员会(Comité maritime international)和波罗的海国际海事会议(Baltic and international maritime Conference)

"海商法是最早努力实现法律统一的领域之一。"在该领域有若干个民间国际组织从事法律统一工作。这里仅介绍"国际海事委员会"和"波罗的海国际海事会议"。

1. 国际海事委员会

该会成立于1896年，会址设在比利时安特卫普，宗旨在于进行海事私法的统一工作。该委员会作为一个民间的国际组织，会员包括若干国家的"海商法协会"及一些个人与团体。

该委员会为实现其上述宗旨，在成立后积极进行工作，并在几乎海事法律的所有方面制定了统一法律公约草案。它所从事统一工作的海事法包括海上碰撞(1901年)，船主责任(1924和1957年)，关于海运提单的若干规则(1924年)，租赁和抵押(1926年)，国有船舶的豁免(1926年)及其附加议定书(1934年)，船舶碰撞民事管辖权问题(1952年)，旅客行李海上运输(1967年)，海事实践中使用之租赁的若干规则的统一(1967年)，建设中的船舶的注册权问题(1967年)以及修改1924年货物海运公约若干规则的议定书(1968年)。此外，国际海事委员会还从事了"海牙规则"和"约克—安特卫普规则"的修订工作。

回顾和检讨国际海事委员会进行海事法律统一的历史和工作，我们大致可以对该委员会的工作作这样一个评价，即它在海事法律的统一方面作出过不少贡献；但是，"由于其工作被沉重地盖上了'私人资本主义船舶航运'利益者以及'资产阶级右倾法学家'的烙印，而且，它也受到西欧法律观点的支配"，因而，该委员会"在今天失去发展中国家，以及社会主义国家的信任"。[①] 也正因为如此，该组织进行私法统一的工作也逐步为其他的有关国际组织所取代。

2. 波罗的海国际海事会议

这是于1905年成立于哥本哈根的一个民间国际组织，其最初名称为"波罗的海与白海会议"(The Baltic and White Sea Conference)，1926年改为现名。其成员是世界范围内，包括原东欧社会主义国家从事海运业务的船主、船舶经纪人以及船运联合会。

就进行海商法统一而言，该组织的一项重要活动在于起草和制定租船运输合同及海运提单的条件。它所制定的最为重要的租船运输格式合同有Baltime Charter(1939)，Linertime Charter(1968年公布)，Gencon Charter(1922；1966年修订)，最著名的海运提单有Congenbill(1946年)，Conlinebill(1952年)以及Conlinethrubill(经1950，1952年修订)。这些格式合同和提单实际上也是统一海事私法的组成部分。

### 五、国际航空协会(International Air Transport Association，IATA)

该协会于1945年成立于哈瓦那，其前身是1919年成立于海牙的"国际航空交通协会"(International Air Traffic Association)。国际航空协会成员包括世界上从事国际航线运输的100多家航空公司。该协会的宗旨主要是加强国际航空运输的安全和经营。就进行国际航空私法的统一而言，该协会为实现上述宗

① See Kropholler，United Nations，p. 328.

旨，积极与国际民航组织(ICAO)进行合作，实现国际航空私法规范的统一化工作。

该协会的法律委员会就既存之国际航空领域的一些公约之修改提出意见，并建议制定一些新公约。而且，该法律委员会尚制定了国际航空运输的统一交易条款，从而补充了国际条约和国内立法中的一些空缺。它所制定的第一个这种交易条款，公布于1927年，并于1931年修改，1933年2月生效。第二次世界大战后，它所制定的新的交易条款于1949年3月29日生效，并于1949年和1950年分别于墨西哥和马德里召开的航空运输会议上获修改。这些交易条款的目的是作为规范成员国航空运输合同的规范，而适用于包括国内和国际航空运输的合同。

# 第四章　国际私法的趋同化与中国国际私法的完善与发展

## 第一节　对外开放政策与中国国际私法

### 一、初步形成的中国国际私法体系

当今世界，是一个国际交往关系十分发达的世界。就广义的国际交往而言，既可以从发生在不同平面上的各种关系着眼，把它划分为以国家与国际组织为主体的国际交往和以自然人与法人为主体的国际交往，也可以从具有不同的法律性质，受不同的法律调整着眼，把它划分为公法性质的国际交往和私法性质的国际交往。一般地说，以国家与国际组织为主体的交往多属公法性质，而以自然人与法人为主体的交往多属私法性质。由于发展已成为世界性的潮流，发展各自国家的经济已成为现代国家的主要职能，而要发展，任何国家都不可能闭关自守，孤立存在；任何国家的科学和技术、经济和文化的昌盛与发达，都需要依靠国际社会的交流与合作，都需要借助国际资金、技术、货物、劳务和图书文化市场。因此，实际生活愈来愈表明，即令是公法性质的国际交往，也常常是直接或间接地为推进和扩大国家之间的私法交往关系服务的。我国在20世纪70年代末确立对外开放为国家的基本国策，其实质也主要是为了开放对国际社会的经济关系。既然要大力开放对国际社会的经济关系，那么以这种国际经济关系为调整对象的我国国际私法，自然也迅速地发展了起来，并且在我国社会主义法律体系中确立了自己的毋庸置疑的重要地位。我国国际私法的国内立法，经过多年的努力，已经形成了一个多层次的法律体系。

在我国国际私法的国内法制体系上，居于指导地位的当推我国宪法中的有关规定。其中少数是在宪法中直接加以规定的，但大多是我国宪法中许多有关公民的规定，有关社会经济和民事生活的基本原则的规定，有关我国发展国际经济技术合作和文化交流的基本方针的规定，都是我国处理国际私法关系时应该遵循的最基本的宪法原则。

在我国国际私法国内法制体系上，居于第二个层次的便是包括《中华人民共和国民法通则》和《中华人民共和国民事诉讼法》在内的许多民事基本法律。如《中华人民共和国继承法》、《中华人民共和国涉外经济合同法》、《中华人民共和国专利法》、《中华人民共和国商标法》、《中华人民共和国著作权法》等。当然应该看到，在这些法律中，有些是直接适用于涉外民事关系或涉外诉讼关系的实体法规范，有些是指定有关涉外关系应适用法律和决定法院管辖权的冲突规范，有些则是只有经冲突规范指定应适用中国法时才得以适用于涉外民事或诉讼关系的实体规范或程序规范。

构成我国国际私法国内法制体系的第三个层次的，主要是全国人大常委会或国务院颁布的条例或行政法规中有关调整涉外民事或诉讼关系的规范。前者如相继于 1989、1990 年通过的《中华人民共和国外交特权与豁免条例》、《中华人民共和国领事特权与豁免条例》等。后者如国务院为贯彻实施有关民事基本法律而发布的各种条例、细则、办法等，如《中华人民共和国中外合资经营企业法实施条例》，中华人民共和国专利法、商标法、著作权法实施细则，以及《外商投资开发经营成片土地暂行管理办法》等。当然，在这一层次的立法中，许多属于公法或经济法、行政法的范畴，只有其中那些赋予外国人民事实体法或诉讼法地位以及指定应适用法律的规范(大多为只指定适用中国法的单边冲突规范)属于国际私法。此外，国务院各部、委、局发布的有关办法或规定，也可划入这一层次，其中最重要的有如民政部 1985 年发布的《婚姻登记办法》、《中国公民同外国人办理婚姻登记的几项规定》、《华侨同国内公民、港澳同胞同内地公民之间办理婚姻登记的几项规定》等便属此类。

构成我国国际私法国内法制体系中第四个层次的，是最高人民法院所作的大量司法解释。这包括它就个别重要涉外案件所作的批复，就有关机关就个别涉外问题所作请示的复函，以及就有关民事或民诉基本法律的贯彻适用所作的解答或提出的意见。由于我国国际私法的立法工作还存在许多具体问题，或者还有一些重大的缺漏，或者因为需要回答实践提出的新问题，因而最高人民法院的这类司法解释成了我国国际私法的一个十分重要的组成部分。

国际私法尽管在其早期的历史上，完全是以各国国内法制的形态存在的，但从 19 世纪中叶起，国际法制已越来越成为它的另一个重要渊源。我国国际私法的国际方面的渊源，这几年也有了很大的发展，近来更有许多新的突破。

1986 年 1 月 1 日起，我国已接受 1940 年通过(经 1976 年修订)的罗马《国际统一私法协会章程》，成为该协会成员国。从 1988 年 7 月起，我国又正式成为海牙国际私法会议会员国。此外我国还在联合国国际法委员会和联合国国际贸易法委员会中积极参加有关统一国际私法和统一私法的立法活动。

1980年我国签署了《联合国国际货物销售合同公约》，1986年正式批准，1988年1月1日对我国生效。在知识产权国际公约方面，我国于1984年加入（翌年3月19日对我国生效）《保护工业产权巴黎公约》，1989年5月29日决定加入《商标国际注册马德里协定》，近来又明确表态即将加入版权方面的国际公约。

我国还于1974年加入了《国际民用航空公约》（又称芝加哥公约），1975年加入了修订1929年10月12日在华沙签订的《统一国际航空运输某些规则的公约的议定书》，1979年加入了《联合国特权与豁免公约》和《专门机构特权与豁免公约》；1975年和1979年先后加入了《维也纳外交关系公约》和《维也纳领事关系公约》；1986年，我国加入了1958年《关于承认和执行外国仲裁裁决公约》（即《纽约公约》）；1991年经全国人大常委会决定批准加入了1965年《关于向国外送达民事或商事司法文书和司法外文书公约》。从1987年起，我国还逐渐加快了同外国签订司法协助协定的步伐。

由于签订或加入了大量的双边和多边的国际条约，又从国际法制方面大大丰富了我国国际私法的内容。我国除尚未缔结或加入纯粹属于法律适用的统一冲突法条约外，属于统一程序法和统一实体法的已有一定数量，而且这方面步伐还在进一步加快。

## 二、中国国际私法的发展成就

对外开放以来，国际经济关系的发展，加速了国际资金、技术、货物和人员的全面流动，这就要求国家全面建立和完善规范外国人民事法律地位的法制和指定各种涉外民事关系法律适用的法制。同时在今天这个国际社会，外国人的实体民事法律地位和他们所参加的各种实体民法关系，都有可能因各种各样的原因而滋生出种种民事权益上的争议，从而要求国家建立和完善国际民事诉讼和国际商事仲裁制度。经过多年的努力，结合我国国际私法的国内法源和国际法源来看，在上述几个方面都有了重要的发展。

就我国国际私法上有关外国人民事法律地位（包括民事诉讼法上的地位）的规定来看，在国内法上的，它是由宪法第18条和第32条的规定和各种涉外基本民事法律中的有关这方面的规定所构成的。依据这些规定，我国法律赋予外国人在我国按照国民待遇原则可享有人身权、亲属权、财产继承权、劳动和工作权、经营工商企业权、智力成果权、土地长期租赁使用权、司法救济和保护权等广泛的民事权利。更值得一提的是，我国在赋予外国人一般民事法律地位方面的国民待遇时，有些固然以有条约或互惠存在为前提，有些则并不以有条约和互惠存在为前提，而仅通过我国国内立法，以对等原则加以控制。如我国民事诉讼法规定，“外国人、无国籍人、外国企业和组织在人民法院起诉、应诉，同中华人民共和国公民、法人和其他组织有同等的诉讼权利和义务。”“外国法院对中华人民共和国公民、法人和其他组织的民事诉讼权利加以限制的，中华人民共和国人民法院对该国公民、企业和其他组织的民事诉讼权利，实行对等原则。”至于在国际立法方面，由于我们已与许多国家缔结了友好通商航海条约，鼓励和保护投资协定、领事条约，又参加了许多重要多边公约，给予外国自然人、法人和其他经济组织以国民待遇和最惠国待遇，已是相当普遍的实践。

我国国际私法的内容，在解决法律适用的冲突法制度方面更较完备。但这方面的内容基本上是通过国内立法和最高人民法院的司法解释得到表现的。

粗略统计，包括司法解释在内，对于涉外民事关系的法律适用，已有近40余条60余款冲突规则。其中民法通则共9条15款，涉外经济合同法4条6款。最高人民法院关于贯彻执行民法通则的意见共18条20款，关于适用涉外经济合同法的解答11条22款。这些规定已覆盖了冲突法的许多重要问题。如在总则方面，对公共秩序、反致、法律规避、外国法的查明、国籍和住所冲突情况下当事人本国法和住所地法的适用、时际法律冲突等，均已有所规定。在分则方面，对法律关系主体的行为能力、法律行为和代理、诉讼时效、不动产物权、合同、侵权、结婚和离婚、扶养、监护、不动产和动产的无遗嘱继承等，也均已设置条文，以解决它们的法律适用问题。

在法律适用法即冲突法方面，我们的国内法制不但已较完备，而且有的还颇具特色。特别应提到的是经最高人民法院就涉外经济合同法第五条规定所作出的解答后形成的涉外经济合同法律适用制度，更是十分具有特色并相当完善和先进的。

之所以称它颇具特色，是它照顾到了中国实行的是有计划的商品经济，同时中国又是发展中国家，所以在采用意思自治原则的同时，规定在中国履行的中外合资经营企业合同，中外合作经营企业合同和中外合作勘探和开发自然资源的合同，只允许适用中国法(《涉外经济合同法》第5条和《民法通则》第145条)。同时在合同成立的形式要件方面，也作了一条直接适用中国法律的规定(《涉外经济合同法》第7条)。

之所以称它相当完善和先进，主要表现在它首先采用意思自治原则作为基本的或首要的原则，并结合适用最密切联系原则来确定涉外经济合同的准据法。关于合同的法律适用，大体经历了以下三个阶段：适用合同缔结地法的早期阶段；适用意思自治原则的第二个发展阶段；适用以英国的“自体法”为代表把意思自治原则和最密切联系原则结合在一起确定合同准据法的第三个发展阶段。从现今许多外国新的立法来看，在合同法律适用上尽管仍有各种差异，但大都采用第三种方法，我国已形成的涉外经济合同法律适用制度亦复如此。

采用这种方法，合同当首先适用当事人协议选择的法律。当事人未选择法律时，适用有最密切联系的法律。但适用最密切联系的法律是一个法官自由裁量规范，哪一国法律与合同存在这种最密切联系，全由法官判定。为了不失去法律适用的可预见性和稳定性，一些国家目前多由法律直接推定不同性质的合同与特定地方存在最密切联系，从而适当限制法官的自由裁量权。最高人民法院的解答也持此立场，规定了13种合同于当事人未选择法律时所应适用的最密切联系的法律，并且允许在法官依实际情况发现某一合同确与其他地方的法律有更密切联系时，不适用该解答所推定的法律。这样做，就可以更好地把原则性和灵活性结合起来，不致有所偏颇。

在推定何为最密切联系的法律时，该解答还采用了当前比较合理并已为许多国家的国内立法和国际立法所接受的“特征履行学说”。本来为了判定何地法律与合同有最密切联系，在历史上曾提出“合同重心地”、“因素相对集中地”等多种学说，但何为合同“重心”，何为因素“相对集中”，亦很难确定。所以后来又提出了“特征履行说”，即主张合同于当事人未能协议选择法律时，应即适用特征履行地或特征履行行为方住所地或营业地的法律。这一学说，目前已被广泛接受，尽管对于何方履行为特征履行，以及在判定了合同双方何方履行为特征履行后又应适用特征履行地法还有特征履行方的住所地或营业所所在地或国籍国法，其争论仍然不断。虽然有些合同确也很难说其中哪一方的履行属于特征履行(尤其是互易、动产租赁、技术转让等合同)，但从大多数种类合同的社会的、经济的功能出发，基本上应认为合同一方的履行足以使此种合同与彼种合同在性质上区别开来的一方，其履行行为即属特征履行，并且在大多数情况下，以适用特征履行方的住所地或营业所所在地法为宜，少数亦可适用特征履行行为地法，最高人民法院关于适用涉外经济合同若干问题的解答对于13种合同的最密切联系法律的推定，不管是否自觉地采用了这一理论，但它显然是参考了目前许多国家这方面的立法而提出的，而这些国家(其中尤其瑞士)是明确采纳这一学说的。

此外，最高人民法院的解答在采用当事人意思自治原则时，不承认默示的选择，不允许选择冲突法(以排除合同法律适用上的反致)、允许当事人到开庭审理前还可就法律的适用达成选择的协议，也都是很有特色或比较先进的。

我国国际私法在程序法方面的内容更是为完备。这又可分别从诉讼制度和仲裁制度两个方面来考察。

在诉讼制度方面，国内法中大体已有 90 余条约 120 款规定。其中民事诉讼法中直接适用于涉外民事诉讼的有 35 条 40 余款。此外该法尚有关于国内民事案件管辖制度的规定可扩大适用于涉外诉讼的条款 19 条 25 款。另外最高人民法院还有《关于涉外海事管辖权的具体规定》和同样适用于涉外海事诉讼的《关于诉讼前扣押船舶的具体规定》共 36 条 66 款等。因此，几乎可以说，在这一领域除了证据制度等少数问题，还未有立法或司法解释涉及外，凡法院管辖权及其豁免、外国人民事诉讼地位制度(包括诉讼费用担保、诉讼代理人等)、送达、取证、司法协助、期间、外国诉讼程序在内国的效力(特别是一事数诉)、判决的承认和执行等，大多均已见端倪或颇为详尽。

在仲裁法和仲裁程序规则方面，尽管就仲裁法而言，尚仅见在《涉外经济合同法》和《民诉讼法》第 4 编中有所规定(共 8 条 9 款)，而且比较简略，但由于中国贸促会下设的两个仲裁委员会都在 1988 年发布了新的仲裁规则，加上我国还加入了 1958 年纽约公约，这个方面的制度也是比较完备的。

我国国际私法有关程序制度方面的规定，因为 1991 年新民事诉讼法的颁布和两个仲裁委员会于 1988 年制定了两个新的仲裁规则，在许多方面，也与国际上当前普遍的实践保持同步发展的态势。

如就国际民事诉讼法院管辖权制度而言，在它包括的专属管辖、平行管辖和排除管辖三种基本类型中，只要不过分扩大自己国家专属管辖案件的范围，在设置平行的或竞争的管辖制度时，适当多增加一些连结因素，只会使排除管辖即拒绝管辖的范围缩小，显然在国际经济民事交流大规模发展的今天，是十分有利于当事人寻求司法保护的。从今年颁布的新民事诉讼法来看，这种观点得到了反映。我国《民事诉讼法》(试行)规定了四种专属管辖案件，新民诉法在总结法院实践的基础上，减去了一种，增加了一种，仍是四种。而且新增的一种即在中国履行只受中国法律支配的三种涉外经济合同纠纷，虽在诉讼上要由中国法院专属管辖，但允许当事人通过仲裁协议将争议提交给中国或外国仲裁机构仲裁，仍是十分灵活的。

在一般管辖或普通管辖方面，新旧民诉法除少数几种特殊案件，均以被告住所所在地在中国为行使管辖权的根据，国籍在确定管辖权方面，基本上不起太大作用。这就为外国人利用我国的司法诉讼程序提供了极大的方便。对于合同和其他财产权益纠纷，新法第243条还对住所不在中国领域内的被告向中国法院起诉，又提供了其他六种连系因素，即合同签订或履行地在中国境内，诉讼标的物在中国境内，在中国领域内有可供扣押的财产，被告在中国境内设有代表机构，侵权行为地在中国。

在协议管辖方面，试行的民诉法中仅规定了涉外商事争议可协议管辖。新民事诉讼法不仅规定了涉外合同或财产权益纠纷，当事人可协议选择中国或外国法院管辖，而在选择中国法院管辖时，只要不违反该法关于级别管辖和专属管辖的规定即属有效，同时还增加了自愿接受中国法院管辖的制度，即一般涉外诉讼的被告不对中国法院的管辖表示异议，并应诉答辩的，视为承认中国法院有管辖权。这也是与普遍实践大体一致的。

就内外国法院作出的判决的相互承认和执行的制度来看，新民事诉讼法的改动，赋予当事人直接向内外国有管辖权的法院申请承认和执行，从而并不仅限于通过法院间的委托，这无疑也是一个重大的进步或发展。

就国际商事仲裁制度而言，虽然目前民诉法上的规定仍很粗略，因而现在正在起草仲裁法，但两个新仲裁规则，却向国际上的普遍实践进一步靠近了。这主要反映在受理案件的范围的扩大、仲裁员名单的扩大并聘请一定数量的外国人为仲裁员、仲裁委员会分会的设立、首席仲裁员指定程序的简化、仲裁员的回避制度、裁决在国内外的请求承认和执行渠道的增加等诸多方面。

为了对我国国际私法制度的现状获得一个更具体的观念，这里不妨依国际上普遍承认的国际私法所包括的法院管辖权、法律适用和外国判决的承认和执行三类规范的观点（目前许多国家的国际私法立法均采此观点）作一统计，我国国际私法涉及这三方面的立法和司法解释条文，已有约130条180款。而现在国际上，在上述意义上的国际私法立法，最长的当数瑞士1987年的新冲突法，但它也只有189条300余款，南斯拉夫的冲突法次之，为109条200余款。因此，现在应是根本抛弃中国无国际私法或中国国际私法还十分不完备的观点的时候了。

中国的对外开放也推动了国际私法的司法实践和理论研究的发展。

## 第二节 社会主义市场经济与中国国际私法的完善与发展

社会主义市场经济体制的建立和运行，需要一整套与之相适应的法律法规与法律制度，其中包括健全的国际私法、国际经济法制度。因为这两个法律部门是实现国内市场与国际市场的全面衔接，加强我国与整个世界的经济联系的法制基础。在社会主义市场经济体制下，我国的国际私法应当如何完善和发展，是法学界、立法界和司法界共同面临的紧迫课题。本节拟从我国国际私法的现状与社会主义市场经济不相适应之处入手进行分析，提出关于完善和发展我国国际私法的初步设想。

## 一、中国国际私法存在的主要问题

国际私法作为规范国际社会发生的各种平等主体之间的财产关系和人身关系的一个特殊法律部门，对于发展国际经济贸易活动和民间往来起着极为重要的作用。但是，由于历史的原因，国际私法在我国曾经被忽视多年。在一个相当长的时期内，我国几乎没有国际私法的存在。20 世纪 50 年代初，曾有过建立我国国际私法的尝试，但由于种种原因而未能成功。直到党的十一届三中全会以后，国家推行了改革开放的政策，商品经济得到蓬勃发展，国际经济贸易交往日益扩大，这才使得我国的国际私法随着民商法一起初步建立起来。十几年来，在较为广泛地吸收国外有关理论和实践经验的基础上，我国国际私法的国内立法取得了可喜成就。由此可见，我国国际私法的国内立法已具有一定规模，其大体框架已经确立，许多规定吸收了国际上有关的最新成果，与国际社会的普遍实践保持了一致或接近①。因此，对于我国国际私法的建立和发展是应当予以充分肯定的。但是，我国国际私法仍存在许多问题，其中最主要的有如下几点：

(1)在立法指导思想上，过于保守，思想解放不够，受计划经济体制和属地主义的影响明显，在总体上不能满足现实的要求，更不能适应建立社会主义市场经济及加入关贸总协定之后将出现的大规模国际经济贸易、技术、文化和人员交往与激烈的国际竞争的需要。例如，在我国国际私法中所包含的许多单边冲突规范和有条件(或有限制)的双边冲突规范，其所指引的准据法只能是中国实体法或特定国家的法律，这就明显地不能适应国际经贸关系的大规模发展。

(2)在立法模式上，仍然比较落后。我国国际私法仍主要采取分散式立法，有关国际私法的规范散见于许多不同层次的法律法规之中。这种立法模式，造成了立法上的许多缺漏和矛盾，加上立法部门的保守，使得许多本应具

① 参见李双元主编：《中国与国际私法统一化进程》，武汉大学出版社 1993 年版，第 2 页。

有的基本国际私法规范亦付阙如。为弥补这些不足，实践中只得靠大量司法解释代替立法。而司法解释因就事论事，也不免与立法有不相一致的地方，而且这种以司法解释代替立法的作法实际上使最高人民法院获得了立法权，成为事实上的“司法立法”，这不符合《最高人民法院组织法》第33条的规定，是一种不正常的现象。至于立法上的矛盾，可举《涉外经济合同法》第41条和最高人民法院公布的《涉外经济合同法解答》之二中的第(四)项之间的差异为例。前者规定：“本法施行之日前成立的合同，经当事人协商同意，可以适用本法。”但是后者却规定，当事人协议选择的或者人民法院按照最密切联系原则确定的处理合同争议所适用的法律，是指现行的实体法。这两者的矛盾就在于，对于《涉外经济合同法》生效前成立的合同，按照该法的规定，当事人可协议选择原合同规定应适用的法律(即被本法所废除的法律)，或者选择本法(即现行的实体法)；而根据《解答》的规定，当事人却只能作出后一种选择。

(3)在立法技术上，还很不成熟。这一方面表现在我国国际私法的现有立法虽然涉及了许多重要的国际私法制度，但往往都只是点到为止，或只就具体法律关系的某一方面加以规定，缺乏完整性、可操作性，给司法实践带来了诸多不便。例如，在最高人民法院发布的关于贯彻执行民法通则若干问题的意见中，有关法律规避制度的第194条指出：“当事人规避我国强制性或者禁止性规范的行为，不发生适用外国法律的效力”，但是没有规定如果被规避的法律是外国的强制性或者禁止性规范又应作何处理。又如《民法通则》第146条规定涉外侵权行为损害赔偿适用侵权行为地法，但在当今交通运输、通信联络、商品交换十分发达的情况下，侵权行为地往往不易确定，而且侵权行为地究竟是指损害结果发生地还是指加害行为地也不明确，很容易造成混乱。该条第2款还规定对侵权行为的认定可重叠适用我国和行为发生地国法律，这也会造成种种不合理的情况。这种较为机械、保守的规定，与当前强调保护受害人利益、侵权行为准据法的确定日趋灵活的普遍倾向不符①。

(4)整体性、科学性较差，内容显得单薄。首先，我国各种层次的法律法规中虽有许多国际私法规范，从数量上来看与世界上国际私法立法较为完备的国家相比似乎不相上下，但其中存在大量的重复立法，每一条所涉及的内容也不完整，大部分只有一两款，显得粗糙、模糊。而且，其中还包括最高人民法院的大量司法解释和具体规定，这不能算是严格意义上的立法。其次，从这些

① 参见李双元主编：《中国与国际私法统一化进程》，武汉大学出版社1993年版，第66页。

条文的分布来看，关于程序制度的就几乎占了2/3，很不均衡，显然不符合实际需要。国际私法的立法目的，就在于解决各国法律之间相互抵触的问题，求得国际民事生活的安全和稳定。而真正能够导致这一结果的，主要是关于外国人民事法律地位的规范、冲突规范和统一实体规范。至于用来解决具体涉外案件的程序规范，由于各国法院普遍只适用其本国法，基本上不存在适用外国程序法的问题，因而一般较少发生冲突。最后，我国国际私法的内容虽已较为丰富，但仍有许多方面尚属空白。例如：识别制度、反致制度、时际冲突、信托、代理、法人的民事能力、不当得利、无因管理、公司、产品责任、破产等一系列涉外民事法律现象在我国国际私法中均未得到反映，可见我国国际私法体系还很不完整。

我国国际私法的国内立法之所以是这样一种状况，首要原因就在于它是受计划经济体制的影响建立起来的。在这种经济体制下，社会资源主要都是由计划来配置的，企业生产什么、为谁生产、怎样生产的问题，都不能由企业根据市场供求关系的变化而自主决定，它不是独立的商品生产者和经营者；建立在公有制的现行营运形式之上的国营大中型企业对其经营状况不必承担责任，即使经营无方，负债累累，也不会导致破产；国家全面控制对外贸易，企业不能自由进入国际市场，不能自主订立国际经济贸易合同；自然资源、原材料、劳动力等生产要素一般都不能自由流通。这些情况的存在，严重阻碍了国内统一的、完备的市场体系的形成，更阻碍了它与国际市场的衔接，导致国际经济贸易活动和民间交往不能大规模进行。在这种经济体制下，国家几乎不需要完备的国际私法体系，许多制度(如公司、破产等)简直就没有必要存在，市场经济体制下企业所必须享有的契约自由当然也会被大打折扣。例如，对涉外经济合同在形式上的要求很严格，有的要经上级主管部门审批，另有三类合同则只能适用中国法律，这主要是为了维护高度集中的计划经济体制。其次，我国国际私法的立法，多年来都是根据立法或司法部门感到需要什么，或者认为什么已具备条件的想法，按块块模式进行的①，这就不能不导致国际私法立法的不均衡性和滞后于经济发展的状况。例如，一方面，改革开放以来，市场经济得到了一定程度的发展，各种市场(如资金、劳务、外汇、信息、技术、房地产等)都开始发育，并与国际市场发生了一定的联系，但我国却没有这方面的法律适用规范；各种涉外法律关系(如涉外担保、股票债券、交通运输、侵权行

① 参见李双元、李玉泉：《对外开放政策与中国国际私法》，载《武汉大学学报》(社会科学版)1992年第2期。

为等)都已经大量发生，而我国在这方面的国际私法立法或是极不完备或是尚未建立。另一方面，由于涉外纠纷的大量发生，法院在审理这些案件时，首先必须有管辖权等一系列程序性规定作为依据，所以我国在这方面的立法便较为迅速、完善。但是，在案件得到受理之后，在具体适用法律时，却往往因这方面的国际私法规范的欠缺而出现无法可依的现象。再次，我国国际私法在诉讼法方面较完备，而冲突规范等则严重缺乏，这恐怕也还是立法指导思想上的保守和受属地主义影响较深的缘故。因为冲突规范会导致大量适用外国法的情形，而程序法则一般不会导致这种情形。最后，对国际私法趋同化倾向缺乏认识，也是造成我国国际私法的这种状况的重要原因。为维护国际经济民事生活的安全和稳定，各国在制定国际私法规范时，都十分注意使之符合国际社会的普遍实践并吸收国际上的最新理论和实践成果。国际社会也通力合作，制定了大量普遍适用的、多边性的统一实体法和法律适用法方面的国际公约，而且还出现了许多致力于国际私法统一化工作的国际组织(如海牙国际私法会议等)。这种倾向越来越明显，而我国在制定国际私法规范时仍拘泥于成熟一块、制定一块的做法，未能大胆吸收和“移植”那些被国际社会所普遍接受的东西。

在国际法源方面，我国国际私法这些年来也有了很大发展。我国已正式批准和加入了许多重要的国际公约，它们是：《联合国国际货物销售合同公约》、《保护工业产权的巴黎公约》、《商标国际注册马德里协定》、《关于保护文学艺术作品的伯尔尼公约》、《世界版权公约》、《解决国家和他国国民间投资争议公约》、《关于承认和执行外国仲裁裁决的公约》、《关于向国外送达民事或商事司法文书和司法外文书公约》，以及《国际民用航空公约》、《统一国际航空运输某些规则的公约的议定书》、《联合国特权与豁免公约》、《专门机构特权与豁免公约》、《维也纳外交关系公约》和《维也纳领事关系公约》，等等。1987年以来，我国还先后同法国、波兰、比利时等国家签订了司法协助协定，并与许多国家缔结了友好通商航海条约。这些公约、协定的加入或缔结，不仅从国际法源方面丰富了我国国际私法中的外国人民事法律地位规范、诉讼程序规范，而且还构成了其统一实体规范的主体部分。此外，我国还于1986年接受了《统一国际私法协会章程》，成为该协会成员国，1988年又正式成为海牙国际私法会议会员国，并且积极参与了联合国国际法委员会和联合国国际贸易法委员会组织的有关统一国际私法和民商法的活动。

但是，这种情况也还远远不能适应建立社会主义市场经济、扩大国际经济联系的客观要求，目前存在的问题主要有如下几点：

(1)是否接受(或加入)某些重要的国际公约，往往取决于国际政治斗争的需要，而忽视了加强国际经济联系的需要。例如，在知识产权的保护问题上，由于常常受到国际上的非难，便接连加入了这一领域的四个重要公约。为了发展外交关系，我国对于有利于发展外交关系的国际公约接受(或加入)较多，而对于那些有利于对外经济民事交往的公约，则加入较少。

(2)关于法律适用方面的大量国际公约，我国至今尚未接受和加入。由于各国在政治制度、经济发展水平等方面都存在差异，都要考虑自身的利益，因此国际经济贸易领域里的对立和斗争十分尖锐。虽然统一实体法的国际公约越来越多，但只要民族、国家还存在，法律的歧异和冲突便不可避免①。为了寻求各国在法律适用上的协调，国际社会制定了大量统一冲突法的公约，这对于消除发展国际经济联系的法律障碍具有非常重要的作用。

(3)我国已加入或缔结的国际民事诉讼程序方面的公约，尚不能满足实际需要。特别是在司法协助方面，我国虽已先后与一些国家缔结了双边条约，但因其仅限于两国之间，与其他国家在这一领域的合作便只能依对等原则办理，实际上要受到许多制约。

(4)未给予国际惯例以应有的重视。国际惯例，特别是商事惯例，对于开展国际经济贸易具有十分重要的作用，但它在我国法律体系中的地位却在一般民事立法之下，并可据国内立法中的公共秩序条款而被排除适用。

产生这些问题的主要原因仍然是计划经济体制的影响。计划经济是一种较为封闭的经济运行形式，一切经济活动都受到从上到下的严格计划控制，广泛的国际经贸活动对它不是很必要，恰恰相反，这类活动的增多反而有可能会对它产生不利影响。因此，主要是适应市场经济要求的一系列国际私法公约与计划经济体制往往是格格不入的，计划经济的封闭性使得它本身对这种立法的要求也不是很迫切。其次，上述问题是受到我国经济发展水平的制约才产生的。国际上的多边公约大部分是经济发达国家各自从本国利益出发而彼此间相互妥协的产物，这样的公约往往不能反映经济发展水平较低的国家的意愿。最后，由于我国以往很少参加国际规模和区域性的统一国际私法的活动，许多公约未能体现我国的意志，也就难以适应我国的实际情况。由于这些原因的存在，我国在扩大国际私法的国际法源时是会遇到不少困难的。

① 参见李双元主编：《中国与国际私法统一化进程》，武汉大学出版社 1993 年版，第 154 页。

## 二、中国国际私法的完善和发展

建立社会主义市场经济的新体制和恢复我国在关贸总协定中的缔约国地位，对我国的国际私法提出了更高的要求，也为我国国际私法在遵从国际私法趋同化倾向、与国际社会的普遍实践保持一致的前提下实现完善和发展提供了可能。

那么，应当如何完善和发展我国的国际私法呢？我们认为，从国内法源上看，至少需要做这样几个方面的工作：

(1)先以《民法通则》第八章为基础，对现行立法进行修订和完善，制定一部单行的国际私法法规，然后再制定一部完备的国际私法典。鉴于现实情况的迫切需要，修订和完善《民法通则》是当前的一项重要任务。作为基本法，《民法通则》的内容与其地位是不相符的，它在很大程度上受到了计划经济体制的影响，难以满足社会主义市场经济的要求。无论是其中关于国内民事活动的规定，还是关于涉外民事关系法律适用的规定，都亟待修订。对《民法通则》的第八章，笔者认为可作如下设计：在第一节中规定国际私法的基本制度，作为总则。除现有的适用范围、公共秩序保留制度外，还应对反致、外国法的查明、识别、法律规避、自然人的住所、习惯居所、公司的所在地和营业地、国籍等一般性问题具体加以规定。在以下几节中则分别规定债权、物权、侵权行为、婚姻家庭关系、公司、破产等私法的主要内容，并充实和完善已有的规定。

(2)在充分研究的基础上，尽可能吸收那些在法律文化的国际发展进程中、在各个国家各个民族的共同实践中形成并经检验证明是行之有效的、带有普遍意义的规则和制度。当前，我国正加紧进行以建立社会主义市场经济体制为取向的改革，而世界上绝大多数国家的国际私法也都是建立在市场经济的基础之上的，上述那种带有普遍意义的规则和制度在很大程度上能够适应我国经济发展的需要。另外，我国目前存在大量有关国际私法的司法解释，其中大部分都经历了一个时期的司法实践检验，因此，也可以由立法机关把其中行之有效的规定上升为正式立法，而对那些不适当的甚至与立法存在矛盾的规定加以扬弃。针对当前现实的需要，由立法界、司法界和国际私法学界从理论与实践相结合的角度补充制定一些适合我国国情的新规定，也是完善我国国际私法的途径之一。

(3)大力完善合同法律适用制度。在市场经济体制下，自然人、公司企业及其他组织应享有广泛的订立契约的自由，这当然也包括当事人选择合同准据法的自由。因此，建立完备的合同法律适用制度，实属势在必行。

我国现行的有关规定主要见于《民法通则》第 145 条、《涉外经济合同法》第 5 条以及最高人民法院关于适用《涉外经济合同法》的解答。如果仅从《民法通则》第 145 条和《涉外经济合同法》第 5 条第 1 款这两条比较相似的规定来看，我国的合同法律适用制度是比较先进的。上述两条都规定把意思自治原则作为基本的或首要的原则，并规定在当事人未选择适用于合同的法律时，以最密切联系原则作为确定合同准据法的依据。合同法律适用的发展大致经历了适用合同缔结地法、适用意思自治原则、适用以英国“自体法”为代表的把意思自治原则和最密切联系原则相结合的做法来确定合同准据法这样三个阶段，晚近国外许多新的立法大都规定采用后一种做法。

我国的《涉外经济合同法》在第 5 条第 1 款中作出了上述这一比较先进的规定，同时却紧接着在第 2 款中规定：在我国境内履行的中外合资经营企业合同、中外合作经营企业合同、中外合作勘探开发自然资源合同，适用中国法律。此外，《中外合资经营企业法实施条例》第 15 条规定：“合营企业合同的订立、效力、解释、执行及其争议的解决均应适用中国法律”；《深圳经济特区涉外经济合同法》第 35 条，要求在特区履行的合资经营合同、合作经营合同和自然资源的合作开发合同，在仲裁处理合同纠纷时，必须适用中国法律；《中国银行外商投资企业贷款办法》第 25 条规定，除中国银行同意者外，外商投资企业与中国银行签订的借款合同所适用的法律为中国法律。这几条规定限制了所涉几类合同的当事人选择准据法的自由，其原意可能是要防止适用外国法律对我国的计划经济造成损害。现在既然要建立市场经济新体制，就应当给予这些独立的商品生产者、交换者以较充分的订立契约、选择准据法的自由，否则既不适应这种新体制，也不利于这几类利用外资的形式进一步发展。因此，笔者认为应该考虑这几条规定的存废问题。

在涉外经济合同的形式方面，《涉外经济合同法》第 7 条规定：“当事人就合同条款以书面形式达协议并签字，即为合同成立。通过信件、电报、电传达成协议，一方当事人要求签订确认书的，签订确认书时，方为合同成立。中华人民共和国法律、行政法规规定，应当由国家批准的合同，获得批准时，方为合同成立。”

对于本条规定，如果结合该法总则部分的第 4 条（即订立合同必须遵守中华人民共和国法律）来看，它应属于强制性规定，而这种规定是比较落后的。笔者认为，涉外经济合同的形式只要符合适用于合同的法律或合同订立地法规定的条件，该合同就应当是有效的。如果当事人在不同国家订立合同，那么只要该合同的形式符合其中任一国家的法律所规定的条件，它也应当是有效的。该条第 2 款的规定，尤其显得不恰当。在通信手段和交通运输高度发达、国际经济领域竞争十分激烈的情况下，一个涉外经济合同的订立有时只需几分钟。若要通过繁琐的审批程序，往往会坐失良机，导致竞争的不利。这样的条款也有修订的必要。

《民法通则》第 145 条和《涉外经济合同法》第 5 条都将当事人选择的或法院按最密切联系原则所确定的法律的适用范围局限在处理"合同争议"上，对此外其他问题的法律适用却未作规定。而最高人民法院关于适用《涉外经济合同法》的解答则说："对于涉外经济合同法第 5 条所说的合同争议，应作广义的理解，凡是双方当事人对合同是否成立、合同成立的时间、合同内容的解释、合同的履行、违约的责任、以及合同的变更、中止、转让、解除、终止等发生的争议，均应包括在内。"这又与《涉外经济合同法》第 4 条关于订立合同应遵守中国法律的规定相矛盾。因为，依据《涉外经济合同法》第 5 条的规定，当事人选择的或在当事人并未作出这种选择时法院依最密切联系原则确定的法律，既可能为中国法律，也可能是外国法律。如果是后者，那么就出现了依中国法律订立合同而依外国法律解决争议的情况①。为了避免这种矛盾现象的发生，前引《涉外经济合同法》第 4 条的规定似应废除或作适当修订。

另外，《民法通则》第八章关于涉外合同法律适用问题的规定，从其先进性和与各国普遍的立法实践相一致的方面来看，是值得肯定的，但仍然有过于笼统的缺陷。涉外合同范围极广，种类众多且各具特点，而其中有些较为特殊的合同在准据法的选择上应有一定的限制。例如劳动合同，从国外普遍的立法趋势来看，大多规定由劳动者惯常完成其工作地国家的法律支配，虽然当事人双方也可另行选择，但限制在除此以外的劳动者习惯居所地国家的法律，或雇主营业地、住所地或习惯居所地国家的法律之内。又如，有关知识产权的合同，大多规定由转让知识产权一方的习惯居所地国家的法律支配，虽然也允许当事人选择；而劳动者在其工作范围内所为发明的知识产权合同，由适用于劳动合同的法律支配。对于诸如此类的在社会主义市场经济体制下大力发展国际经济民事交往的过程中运用较多的合同，有进行特别规定的必要。本文限于篇幅，对极为复杂的合同的法律适用问题，不再展开更多的讨论。

(4)大力完善其他有关的制度。要建立社会主义市场经济的新体制，目前

---

① 参见肖永平：《我国国际私法立法现状及对策研究》，载《法学评论》1991 年第 6 期。

的首要任务之一就是要改变国营大、中型企业的营运形式，实行法人财产制，设立有限责任公司当是主要选择。外国在我国设立公司，我国在境外开设公司，都将成为极普遍的现象，这就需要建立一套完备的关于公司、破产的国际私法制度。目前已有涉外破产方面的案件在我国法院起诉，但有关的规定却仅见于最高人民法院关于贯彻执行《民法通则》若干问题的意见之 184、185 等两条，而这两条也只是关于法人(公司)的规定，并未涉及破产问题，关于破产的规定则至今未见，这显然是急需解决的问题。随着我国社会主义市场经济新体制的建立和对国际市场竞争的全面参与，各种涉外侵权纠纷也将大大增多，而这方面的立法却仅有《民法通则》第 145 条和关于执行该法的意见之第 187 条两条一般性规定，以及《海商法》第 273 条中的几款关于海事侵权的特殊规定。对于其他特殊的涉外侵权行为，如公路交通事故、产品责任、不正当竞争、基于传播媒介的侵权等问题，则目前尚无可以适用的法律。

就《民法通则》及其司法解释来看，有关自然人的权利能力、身份关系、失踪和死亡宣告、婚姻财产制、亲子关系、涉外遗嘱继承等方面的问题，尚未得到规定，而这类涉外纠纷随着国际经济民事交往的日益频繁将与日俱增，所以应当抓紧这方面的立法。在知识产权方面，有关的几个国际公约已先后对我国发生效力，但国内的有关立法却未能与之完全配套。在程序法方面，尽管由于新《民事诉讼法》和该法施行意见中的有关司法解释的颁布，以及我国对于有关国际公约的加入，这方面的规定已大为完善，但也还没有做到尽善尽美，如证据制度就还未加规定。此外，就国际商事仲裁制度而言，虽然两个新仲裁规则的发布实施使我国在这方面向国际上的普遍实践靠近了许多，但有关立法却只有粗略的几条，以及几条司法解释，难以适应我国涉外仲裁机构处理日见增多的国际商事争议的需要。因此，国际商事仲裁基本法也应尽早出台。

从我国国际私法的国际法源上看，笔者认为应当从以下三个方面加以完善和发展。

第一，加入或签订更多的重要国际公约。如前所述，改革开放以来，我国已先后接受或加入了一些统一实体法和程序法方面的国际公约，也缔结了一些有关的双边条约。但是，也还有许多重要公约尚未加入，与许多国家之间的关于司法协助等方面的公约尚未缔结，特别是有关统一冲突法的一系列海牙公约更是一个也没有加入。这种状况应当迅速改变。

第二，应抓紧签订有关领域的双边条约。双边条约谈判仅在两国之间进行，双方易于达成协议，其规定有可能做到全面、具体，适应性强，并便于双方有效地履行条约义务。签订双边条约不失为发展国际法源的一个有效途径，我国目前急需抓紧签订的主要有与一些国家之间的双边司法协助协定和海商事等方面的公约。其次，要加快接受或加入有关领域多边公约的步伐。鉴于广泛开展对外经济、贸易、人员交往的需要，我们应抓紧对一些成员国多、适用范围广的重要国际公约的研究工作，并尽快加入。当前除应继续加入一些统一实体法方面的公约外，特别要注重加入统一法律适用法方面的公约，如1980年《国际货物销售合同公约》等。最后，应积极参加统一国际私法的国际立法活动，使新签订的有关条约更能适合我国的需要。

应当指出，双边条约和多边公约各有缺陷。双边条约的适用范围仅限于两国之间，同样内容的公约须同许多国家逐个缔结；而多边公约因参加的国家多，争议自然也多，各方不易达成协议。我国应针对具体问题分别利用这两种不同的途径，取长补短，丰富我国国际私法的国际法源。

第三，完善有关国际惯例的立法，提高国际惯例的地位。《民法通则》第八章第142条规定，对于涉外民事关系的法律适用，"中华人民共和国法律和中华人民共和国缔结或者参加的国际条约没有规定的，可以适用国际惯例。"《涉外经济合同法》关于涉外经济合同的法律适用条款中也规定，"中华人民共和国法律未作规定的，可以适用国际惯例"。《海商法》第十四章"涉外关系的法律适用"第268条中的规定和《民法通则》第142条相同。这些条文都被列在"法律适用"部分里，如果狭义地、严格地从其上下文来理解，这些所谓"国际惯例"都应该仅指法律适用法即冲突法上的国际惯例。但是，尽管随着国际经济民事生活的发展，各国国内立法和一部分国际条约中经常出现某些共同采用的规则，但多数学者都不承认在法律适用方面存在着某种国际私法关系必须适用某国法律的国际惯例，而只承认国际上在这方面存在着比较普遍的实践①。最高人民法院对适用涉外经济合同法若干问题的解答之二第(九)项规定：在应当适用我国法律的情况下，如果我国法律对于合同当事人争议的问题未作规定的，可以适用国际惯例。这里所说的"国际惯例"显然又是指实体法方面的国际惯例，而这样的国际惯例在国际经济贸易领域内是大量存在的。上述几个法规中的有关规定显然不够清楚。

《民法通则》第150条和《海商法》第276条都规定："依照本章规定适用外国法律或者国际惯例的，不得违背中华人民共和国的社会公共利益。"这里所说的"国际惯例"，无疑又是指实体法方面的国际惯例。就普遍的国际私法立

---

① 参见李双元、李玉泉：《对外开放政策与中国国际私法》，载《武汉大学学报》1992年第2期。

法来看，借公共秩序制度排除国际惯例适用的作法是罕见的。这一规定颇值得商榷。在国际私法范围内，有两种不同的国际惯例①。一种是不需当事人选择而必须遵守的惯例，可称之为强制性规范。例如，通过长期国际实践形成的“国家财产豁免原则”就属于这种惯例。另一种是只有经过当事人的选择才对他们有约束力的惯例。例如，在国际贸易中存在着的“离岸价格(FOB)、“到岸价格(CIF)”等就都是这种惯例，它们可以被称为任意性惯例。在国际私法中，较多见的是这后一类任意性的实体惯例。对于前一种可称之为强制性规范的国际惯例，显然不宜借国内立法中的公共秩序条款而排除其适用，因为根据《国际法院规约》的规定，它们是国际法的重要渊源，与国际条约具有相似的法律效力。后一类国际惯例的适用，则主要发生于涉外合同双方当事人依“意思自治”原则作出了这种选择的情况下。这里有一个问题：如果当事人在合同中选择了某一任意性国际惯例，该惯例就对双方产生了约束力，那么，在该合同中这一惯例是否变成了强制性规范？其法律效力是否与前一类国际惯例相似？如果答案是肯定的，则也不能依公共秩序的理由限制其适用。还有，任意性国际惯例大多是在长期的国际经济贸易交往中逐渐产生的，其中许多惯例如《国际贸易术语解释通则》、《跟单信用证统一惯例》等被各国广泛采用，这些国家的当事人选择适用这类惯例的情况是大量存在的。综观各国有关公共秩序的立法，均未见排除其适用的规定。各国立法不排除国际惯例适用的原因只能是两个：一个是立法者认为适用这些惯例不会损害本国的公共秩序；另一个则是他们认为当事人既然选择了某一国际惯例，它就具有高于国内立法的效力，尽管其适用有可能导致损害本国公共秩序的后果，也不能借国内立法限制其适用。我国过去实行的是计划经济，与世界大多数国家在经济体制上不一样，国家全面、严格地控制着对外贸易。在那种情况下，如不对国际惯例的适用加以限制，则有可能损害整个计划体制，给国民经济造成不良的影响。在我国刚刚实行改革开放时，许多开展对外贸易的单位和有关人员缺乏对国际惯例的了解，没有经验，错误地选择国际惯例而招致损失的情况也难免会出现。基于上述原因，我国立法对于国际惯例的适用作出了某种限制，这是不难理解的。现在，既然建立社会主义市场经济新体制的目标已经明确，对国际惯例的认识和了解也已经加强，那么，从法律上给予在国际社会的普遍实践中形成并被各国广泛接受的国际惯例以应有的地位，则是完全必要的，何况我国早已对外作出

① 参见韩德培：《国际私法》(统编教材)，武汉大学出版社 1989 年修订版，第 27 页。

过这方面的承诺。总之，应该对《民法通则》第150条的规定进行更深入的研究，以决定其是否应该继续存在。

实行社会主义市场经济和重返关贸总协定，将对我国国际私法产生广泛而深远的影响。当前，国家之间在经济上的相互依赖关系越来越强，商品生产和交换日益国际化，任何国家都不能独立于国际市场之外去寻求本国经济的发展。因此，各国都在努力创造一个良好的国际法律环境和国内法律环境，以利于资金、技术和人才的国际交流。在国际竞争日趋激烈的情况下，如不经常注意改善国内的法律环境，并不断谋求法律制度方面的协调，增强对国际资金、技术和人才的吸引力，就会使自己在竞争中处于不利地位，从而影响国民经济的发展。各国竞相改善国内、国际法律环境的努力使得国际私法的趋同化倾向不断加强。为使我国在更加激烈、更加广泛的未来国际竞争中获胜，我们就有必要明确认识这一趋势，促进我国国际私法的不断更新和发展。

在国际私法的晚近发展中，专门化和法典化已经成为世界各国立法的普遍作法①。例如，20世纪70年代以来，波兰、捷克、奥地利、土耳其、瑞士等国都相继制定了自己的国际私法典。因此，我们在完善我国国际私法现行立法的同时，也应把下一阶段的任务(即制定一部完备的、体现国际私法最新理论与实践成果的中国国际私法典)提上重要的议事日程。这样的国际私法典，应融涉外民事关系的法律适用与程序制度于一体，即在该法典中不但包括涉外民事关系的法律适用制度，而且包括涉外民事案件的管辖权、外国判决的承认与执行、司法协助和证据制度等方面的内容。现在，我国已经有了一大批熟谙国际私法的专家、学者，立法界和司法界也出现了一大批有着较为丰富的实际工作经验的人才。我国国际私法本已初具规模，加上建立社会主义市场经济体制这一目标的确定，使得在市场经济体制基础上发展起来的国际社会中较为普遍的立法实践更能适应我国的需要，为我们借鉴、“移植”国外先进的立法提供了基础。因此，制定我国国际私法典的基本条件已大体具备。

为了使我国国际私法的发展与国际社会的普遍实践保持同步并处于先进的地位，使之能够适应国际经济民事活动的开展，我们还应不断研究国际经济发展的最新动态，从而适时地对我国国际私法的国内立法进行修订。

另外，我们要积极参加从事统一国际私法工作的各种国际组织，参加它们所组织的活动。这样做既能使我国的立场和观点得到重视，使我国能够在国际

① 参见韩德培：《国际私法的晚近发展趋势》，1988年《中国国际法年刊》，法律出版社1988年版。

法律事务中发挥应有的作用，又能使我国国际私法永远保持先进性，为使我国在激烈的国际经济贸易竞争中立于不败之地提供一个良好的法律环境。一位美国学者早就指出，如果某一个世界会议通过了一个统一的法典，而它却不包括美国的观点，那么美国立法者便只有两种选择：或是不得已而接受外国间经讨价还价最后形成的外国模式，或是拒绝该统一法律，从而使美国落后于国际统一体，并招致法律分歧与法律冲突的不利后果①。这种见解无疑是富有远见的。

## 第三节　公共秩序保留制度在我国司法实践中的正确运用

上一节中指出了我国国际私法制度在社会主义市场经济下的完善和发展。这里，我们以公共秩序保留制度在我国司法实践中的运用为例，来具体阐明完善和发展我国国际私法制度的必要性及可行的方式和途径。

在处理大量的涉外民商事案件时，根据我国冲突规范的指引适用外国法的机会随之相应增大。但是，由于冲突规范对外国法的援引具有“一般”性质，它指出可以适用的是范围不确定的外国法律。这样，根据冲突规范援引的某一外国法所包含的规范的适用结果。将可能与法院国法律的基本原则或社会公共利益相抵触。在这种情况下，势必要排除其适用。公共秩序保留制度就是据以排除外国法适用的一个重要手段，有的学者形象地把它喻为适用外国法的“安全阀”，而法国学者则认为它是夹杂在冲突的解决中的一种“干扰素”。由于它的存在，往往出乎意料地妨碍公认的冲突规则正常发挥作用。

目前，这种对外国法适用的限制手段已成了各国普遍承认与运用的国际私法基本制度之一。尽管如此，在公共秩序保留的概念、适用范围、适用标准等问题上，理论界却仍存在很不一致的看法，从而使得在司法实践中对该制度的运用常常发生偏差。

我国立法中已接受这一制度，并有了全面规定，在司法实践中也有了几个重要案例。但是，我国理论界对有关该制度的立法与案例的评价，却存在不同的看法。本节试图从探讨关于该制度的一般理论出发，系统讨论我国国际私法的立法和这几个重要案例。目的在于使对该制度的运用符合对外开放政策，既维护我国法律的基本原则或社会公共利益，又有利于我国立法更趋完善，在实

① 参见李双元主编：《中国与国际私法统一化进程》，武汉大学出版社 1993 年版。

践中有一个统一的判断标准。

## 一、关于公共秩序一般理论的探讨

公共秩序在不同国家有不同的称谓。英美学者称“公共政策”(Public Policy)，法国、日本学者称“公共秩序和善良风俗”，而德国学者则称之为“保留条款”或“排除条款”。在我国一般称为“公共秩序保留”或“公共秩序”。它包含两个方面的含义：(1)指法院在依自己的冲突规范本应适用某一外国实体法作涉外民事法律关系的准据法时，因其适用会违反法院国的公共秩序而可以排除其适用；(2)它也指法院被申请或请求承认或执行外国法院作出的发生法律效力的判决、裁定时，如其承认或执行将违反法院国的公共秩序，则可不予承认或执行。

公共秩序的概念，早在13世纪意大利的“法则区别说”中就有了萌芽。按照巴托鲁斯的观点，一个城市国家对另一城市国家的“令人厌恶的法则”，如对女子歧视的继承法则，可以拒绝适用。降至十三世纪，主张“国际礼让说”的荷兰学者胡伯提出了法律适用三原则，其中第三条原则认为，一国出于“礼让”虽然承认外国法在内国也应具有效力，但不得损害内国主权者及其臣民的利益。最早在立法中规定这一制度的，则推1804年《法国民法典》。该法典第6条规定：“个人不得以特别约定违反有关公共秩序和善良风俗的法律。”这本来是在国内案件中适用于契约的，但在后来的审判实践中，也扩大适用于涉外案件，即根据冲突规范援引的外国法如违反法国的公共秩序，则不予适用。此后，德国、日本等许多其他国家也相继在其国际私法中规定了这一条款。近来，该制度也逐渐被规定在一些统一冲突法的国际条约中。

但是，究竟什么是公共秩序以及在什么情况下可以援用该制度，各国学者有不同的主张，实践中也彼此互异。关于公共秩序的理论主要有以下三种。

(1)萨维尼的理论。德国法学家萨维尼是“法律关系本座说”的创立者，他主张把法律的选择建立在法律关系“本座”的基础上。如果某一法律关系依其性质，其“本座”在某一外国时，就应适用该外国的法律。但他同时指出，在一定情况下这种适用也是可以排除的。萨维尼认为，任何国家的法律都包含两类不同性质的强行性规定：一类是为了权利的个人占有者制定的，如那些考虑到年龄或性别而限制行为能力的规则；另一类则主要是建立在社会道德或公共利益的基础上，前一类法规虽然当事人不得以约定排除适用，然而法院可以依据国际私法规则不予适用，而适用与之抵触的外国法。后一类法律规则是绝对排除外国法适用的。可见，他把这后一类强行法视为有关公共秩序的法律。不过必须注意，在萨维尼的理论中，公共秩序只是国际私法基本原则的例外，是一种特殊情况。①

(2)孟西尼的理论。意大利杰出政治家和法学家孟西尼在他的《国籍是国际法之基础》的著名演说中，提出在解决法律适用问题时，国籍原则应居首要地位。他认为，任何国家的法律都包含有两类不同的规则；一类是为个人利益制定的，应通过国籍适用于该国的所有公民，不论他们处在哪个国家；另一类规则是为保护公共秩序而制定的，必须依属地原则绝对适用于国家领域内的一切人，包括内国人和外国人。因而这类规则就具有绝对排除外国适用的作用。这就是体现了国家主权的公共秩序原则。这样，公共秩序保留便被提到了国际私法基本原则的高度，这也是与萨维尼的理论不同的地方。②

(3)库恩的理论。美国法学家库恩则从在何种情况下可以援用公共秩序保留来探讨公共秩序的问题。他认为，公共秩序保留的适用发生在以下四种场合：①外国法的适用违背文明国家的道德；②外国法的适用违反法院地的禁止性的规定；③外国法的适用违反法院地的重要政策；④外国法的禁止性规定未获得法院地的确认。③

由上可见，各国学者意见分歧，各执一端，都未讲清究竟什么是公共秩序及如何运用。大陆法系学者主要从法律规则分类的角度来进行探讨，而英美学者则从适用公共秩序的具体场合来阐述其内涵。

这种理论上的不同主张，在立法中也充分表露出来。各国立法关于公共秩序条款的表述也存在许多差别。《法国民法典》概括为"有关公共秩序和善良风俗的法律"，《德国民法施行法》则为"善良风俗或德国法之目的"，《苏俄民法典》规定为"苏维埃制度的基础"，《波兰国际私法》规定为"法律秩序的根本原则"，捷克斯洛伐克的规定是"社会制度、政治制度及法律原则"，我国《民法通则》表述为"社会公共利益"，等等。归纳起来，各国关于公共秩序保留的内涵在以下方面是相一致的，即它系指一国国家或社会的重大利益、法律的基本原则或道德的基本观点。

① 参见李双元著：《国际私法〈冲突法篇〉》，武汉大学出版社1987年版，第221～222页。

② 参见李双元著：《国际私法〈冲突法篇〉》，武汉大学出版社1987年版，第222～223页。

③ 参见姚壮，任继圣著：《国际私法基础》，中国社会科学出版社1981年版，第30页。

此外，关于适用这一制度的标准，历来存在两种不同的学说。①

(1)主观说。该学说认为，法院国依自己的冲突规范本应适用某一外国法作准据法时，如果该外国法本身的规定与法院国的公共秩序相抵触，即可排除其适用，而不问具体案件适用该外国法的结果如何。它强调外国法规则本身的可厌性、有害性和邪恶性，而不注重法院国的公共秩序是否因适用该外国法而受到实际上的损害。如法国学者巴蒂福等人认为，法官必须可以拒绝适用“其内容不能接受的法律。”②

(2)客观说。客观说不仅重视外国法内容是否妥当，而且注重外国法的适用结果客观上是否违反法院国的公共秩序。著名国际私法学者隆茨持这种观点。他指出，公共秩序保留“说的不是外国法本身违反苏维埃制度的基础，而是指适用这种法律的结果将与苏维埃制度的基础矛盾”。③ 该说又分为联系说和结果说。联系说认为，外国法是否该被排除适用，除了要看外国法适用的结果是否会与法院国的公共秩序相抵触外，还须看案件与法院国的联系如何。如果案件与法院国有实质联系，则应排除该外国法的适用，否则不应排除。结果说认为，在援用该制度时，不仅要注意外国法规定的内容是否违反法院国的公共秩序，而且要注意外国法适用的结果是否违反法院国公共秩序。它并不强调案件是否与法院国有实质联系。

对于这两种观点，客观说似更为可取。主观说虽然运用简单方便，但现在因外国法本身内容而与法院国公共秩序相抵触的情形甚为少见，缺乏实际意义。而且该说还易导致公共秩序的滥用，对于许多依冲突规范本应适用外国法的民事法律关系以及本应承认和协助执行的外国判决，也可能因公共秩序而得不到适用或承认。这就不利于维护民事法律关系的安全和稳定。而依客观说，如果仅是外国法内容上的违反，并不一定妨碍外国法的适用，只有其适用结果危及法院国的公共秩序的外国法，才必须援用公共秩序保留限制其适用。但其中联系说的观点不必予以强调，因为按晚近国际私法的发展，如果某一案件与法院国有实质联系或密切联系，则可依最密切联系原则直接适用法院国的实体法，而无需借助公共秩序保留来限制外国法的适用。所以，其中结果说的观点

① 详见李双元、金彭年著：《中国国际私法》，海洋出版社 1991 年版，第 157~159 页。

② 参见巴蒂福等著：《国际私法总论》，中国对外翻译出版公司 1989 年中文版，第 487 页。

③ 参见隆茨等著：《国际私法》，法律出版社 1986 年版，第 68 页。

更为可取。它重视具体案件的实际情况，注意区分外国法是本身的内容还是其适用结果违反法院国公共秩序。既能维护法院国的公共秩序，又有利于个案的公正合理解决。各国实践中多采此说。我国大多数学者及其著作也是主张采该说的。如著名国际私法学家韩德培教授主编的《国际私法》教材，著名国际私法学家李双元教授所著《国际私法(冲突法篇)》，钱骅教授的《国际私法》以及董立坤研究员的《国际私法论》等著作均采取了客观说的理论。

总之，关于公共秩序保留制度的问题，我国国际私法理论是已有颇多研究，且在许多重要问题上取得了较为一致的看法。基本观点可归结为：(1)该制度是一种在特殊情况下限制冲突规范的效力或排除经冲突规范指定本应适用的外国法的非常措施；(2)在适用标准问题上，绝大部分学者是主张客观说的。

## 二、我国关于公共秩序的立法及其评价

我国已有比较完备的关于公共秩序的立法。早在1950年11月，中央人民政府法律委员会在《关于中国人与外侨、外侨与外侨婚姻问题的意见》中就曾指出，中国人与外侨、外侨与外侨在中国结婚或离婚，不仅适用中国的婚姻法，且宜于在适当限度内照顾当事人本国的婚姻法，但“适用当事人本国的婚姻法以不违背我国的公共秩序、公共利益和目前的基本政策为限度”。在该文中明确使用了“公共秩序”、“公共利益”和“基本政策”的措词，应认为是关于公共秩序保留条款的规定。① 1985年颁布的《中华人民共和国涉外经济合同法》第4条规定：“订立合同，必须遵守中华人民共和国法律，并不得损害中华人民共和国的社会公共利益。”第5条第2款规定：“在中华人民共和国境内履行的中外合资经营企业合同、中外合作经营企业合同、中外合作勘探开发自然资源合同，适用中华人民共和国法律。”这是间接限制外国法适用的规定。第9条第1款进一步强调：“违反中华人民共和国法律或者社会公共利益的合同无效。”这都是公共秩序保留制度在我国涉外经济合同法中的反映。1982年的《民事诉讼法(试行)》第204条也是对该制度的规定。1991年新民事诉讼法仍保留了这项规定并作了修改和完善，其第268条规定：“人民法院对申请或者请求承认和执行的外国法院作出的发生法律效力的判决、裁定，依照中华人民共和国缔结或者参加的国际条约，或者按照互惠原则进行审查后，认为不违反中华人民共和国法律的基本原则或者国家主权、安全、社会公共利益的，裁

① 参见黄进：《国际私法上的公共秩序问题》，载《武汉大学学报》1991年第6期。

定承认其效力，需要执行的，发出执行令，依照本法的有关规定执行。违反中华人民共和国法律的基本原则或者国家主权、安全、社会公共利益的，不予承认和执行。”1987 年 1 月 1 日生效的《民法通则》，首次在我国冲突法中全面规定了公共秩序保留制度。该法第 8 章第 150 条作为一条通则性公共秩序条款，其规定为：“依照本章规定适用外国法律或者国际惯例的，不得违背中华人民共和国的社会公共利益。”

对于我国立法中关于公共秩序保留条款的规定在实践中的具体运用，我们认为应注意以下几个问题。

(1)《民法通则》以“社会公共利益”来阐明公共秩序保留制度似嫌过于简单、含糊，在司法实践中难以把握。结合国际上的普遍实践和我国其他法规中的规定，还应认为它包含“法律的基本原则或道德的基本观念”等国际上较为一致的内容。

(2)援引公共秩序保留制度排除根据我国冲突规范指定本应适用的外国法，只能是在特殊情况下为维护国家、社会的重大根本性利益而采取的迫不得已的措施，只能是一种例外情况。这是我国理论界的较为一致的观点，也是符合目前各国运用这一制度的普遍趋势的。法国、美国等曾广泛适用甚至滥用该制度的国家，在近来的实践中都对其适用作了较为严格的限制；英国、德国法院则很少通过该制度来限制承认外国法律的效力。前苏联《民事立法纲要》虽把它作为一个原则规定下来，但对它的适用被认为是一种例外情况，每次都要加以严格的论证。在司法实践中，若频繁运用该条款限制依冲突规范指定本应适用的外国法，则势必违背我国冲突法的立法目的。

(3)从《民法通则》的上述规定来看，被借助公共秩序保留制度限制适用的除外国法律之外，还包括国际惯例。这是我国公共秩序条款的独特之处，从各国立法来看，这种规定实属罕见。但是，这里所谓的“国际惯例”到底指的是什么，尚不明确，似应加以必要的限定。

(4)关于适用公共秩序保留所采取的标准，我国立法似乎并不一致。从《涉外经济合同法》，新民事诉讼法的规定看，应认为是采取主观说的。但上述 1950 年中央人民政府法律委员会关于婚姻问题的意见和《民法通则》的有关规定，则显然是采取客观说的。最高人民法院前后两个关于涉外离婚问题的司法解释(详见下文的两封复函)，又明显采取了主观说。这种立法上的矛盾，应该加以避免。

我们认为应以《民法通则》的规定为准，采纳大多数学者的意见，在适用公共秩序保留的标准问题上，统一采取客观说。如果仅是外国法规定本身的内容不可取，但适用的结果并不损害我国的公共秩序，则不应借助该制度排除适用。至于那些我国法律没有规定的依我国冲突规范本应适用的外国法，也应按这一标准进行裁量，不宜一概加以排除。

### 三、我国与公共秩序有关的关于承认和执行外国判决的两个案例的评价

案例(一)　1957年双方都居住在波兰的中国侨民离婚案。一对居住在波兰的中国侨民，在波兰法院获得了离婚判决。对于这一判决在中国境内是否有法律效力、若使它具有法律效力，应具备哪些条件?①

这是一个对外国法院作出离婚判决是否予以承认及在什么条件下才承认问题的案例。最高人民法院在1957年就该案给外交部领事司的复函中指出，波兰法院对于这一离婚案件所作的判决，如果在实体上和程序上与中国婚姻法都没有抵触时，我们承认这种判决对双方当事人在法律上有拘束力。从最高人民法院复函的精神来看，对于双方都居住在外国的中国侨民之间的离婚案件，我国承认其居住国法院具有管辖权。但是，外国法院作出的判决若要在我国境内获得法律效力，则不得与我国婚姻法的规定相抵触，即不得违反我国的公共秩序。具体说来，就是在实体上和程序上都不得与中华人民共和国婚姻法相抵触。这里所谓的“实体上”，应指有关离婚的根据、效力等方面的规定；所谓“程序上”，则不应认为是作出判决时所运用的程序法，它所指的应是婚姻法中有关离婚的程序事项的规定。从该文可以推知，我国对于双方都居住在外国的中国侨民间的离婚案件的法律适用上，是允许适用其居住国法的。在是否承认该外国法院作出的这种离婚判决问题上，对于公共秩序保留的适用标准，主要是看该外国法规定本身的内容是否与我国婚姻法的有关规定相抵触；如相抵触，即可拒不承认判决在我国境内具有法律效力，并不强调承认该判决是否会产生对我国公共秩序的实际损害结果。因此，我国当时对于适用公共秩序保留的标准，在司法实践中是采主观说的。

但是，对于该案我们认为应作具体分析。如果波兰法院所作的这一判决仅只在“实体上”和“程序上”与我国婚姻法的具体法律规定相抵触，而并不违背婚姻法的基本原则或我国道德的基本观点，我们就应承认该判决对双方当事人具有法律上的拘束力。否则，应予拒绝承认。

案例(二)　1984年旅居阿根廷的中国公民婚姻纠纷案。一对婚后旅居阿

① 参见梁国庆主编:《新中国司法解释大全》，中国检察出版社1990年版，第693页。

根廷的中国公民王钰与杨洁敏发生婚姻纠纷，由于所在国法律不准离婚，即按其允许的方式达成长期分居协议，请求我驻阿使馆领事部承认并协助执行。①

这是涉及在外国按外国法律达成的长期分居协议是否承认其在我国境内具有离婚效力并协助执行问题的案例。我国最高人民法院于1984年就该案给驻阿使馆领事部的复函指出：我国驻外使馆办理中国公民间的有关事项应当执行我国法律。该分居协议不符合我国婚姻法的规定，故不能承认和协助执行。该分居协议系按照阿根廷法律允许的方式达成，故只能按照阿根廷法律规定的程序向阿有关方面申请承认。如果他们要取得在国内离婚的效力，必须向国内原结婚登记机关或结婚登记地人民法院申办离婚手续。

从该复函体现的精神来看，我国是根据公共秩序保留而拒绝承认和协助执行依外国法达成的分居协议在我国境内的法律效力的。在该案中，由于阿根廷法律中的司法别居制度是我国婚姻法中未予规定的一种制度，不符合我国的婚姻法，因而不承认和协助执行该分居协议。至于援用公共秩序保留的标准，也是着重外国法规定本身，而不问其适用的结果是否会对我国的公共秩序造成实际损害，所以，是采主观说的。

实际上，就该案而言，我们认为对其处理是颇值得讨论的。首先，我们不能仅因为某些外国法律制度是我国法律所不具有的，就援用公共秩序保留制度排除其适用。按照适用该制度的标准的学说，我们应首先看依冲突规范本应适用的外国法律本身的内容是否具有可厌性、有害性或邪恶性；其次更要注意该外国法适用的结果在客观上是否会造成违反我国公共秩序的后果。在本案中，就这两方面来说我们认为都是不成立的。因此，如果当事人的请求仅限于要求我驻阿使馆承认其分居的事实，而不是承认其具有离婚的效力，我们应考虑满足当事人的请求。我们国家有关离婚的法律文件中，也有关于分居考验期的规定。但是，如果当事人请求我国承认该长期分居协议在我国境内具有离婚的效力，则应以公共秩序保留为根据予以拒绝。不过在援用该条款时不宜仅以长期分居协议是我国婚姻法中不具有的制度为理由。事实上，司法别居制度是那些不准以离婚方式解除婚姻关系的国家，对夫妻感情确已破裂的双方当事人允许其分居的一种制度。分居之后，即使他们之间不再有婚姻的事实存在，但在法律上仍是夫妻，任何一方都不得再婚。就这种制度的实质而言，它限制了当事人的婚姻自由。因此，若承认该长期分居协议在我国具有离婚的效力，是直接

① 参见梁国庆主编：《新中国司法解释大全》，中国检察出版社1990年版，第545页。

违反我婚姻法关于婚姻自由的基本原则的。这样，我们就有更加充分的理由援用公共秩序保留制被拒绝承认和协助执行该协议。

从以上两例的分析可以看出，我国在已往的司法实践中，对于适用公共秩序保留的标准是倾向于采取主观说的。这与立法中采取客观说的标准是不一致的。该两函仅就具体法律规定而言，并不是从是否与我国婚姻法的基本原则相违背来理解与运用公共秩序，更未考虑具体案件适用外国法的实际结果，我们认为这是应当加以改进的。

## 四、我国借助公共秩序保留制度排除国际惯例适用的案例的评价

案例(三)　1989年海南省木材公司案。主要案情是：海南省木材公司同新加坡达斌私人有限公司签订了购买坤甸木的合同，合同规定采用跟单信用证方式付款。后来达斌私人有限公司利用泰坦船务公司签发的提单出其他单证到新加坡结汇银行结汇。结汇银行要求开证行中国银行海口分行支付货款183万元。海口分行经审查，全部单证符合信用证要求，于是通知海南省木材公司付款赎单。而海南省木材公司通过调查了解到，卖方根本没有装货上船，所提供的提单及其他单证全系伪造。于是拒不付款赎单，同时向广州海事法院起诉，申请冻结信用证项下货款。广州海事法院通过审理，最后援用我国《民法通则》关于公共秩序保留的规定排除了有关跟单信用证惯例的适用，并依照我国《民事诉讼法》有关规定冻结了该信用证项下货款。①

该案是我国法院以公共秩序为由排除国际惯例适用的一次重要实践。对于该案的判决，国内存在两种截然相反的评价。有人认为，在本案中，被告恶意串通，利用伪造提单及其他单证的手段企图骗取货款，如果适用跟单信用证惯例，将使被告达到目的。这将违反我国《民法通则》关于民事活动应当遵守诚实、信用的基本原则的规定，也将损害我方善意当事人的利益。所以，应该援引《民法通则》第150条之规定，以公共秩序保留为根据排除该惯例的适用。从这种主张和该判决适用公共秩序的情形来看，应认为他们实际上采取了客观说中结果说的观点作为适用该制度的标准。

与此相反，许多人认为该案以公共秩序为由排除国际惯例的适用是不适当的。我们同意这种观点，并认为该案值得进一步研究。

首先，依照我国国际法学界的观点，国际惯例系指国家间的一种默示协

① 参见金正佳、郭生平：《涉外海事审判中的法律适用》，载《法学评论》1991年第4期。

议，是各国重复类似的行为并被认为具有法律拘束力的结果。它由两个因素构成：一是各国的重复的类似行为，即所谓“物质因素”；另一是被各国认为有法律拘束力，即所谓“心理的因素”。① 依前苏联国际学界的观点，国际惯例乃指国际实践中形成的行为规则，并经国际法主体承认具有法律拘束力的性质。它不像国际协定法那样具有明确表述的规范形式。国际惯例还有广义和狭义之分：广义的惯例包括习惯在内，既指有法律拘束力的国际惯例，也指尚未具有法律拘束力的“常例”；而狭义的国际惯例则仅指尚未具有法律拘束力的常例。

因此，对我国《民法通则》第 150 条所称的国际惯例，应作具体分析并加以必要的限定。我们认为它不应包括国际习惯在内，因为国际习惯是国际法的主要渊源之一，具有普遍约束力。这种习惯和国际条约一样，具有高于内国法的效力，各国应普遍遵守，而不宜援引内国法中关于公共秩序的规定排除其适用。本条所称国际惯例，应仅限于狭义上的惯例，即尚未具有法律拘束力的“常例”，如那些在国际贸易、投资、海商关系中客观存在的惯例。这类惯例只有在我国宣布承认或当事人在合同中约定采用时，才对双方当事人具有法律拘束力。因此一般认为，对于这类惯例的适用，至少应符合三个条件：(1)须经冲突规范的指定；(2)须是法律所未规定的事项；(3)须不违背公共秩序。从我国的规定来看，亦大致如此。②

国际商会拟定的《跟单信用证统一惯例》，已在国际上长期广泛适用，我国在实践中也参照采用。③ 因此，它已具有普遍约束力，实际上已具有国际习惯的性质，根据以上分析，是不宜借助公共秩序保留排除其适用的。

其次，该案双方当事人在合同中明确规定了采用跟单信用证付款方式。按照《跟单信用证统一惯例》，银行开出的信用证是银行以其自身信誉向卖方提供付款保证的一种凭证，是国际贸易中常用的付款方式，也是我国对外贸易中常用的付款方式。信用证是独立于买卖合同的单据交易，只要卖方所提交的单据表面上符合信用证要求，开让行就负有在规定期内付款的义务。如果单证不符，开证行有权拒付，无须由法院采取财产保全措施。在本案中，既然全部单证表面上符合信用证要求，开证行就有付款义务。至于被告所提供的提单及其

① 参见王铁崖主编：《国际法》，法律出版社 1981 年版，第 29 页。

② 参见李双元主编：《中国与国际私法统一化进程》，第 3 章第 2 节，武汉大学出版社 1993 年版。

③ 参见韩德培主编：《国际私法》，武汉大学出版社 1989 年版，第 272 页。

他单证系伪造所得，这已不属于信用证法律关系的范畴，应由法院以被告违约或利用合同进行欺诈为由，赔偿原告由此产生的实际损失。但不宜冻结信用证项下货款，使开证行承担不履行义务的责任。

最后，在本案中，开证行中国银行海口分行严格履行自己的职责，并无过错。若运用公共秩序保留制度排除国际惯例的适用并因而冻结信用证项下货款，则势必影响其信誉。这对该行是不公正的，而且也不利于对外经济贸易关系的进一步发展。

基于上述理由，我们认为该案援用公共秩序保留排除跟单信用证惯例的适用有失偏颇。

综观我国的司法实践，在适用公共秩序保留制度的问题上，我国法院已由先前的采取主观说转变为采取客观说，而且也是作为一种例外情况对待的。这无疑是正确的，与我国立法保持了一致，且符合目前国际上的普遍发展趋势。但是，在具体运用该制度的过程中，我们还应注意防止站在狭隘的民族主义立场上，不问案件的具体情况和判决势必造成的影响，只要具体案件适用依冲突规范指定本应适用的外国法或国际惯例于我方当事人不利，就一概借助该制度加以排除。我们要注意防止司法实践中出现“左”的倾向，既要考虑我国在具体案件中的局部利益，更应注意保护我国的长远利益和进一步对外开放、扩大国际经济贸易交往的根本性利益。

# 下篇　国际私法若干领域的趋同化的具体表现

# 第五章 国际经济贸易合同关系中国际私法制度的趋同化问题

国际经济贸易合同关系中国际私法制度的趋同化问题，在各个领域都有不同程度的表现，限于篇幅，本书将着重评述其中具有代表性的几个领域的表现。

## 第一节 现代商人法

现代商人法在国际合同法、国际经济贸易(特别是商事仲裁)的理论和实践中占有重要地位。目前，世界上大多数国家的立法和司法实践中都出现了逐渐承认并适用现代商人法的趋势。在我国加快改革开放步伐并且越来越多地参与国际经济事务的情况下，全面地认识、研究现代商人法，具有明显的积极意义。

### 一、现代商人法的概念

所谓“商人法”(Lex Mercatoria、Law Mcrchant)①，通常是指从事国际贸易活动的各国商人在实践中所共同认可并遵守的、统一规范国际贸易活动的某些习惯和规则；所谓“现代商人法”，则是指第二次世界大战结束以后，国际法学界的某些学者因不满于国际贸易合同受制于内容彼此相异的各主权国家国内法的状况而积极寻求的一种独立适用于日益发展变化着的国际贸易事业，并且能够反映国际贸易活动特征的法律制度。

众所周知，传统的国际合同法律适用理论和方法是依据合同的连结点把

---

① 此词亦译“商业习惯法”、“商法”，本文据《牛津法律大辞典》：“商人法〔Law Merchant〕指产生于中世纪西欧商人中间，调整他们彼此间关系的一系列习惯和法律。”参见［英］戴维·M. 沃克编、北京社会与科技发展研究所组织翻译的《牛津法律大辞典》，光明日报出版社1988年版，第524页。

合同与有关的国家联系起来，并以该国法律作为支配合同当事人的权利、义务的法律。为了克服选择国际合同准据法的这种方法所存在的机械、僵硬的缺陷，一些旨在“软化”合同冲突规范的理论与方法，如合同当事人意思自治原则、合同最密切联系原则、合同准据法的分割理论以及合同特性履行理论等便相继产生。但是，所有这些都未能使国际合同摆脱受到“国内化处理”并受国内法支配的命运。在世界上，除中国、捷克和斯洛伐克等极少数国家制定有专门规定国际合同的涉外合同法外，大多数国家都以支配国内合同关系的法律适用于国际合同关系。由于国际合同关系与国内合同关系存在着诸多差别，通过冲突法规范使国际合同关系置于国内合同法的支配之下很容易忽略国际合同关系的特殊性，因而往往被认为是不恰当、不合理的。针对上述问题，近几十年来有不少人提出了关于国际合同法律适用“非国内化处理”的各种理论和方法。其中较有影响者有英国法学家 F. A. 曼（F. A. Mann）的“万国商法理论”（Commercia Law of Nations）①，英国法学家施米托夫（C. M. Schmitthoff）、法国法学家卡恩（P. Kahn）等人的“自治合同理论”（Selfregulatory Contract）或称“不受法律支配合同理论”（Contrat dit sans Loi）②，美国法学家杰塞浦（P. C. Jessup）和德国律师兰根（E. Langen）等的“跨国商法理论”（Transnational Commercial Law、Transnationales Handelsrecht）③，德国法学家斯坦因道夫（E. Steindorff）的“国际私法实体法化理论”（Materialisierung des Internationalen Privatrechts）④，以及美国法学家施莱辛格（R. B. Schlesinger）和德国法学家贡蒂希（H. J. Guendisch）的“一般法律原则理论”（Allgemeine

① See F. A. Mann, Reflections on a Commercial Law of Nations, in: British Yearbook of International Law, 1957, p. 27.

② See Schmitthoff, Export Trade: The Law and Practice of International Trade, 1980, pp. 51-53; Schmitthoff, Das neue Recht des Welthandels, in: Rabelsz28 (1964), pp. 47-77; Kahn, La vente Commerciale Internationale, Paris 1961, p. 366; Baermann, Ist Internationales Handelsrecht Kodifizierbar, in: Festschrift Mann (1977), pp. 547-578; Verdross, Gibtes Vertraege, die weder dem Internationalen Recht noch dem Voelkerrecht Unterliegen? in: Zeitschrift fuer Rechts-vergleichung (Wien) 6 (1965), pp. 129-134.

③ See Jesspu, Transnational Law, New Haven, 1956; Langen, Transnationales Recht, Heidelberg 1981; Langen, Transnational Commercial Law, Leiden 1973.

④ See Steindorff, Sachnormen im Internationalen Privatrecht, Frankfurt am Main, 1958.

Rechtsgrundsaetze)①等。

本书所要探讨的现代商人法理论也属于近几十年中产生的旨在使国际合同得到非国内化处理的一种国际合同法律适用理论。与上述各种理论相比，现代商人法理论外延更广、内涵更丰富。它试图彻底变革传统合同冲突法，创制一种独立于国内法制和国际(公法)法制之外的、支配当事人双方皆为私人或法人的一般性国际合同以及当事人一方为私人或法人而另一方为国家的所谓国家合同或特许协议的法律制度。上述那些理论可以视为现代商人法理论的组成部分。值得注意的是，由于提出和研究现代商人法理论的出发点主要是仲裁国际合同争议时确定适用于支配合同当事人的权利与义务关系的法律问题，因此学者们往往要结合国际商事仲裁制度来探讨现代商人法理论。

1961年，英国法学家施米托夫和原南斯拉夫法学家葛尔德斯汤(Goldstain)分别撰文，率先正式提出现代商人法概念②。与此同时，一些专门从事法学研究或法律统一工作的国际组织也积极开展了有关的研究，如国际法律协会于1962年在伦敦召集了一次有众多著名法学家参加的讨论会，就国际贸易的新的法律渊源进行探讨③；稍后，罗马私法统一研究所于1976年召集了一次主题为“国际贸易法的新方向”的大会，来自世界各国的国际法学者在这次大会上就现代商人法问题广泛地交换了意见④。然而，各国法学界对现代商人法理论的反应是不一样的⑤。对该理论最先作出强烈反应并表示极大兴趣的是法国国际私法学界。不少法国学者，如葛尔德曼(Goldman)、卡恩、福夏德(Fouchard)、弗朗切斯卡基士(Francescakis)以及卡希斯(Kassis)等人纷纷著书或撰文阐述自己的有关看法。直到现在，法国国际私法学界对该问题的研究

① See Schlesinger & Guendisch, Allgemeine Rechtsgrundsaetze als Sachnormen in Schiedsgerichtsverfahren—Ein Beitrag zur Theorie der Entnationalisierung von Vertraegen, in: Rabelsz 28(1964), pp. 4-46.

② See Schmitthoff, International Business Law: A New Law Merchant, in: Current Law and Social Problems (University Western Ontario Torento) 2 (1961), pp. 129-153; Goldstain, The New Law Merchant, in: Journal of Business Law 1961, pp. 12-17.

③ See Schmithoff, Sources of the Law of International Trade: with Special Reference to East-West Trade, London 1964.

④ See New Directions in International Trade, Acts and Proceedings of the 2nd Congress on Private Law held by Unidroit, 9-15 September 1976, 2 Volums, N. Y. 1977.

⑤ 关于各国法学界对现代商人法理论的不同反应，参见Lando, The Lex Mercatoria in International Commercial Arbitration, in: International and Comparative Law Quarterly 34(1985), pp. 756-760。

在世界上仍然处于领先地位①。德国、奥地利和瑞士等德语国家的国际私法学界对现代商人法理论发生广泛兴趣的时间较法国为晚。但到目前为止，以德语出版和发表的有关著作和论文也已达到相当数量，其中有代表性的作者有兰根、冯·霍夫曼(von Hoffmann)、劳伦茨(Lorenz)和希尔(Siehr)等②。以施米托夫、曼等人为代表的英国国际私法学界对于现代商人法问题同样非常重视，就此阐述了许多彼此不同甚至相互对立的观点③。近几年来，美国法学界对该问题的研究一反过去那种冷清的局面而变得异常活跃。土伦大学法学院埃松—威曼比较法中心于1989年还召集了一次以现代商人法为主题的讨论会，国际上一批对该问题有专门研究的专家学者应邀参加，会议论文集于1990年出版④。此外，东欧和北欧国家的法学家也积极参与了现代商人法理论的讨论，

① 法国学者论述该问题的主要著作有：Goldman, Frontieres du droit et "Lex Mercatoria", in: Archives de Philosophie du droit. 9(1964), pp. 177-192; Goldman, La Lex Mercatoria dans les Contrats et l'arbitrage Internationaux: realite et Pepectives, in: Journal du Droit International 1979, pp. 475-505; Goldman, Lex Mercatoria, Forum Internationale, 3: (1983), pp. 3-24; Goldman, Une Bataille Judiciaire Autour de la Lex Mercatoria-L'affaire Norsolor, in: Revue de l'Arbitrage 1983, pp. 378-409; Goldman, The Applicable Law: General Principles of Law-the Lex Mercatoria, in: Contemporary Problems in International Arbitration (ed. Lew), London 1986, pp. 113-125; Kahn, Droit International Economique, Droit du Development, Lex Mercatoria, Concept Unique ou Pluralisme des Ordres Jurisdiques? in: Etudes Offertes a Berthold Goldman, Paris 1983, pp. 97-124。

② 有关该问题的主要德语文献有：Felix Dasser, Internationale Schiedsgerichte und Lex Mercatoria, Zuerich 1989, pp. 36-37; von Hoffman, Internationale Handelsschiedsgeric-htsbarkeit(1970), p. 21; von Hoffman, "Lex Mercatoria" vor Internationalen Schiedsgerichten, IPR ax 1984; von Hoffman, Grundsaetzliches zur Anwendung der "Lex Mercatoria" durch Internationale Schiedsgerichte, in: Festschrift Kegel (1987), pp. 215-233; Lorenz, Die Lex Mercatoria: Eine Internationale Rechtsquelle? in: Festschrift fuer Karl H. Neumayer zum 65. Geburtstag, Baden-Baden 1986, pp. 407-429; Siehr, Sachrecht im IPR, Transnationales Recht und Lex Mercatoria, in: Internationales Privatrecht, Internationales Wirtschaftsrecht (Hrsg. Holl/Klinke), 1985; Triebel/Petzold, Grenzen der Lex Mercatoria in der Internationalen Schiedsgerichtsbarkeit, in: Recht der Internationalen Wirt-schaft1988, pp. 245-250; Weise, Lex Mercatoria: Materielles Recht vor der Internationalen Handelsschiedsgerichtsbarkeit, Frankfurt am Main u. a. 1990。

③ 英国学者论述该问题的主要著作有：前引 Schmitthoff 所撰论文和专著；Mustill, The New Lex Mercatoria: The First Twenty-five Years, in: Liber Amicorum Lord Wilberforce, Oxford 1987, pp. 149-183。

④ See Thomas E. Carbonneau(ed.), Lex Mercatoria and Arbitration, New York 1990.

并发表了一些富有价值的独到的见解①。

尽管学术界对于国际社会是否存在现代商人法这样最为基本的问题都还有着激烈的争议，但对如何称谓这种法律却没有不同意见。由于历史的原因，人们通常仍然把过去的商人法的拉丁文名称 Lex Mercatoria 作为当代国际社会商人法的名称。在法文文献中，现代商人法被直接称为 Lex Mercatoria；在英文文献中，现代商人法则往往被称为"现代"或"新"商人法（New or Mordern Lex Mercatoria），或者被直接冠以英文名称"新商人法"（New Law Merchant）。

由于学者们对现代商人法的性质、内容、效力等问题的理解各不相同，他们给现代商人法下的定义也很不一样。如：

法国学者葛尔德曼认为，现代商人法是"国际经济关系所特有的法律"②，"它如果不是全部，则起码主要也是由跨国性质的规范组成。它的最初渊源是习惯，因而，它便具有自发的性质，尽管它的适用可能会遭到国家机关或国家间机构的干涉"③。

丹麦学者兰多（Lando）认为："国际合同的当事人常常协议不将他们间的争议交由国内法支配，而是把它交由国际贸易惯例，交由参与国际贸易的所有或大多数国家相同的或与争议相连的那些国家相同的法律规范的管辖。如果这些相同的法律规范无法确定，仲裁员便适用或选择于他而言最为公正合理的法律规范或解决结果。在这样裁决案件时，他（仲裁员——作者）考虑多个国家的法律规定。这一部分地属于适用法律规范，部分地属于选择和创制法律规范的过程，我们这里称为现代商人法的适用。"③

美国学者哈赫特（Keith Highet）认为，现代商人法是"处于发展中的跨国商

① 东欧国家学者论述该问题的主要著作有：Aleksander Goldstain, The Law Merchant, in; Journal of Business Law, London 1961, pp. 12-17; Goldstain, The New Law Merchant Reconsidered, in: Festschrift Schmitthoff (1973), pp. 171-185; Ferenc Madel. Codification of Commercial Practice in Eastern European Countries: Lex Mercatoria from a Hungarian Perspective, in: Carbonneau (ed.), Lex Mercatoria and Arbitration, New York 1990, pp. 195-212。北欧国家对该问题最有研究的学者是丹麦哥本哈根经济与商业管理学院法学教授兰多（Lando），他发表在英国《国际法与比较法季刊》上的题为 The Lex Mercatoria in International Commercial Arbitration（ICLQ 34, 1985, pp. 747-768）的论文在国际法学界具有重大影响。

② See Goldman, The Applicable Law: General Principles of Law—the Lex Mercatoria, in: Lew (ed.), Contemporary Problems in International Arbitration 113 (1987), pp. 113-114.

③ See Goldman, The Applicable Law: General Principles of Law—the Lex Mercatoria, in: Lew (ed.), Contemporary Problems in International Arbitration 113 (1987), pp. 113-114.

③ 参见前引 Lando 文。

法或国际商法的能够被裁决的做出者——法官或仲裁员——确定裁决的内容而作为法律规范的一种渊源所适用的原则。同样，这些裁决的做出者也会去适用诸如法院地法(lex fori)或仲裁地法(lex loci arbitri)等实在的法律制度”①。

参考学者们的有关论述，结合对现代商人法理论的理解，我们试图也给现代商人法概念下一个定义，并由此出发探讨现代商人法的性质、渊源等问题：现代商人法是指在国际贸易交往中逐渐自发产生的，到目前为止仍未完善的，以国际贸易惯例、一般法律原则和一般交易条件等形式体现出来的，独立于国际公法与国内法之外的，支配国际贸易合同当事人权利和义务的法律。我们认为，这样的表述概括了现代商人法的以下主要特征：

首先，现代商人法是法律。对于现代商人法是不是法律的问题，学术界存在着激烈的争论。那些认为现代商人法不是法律的人宣称，尽管国际社会中存在着被称为现代商人法的规范，但它们并非法律规范，而是一种贸易原则(principia mercatoria)②，因为它不具有法律所应有的五个特征，即可适用性(applicability)、公正性(fairness)、可预见性(predictability)、权威性(authoritativeness)和连续性(consistency)中的后三个特性③。笔者认为现代商人法是一种法律，正是因为它具有法律所应有的一般特征。当然，由于现代商人法产生于国际贸易社会，并因切合这一社会的特点而得以持续存在，因而它与国内法存在着诸多不同(如常常不以成文法形式表现出来等)，但这并不能说明它不是法律，恰恰相反，这正是现代商人法作为法律的生命力之所在。认为现代商人法不是法律的美国学者哈赫特也不否认这样的事实，即规定国家间关系的一些完全类似于现代商人法规范的规范，如强行法(jus cogens)是法律规范④。那么，为什么现代商人法规范就不是法律规范，而是一种所谓的非法律性的“原则”呢？那种一方面承认现代商人法的存在，另一方面又否认它是法律的暧昧观点是难以为人们接受的。笔者说现代商人法是法律，但同时也承认该法律远未完善。正如法国法学家葛尔德曼所说，现代商人法是尚在产生中

① See Keith Highet. The Enigma of the Lex Mercatoria, in: Carbonneau (ed.), Lex Mercatoria and Arbitration, New York 1990, pp. 100-107.

② See Keith Highet, The Enigma of the Lex Mercatoria, 和: Carbonneeauced.), Lex Mercatoria and Arbitration, New York 1990, pp. 100-107.

③ See Keith Highet, The Enigma of the Lex Mercatoria, 和: Carbonneeauced.), Lex Mercatoria and Arbitration, New York 1990, pp. 100-107.

④ See Keith Highet, The Enigma of the Lex Mercatoria, 和: Carbonneeauced.), Lex Mercatoria and Arbitration, New York 1990, pp. 100-107.

的法律(droit en formation)①。

其次，现代商人法是跨国性质的法律。传统法学根据主体的不同把全部法律分为两大类，即国内法和国际法(主要是指国际公法)。随着国际交往的日益发展，调整各种性质和种类的国际关系的法律制度也相应地变得越来越复杂多样，出现了一种既不属于国内法性质，也不属于国际法性质的跨国法制度②，学术界有人称它为第三法律秩序或第三法律制度③。我们认为现代商人法是跨国法性质的法律，但这并不意味着它能够在全球范围内普遍适用，它并不是所谓世界普通法(universallaw)④。由于地理位置、历史发展等方面的原因，国际上的贸易目前还远未实现全球化，地域性的贸易在国际贸易总量中仍然占有相当大的比例。与此相适应，目前的现代商人法规范既有统一适用于国际贸易的，也有仅适用于某一、某些地区或某两个国家间的。英国学者穆斯蒂尔(Mustill)把前一种规范称为“宏观现代商人法”(macro lex mercatoria)，而把后一种规范称为“微观现代商人法”(micro lex mercatoria)⑤。美国法学家、著名的国际仲裁员罗文费尔德(Lowenfeld)预料现代商人法在本世纪内是不可能发展成为“世界统一法”的⑥，这也就是说，宏观与微观的现代商人法将会较长时间地并存下去。

再次，现代商人法是支配国际贸易关系，且主要是国际经济合同关系的具有自律性质的实体法。现代商人法所调整的关系是国际贸易关系，由于国际贸易关系主要是通过各种经济合同，如货物买卖合同和国际投资协议等建立起来的，因此可以认为现代商人法所调整的关系主要是国际经济合同关系。如前所述，现代商人法是具有跨国法性质的法律，而不是一般的习惯或不具有法律效力的一般原则。那么，就这种法律本身的效力而言，它是实体法，还是程序

① See Goldman. La Lex Mercatoria dans les Contrats et l'arbitrage Internationaux: Realite et Perspectives 106 Clunet(1979), pp. 475, 502.

② 笔者在《运用系统论研究国际私法——兼论国际私法性质、名称》一文中曾提出“国际私法是跨国法性质的法律”的观点，该文载《武汉大学学报》(社会科学版)1987年第3期。

③ See Lalive, Contracts between a State or a State Agency and a Foreign Company, ICLQ 1964, p. 1008.

④ See Lowenfeld Lex Mercatoria: An Arbitrator's View, in: Carbonneau (ed.), Lex Mercatoria and Arbitration New York 1990, pp. 51-52.

⑤ 参见前引 Mustill 文。

⑥ See Lowenfeld Lex Mercatoria: An Arbitrator's View, in: Carbonneau (ed.), Lex Mercatoria and Arbitration New York 1990, pp. 51-52.

法，抑或是两者的结合？这种法律能否独立地确定国际合同中的当事人的权利与义务？它是否像冲突法那样必须依赖国内实体法才能达到确定法律关系中的权利与义务的目的？学术界对这些问题的看法并不一致。有人认为现代商人法是由实体法、诉讼程序法和冲突法组成的法律实体①，意大利最高上诉法院在1982年对达米阿诺诉托勃佛尔(Damiano c. Topfer)一案所作的判决中似乎也承认有所谓的诉讼法性质的现代商人法存在②。但是，我们认为现代商人法是自律实体法。现代商人法是针对合同冲突法的缺陷，并为取代它而产生的，因此冲突规范与现代商人法无法结合在一起。同时，由于冲突规范必须与其所指引的某一国内法结合起来才能调整法律关系，因此冲突规范也不能与具有自律性质的现代商人法合而为一。再就诉讼程序规范而言，由于它所调整的不是国际贸易关系，加之法院和仲裁庭的程序规范(尤其是前者)难以实现统一，因此笔者认为诉讼程序规范也不是现代商人法的组成部分，所谓诉讼法性质的现代商人法是不存在的。

最后，现代商人法是混合法源的法律部门。构成现代商人法的法律规范来源于多个方面，其中主要是国际贸易惯例、一般法律原则以及一般交易条件等。对此，我们将在下面专门予以讨论。

## 二、现代商人法的渊源

法学界对现代商人法的渊源的看法虽然不尽一致，但多数学者都认为现代商人法有多个渊源，或者如一些人所说，它具有多个“存在要素”(existing elements)。这些渊源主要包括国际公法、国际统一立法、一般法律原则、国际贸易惯例、国际标准合同以及国际合同示范条款。

### (一)国际公法

国际公法为现代商人法的形成和发展提供了丰富的材料，是现代商人法的一个重要渊源③。在国际贸易仲裁，且主要是国际投资争议仲裁实践中，国际条约法的原则、规则被多次适用于国际经济合同当事人的权利与义务的确定和

---

①　See Dasser, Lex Mercatoria: Werkzeug der Praktiker oder Spielzeug der Lehre? in: Schweizerische Zeitschrift fuer Internationales und Europaeisches Recht 3/1991, p. 301.

②　See Dasser, Lex Mercatoria: Werkzeug der Praktiker oder Spielzeug der Lehre? in: Schweizerische Zeitschrift fuer Internationales und Europaeisches Recht 3/1991, p. 301.

③　参见前引 Lando 文。

各种争议的解决①。国际公法作为现代商人法的渊源主要就表现在国际条约法领域。1969年通过的维也纳条约法公约的一些规定，如其中的第6、7、26、27、31(第1款)、46(第1款)、48~52、53、63和69条，实际上是各大法系和各国法制基本原则的体现，因而也适合于国际经济合同②。1965年在世界银行倡导下通过的《解决国家和他国国民间投资争议公约》第42条第1款规定，当事人间关于选择法律没有协议时，仲裁庭除可适用争议一方的本国法律外，还可以适用有关国际法规则作出裁决③。该规定也在一定意义上说明了国际法是现代商人法的渊源④。

应当指出，我们这里所说的国际法是广大发展中国家、新独立国家所参与发展了的当代国际法，它的基本原则之一是建立国际经济新秩序。那种认为当代国际法仍然是所谓西方文明国家的法律规则，现代商人法也必然部分地渊源于这种国际法的观点是不能被广大发展中国家所接受的。另一方面，那种忽视当代国际法已经发生了有利于发展中国家的变化，从而一味否认它也可以适用于特许协议等准私法合同关系或全私法合同关系的观点也是不足取的。

(二)国际统一立法

所谓国际统一立法，是指通过在某些地区或全世界范围内对私法进行统一，从而以国际公约和示范法的形式体现出来的统一法律规范⑤。从内容上看，支配国际经济合同关系的属于实体法性质的国际统一立法无疑是现代商人法的渊源。国际统一立法使得适用于国际合同的法律规范具体化、成文化，作为现代商人法的渊源，它使得现代商人法的内容更为明确和易于掌握。遗憾的是，由于国际上不同法系的长期并存，以及各国之间的利益冲突，到目前为止，私法的国际统一成果还相当有限，真正可以成为宏观现代商人法的渊源的

---

① 这方面的案例有英国石油公司诉利比亚仲裁案、利比亚美国石油公司诉利比亚仲裁案、科威特诉美国独立石油公司仲裁案等，参见Yearbook of Commercial Arbitration 1980年第5卷、1981年第6卷、1984年第9卷。

② 参见Delaume载Klunet(1982)文，第775页；Art. V of the Iran-US Claims Settlement Declaration of 19 Jan. 1981，(1981)75 American Journal of International Law p. 422；前引Dasser和Lando文。

③ 参见姚梅镇：《国际投资法》，武汉大学出版社1987年版，第458~466页。

④ 参见前引Lando和Weise文。

⑤ See David，The International Unificcation of Private Law，International Encyclopedia of Comparative Law，Vol. II，Chapt. 5，1979；Kropholler，Internationales Einheitsrecht，Tuebingen 1975.

国际统一立法所见无多。这种有限的国际统一立法包括国际运输法方面的海牙规则、海牙—维斯比规则、汉堡规则以及1929年的华沙航空运输公约，国际票据法方面的日内瓦《本票、汇票统一法公约》、《支票统一法公约》和国际货物买卖方面的1980年《联合国国际货物销售合同公约》①。从形式上讲，这些国际统一立法远未为国际社会全体成员所接受。譬如，我国到目前为止就还没有加入上述海洋运输的几个规则以及有关国际票据法的公约。但是，从实际运用情况看，上述统一立法已经被国际社会普遍接受了。我国在外贸实践中就早已接受了上述海洋运输的若干规则和日内瓦票据法公约②。

就国际统一立法的适用而言，如果与合同当事人或与合同争议的客体相连的国家批准了该立法，则法院或仲裁庭便应该适用该统一法。由于那些不具直接适用效力的国际统一立法大多包含有一些一般性的法律原则，因此它们在实践中常常被法院，且尤其是仲裁庭作为裁决案件的参考③。不少公开发表的国际商事仲裁裁决表明，国际统一立法在国际仲裁实践中可以“指引”(guide)仲裁员去仲裁案件④。

(三)一般法律原则

尽管“一般法律原则”这一概念频繁地出现于法学文献中，在法律实践中它也常常被使用，但它却至今没有一个明确的、获得普遍接受的定义⑤。我们不妨认为，所谓一般法律原则是指基于国际社会中各民族的一致的法律意识，各国法律所共同具有的指导思想和原则，以及国际贸易实践所据以进行的、为国际贸易的参加者所普遍接受的原则⑥。这里所说的一般法律原则与联合国国际法院规约第38条第1款丙项所规定的可以为国际法院所适用的“一般法律原则为文明各国所承认者”的内涵与外延是基本一致的⑦。

究竟有哪些法律原则可以作为一般法律原则，并且能够成为现代商人法的渊源呢？兰多教授曾正确地指出，“要确定哪些规则是一般原则并不总是容易

① 参见韩德培：《国际私法》，武汉大学出版社1983年版，第208、240页。

② 参见前引Lando和Weise文。

③ 参见前引Lando和Weise文。

④ 参见前引Lando和Weise文。

⑤ 参见Bin Cheng, General Principles of Law, London 1953；前引Kropholler文。

⑥ 参见Gentinetta, Die Lex fori Internationaler Handelsschiedsgerichte, Bern 1973, p. 192；前引Dasser文。

⑦ 参见前引Dasser和Weise文。

的，但是，由于比较法著作的数量越来越多，可以这样去做的可能性也越来越大"①。尽管目前人们还无法将这种一般法律原则全部列举出来，但是法学界通常认为它至少有以下诸点：

1. 约定必须信守的原则

作为一条一般法律原则，约定必须信守原则（pacta sunt servanda）要求所有参与法律交往的当事人忠实地履行自己对对方当事人所作的承诺。该原则被普遍认为是当今各国法律的一项一般原则，是国际社会中确实存在着一种一般法律原则的佐证②。在国际法律实践中，它获得了广泛的承认和适用。例如，仲裁员卡维营（Cavin）在沙菲尔诉伊朗国家石油公司案（Sapphire c. National Iranian Oil Company；1963 年 3 月 15 日裁决）的裁决中就明确承认并适用了该原则，他指出："合同的约定必须得到尊重乃始终为国际法院认为是法律的一项根本原则。约定必须信守是所有合同关系的基础。而且，它也包含在争议双方当事人本国的法律中，即伊朗民法典第 219 条和加拿大法律中。"③

2. 诚实与信用的原则

考察各国法律，人们不难发现诚实与信用实际上是所有国家民、商事法律的基础，它在事实上早已为各国法律所承认。该原则同时也是进行国际贸易的基础。正因为如此，有人将该原则比喻为国际贸易的堡垒④。毫无疑问，该原则是参与国际贸易活动的当事人所必须遵守的一项法律原则，他们在进行国际贸易的所有活动时都必须做到诚实与信用而为。该原则要求当事人不得滥用权利，不应不当得利，要诚实地履行合同，在可能出现损害时尽可能地减少损害，以及对当事人的信任予以合理保护（Vertrauensschutz）⑤。在国际商事仲裁实践中，该原则曾被作为法律规范适用于国际商事合同当事人的权利与义务的确定。在这方面，最为著名的仲裁案件是国际商会第 3131/79 号帕巴尔克诉诺索罗仲裁裁决（Pabalk c. Norsolor）⑥。在该案中，仲裁庭认为无法依据冲突法规范确定案件应该适用的准据法，于是便决定依据"现代商人法"（Lex Mercatoria）来进行裁决，而它决定这样做的理由恰恰就是"当事人双方的交易

---

① 参见前引 Lando 文。

② 参见前引 Dasser 文。

③ See International Law Report 35（1967），p. 181.

④ See Leon E. Trakman，The Law Merchant：The Evolution of Commercial Law，Littleton 1983，p. 7.

⑤ 参见前引 Mustill、Goldman 和 Weise 文。

⑥ Wien 3. 1. 1979，in：Rve. arb 1983.

行为必须遵循诚实与信用原则”。

3. 不可抗力免责的原则

由于不可抗力造成合同一方当事人无法履行其合同义务，他便可以不再履行这种义务，且可以免负因不履行合同所可能产生的责任，这便是所谓的不可抗力免责原则。该原则被广泛地认为是一条一般法律原则，是现代商人法的一条法律规范①。但是，人们在实践中对于什么是不可抗力，当事人何时才可以基于该原则免除不履行合同义务的责任，以及诉诸该原则所产生的具体法律后果，理解得并不一致。通常说来，一项导致合同当事人不能履行合同的障碍，只有在下列情况下才可能被认定为不可抗力：(1)它不是当事人自己所致(evenement exterieur)；(2)它的出现在合同缔结时是不可能预料到的(imprevisibilite)；(3)它是当事人无法通过自己的力量予以克服的(insurmontabilite)②。因不可抗力而不能履行合同义务的当事人在知晓不可抗力后应立即通知对方当事人③。在新近的国际商事仲裁裁决中，出现了使合同当事人不因不可抗力免除履行合同义务，而只使他暂时中止履行合同义务的趋势④。与国内仲裁实践不同，在国际商事仲裁中还出现了让合同双方当事人平摊因不可抗力所导致的事先未约定的费用的裁决⑤。

(四)国际标准合同

所谓国际标准合同是指国际经济交往中所使用的、其主要条款已事先明确规定好的合同。它可以是空白表格合同，也可以一般交易条件的形式出现。如果是前者，合同当事人只需把空白表格填上并签上字，他们之间的合同便告成立；如果是后者，当事人之间的权利与义务关系也已被明确规定，他们只需就交易的具体内容进行协商、达成协议。在实践中，这两种形式常常被有机地结

① 参见前引 Mustill、Dasser 和 Weise 文，以及刊载于 Harvard Law Review(1988)的无名氏“评论”。

② 参见前引 Mustill、Dasser 和 Weise 文，以及刊载于 Harvard Law Review(1988)的无名氏“评论”。

③ See Craig/Park/Paulsson, International Chamber of Commerce Arbitration, N. Y. et al. 1985, p. 4.

④ See Iran-US Interlocutory Award, 10. 12. 1986, Anaconda-Iran, in: Yearbook Commercial Arbitration 1988, p. 317.

⑤ See Bucher, Transnationales Recht im Internationalen Privatrecht, in: Aktuelle Fragen zum Europarecht aus der Sicht in-und Auslaendischen Gelehrter(Schwind Hrsg.), Wien 1986, pp. 11-59.

合起来，构成一个标准合同。国际贸易中的标准合同具有非常重要的法律意义。它所确立的一些原则、规范构成了现代商人法的一个渊源①。尤其是那些由专业性的国际组织准备的供其成员选用的国际标准合同，因为它们在本行业的国际贸易中常常获得使用，具有广泛的代表性，因而在构成现代商人法方面就更具价值②。国际谷物和粮食贸易协会(Grain and Feed Trade Association，GAFTA)所准备的80多个国际谷物和粮食贸易标准合同，联合国欧洲经济委员会制定的货物出口一般交货条件和机器出口一般安装条件以及国际商会所制定的跟单信用证统一准则与惯例等就是这类国际标准合同③。

(五)合同标准条款

所谓合同标准条款是指在合同实践中逐渐标准化并固定下来的合同条款。这些条款的具体内容通常都由有关的民间国际组织予以统一，合同当事人在其所订立的合同中只需援引该条款，而不必重复规定该条款的具体内容。合同标准条款与上述国际标准合同都是为了方便合同当事人的谈判和订约，而预先确定了内容的协议。所不同的是，前者确定的只是合同的个别条款，而后者确定的是整个合同。在国际贸易实践中，最为广泛适用的合同标准条款有经国际商会统一后的标准不可抗力条款④，国际商会在《国际贸易条件解释通则》中所统一的离岸价格、到岸价格等国际贸易条件⑤。

(六)贸易惯例

按照美国《统一商法典》的解释，所谓贸易惯例是指在某一地区、行业或贸易中通常得以遵守的，并可以期待在该笔交易中获得遵守的习惯和做法。贸易惯例是贸易领域自发产生的法律的最重要的组成部分⑥。在国际贸易中，贸易惯例被普遍认为对交易当事人具有拘束力。1980年联合国国际货物销售合同公约第9条第2款明确规定，除非另有协议，双方当事人应视为已默示地同意对他们的合同或合同的订立适用双方当事人已知道或理应知道的惯例，而这种惯例，在国际贸易上，已为有关特定贸易所涉同类合同的当事人所广泛知道并为他们所经常遵守。通常说来，贸易惯例是不成文的，但是，也有一些专业

---

① 参见前引Dasser文。

② 参见前引Dasser文。

③ 参见前引Dasser文。

④ IHK-Publ. Nr. 421，Paris 1985.

⑤ IHK-Publ. Nr. 350(Version 1980)，Paris 1980.

⑥ Fouchard，Les usages，l'arbitre et le juge. A propos de quelques recents arrets francais，in：Etudea Goldman(1982)，S. 67-87.

性的民间组织为使人们在实践中能够方便地掌握和运用贸易惯例，而对它们进行编纂，使其表诸文字。例如，汉堡货物联盟(Hamburger Waren-Verein)便编纂有买卖贸易惯例，并适用于汉堡的进口商与德国国内买方间的贸易①。

(七)国际组织制定的行为法典

一些政府间的国际组织制定有适用于不同领域的所谓行为法典(codes of conduct)。它们实际上是旨在保护和促进国际经济与贸易发展，并指导国际经济和贸易主体行为的规范。到目前为止，不同的国际组织所制定的主要的行为法典有1980年12月5日联合国大会所通过的《各国普遍同意的公平原则和限制约束贸易竞争规则》②、经济合作与发展组织(OECD)1976年制定的跨国公司行为规则③以及国际劳工组织于1977年所作的关于跨国公司与社会政策的原则声明④。

国际法学界对于国际组织制定的行为法典的法律效力的认识基本上是一致的，即认为它们原则上并无法律约束力。这不仅是这些“法典”本身的规定，而且联合国宪章第10条和第13条也明确指出它们仅具有规劝的性质⑤。然而，就它们与国际公法的关系而言，学术界有人试图将它们归入所谓软法(soft law)的范畴，甚至有人认为它们应该成为“国际公共秩序”的基石⑥。就它们与私法的关系而言，由于它们把一些既存的贸易惯例以文字形式规定了下来，并且使国际贸易中所应承担的一些法律义务，如依据诚实和信用原则进行国际贸易的义务变得具体化了，因而它们可以被作为私法规范来适用⑦。也正是在这个意义上，这些法典被人们认为是现代商人法的一个渊源。

(八)公开发表的国际商事仲裁裁决

如前所述，现代商人法的产生与发展与国际商事仲裁实践是紧密相联的，

① 参见前引 Dasser 文。

② Set of Multilaterally Agreed Equitable Principles and Rules for the Control of Restrictive Business Practices, in: International Law Materials 1980, pp. 813-823.

③ See International Law Materials 1976, p. 967.

④ See International Law Materials 1978, pp. 422-431.

⑤ 参见前引 Dasser 文。

⑥ See Baade, The Legal Effects of Codes of Conduct for MNES, in: Legal Problems, p. 3; Horn, Die Entwicklung des Internationalen Wirtschaftsrechts durch Verhaltensnormmen, in: Rabelsz 1980, p. 423.

⑦ See Sanders, Codes of Conduct and Souces of Law, in: Etudes Goldman (1982), p. 295.

现代商人法是支配国际经济、贸易合同的法律，更是仲裁庭仲裁国际合同争议所适用的实体法律。由于国际仲裁裁决可以反映现代商人法的具体应用状况，现代商人法的内容可以部分地在仲裁裁决中得到体现，故它们对于现代商人法的发展具有重要意义。在这个意义上，公开发表的仲裁裁决也是现代商人法的一个渊源①。当然，这并不意味着仲裁裁决是一种"判例法"②。遗憾的是，到目前为止公开发表的国际商事仲裁裁决为数还很有限，因此人们正积极争取有更多的国际商事仲裁裁决能够公开发表。法国著名的《国际法杂志》(通常又被称为 Clunet)从 1974 年起，出版于荷兰的《商事仲裁年鉴》从 1976 年起都做到了定期发表一些重要的国际商事仲裁裁决的全文或摘要。

### 三、现代商人法的适用及其效力

既然现代商人法是一门明显地不同于其他法律的特殊法律，那么它的适用和效力问题便值得我们从理论上、实践上作一番认真研究。

国际合同法的一项最基本的原则便是合同当事人的意思自治原则，该原则已为参加国际贸易的所有国家的法律所承认③。合同当事人原则上可以协议决定与其合同有关的所有事项，包括合同所应适用的法律。由此可知，现代商人法适用的一个最重要的先决条件就是合同当事人协议适用这种法律。选择适用的方法有以下几种：

首先，合同当事人明示选择现代商人法作为合同的准据法。当事人既可以在合同缔结时，也可以在合同缔结后，甚至在他们之间产生合同争议后进行仲裁的程序之中作出这样的选择④。从国际合同和商事仲裁的实践来看，合同当事人常常并不笼统地选择"现代商人法"，而是明确地在其协议中规定适用诸如一般法律原则、贸易惯例等现代商人法的具体组成部分⑤。

其次，合同当事人默示选择现代商人法作为合同准据法。考察国际商事仲裁实践可以发现，国际合同当事人对于合同法律适用的沉默，常常被仲裁庭看作是当事人默示选择适用现代商人法作为合同准据法⑥。那么，在哪些情况下可以认为当事人确已默示选择适用现代商人法呢？法学界的看法很不一致。但

① 参见前引 Weise 文。
② 参见前引 Weise 文。
③ 参见前引 Bucher 文。
④ 参见前引 Weise 文。
⑤ 参见前引 Dasser 文。
⑥ 参见前引 Weise 和 Dasser 文。

是，可视之为默示选择的情况不外乎：第一，合同当事人的“消极法律选择”(negative rechtswahl)被视为他们已默示选择适用现代商人法①。这里所说的消极法律选择是指合同当事人在合同中未明示地确定合同的准据法。这种消极的法律选择一般被认为是当事人不愿使其合同受某一国家法律的支配，因而默示地选择了现代商人法②。基于这种观点而作出的最为有名的仲裁裁决是本文前面提到过的沙菲尔诉伊朗国家石油公司案的裁决。该案涉及的合同并未明确支配本合同的准据法，而且依据合同的连结点确定的伊朗的法律被认为不适合于本合同。面对这种情况，仲裁员卡维营在分析了合同的所有条款后指出，本案中合同当事人实际上默示选择了一般法律原则作为合同准据法。最后，仲裁庭果然是依据一般法律原则对本案作出了裁决③。除此之外，国际商会第1641(69)、4840(86)号仲裁裁决都是在类似情况下确定合同当事人默示选择适用现代商人法的④。第二，如合同当事人协议将合同争议提交国际商事仲裁，便可据此确定他们已默示选择适用现代商人法。有一些学者认为，如果国际合同的当事人并未议定该合同的法律适用问题，但却缔结有将其合同争议提交国际仲裁的协议，便意味着他们不愿使其合同受一国国内法律的支配⑤，实际上也就是默示选择现代商人法来支配他们的合同法律关系。在国际商事仲裁实践中，这种主张似乎未获得明确的支持⑥。例如，在国际商会第1337(65)号仲裁案中，申诉人声辩合同当事人缔结了将合同争议提交国际仲裁的协议便意味着同时排除了某一国内法的适用，而仲裁庭并未接受该意见⑦。第三，合同当事人授权仲裁庭公正仲裁他们之间的争议，也就意味着他们已默示选择适用现代商人法。一些合同当事人对合同争议所应适用的法律并不予以议定，而是授权仲裁庭公正地裁决(amiable composition；Billigkeit；exaequo et bono)他们之间的争议。当事人这样做常被认为是默示选择适用现代商人法，因为公正裁决与适用现代商人法是紧密联系的，甚至公正裁决就意味着灵活适用现代商人法

---

① 参见前引 Dasser 文。

② 参见前引 Dasser 文。

③ 参见 International Law Report 35(1976)，p. 136.

④ See Clunet 1974，pp. 888-889.

⑤ See Carbonneau，Rendering Arbitral Awards with Reasons：The Elaboration of a Common Law of International Transactions，in：Colum. J. Transn. L 23(1985)，p. 596.

⑥ 参见前引 Dasser 文。

⑦ 该仲裁裁决未公开发表，其摘要参见 Loquin，L'amiable Composition en droit Compare et International，Paris 1980，p. 326；前引 Dasser 文。

进行裁决①。在国际仲裁实践中，不少仲裁裁决是基于这样的理由而依据现代商人法作出的，其中重要者包括国际商会第 1850(72)、3267(79)、3267(84)、3540(80)号仲裁裁决以及一临时仲裁庭于 1977 年 11 月 3 日所作的英国美协马有限责任公司诉比利时三 M 有限责任公司(Mechema Ltd. c. S. A. Mines, Minerais et Metaux)一案的仲裁裁决②。

由于现代商人法必须在合同当事人选择适用它时才可以得到适用，因此如果合同当事人在合同中明确选择以一国的国内法作为合同的准据法，那么仲裁庭便不得适用现代商人法来仲裁有关的合同争议。作为支配国际合同关系的实体法律，现代商人法在合同当事人未选择适用它时，也可以因为合同本身连结点的联结而得以适用。这种情况在国际商事仲裁裁决中不乏其例，其中重要者包括国际商会第 2291(75)、2375(75)、3131(79)、3572(80)、4338(84)、5065(86)、5321(87)号等仲裁裁决③。应予指出的是，考察上述国际仲裁裁决可以发现，以合同的连结点的联结为基础而适用现代商人法，常常是在当事人未选择适用法律，且无法确定适用某一国内法律，或者由于有关不同国家国内法律的适用将导致截然相反的结果而不可能予以适用的情况下，现代商人法于是便作为"替补法律"而得到适用的。

我们不妨以一个案例说明现代商人法通过合同的连结点而得到适用的情况。1979 年 4 月 1 日，土耳其公司帕巴克(Pabalk)向国际商会的一个仲裁庭提出对法国公司诺索罗(Norsolor S. A.)的仲裁诉讼，请求裁决该法国公司赔偿因它未提供由两公司间的代销合同所规定的货物以及因它终止代销合同给己方造成的损失。在案件的法律适用问题上，原告土耳其公司指出，本案应依据法国法律和一般法律原则裁决；但是，被告法国公司却认为依据国际私法本案应适用土耳其法律，而根据该国法律原告无权获得这样的损害赔偿；仲裁庭则认为本案的裁决既不能依据土耳其法律，也不能依据法国法律。仲裁庭指出："鉴于援引国内法的困难，仲裁庭认为，由于本合同的国际性质，因而不应强行地使它与某一特定国家的法律结合起来，而应适用国际现代商人法。这种法

① See Bredin, in: Etudes Goldman, p. 27; Lagard, Approche Critique de la Lex Mercatoria, in: Etudes Goldman(1982), p. 148.

② See Clunet 1980, p. 967, p. 962; IHK Nr. 3267/79, in: Yearbook of Commercial Arbitration, p. 96; Clunet 1981, pp. 915-921; Rev. arb. (Paris) 1980, pp. 560-568.

③ See Clunt 1976, p. 973, p. 989; Rev. arb. 1983, p. 525; Court of Appeal 24 3 1987 (2Lloyd's Report 1987, pp. 246-258); Clunet 1985, p. 982; Clunet 1987, p. 1039; 前引 Dasser 文。这些仲裁裁决有些并未公开发表，其摘要均可见前引 Dasser 文。

律所基于的其中一条原则就是任何一方都应诚实与信用地行事。”该仲裁庭最后依据现代商人法裁决被告法国公司应赔偿原告土耳其公司所受的损害①。

现代商人法的适用和效力问题决不仅仅是一个理论问题，而更多地是一个实践问题。从现实状况来看，有关国际条约和各国国内立法是否承认现代商人法这种法律的效力？外国或国际商事仲裁庭依据现代商人法作出的仲裁裁决是否能在一国国内得到承认与强制执行？要搞清楚这些问题，我们有必要先从总体上对国际商事仲裁中适用现代商人法的情况进行观察和概括。国际商事仲裁裁决与法院判决不同，它在原则上必须获得当事人的允许方可公开发表②，因此到目前为止国际上公开发表的国际商事仲裁裁决的数量还相当有限，这就给人们的研究带来了困难。人们依据业已公开发表的裁决所得出的关于国际商事仲裁实践中适用现代商人法的情况的结论都是不够准确的。Lew 在其 1978 年出版的《国际商事仲裁的适用法律》一书中指出，“很少的仲裁裁决是完全依据无固定标准的商业习惯和贸易惯例而作出的”③。德国学者劳伦茨(Lorenz)在分析了约 50 个国际商事仲裁裁决后得出结论：大多数的裁决是通过传统的冲突法的指引而适用国内法作出的④。据英国学者穆斯蒂尔(Mustill)的统计，到 1987 年为止，总共有约 25 个国际商事仲裁裁决是依据现代商人法作出的⑤。达塞尔(Dasser)在其专门探讨现代商人法的博士论文中讨论了到 1987 年为止的近 50 个国际商事仲裁裁决，其中只有一个是完全依据现代商人法作出的，有 20 多个是同时以现代商人法与一个或多个国家的国内法或国际公法为依据而作出的⑥。总之，到目前为止，国际商事仲裁实践中完全依据现代商人法作出裁决的案件尚不算多，但是将现代商人法与其他法律如一国国内法明确结合起来进行仲裁的案件以及以其他法律为基础但同时考虑现代商人法的内容而进行仲裁的案件还是有一定数量的。

目前国际上关于国际商事仲裁的国际公约的数量还不多。这些公约对于现代商人法的态度大致有以下三种：首先，一些国际公约对于国际商事仲裁的法律适用问题未予规定，对于仲裁中是否可以适用现代商人法一事态度不明。例

① See IHK-Entscheid Nr. 3131 vom 26. 10. 1979.

② 参见《国际商会仲裁规则》第 23 条第 2 款。

③ See Lew, Applicable Law in International Commercial Arbitration, New York 1978, p. 466.

④ 参见前引 Lorenz 文。

⑤ 参见前引 Mustill 文。

⑥ 参见前引 Dasser 文。

如，1966 年 1 月 20 日通过的《欧洲仲裁公约》便属于这种情况①。其次，目前国际上大多数有关国际商事仲裁的公约都规定国际商事仲裁首先适用当事人选择的法律，如当事人未作选择，便适用国际私法所指引适用的法律；但不管在上述哪种情况下，仲裁庭都应考虑合同的规定以及商业惯例。例如，1961 年通过的《欧洲国际商事仲裁公约》(第 7 条第 1 款)以及《国际商会仲裁规则》(第 13 条第 5 款)等都是这样规定的。多数学者认为，这样的规定无疑意味着这些公约正式承认了现代商人法的适用②。最后，有些国际公约规定仲裁庭在当事人明确授权时，可以"公正地裁决"案件(exaequo et bono，amiable compositeur)。1985 年联合国国际贸易法委员会颁布的《国际商事仲裁示范法》第 28 条第 4 项便是这样规定的。如前所述，当事人授权仲裁庭公正裁决就意味着默示选择适用现代商人法，而公约作出这样的规定实际上也就承认了现代商人法的适用。

各国法律和司法实践对于现代商人法的态度也是不一致的，我们不妨试举数例予以说明：

(一)法国

法国国际私法学界对现代商人法理论特别感兴趣。尽管学者们对现代商人法理论毁誉不一，但占统治地位的观点是赞成该理论。这种态度给法国的立法和司法实践打上了深深的烙印。1981 年法国新民事诉讼法第 1492~1507 条对国际商事仲裁作了详细的规定。该法第 1496 条指出，仲裁庭适用于合同的法律是当事人选择的法律规范，在没有这种选择时，适用它认为是合适的法律规范；此外，它尚应考虑商业习惯。多数学者认为，这一规定意味着法国立法承认了现代商人法的适用③。特别值得注意的是，依据法国法律，仲裁庭适用现代商人法不必以当事人授权它公正裁决为前提条件，甚至在当事人选择了一国法律作为合同准据法时，仲裁庭也可以一般法律原则和贸易惯例去进行裁决，因为上述民事诉讼法第 1496 条第 2 款已经作出了仲裁应考虑商业习惯(usages

① 迄今为止仅奥地利和比利时两国签署了该公约，但公约本身并未生效，参见前引 Dasser 文。

② See Benjamin, The European Convention on International Commercial Arbitration, in: British Yearbook of International Law 1961, pp. 478-495.

③ 参见 Audit, A National Codification of International Commercial Arbitration, in: Resolving Transnational Disputes (1984), p. 313; David, Arbitration in International Trade, 1985, p. 342; 前引 Lando 文。

du commerce）的规定①。

（二）英国

在国际商事仲裁的法律适用问题上，英国的立法和司法实践持比较保守的态度。不少人认为仲裁庭只能依据英国法或者在当事人协议选择外国法时依据该外国法律去进行裁决②。英国法律原本不承认仲裁庭可以进行所谓的公正裁决，但近来无论是英国国际私法学界的议论还是英国司法部门的仲裁实践，都表现出赞成采用公正裁决制度的倾向③。一个特别突出的案例是，英国上诉法院 1978 年对于鹰星保险公司诉玉瓦尔保险公司（Eagle Star Insurance Co. Ltd. c. Yval Insurance Co. Ltd.）一案所作的判决一反过去的判例，使得依据公正原则作出的外国裁决可以在英国获得承认与执行④。近十年来，英国上诉法院 1987 年对于德国油井勘探与建筑有限责任公司诉卡玛国家石油公司（Deutsche Schachtbau-und Tiefbohrgesell schaft m. b. H. c. Ras Al Khaimah National Oil Co.）一案所作的判决又使英国的司法实践向承认现代商人法的适用这个方向迈进了一步。上诉法院在该案判决中认为，绝对以“国际上公认的法律原则”作出的外国仲裁裁决并不违背英国的公共秩序，因而在英国可以获得承认与执行⑤。

（三）奥地利

奥地利法院率先在司法实践中对现代商人法的适用表明了支持的态度。本书前面讨论的帕巴克诉诺索罗案得到裁决后，被告法国诺索罗公司不服要求它赔偿原告 80 万法国法郎损失的仲裁裁决，于是向仲裁地奥地利维也纳商业法院提出了撤销该仲裁裁决的请求，其理由是该裁决没有依据国际私法所指引的国内法而是根据现代商人法作出的，而合同当事人并未授权仲裁庭进行所谓的公正裁决，据此，该仲裁裁决违反了奥地利民事诉讼法第 595 条第 3 项关于仲裁裁决不得违反法律或合同关于决定作出程序的规定，第 5 项关于裁决不得超

---

① See Goldman, The Applicable Law: General Principles of Law-the Lex Mercatoria, in: (Lew, ed.) Cotemporary Problems in International Arbitration, London 1986, p. 118; Fouchard, L'arbitrage International en France Apres le Decret du 12 mai, 1981, in: Clunet 109 (1982), p. 374, p. 394.

② 参见前引 Lando 和 Dasser 文。

③ 参见前引 Triebel/Petzold 文。

④ 参见 Lloyds Law Report 1 (1978), pp. 357-362.

⑤ See All England Law Reports Ⅱ/1987, pp. 769-784; Yearbook of Commercial Arbitration 13 (1978), pp. 522-536.

越委托仲裁事项以及第6项关于裁决不得违反法律的强制规定的规定，因而该仲裁应予撤销。维也纳商业法院的判决认为，在本诉讼原告法国诺索罗公司所提出的要求撤销原仲裁裁决的上述三个理由中，仅第三个理由，即该裁决违反奥地利民事诉讼法第595条第6项的规定这个理由可予考虑。该法院认为本仲裁裁决并非仲裁庭所进行的所谓公正裁决，因为仲裁庭是依据法律的规定而不是依据所谓公正原则作出裁决的，至于这种法律是一国的国内法或者是一般的法律原则，法官认为这是无关紧要的，它不影响裁决是依法作出的这样一种性质。据此，维也纳商业法院判决该仲裁是有效的，不得予以撤销①。诺索罗公司接着又向维也纳州最高法院提起上诉。该法院认为，该仲裁裁决非依冲突法所指引的一国国内法而作出并不像一审法院所认为的那样是违反了奥地利民诉法第595条第6项的规定，应予考察的倒是仲裁庭适用现代商人法而拒绝适用冲突法指引的国内法是否超越了当事人仲裁协议的范围而违反了奥地利民诉法第595条第5项。该法院后来认定仲裁庭适用现代商人法而拒绝适用冲突法指引的国内法是超越了仲裁协议范围，并据此判决撤销了原裁决中仲裁庭明确指出是依据现代商人法而作出的裁决的内容，而那些仲裁庭并未明确指出是依据什么法律作出的裁决的内容则保持有效②。对于二审法院的这一判决，仲裁案的原告土耳其帕巴克公司表示不服，遂向终审法院奥地利最高法院提出上诉。该法院认为，依据奥地利民诉法第595条第6项的规定，如果仲裁裁决违反强制法律规范，便是无效的。但是，此处所谓法律规范仅指实体法律规范，而不包括程序法律规范。在本仲裁案中，仲裁庭拒绝适用冲突法指引的国内法而依据现代商人法中的诚实与信用原则来进行仲裁，并不违反有关国家的强制法律规定，而且仲裁庭的裁决也未超出当事人协议仲裁的范围。据此，该终审法院决定撤销二审法院的判决，维持一审法院的判决③。

（四）德国

到目前为止，德国的立法和司法实践对于适用现代商人法一事的态度仍然不很清楚。德国一些学者从德国法律允许仲裁庭在合同当事人授权时进行"公正裁决"这一情况出发，推定德国法院会承认依据现代商人法作出的仲裁裁决

① 判决时间：1981年6月29日；诉讼号：Nr. 13Cg 34/80-28。

② 判决时间：1982年1月29日；诉讼号：Nr. 3R 211/81。

③ 判决时间：1982年11月18日；诉讼号：Nr. 8 OB 520/82。

的效力①。但是，如果仲裁庭在无当事人授权的情况下自行适用现代商人法进行裁决，而且此裁决又具有德国民事诉讼法第1041条第1款第1、2项所规定的裁决得予撤销的因素，那么德国法院在一方当事人提出有关请求时则应判决撤销这一裁决(这也是德国一些学者的看法)②。

不难看出，在以上四个国家的立法与司法实践中都出现了逐渐承认与适用现代商人法的趋势。尤其是法国和奥地利，已明确承认了这一自律性质的国际合同法律制度。就依据现代商人法作出的国际商事仲裁裁决所得到的承认与执行而言，到目前为止世界上还没有哪一国的法院仅以仲裁裁决是根据现代商人法所作出的为理由便拒绝承认这种裁决的法律效力③。我们可以认为，世界上大多数国家的法律，包括我国法律在内，对现代商人法的适用都持有比较宽松的态度，这恰恰体现了现代商人法的生命力。

## 四、我国有关现代商人法的理论与实践

到目前为止，我国学者对现代商人法问题进行专门、系统研究的成果尚不多见，但在我国出版的一些国际公法、国际私法以及国际经济法著作中也可以看到对该问题的零星论述，而且我国的立法和司法实践也已经对该问题表明了态度。

我国国际私法学界普遍认为，国际惯例是我国国际私法的渊源之一④。按照我国学者的通常理解，所谓国际惯例，是指在长期的国际交往和国际经济贸易实践基础上逐渐形成的不成文的法律规范。国际惯例的构成必须具备两个条件，一是它已经过长期普遍的实践而形成为通例；二是它必须经过国家或当事人接受为法律。对于国际惯例的范围，我国学者的理解是不尽一致的。一部分人认为它仅指国际商事惯例，如调整国际贸易条件的《1932年华沙—牛津规则》、1953年国际商会颁布的《国际贸易条件解释通则》，调整国际贸易支付的《1967年商业单据托收统一规则》和1953年施行的《跟单信用证统一惯例》，以

---

① 参见Schlosser, Das Recht des Internationalen Schiedsgerichtsbarkeit, 1975, Nr. 622；前引Weise文。

② 参见Baumbach/Lauterbach/Albers/Hartmann, Zivilprozessordnung, 42 Aufl. 1984, §1041, Anm.

③ 参见前引Weise文。

④ 参见韩德培：《国际私法》，武汉大学出版社1983年版，第24~25页；李双元、金彭年：《中国国际私法》，海洋出版社1991年版，第33~35页。

及调整海损理算的《1974 年约克—安特卫普规则》等①。与这种狭义的理解相对应，另一部分人则认为在国际私法范围内有两种不同的国际惯例。一种是不需要经过当事人选择就都必须遵守的惯例，可以称之为强制性规范，如“国家财产豁免”原则；另一种是只有经过当事人选择才对他们有约束力的任意性惯例，如“离岸价格”、“到岸价格”等国际贸易条件。

我国国际私法学界对于现代商人法的探讨不只限于国际惯例的适用方面。1978 年，我国对国际私法的研究刚刚恢复，学者们马上便注意到了依据传统的冲突法方法(即所谓间接调整方法)来调整国际经济合同关系的缺陷。我国国际私法学界大多认为，调整国际经济合同关系的方法有两种。一种是由统一实体法规范对国际经济合同关系进行直接调整的方法，另一种是由冲突法规范指引的某一国国内法进行调整的方法，即所谓间接调整方法。这里所说的统一实体法与现代商人法概念的内涵和外延并不一致但却很为接近，我国国际私法学界所主张的由统一实体法对国际经济合同关系进行直接调整的方法与本文所探讨的由现代商人法对国际经济合同关系进行调整的方法也存在着很多共性。总的说来，我国国际私法学界对于现代商人法制度的建立与完善和由它直接调整国际合同关系的作法是持赞成态度的。

我国立法中已有对现代商人法问题的简略规定。1985 年 3 月 21 日颁布的《中华人民共和国涉外经济合同法》第 5 条第 3 款规定，中华人民共和国法律未作规定的，可以适用国际惯例。1986 年 4 月 12 日颁布的《中华人民共和国民法通则》第 142 条第 3 款规定，中华人民共和国法律和中华人民共和国缔结或参加的国际条约没有规定的，可以适用国际惯例。我国法学界到目前为止尚未对上述简略规定作出系统、详尽的学理解释，我国法律解释机构除了将国际惯例解释为实体法方面的惯例之外也没有进一步作出比较具体、全面的司法解释②。在这些规定的确切含义及其具体适用方面，存在着很多尚待解决的理论和实践问题，如适用国际惯例的先决条件及限制等等。

有些外国法学家从现代商人法理论的角度对我国涉外经济合同法中关于适用国际惯例的规定进行了考察，并发表了颇具启发性的看法。德国著名的国际经济和贸易法学者霍尔恩教授(Norbert Horn)在一篇论述我国涉外经济合同法

① 参见韩德培：《国际私法》，武汉大学出版社 1983 年版，第 24～25 页；李双元、金彭年：《中国国际私法》，海洋出版社 1991 年版，第 33～35 页。

② 参见最高人民法院《关于适用〈中华人民共和国涉外经济合同法〉若干问题的解答》。

的文章中写到："在我看来，中华人民共和国涉外经济合同法第 5 条第 3 款的规定是指向以调整国际贸易和经济关系的统一的法律基本原则为指导思想和全部内容的'现代商人法'。它既包括法律规范(以国际条约为基础的统一立法或习惯法)也包括对合同和法律规范的解释起帮助作用的实际行动的规范和习惯。"①霍尔恩教授通过分析之后指出，中国法律实际上承认现代商人法可以作为本国涉外经济合同法的一个"替补渊源"。中国法律对于现代商人法的这种规定不仅表明了中国立法者对于国际上所公认的法律意识的友好态度，而且也是中国在对于现代商人法这一概念的解释方面所作出的一项重要贡献②。

既然我国法律承认可以适用现代商人法，那么外国仲裁庭依据这种法律作出的仲裁裁决是否必须为我国法院承认和执行呢？笔者认为我国法院不能仅以仲裁裁决是依据现代商人法作出的为理由而不承认它的法律效力。一项外国仲裁庭在适用现代商人法的基础上作出的国际经济和贸易仲裁裁决，只有在明显地含有我国法律所规定的仲裁裁决在我国不予承认与执行的因素时，方可不为我国法院承认与执行。具体地说，我国法院不应承认和执行的外国仲裁庭以现代商人法为基础作出的仲裁裁决主要包括以下两种情况：第一，当事人在合同中选择适用我国法律，且我国法律对所仲裁的问题有明确的规定，仲裁庭不适用我国法律而依据现代商人法作出的裁决；第二，仲裁庭依据现代商人法作出的裁决违反了我国的公共秩序。

## 第二节　《国际货物销售合同法律适用公约》评述

在以市场经济为基础的世界多边贸易体制中，随着契约自由原则的盛行，国际货物销售合同在调整国际贸易关系上日益发挥着举足轻重的作用。由于不同国家的政治、经济情况以及历史传统各具特点，各国不仅在合同的实体法方面有不少分歧；即使是对于合同的法律适用问题，也做法各异、甚至相互尖锐对立，从而造成了错综复杂的"冲突规则的冲突"。这显然不利于国际贸易的发展。为了克服这些法律障碍，国际社会"双管齐下"，分别从实体法和冲突法两个领域谋求各国合同法律适用制度的统一。迄今为止，统一实体法活动最

---

① See Horn, Das Chinesische Aussenwirtschaftsvertragesetz vom 1985, in: Recht der Internationalen Wirtschaft 1985/9, p. 691.

② See Horn, Das Chinesische Aussenwirtschaftsvertragesetz vom 1985, in: Recht der Internationalen Wirtschaft 1985/9, p. 691.

重要的成果是由联合国主持制定的《联合国国际货物销售合同公约》(1980年订于维也纳，以下简称1980年维也纳公约，我国已于1986年批准该公约，并于1988年1月1日起对我国生效)。在统一冲突法领域，最重要的成果当数长期致力于国际私法统一的国际组织——海牙国际私法会议于1986年10月30日主持通过的《国际货物销售合同法律适用公约》(以下简称1986年海牙公约)。目前，我国正在加紧建立社会主义市场经济体制，积极争取恢复关贸总协定缔约国地位，并且已经成为世界上排名第13位的贸易国家,① 在这种背景下，为了进一步健全我国国际货物销售合同法律适用制度，对1986年海牙公约开展深入的比较研究，并探讨我国批准该公约的可行性，无疑具有非常重要的理论意义和实践价值。

## 一、1986年海牙公约制定的背景、经过及与1980年维也纳公约的关系

### (一)制定1986年海牙公约的背景和经过

在国际货物销售合同领域，统一各国的冲突规则，是国际社会长期追求的一项目标。早在1926年，国际法学会就着手研究这一问题。1928年，第六届海牙国际私法会议第四专门委员会以国际法学会的研究成果为基础，对此开展了进一步探讨，但是由于各种观点分歧很大，并未取得多大成果。最后，该专门委员会决定成立一个附属委员会就此问题继续工作。1931年，该附属委员会拟定出一部公约草案。由于受“二战”的影响，第七届海牙国际私法会议迟至1951年才得以召开，在这届会议上，各国代表以1931年公约草案为蓝本，制定了《国际有体动产买卖法律适用公约》(以下简称1955年海牙公约)。该公约于1955年6月15日获得签署，并自1964年9月1日起生效。

作为统一国际货物销售合同冲突法的第一次尝试，1955年海牙公约固然有一定的积极作用。但是，由于历史条件的限制以及立法技术的失误，该公约存在着诸多缺漏；并且随着时间的推移，国际社会格局产生了重大变革，海牙国际私法会议的成员国结构也相应出现变动，国际经济关系迅速发展，都提出了许多新问题，使得1955年海牙公约越来越不能适应国际贸易发展的需要，到了非改不可的地步了。

这首先是因为，1955年海牙公约在法律适用上达成的一致只是发达国家相互间的协调，并未反映广大发展中国家的意志。1951年以前，第三世界作为一种整体力量尚未形成，发展中国家还没有正式登上国际政治舞台，参加海

① 《外贸体制改革的重大举措》，载《国际贸易》1993年第2期，第5页。

牙国际私法会议的也主要是西方发达资本主义国家。

其次，1955年海牙公约仅仅是大陆法系国家有关冲突法的统一，而没能充分考虑和体现普通法系以及其他法系国家的实践。参加1951年海牙国际私法会议的17个国家主要为欧陆国家，尽管英国也参加了会议，但并没有把普通法系的有关实践主动介绍给与会代表。因而，甚至可以说，这部公约是当时海牙国际私法会议狭窄框架的“牺牲品”。①

再次，在立法技术上，1955年海牙公约过于强调规定本身的简明、通俗、易懂，结果正如佩里协特(Pelichet)所言，过分强调简明原则是导致失败的又一个原因。②

最后，“二战”以后，保护消费者运动兴起，到了50年代末和60年代初，消费者保护运动进一步高涨，许多国家都通过了这方面的立法，在法律适用上，一般都要求消费者合同必须适用消费者的住所地法或其惯常居所地法。而依据1955年海牙公约，国际消费者合同中的消费者无法获得其住所地国或惯常居所地国有关立法的特别保护。

更为重要的是，经过不懈努力，联合国于1980年主持制定了维也纳公约，从而实现了迄今为止国际范围内规模最大的一次国际货物销售合同实体法的统一。与这部颇具代表性、普遍性和先进性的统一实体法公约相比，1955年海牙公约不仅适用范围狭小，而且内容单薄、陈旧，大大落后于时代的发展了。

有鉴于此，1976年第十三届海牙国际私法会议就对修订1955年海牙公约问题进行了讨论。1980年第十四届海牙国际私法会议，在对该公约进行了一定“急救性”修订的同时，③ 更把全面修改该公约列为今后工作的主要议题。根据本届会议的决定，成立了专门的修订委员会。专门委员会先后于1982年和1983年两次召开会议，经过充分的讨论和研究，最后拟定了“国际货物销售合同法律适用公约草案”。该公约草案及其解释报告由海牙国际私法会议常设局于1984年分送给16个国家征求意见。1985年10月14日至30日，海牙国际私法会议召开了“关于国际货物销售合同法律适用问题的外交会议”，中国等54个国家及联合国国际贸易法委员会(UNCITRL)等6个国际组织派代表出

① 李双元主编：《中国与国际私法统一化进程》，武汉大学出版社1993年版，第262页。

② 李双元主编：《中国与国际私法统一化进程》，武汉大学出版社1993年版，第262页。

③ 在斯堪的纳维亚国家的倡议下，该届会议通过了一项限制1955年海牙公约适用于消费者合同的声明以及若干关于这类合同法律适用的初步规定。这是对该公约的局部修正。

席了会议，巴西等6国的观察员也参加了会议。在本次特别会议上，公约草案于1985年10月29日获得一致通过，次日，各国代表草签了这一新公约。1986年12月22日，前捷克斯洛伐克第一个正式签署了该公约。根据本公约第28条，它对1955年海牙公约的公约国生效，并取代了后者。

(二)1986年海牙公约与1980年维也纳公约的关系

1986年海牙公约是1980年维也纳公约的平行公约。

首先，从1980年维也纳公约的角度来看，虽然它是一部规模宏大的统一实体法公约，但是由于调整事项、适用地域以及当事人意思自治权的限制，它在内容上既不能包揽无遗、也远非世界所有国家都参加或接受，同时还不具有优先的效力，所以，它没有也不可能完全消除国际货物销售合同领域的法律冲突。鉴于此，该公约非但没有对冲突规范持排斥和拒绝的态度，相反，还为冲突规范的适用留下"宽宽的口子"。这至少表现在两个方面：(1)公约第1条第1项规定，如果法院地国的冲突规范导致适用本公约某一缔约国的法律，得适用本公约；(2)公约第7条第2项明确把冲突规范列为弥补公约罅隙的一个方法。

再来看1986年海牙公约，它坚持平行主义(parallelism)的指导思想，力求与1980年维也纳公约保持协调和衔接。这是因为，制定新的统一冲突法公约绝不能忽视发展了的国际货物销售实体法制度，这就绝对不能不考虑1980年维也纳公约。新公约也只有尽可能与后者保持一致或协调，才易于为后者的公约国所理解、掌握和接受。平行主义的思想在1986年海牙公约中得到了贯彻。首先，在公约制定过程中，海牙国际私法会议与UNCITRL以及海牙国际私法会议非成员国密切合作。在会议制度上，海牙国际私法会议突破其传统实践，邀请非成员国参与新公约的制定。UNCITRL等国际组织以及非海牙国际私法会议成员国的UNCITRL会员国都派代表或观察员出席了1985年特别会议，非成员国代表与成员国代表享有同等的表决权，并且同样草签了公约。① 其次，在具体内容上，1986年海牙公约注意与1980年维也纳公约保持一致或协调。例如，对于如何确定合同的"国际性"，前者就沿袭了后者的规定。最后，1986年海牙公约第23条第1款明确规定，不得影响1980年维也纳公约的适用。当两者发生冲突时，后者具有优先效力。

---

① 海牙国际私法会议非成员国对1986年海牙公约草案的形成发挥了一定作用。有11个海牙国际私法会议非成员国出席了修订1955年海牙公约专门委员会第一次会议；中国等13个非成员国参加了该专门委员会的第二次会议。

## 二、1986年海牙公约关于适用范围及确定合同准据法的规定

1980年，欧共体国家在罗马缔结了《关于合同义务法律适用的公约》(以下简称1980年罗马公约)，这是一部区域性统一冲突法公约。鉴于欧共体国家在国际贸易中的重要地位，以及该公约自身的代表性和先进性，1986年海牙公约参考和借鉴于它的许多规定。① 因此，本文将主要以1980年罗马公约为参照，适当结合1955年海牙公约，运用比较的方法，对1986年海牙公约的主要内容进行评介。

公约的适用范围和合同准据法的确定，是1986年海牙公约的核心内容。

(一)公约的适用范围

国际货物销售合同牵涉问题很多，单靠一个公约不可能把所有问题包容无余，因此，三部公约都对各自的适用范围作了界定。总体上看，1955年海牙公约的规定过于简单，有关条文仅两条。1986年海牙公约和1980年罗马公约对此均专设一篇进行规定，相当详尽仔细；两者既有许多相同的地方，也有不少区别。

1. 1986年海牙公约关于确定合同“国际性”的标准

判断一项货物销售合同是否为国际合同的标准是什么？对此，曾有不同观点。② 由于各国观点分歧很大，1955年海牙公约未能作出明确的界定，只是否定性地指出，“仅凭双方当事人有关法律适用或者有关法官或仲裁人权限所作的声明，不足以认定买卖具有……国际性质”(第1条第4款)。不过，随着1980年维也纳公约的签署，各国渐趋一致地主张以营业地为标志来确定合同的国际性，即凡营业地在不同国家的当事人之间订立的货物销售合同，均为国际货物销售合同。1986年海牙公约就基本上采取了这一观点，这主要反映为该公约第1条第1款的规定，“营业所设在不同国家的当事人之间签订的合同，受本公约调整”。

同时，鉴于法律适用的特点，1986年海牙公约还确立了另外一个标准，即“在其他所有情况下，涉及不同国家的法律选择的货物销售合同”也属国际

---

① E. Caillard, Hague Conference on Private International Law, Draft Convention on the Law Applicable to Contracts for the International Sale of Goods. International Legal Materials, VOL. XXIV, No. 6, Nov. 1985.

② 例如，根据前苏联学者的观点，只要合同的一方当事人为外国人，合同即为国际合同。法国曾盛行一种理论，认为订有黄金条款的合同，资金的跨国流动是赋予该合同国际性的充分条件。

合同，但如此种选择纯系出自当事人之间对应适用法律的约定，则即使伴之有一法院或仲裁庭的选择，也不在此限。这明显受到了1980年罗马公约的影响，并且是欧共体国家与其他国家相互妥协的产物。1980年罗马公约单从法律适用的角度出发，为确定合同国际性设定了一个非常宽泛的标准。该公约第1条第1款规定，它适用于任何涉及须“选择适用不同法律”的合同，而不问该合同当事人的营业所是否分设于不同国家。起初，1986年海牙公约草案曾接受这种作法，但是依据这一观点，将会出现如下两种情况：一项纯粹的国内合同，(1)由于一国之内的区际法律冲突，而导致公约的适用；(2)只要载有选择适用外国法律的条款，即可引起公约的适用。① 这就把并非真正是“国际性”的合同纳入了公约的调整范围。这种规定不仅与实体法制度脱节，也势必增大主权国家参加公约的难度，因而遭到了许多代表的反对。最后，两种意见相互妥协，将“选择适用不同的法律”限制为“选择适用不同国家的法律”，从而排除了第一种情形；同时，允许各国对此提出保留(第21条第1款第1项)。由于“选择适用不同国家的法律”含义不确切，为了防止理解歧异，1986年海牙公约第1条第2款规定了一项“但书”。② 我们认为：在确定合同国际性问题上，1986年海牙公约分别从实体法和冲突法两方面出发，设置了两种标准，既与统一实体法公约保持了平行同时又兼顾了自身的特点，是比较科学和完善的。

2. 公约适用的例外

对此，1955年海牙公约只规定了1条4款，比较粗漏。1986年海牙公约和1980年罗马公约的规定都比较详尽细致，内容也大体相同。

根据1986年海牙公约第2条，公约不适于下列买卖：(1)由于执行而进行的销售或其他依法律授权的销售；(2)公债、股票、投资证券、流通票据或货币的销售；(3)对于供私人、家人或家庭使用的货物销售，但卖方在订立合同时既不知道也没有理由知道货物是供这种使用的除外。这些销售合同或具有公法性质、带有强制性，或要受内国特殊的实体法支配，在准据法的确定上，从而有别于一般的国际货物销售合同，因此被排除在公约适用范围之外。

依照1986年海牙公约第4条，该公约不适用于由买方提供制造货物的大

① Peter. M. North, Reform but not Revolution. Martinus Nuhoff Publishers, 1990, pp. 179-180.

② 1986年海牙公约规定这项但书的最终目的，是防止那些并非真正国际性的合同被纳入国际货物销售合同之中。

部分原材料的合同，也不适用于供货方的主要义务是提供劳务或其他服务的合同。这与 1980 年维也纳公约第 3 条相同。

又据 1986 年海牙公约第 5 条，公约也不解决下述事项所应适用的法律：(1)当事人的行为能力或由于当事人无行为能力而导致合同无效的后果；(2)关于代理人能否约束本人，或某一机构能否约束某一公司或法人团体或非社团组织的问题；(3)所有权的转移，第 12 条的规定除外；(4)销售对当事人以外任何人的效力；(5)仲裁协议或法院选择协议，即使这种协议规定在销售合同内。公约之所以把(1)、(2)两类问题排除出适用范围，是因为不少国家的冲突法认为它们不受合同准据法的支配。在许多国家，所有权的转移，一般只适用物之所在地法，所以，公约也把它排除在适用范围之外。此外，由于销售对第三人的效力不属于合同的本体问题；仲裁协议或法院选择协议自身有独特性，与合同的其他内容相对独立；因而，公约认为也应把它们排除在适用范围以外。

3. 非缔约国法律的适用

1955 年海牙公约无此规定。1986 年海牙公约第 6 条明确宣布，凡依本公约所确定应适用的法律，不论其是否为缔约国的法律，均应予以适用。这与 1980 年罗马公约第 2 条的规定完全相同。据此，公约的冲突规则将取代公约国法的冲突规则，对公约国而言，公约具有普遍效力。这一规定显然是想扩大公约的实际适用范围，使之具有更广泛的普遍性。

(二)国际货物销售合同准据法的确定

合同的法律适用问题，是统一各国有关冲突法的难点。对这个难题，三部统一冲突法公约的回答互不相同。总的来讲，1955 年海牙公约的规定简单僵固；1980 年罗马公约相对灵活、先进；1986 年海牙公约的做法更为科学和先进。

1. 当事人意思自治原则

它作为确定合同法律适用的基本原则，已为各国法律和国际条约所公认。该原则是随着资本主义生产关系的发展而产生发展的，它反映了商人们争取订约自由和预先知道应适用法律的要求，适应了当代国际贸易的客观需要。三部公约都明确肯定了这项原则。1986 年海牙公约就其具体适用的几个问题作了明确的规定：

(1)选法方式。

在这个问题上，各国规定不一，分歧主要集中于是否允许当事人默示选择法律。多数国家既允许当事人明示选择法律，也承认当事人默示选法的效力；

而有的国家则只准许当事人明示选法；少数国家则对选法的默示方式不置可否，交由法官裁量。

对此，1955 年海牙公约第 2 条第 2 款规定，当事人对合同应适用法律的“指定必须在明示的条款中规定，或者是根据合同条款必然得出的结论（resulter indubitablement）”。可见，该公约对当事人明示和默示选法均持肯定的态度，但对后者作出了相当苛刻的限制：首先，当事人指定法律的默示意愿只有表达在“合同条款”内方为有效；其次当事人的默示意愿还必须从合同条款中“必然”地推断出来，而不得模棱，否则无效。这种规定，无疑过于狭窄（narrowness）和僵化（rigidity）。

1980 年罗马公约对当事人选择法律的两种方式都予肯定。它在第 3 条第 1 款中规定：“法律选择必须通过合同条款或具体情况相当明确地加以表示。”与 1955 年海牙公约相比，1980 年罗马公约对默示选择态度较为灵活。这表现在两个方面：第一，从约文来看，1980 年罗马公约“相当明确地加以表示（demonstrated with reasonable certainty）”没有 1955 年海牙公约“必然得出的结论”严厉、苛刻；第二，根据 1980 年罗马公约不仅“合同条款”而且有关合同的“具体情况”都是确定当事人默示选法意愿的考虑因素，为法官或仲裁员提供了更广泛的因素去裁判当事人默示选择的法律，赋予了法官或仲裁员较大的自由裁量权。

1986 年海牙公约第 7 条第 1 款也规定：“……当事人选择法律必须是明示的，或为合同条款和具体案情总的情况清楚地加以表示（clearly demonstrated）。”可见，它也不否认默示选择，但与 1980 年罗马公约相比，仍有所不同。首先，1986 年海牙公约更为灵活。该公约采用了“清楚地加以表示”的措辞，它比 1980 年罗马公约“相当明确地加以表示”更为温和。其次，1986 年海牙公约强调整体性，它要求法官或仲裁员在确认当事人的默示意愿时，从“合同条款和具体案情总的情况”出发，对合同和案情进行全面的考察，根据“总的情况”而非基于某一种或某几种情况作出结论。

(2)选法时间。

这关系着当事人应在什么时候对合同的准据法进行选择以及能否变更原来支配合同的法律等问题。早先，各国一般对当事人选择法律的时间都有严格的限制，只准许当事人在订立合同时选择法律，合同订立后，也不得重新选法。不过，新近的国际公约和国内立法逐渐放宽了限制。对此，1955 年海牙公约没有明确规定。1986 年海牙公约和 1980 年罗马公约的做法完全一致。两公约都对当事人选法的时间持宽松的态度，既允许当事人在订立合同时指定法律，也允许在合同订立后选择或另行选择法律。但是，当事人于合同签订后对适用法律的任何变更都不得有损于合同在形式上的有效性以及第三人的权利。① 这是为了维护合同的形式有效性以及保障善意第三人的权益，对当事人意思自治权的一种必要限制。

(3)分割论抑或统一论。

在解决合同的法律适用问题上，长期存在着分割论和统一论的对立。分割论者主张对合同的不同方面加以分割以适用不同的法律；统一论者对此坚决反对，认为一个合同应统一由一个合同准据法支配。随着实践的发展，分割的方法虽然受到近现代一些理论和实践的批判和反对，但是仍然保持其生命力；统一论也依然为一些国家所采纳。

究竟是采取统一论还是分割论，1955 年海牙公约没有规定。1986 年海牙公约与 1980 年罗马公约则均对这两种理论兼收并蓄，并把选择权赋予了当事人。1986 年海牙公约在第 7 条第 1 款中规定，当事人对合同应适用法律的“选择可以仅限于合同的某一部分”。1980 年罗马公约的态度更为直截了当，该公约第 3 条第 1 款明确规定：“双方当事人可以自行选择适用于合同的全部或部分的法律。”两公约的这种规定是统一论和分割论相互妥协的产物。同时，它从一个侧面表明了，试图用某一个绝对的单一的法律选择公式，单纯适用某一派理论来解决所有合同所有的法律适用问题是根本行不通的，吸取各种理论之优点、兼采多种办法之长处，利用综合的方法才是出路。

(4)当事人法律选择协议的成立和效力的法律适用问题。

对此，1955 年海牙公约第 2 条第 3 款规定：“关于双方当事人对其所宣布应适用法律的同意，其有效条件，应依该法律决定。”可见，该公约采纳了“法律的选择由选择的法律来调整”的做法，而这里当事人所“选择的法律”也就是合同应适用的法律。1980 年罗马公约和 1986 年海牙公约都沿袭了这种做法，同时进行了不尽相同的补充。前者第 3 条第 4 款规定：“当事人对于选择适用的法律是否同意，有无效力，应依第 8 条、第 9 条及第 11 条的规定。”该公约第 8 条、第 9 条和第 11 条分别是有关“合同实质的有效性”、“合同形式的有效性”和“无行为能力”的条款。不难看出，在 1980 年罗马公约中所谓法律选择协议适用的法律也就是合同应适用的法律。这与 1955 年海牙公约的规定基本一致。它对 1955 年海牙公约作了两点补充：其一，依照 1955 年海牙公约第 5 条的规定，该公约不适用于当事人的能力和合同的方式，因此，它没有顾及

① 1980 年罗马公约第 3 条第 2 款；1986 年海牙公约第 7 条第 2 款。

法律选择协议的形式效力以及当事人无行为能力问题；而在1980年罗马公约中这一缺陷得到弥补。其二，根据1980年罗马公约第8条第2款，如果依据合同准据法确定法律选择协议不合理时，任何一方当事人得援用其惯常居所地法否认法律选择协议的存在。

1986年海牙公约第10条也对法律选择协议自身应适用的法律问题作了明确的规定。它在接受1955年海牙公约基本做法的同时，补充了如下内容：第一，如果按照合同所适用的法律确定法律选择协议的成立和效力不合理时，当事人可以依据其营业所所在地法证明他并没有同意这种法律选择；第二，1986年海牙公约对选法协议无效后如何确定合同的准据法指出了一个解决办法，第10条第1款规定，如果法律选择协议本身无效，则应视同当事人未做法律选择，根据公约第8条确定合同的准据法。

1986年海牙公约与1980年罗马公约的区别在于：第一，前者并不涉及当事人无行为能力问题，对法律选择协议的形式有效性应适用何法也未有明确的规定；第二，在以合同准据法为法律选择协议适用的法律不合理时，前者采纳了当事人营业所这一连结点而非惯常居所地；第三，前者对选法协议无效后，如何确定合同准据法，指明了一个解决的办法，而后者则未对此加以规定。

(5)对当事人意思自治原则的限制。

当事人意思自治原则并不是绝对的，世界各国国内立法以及国际条约都对这一原则作了一定的限制。三部公约都规定了公共秩序条款。随着晚近强制性法律规定的渐趋风行，1986年海牙公约和1980年罗马公约还规定了当事人选择法律不得影响有关国家强制性法律的适用。

2. 当事人未作法律选择时合同准据法的确定

综观各国的理论和实践，在当事人未选择法律时，大体有三种方法来解决合同的准据法问题：其一，按合同的性质，分别适用不同当事人一方的住所地法或其营业地法或其他法律；其二，适用最密切联系地法；其三，根据合同各方面的情况，由法官或仲裁员推定应适用的法律。三部公约对这一问题的规定各不相同。

1955年海牙公约采纳了将合同场所化的办法来确定当事人未作法律选择时合同的准据法。在连结点上，它放弃了传统的合同缔结地和合同履行地，而采用了“卖方惯常居所地或营业所”，并且确立了卖方法原则。该公约第3条第1款规定：“如果不存在经双方当事人……所宣布应适用的法律时，买卖应依卖方收到订单时的惯常居所地国家的国内法。如果订单由卖方的营业所所接受，则依该营业所所在国的国内法。”当然，这一原则的适用不是绝对的，公约规定了两种例外：第一，如果订单在买方惯常居所或者发出订单的买方营业所所在国收到，则不管接受者是卖方本人抑或是其代表、代理人或商品推销员，合同均应依该国国内法(第3条第2款)；第二，在交易所或以公开拍卖方式进行的买卖，依交易所所在地或拍卖举行地国的国内法(第3条第3款)。当事人未作法律选择时，1955年海牙公约规定了选择性的复数连结点来确定合同的准据法，这比单纯依照某一种连结点的传统做法，虽然有明显的进步；但是，它也只是提供了3条硬性的、封闭的冲突规则，既片面，又死板。

在1980年罗马公约中，最密切联系原则是当事人未选择法律时，确定合同准据法的基本原则。该公约第4条第1款明确宣布："凡未……选择适用法律的合同，依与之有最密切联系的国家的法律。"对于如何确定最密切联系地，也即如何将这一弹性原则硬化，该公约作出了3项规定：首先，采纳特征性履行理论，针对不同案情，分别以特征履行方的惯常居所地、管理中心机构所在地、主营业所所在地以及合同履行地所在的其他营业所所在地为最密切联系地(第2款)；当然，如果当事人的特定义务不能确定，特征性履行理论自然无法适用(第5款)。其次，不动产合同以不动产所在地为最密切联系地(第3款)。最后，在货运合同中，如果订立合同时，承运方的主营业所所在地亦为装运地、卸货地，或发货方主营业所所在地，则应以此为最密切联系地(第4款)。如果上述硬性规定所指定的法律并不是与合同有最密切联系的地方的法律，法官或仲裁员则可不适用这些规定，而适用"从整个情况看"，与合同"关系似较为密切"的国家的法律(第5款)。这实质上是对最密切联系原则"硬化"规定的"软化"处理。可以看出，1980年罗马公约既吸收了源于普通法系的最密切联系原则，又采纳了在东欧国家兴起的特征性履行理论，把传统的"分配法"框架与灵活的新派学说结合为一体，① 既顾及了法律适用的公正性与灵活性，又考虑了确定性和可预见性，应该说，它是相当先进，比较完善的。但是，该公约仍有缺陷，从而受到许多学者不无道理的责难。冯·奥弗贝克教授(Alfred von Overbeck)曾尖锐地指出："最密切联系和特征性履行只是主观上的东西，不应规定在法律文件中。尽管最密切联系是多数冲突规则的根基，但它

① 韩德培：《国际私法的晚近发展趋势》，载《中国国际法年刊(1988)》，法律出版社1989年版，第4页。

并不能够给法官提供具体的指导。"①纳德尔曼教授也认为，罗马公约的规定是"法律印象主义"的做法。② 此外，特征性履行理论一般倾向于保护强者的利益，对弱者不利。德·奥利维亚(D. Oliveria)评论道，它貌似公允、客观、中立，实则有利于强者。③

1986年海牙公约第8条第1款规定，在当事人没有选择法律时，合同受卖方在订立合同时的营业所所在地国法支配。可见，它不是以最密切联系原则作为确定此时合同准据法的基本原则，而是首先确立了卖方营业地法原则，这与1955年海牙公约的做法相似。当然，卖方营业地法不可能在任何情形下都合适可行。对于如何规定例外条款，在外交大会上，有两种相互对立的主张。一些国家认为公约应详细列举各种例外情形，一些国家则坚持仅规定一项普遍的、抽象的例外条款，显然，两派观点各有优劣。按照第一种观点订约，自然简单明确、易于操作，但是公约不可能将所有的例外情况规定无遗；同时，由于各国之间的分歧，制定难度也很大。采取第二种观点，虽可避开制定上的难度，但又过于灵活，正如反对这种观点的国家所指责的，这完全可以破坏整部公约的结构，把合同准据法的确定引向不可预测的迷途。1986年海牙公约糅合了两种主张，第8条第2款列举了三种确定的例外情况，同时，第3款又规定了原则性的逃避条款。

三种确定的例外是：第一，如果合同的谈判和订立在买方营业所所在地进行，那么合同受买方在订立合同时设有营业所的国家的法律支配。这是由中国代表团提出的。美国1971年《冲突法重述》也持这种观点。其根据在于，在现代激烈的国际贸易竞争中，卖方到买方国谈判或签订合同，往往表明市场情况对卖方有利，或处于买方市场的情况下，常常意味着卖方被要求或者被推定为接受买方国的法律为合同准据法。第二，如果合同明文规定卖方必须在买方订立合同时设有营业所的国家交货，则合同的准据法应为该国法。这项规定是以阿尔及利亚代表团的提案为基础，折衷发达国家的意见形成的。阿尔及利亚代表原先提出："如果卖方在买方主营业所所在地国进行特征性履行，那么，合

① Von Overbeck, Contracts, the Swiss Draft Statute Compared with the EEC Convention. in, Contract Conflicts—The EEC Convention on the Law Applicable to Contractual Obligations, A Comparative Study. 1982, p. 227.

② K. H. Nadelmann, Impressionism and Unification of Law, the EEC Convention on the Law Applicable to Contractual and Non-contractual Obligations, 24AJCL, 976, p. 11.

③ D. Oliveria, Characteristic Obligation in the Draft EEC Obligaton Convevtion, 25 AJCL, 1977. p. 327.

同须受该国法律支配”。由于在国际贸易中，发展中国家多是买方，这将导致扩大买方法的适用，而有利于保护发展中国家的利益，结果遭到发达国家的强烈反对。经过长时间的争论，最后，阿尔及利亚和丹麦的联合提案获得通过，即现在公约的第8条第2款第2项。与阿尔及利亚的提案相比，买方法的适用须为合同所明文规定，受到了明显的限制。因此，有人评论说，公约的这一条款仅仅反映出“发展中国家微弱的、含混不清的呼声”。① 第三，如果合同主要按照买方确定的条件和根据买方向应邀投标人发出的招标订立的，则合同受买方在订立合同时营业所所在地法支配。因为，在这种情况下。买方一般需解决更多、更复杂的法律问题。

除上述三项例外条款外，1986年海牙公约还设立了一项逃避条款。该公约第8条第3款规定：“作为例外，从总的情况看，如果双方当事人之间的任何商业关系表明，合同明显地与根据本条第1或第2款本应适用的法律以外的另一法律有更密切的联系，则合同受该另一法律管辖。”这是公约采用最密切联系原则对第8条第1、2两款的限制性规定，它的适用也只限于这两款所涉及的四种情况，所以，在1986年海牙公约中，适用最密切联系原则是受到严格限制的。另外，值得指出的是，这项逃避条款存在两个问题：第一，这里的“另一法律”是指买方法和卖方法以外的第三国的法律，还是包括卖方法或买方法在内？质言之，如果依第8条第1款(或第2款)，合同的准据法应是卖方法(或买方法)，但是根据第3款，合同与买方法(或卖方法)联系更为密切，这时，买方法(或卖方法)是否属于“另一法律”而得以适用？对此，约文语义模糊，报告人也未加澄清，在具体实践中，难免产生解释的冲突和适用的抵触。第二，依照公约第21条第1款第2项，公约国可对本条款提出保留；又依公约第8条第5款，如果在合同订立时，买卖双方的营业所所在国均为1980年维也纳公约国，则对该公约调整的事项不适用第3款的规定。这样，在保留国和非保留国之间，尤其是当涉及1980年维也纳公约调整事项时，在维也纳公约国与提出保留的和不提出保留的非维也纳公约国之间，1986年海牙公约则被分割成多个小型双边或者有限多边公约，从而造成新的法律冲突。

比较而言，在当事人未作法律选择时如何确定合同准据法问题上，1986年海牙公约与1955年海牙公约最主要的区别就在于，前者引入了最密切联系原则对传统的冲突规则进行软化处理，成功地克服了后者的僵固。它与1980

① Plenary Sessions, Minute 5, Proceedings of the Extraordinary Session of Oct. 1985. supra noto [15], p. 661.

年罗马公约的重大差别则突出地表现为对待最密切联系原则以及特征性履行理论的不同态度。根据1980年罗马公约，最密切联系原则是当事人未作法律选择时，确定合同准据法的基本原则；特征性履行理论是将该原则具体化的主要方法。而在1986年海牙公约中，卖方营业地法处于首要的位置。援用最密切联系原则仅仅是对卖方营业地法或买方营业地法硬性规定的软化处理，以期使法律适用更切合实际，更公平合理，它只是一个辅助性、补救性的手段。即使如此，公约还允许对其保留。至于特征性履行理论，公约则采取回避的态度。当然，用这一理论解释卖方法原则未尝不可。但是，报告人故意避开这种理论，独辟蹊径，直截了当地指出："之所以首先适用卖方法，是因为在合同的履行过程中，卖方通常需要解决更多、更困难的法律问题；无论从经济的角度还是法律的角度来看，卖方的履行比单纯支付价金接受货物的买方更为复杂；同时，卖方法也更易为当事人所熟悉和掌握。①"我们认为，依据最密切联系原则去选择法律，虽然能够顺应当前发展了的国际民事关系复杂多变的客观形势，可以避免使用某一种硬性的僵固的冲突规则指引准据法所带来的缺陷，从而具有相当大的实用价值；但是，过分推崇以至夸大它的作用给国际私法带来的将只是毁灭性的后果——法官的任意裁量和法律适用的极不确定。特征性履行理论虽然对于确定最密切联系地具有重要作用，但是，它只是一派学说而非具体的法律选择规则，特征性履行也不是一个连结点，在如何将其具体化为冲突规则上，这一新兴的理论自身尚存不足，远非成熟。因此，1986年海牙公约对最密切联系原则的低调安排以及对特征性履行理论的回避是相当审慎的，也是比较科学的，比1980年罗马公约更为允当。

### 三、1986年海牙公约关于公共秩序、强制性法律以及其他问题的规定

公共秩序、强制性法律以及其他问题是1986年海牙公约的重要内容。

(一)公共秩序

公共秩序是限制和排除外国法适用的一种法律根据和手段，它被看作是国际私法上的"安全阀"。三部公约都设置了这一"安全阀"。1986年罗马公约第16条规定："凡依本公约规定所适用的任何国家的法律，只有其适用明显地违背法院地国的公共秩序时，方可予以拒绝适用。"它明确将公共秩序限定为法

① Von Mehen, Explanlory Report in Proceedings of the Extraordinary Session of Oct. 1985. in, the Permanent Bureau of the Conference, Proceedings of the Extraordinary Session of Oct. 1985, Netherlands Government Printing Office, 1987, p. 715.

院地国的公共秩序。两部海牙公约却没有这种限制。1955 年海牙公约第 6 条的规定为，“在各缔约国内，由本公约所决定的法律的适用，可以基于公共秩序而排除之”。1986 年海牙公约第 18 条是这样规定的，“本公约所确定适用的法律，只有在其适用明显地与公共秩序相抵触时，才可拒绝适用”。这表明，依照两部海牙公约，当事人的选法自由以及公约所确定的法律不仅受到法院地国公共秩序的限制，而且也受限于有关外国的公共秩序，从而扩大了“安全阀”的范围。本来，公共秩序旨在确保内国法律和道德的基本原则、政治及经济的重大利益不致因适用外国法而遭到破坏。但是法院在适用外国法律时，绝对不顾及外国的公共秩序也是不妥当的。① 所以，两部海牙公约的这种规定有一定道理，但是完全可以预见，它在实际操作中必将遇到不少困难，也会产生诸多歧异。两部海牙公约的差别则在于，1986 年海牙公约强调违反公共秩序的“明显”性，当事人选择的法律或公约其他确定的法律“只有……明显地与公共秩序相抵触时，才可拒绝适用”。这里的“明显”一词虽然弹性较大，全由法官自由裁量，实际价值并不大，但是，它至少反映出各国限制公共秩序的适用以期使公约所确定的法律尤其是当事人选择的法律尽可能有效的意向。1986 年海牙公约一方面扩大公共秩序的范围，另一方面又对其适用加以限制，反映出公约及各国对这个“安全阀”的矛盾态度。

(二) 强制性法律

在晚近的国内立法和国际条约中，法律适用的政策导向日益突出。它的一个重要表现就是强制性法律必得适用的规定渐趋风行。这类法律的适用不依赖于连结点的指引，而是根据它所体现的政策与有关案件的关系程度，自己决定自己的适用范围。强制性法律已被越来越广泛的国家所接纳和接受，这表明国家对国际合同关系进行正常的、必要的干预已为国际社会所公认。1955 年海牙公约没有这项内容。1980 年罗马公约和 1986 年海牙公约都对此作了规定。

1980 年罗马公约的下列条款涉及强制性法律：第 3 条第 3 款规定，当事人选法自由受到有关国家强制性法律的限制，它的适用不得以合同废除。为了加强保护消费者和劳动者的利益，在某些消费者合同中当事人的法律选择不得剥夺消费者惯常居所地国法律中的强制性规定给予消费者的保护；在个人雇佣合同中，当事人选择法律也不得剥夺由强制性法律给予受雇人的保护(第 5 条和第 6 条)。第 7 条是一项原则性条款，根据它的规定，公约不限制适用法院地法的强制性法律；在特定条件下，法院可以适用法院地国和合同准据法国以

① 李双元、金彭年：《中国国际私法》，海洋出版社 1991 年版，第 169 页。

外第三国的强制性法律。

1986年海牙公约第17条也是关于强制性法律的专门性条款，它的规定为："本公约并不妨碍适用法院地法中必须适用的规定，而不问支配该合同的法律有何规定"。与1980年罗马公约不同，它只允许适用法院地国的强制性法律。在外交大会上，曾有代表多次提议扩大强制性法律的来源国范围，使法院地国以外有关国家的强制性法律在特定情形下也可以适用，但均遭否决。公约现在的规定实际上是从阿根廷等11国的联合提案演变而来的，该提案为："(1)本公约并不妨碍适用那些不论适用于货物销售合同的冲突规则如何规定而必须适用的法院地法；(2)如果另一国与案件有足够密切的联系，且该国的法律规则与第1款所述的法律规定具有同等性质，则对该另一国的法律规则的效力同样可以确认。"它显然借鉴了1980年罗马公约第7条的内容。在外交大会上，该提案第1款顺利获得通过，仅稍作文字变动，即现在公约第17条。第2款却因下述理由而没有得到采纳：(1)它将导致不必要的繁琐和不确定性；(2)有可能导致一项争议上多国法律竞合；(3)所谓"足够密切的联系"含义模糊，给予法官或仲裁员过多的自由裁量权。此外，政治因素也是一个不容忽视的原因，具体而言，发展中国家一般倾向于通过这一条款，以期给予弱方当事人更有效的保护，发达国家则担心发展中国家借此损害发达国家当事人的利益；有些国家还对1982年美国政府根据其《出口管理法》禁止美国公司的海外子公司和合伙人为前苏联提供有关天然气设备的作法感到担忧。另外值得一提的是，中印两国代表团的联合提案："本公约不得影响当事人营业所所在地国法律中强制性规定的适用。"这一提案的目的在于有限地扩大强制性法律的范围。中国代表在发言中指出，公约应该关注当事人设有营业所的国家的强制性法律，因为营业所所在地常常是当事人直接的、实质性利益所在的地方；如果当事人或法院或仲裁员违背或忽视了营业所所在地国家的强制性法律，合同、判决或裁决就往往有可能毫无实际意义。该提案虽然得到一定支持，但也未获通过。

1986年海牙公约的这种狭隘规定，是存在一些问题的。首先，这将助长当事人"挑选法院"；其次，它将助长在法律选择上"回家去的倾向"，① 从而使当事人所期待的利益得不到有效保障；第三，正如中国代表指出的那样，如果合同、判决或裁决违背或忽视了当事人营业所所在地国的强制性法律，很可

① 韩德培：《国际私法的晚近发展趋势》，载《中国国际法年刊》，法律出版社1989年版，第13页。

能被当事人营业所所在地国法院裁定无效而得不到切实履行。

至于国际消费合同，1986 年海牙公约只是将它排除在公约适用范围之外，而并未把它列入强制性法律的范畴。这是因为，在参加公约起草的 54 个国家中，许多国家尚未制定消费者立法，公约如允许适用保护消费者的强制性法律，则对没有消费者立法的国家不利，也不公平。这也是 1986 年海牙公约与 1980 年罗马公约的区别之一。

（三）其他问题

1. 合同形式的有效性

就合同形式而言，“场所支配行为”原则曾长期被奉为强行法，凡合同形式须且只须符合行为地法的要求。这是商品经济欠发达的产物。随着国际经贸活动范围的扩大和交通、通信的日益便捷，隔地合同和缔约地法纯属偶然的情况剧增，简式合同也大量涌现，这就使得根据“场所支配行为”原则单纯适用缔约地法常常成为荒诞可笑。关于合同形式，当今的趋向是：一方面，对于一般性合同，简化对形式要件的要求，规定多种连结点来确定其准据法，以便尽可能使之有效；另一方面，对于特殊合同，则强化形式要件的限制，仍往往只规定一种连结点来确定其准据法。1980 年罗马公约和 1986 年海牙公约关于合同形式的规定都体现了这种趋向。1955 年海牙公约明确将合同的形式排除在适用范围之外(第 5 条第 2 款)。

1980 年罗马公约第 9 条针对“合同形式的有效性”作了 6 款规定：(1)当事人双方在同一国家订立的合同，符合合同准据法或成立地法的形式要件，其形式即为有效；(2)在不同国家的当事人之间订立的合同，如符合合同准据法或该不同国家之一的法律所要求的形式要件，形式就为有效；(3)如果合同为代理人所订立，支配合同形式的法律为代理人行为地法；(4)与现有的或正在商订的合同有关的法律行为，如符合合同的准据法或将适用的合同的准据法或行为地法，则其形式为有效；(5)某些消费者合同的形式，则只能适用消费者惯常居所地法；(6)不动产合同的形式只能遵从不动产所在地法。

1986 年海牙公约第 11 条对合同形式的准据法专门作了规定，其前 4 款基本上因袭了 1980 年罗马公约前 4 款的规定。比较而言，1986 年海牙公约的特别之处在于：它允许缔约国对前 4 款保留。① 这主要是为了照顾尊奉要式合同的国家的利益和实践；另外，对某些特殊合同，多数国家就其形式作了特别的要求，而公约未涉及特殊合同的形式有效性问题，保留条款的存在既有利于保

① 1986 年海牙公约第 21 条第 1 款第 3 项；第 11 条第 5 款。

护特殊合同当事人和有关国家的利益，又有利于这些国家采取灵活的态度接受本公约。

2. 准据法的适用范围

一般认为，合同准据法就是支配合同成立和效力的法律。但是，在实际民事和经济交往中，一方面，合同的成立和效力涉及众多具体的法律问题，并非概由合同准据法调整；另一方面，随着国际私法的发展，合同准据法的适用范围又逐渐拓宽，许多先前认为不属于它调整的问题被逐步纳入其调整的范畴。1955 年海牙公约对此未作规定。为了避免冲突，1980 年罗马公约及 1986 年海牙公约都对合同准据法的适用范围加以明确的界定。根据 1980 年罗马公约第 10 条，合同准据法“特别”适用于合同的解释；合同的履行，但关于履行的方式及履行有瑕疵时采取的措施应考虑履行地国法；合同无效的后果(公约允许对此保留)；消灭债务的各种方法及诉讼时效；以及在诉讼法授予法院的权限内，关于违约的后果，包括依法确定损害赔偿金额。

1986 年海牙公约除承袭罗马公约上述内容外，还把合同准据法的适用范围扩展到买方有权从货物中取得产品、产物和收入的时间，买方对货物承担风险的时间以及货物保留所有权条款对各方当事人的效力和后果。显然，公约的规定是不同国家利益折衷，观念糅合的结果。以诉讼时效为例，它究竟应识别为实质性问题还是程序性问题，各代表团分歧很大。英美法系国家法院把绝大多数诉讼时效问题识别为程序性的，因而主张对其适用法院地法；与之相反，大陆法系国家则视之为实质性问题，故而主张有关时效的争议应依合同准据法来解决。公约既将诉讼时效归为合同准据法调整的事项，又允许对此保留，①就兼顾了两大法系国家的实践。

3. 营业所冲突的解决、反致的排除以及多法域国家合同准据法的确定

1955 年海牙公约对这三个问题未作规定。

对于如何解决营业所的冲突，1980 年罗马公约也没有涉及。但是营业所对于合同的法律适用具有重要意义，所以 1986 年海牙公约对此作了明确的规定。根据该公约第 14 条，如果当事人的营业所发生积极冲突，则应考虑当事人在订立合理时或订立合同前所知道或所设想的情况，以与合同及其履行具有最密切联系的营业所为准；至于消极冲突，则可考虑其惯常居所。

对于反致制度，学者们褒贬不一，各国实践也不一致，但是，在合同领域，各国的实践和学者一般都持否定态度。1980 年罗马公约和 1986 年海牙公

① 1986 年海牙公约第 21 条第 1 款第 4 项。

约均明确排除反致的适用(均见第 15 条)。

在多法域国家如何确定合同的准据法？对此，1980 年罗马公约和 1986 年海牙公约的规定相似。即认为在多法域国家，依公约所确定的法律应视为某一法域的法律。至于区际法律冲突问题，前者明确将其排除适用范围之外(第 19 条第 2 款)，后者则规定“并不必须将本公约适用于”区际法律冲突的解决(第 20 条)，两者稍有差别。

### 四、我国批准 1986 年海牙公约的可行性

自实行对外开放政策以来，我国涉外经济合同法律适用的立法和司法实践都取得了丰硕的成果。有关这方面的规定，主要见于《民法通则》第 145 条、《涉外经济合同法》以及最高人民法院颁布的《关于适用〈涉外经济合同法〉若干问题的解答》(以下简称《解答》和《关于贯彻执行〈民法通则〉若干问题的意见》。涉外经济合同法律适用的一般规定，自然适用于国际货物销售合同；此外，在《解答》中，最高人民法院还专就国际货物销售合同准据法的确定作了规定(第 2 章第 6 条第 1 款第 1 项)。这些规定还是比较先进的。

尽管我国在这一领域已有上述立法和规定，但到底它们只是我国冲突法的国内立法和规定，难免会与其他国家存在这样那样或大或小的差别，从而在实际生活中会不时发生“冲突规则的冲突”，并势必成为我国开展对外贸易的法律障碍。因此，我国除批准 1980 年维也纳公约这类国际货物销售合同统一实体法公约外，也有必要考虑批准 1986 年海牙公约这类统一冲突法公约的可行性问题。当然在考虑这个问题时，首先得看有关的统一冲突法公约是否和我国这方面的基本立场或基本制度相一致或相接近；其次得看批准这类公约，是否更有利于消除法律适用方面的障碍，是否更有利于促进我国对外贸易的发展。

基于以下理由，我们认为我国批准 1986 年海牙公约是可行的。

第一，我国有关国际货物销售合同法律适用的多数规定与 1986 年海牙公约一致或大体一致；有些规定虽有歧异，但分歧并不是实质性的，其中某些问题，公约的规定更为先进、科学，我国似应接受它的作法，对我国的相应规定进行修正，有些问题，我国还可以运用保留手段求同存异以保护本国的利益；对于某些公约已规定的、而我国法律没有涉及的问题，批准该公约正好可以弥补我国立法之不足。应该说，我国批准该公约并不存在实质性困难。如：

(1)销售合同“国际性”的确定标准。对此，我国国内立法没有明确的规定，但是，我国已经批准了 1980 年维也纳公约，而 1986 年海牙公约的有关规定与前者大体相同。两者的差别仅在于前者第 1 条第 1 款第 2 项以及后者的第

1 条第 2 款，但是它们均属可保留条款，并且我国在批准前者时已对其第 1 条第 1 款第 2 项声明保留，因此，我国完全可以在批准海牙公约时对第 1 条第 2 款提出保留，从而与对维也纳公约的态度保持一致。

(2)合同准据法的确定。根据《涉外经济合同法》第 5 条和《民法通则》第 145 条的规定，在国际货物销售合同领域，我国也采纳了当事人意思自治原则，并将它作为确定合同准据法的首要原则，这与 1986 年海牙公约的精神相一致。不仅如此，在涉及该原则的许多具体问题上，两者的规定也完全相同。例如，都允许明示选择法律、排除反致、接受分割、对于当事人选法时间放得很宽，等等。当然，它们也有歧异。在选法方式上，1986 年海牙公约对默示选择持认可的态度，而我国法律却明确反对。我们认为，公约虽允许当事人默示选法，但给予了一定的限制。首先，默示选择应具有较强的明显性和相当的整体性。其次，由于当事人选法的时间很长，因疏忽而未能明示选法的情况，将极少出现；除非当事人不能或不愿达成明示的选法协议，当事人都可以不采取默示的选法方式。这就减少了默示选法可能出现的情况，客观上对它起到了一种限制作用。另外，允许默示选择法律，虽然不利于合同争议的处理，却有助于合同的缔结，它自身有其存在的合理性，也非一概有损于当事人的利益。因此，一味否定默示选法未免过于武断和绝对，相应地，公约的这种规定不应成为批准它的障碍。对于下述两个问题，我国法律没有作出明文规定。一是当事人可否协议变更合同应适用的法律。1986 年海牙公约第 7 条第 2 款对此明确予以肯定。我们认为，从我国《涉外经济合同法》把平等互利、协商一致作为一项基本原则来看，只要这种变更经过双方当事人一致同意，并且不致损害双方当事人平等互利的关系，不损害第三人的利益，就应该准许。二是当事人法律选择协议的成立和效力的法律适用问题，如前所述，海牙公约的规定科学可行。对于这两个问题，我国法律未有规定，正是疏漏所在，通过参加公约恰好可以补缺。

根据《涉外经济合同法》第 5 条以及《民法通则》第 145 条，当事人未作法律选择时，便应适用与合同有最密切联系的国家的法律。这表明，最密切联系原则是当事人意思自治原则的补充，这与海牙公约对该项原则的低调处理截然不同。最高人民法院在《解答》中采纳了特征性履行理论，这又与公约回避该理论的做法形成鲜明的对比。但是，《解答》对国际货物销售合同法律适用的特别规定，却与公约第 8 条第 1、2 款完全相同；同时，《解答》第 2 条的下述规定，“但是，合同明显地与另一国家或者地区的法律具有更密切的联系，人民法院应以另一国家或者地区的法律作为处理合同争议的依据”，又与公约第

8条第3款一致。可见，我国法律和海牙公约对这一问题在理论(指导思想)上虽有区别，却殊途同归，在具体法条上完全一致。我们认为，纯粹理论的纷争也不应阻碍我国批准该公约。至于公约第8条第5款，它是一项1980年维也纳公约的衔接条款，旨在扩大维也纳公约及其参加国的法律的适用，这对已成为维也纳公约缔约国的我国更无妨害。

(3)强制性法律。它本质上是国家对民事、经济生活干预不断加强的产物，目的在于保护本国的重大利益，因而，它发挥着与公共秩序制度近似的作用。当前，它的设置更有利于保护在国际经济交往中处于弱方的广大发展中国家的利益。从中国代表团在外交大会的提案和发言来看，我国对规定强制性法律的态度是相当积极的。公约的有关规定，虽然狭隘，但总胜于无，还不到应因此而完全否定该公约的地步。

(4)合同形式的有效性。依照《涉外经济合同法》第7条，合同须采取书面形式，这与许多国家不一致，看来，也不大适应我国已成为世界上重要的国际贸易国家和复关后形势进一步发展的需要。我国似应取消这种保守的规定。退一步讲，因为公约第11条是可保留条款，我国也可以对它声明保留。总之，合同形式的有效性问题不应成为我国批准该公约的障碍。

(5)合同准据法的适用范围。我国法律对它作广义的理解，《解答》规定："凡是双方当事人对合同是否成立、合同成立的时间、合同内容的解释、合同的履行、违约的责任，以及合同的变更、中止、转让、解除、终止等发生的争议，均应包括在内。"它与公约的规定既有相同的方面，也有不同之处。如果批准该公约，在我国与其他公约国之间，对于买方有权从货物中取得产品、产物和收入的时间，当事人之间保留对货物所有权条款的合法性和效力以及合同无效的后果问题就可以适用合同的准据法。

(6)营业所冲突的解决。对此，《解答》规定："当事人有一个以上营业所的，应以与合同有最密切联系的营业所为准。当事人没有营业所的，以其住所或者居所为准。"可见，在营业所积极冲突的解决上，我国法律与海牙公约是一致的。至于消极冲突的解决，公约要求"考虑其惯常居所"，我国则明确"以其住所或居所为准"两者虽不相同，却也有相通的地方。因为公约只是要求优先"考虑"惯常居所，并不断然否定住所；同时，我国规定的是选择性连结点，既可以适用住所，也可以居所为准，而居所就自然包括惯常居所在内了。

第二，当今国际社会，和平与发展已成为两大主流，市场经济在全球范围盛行，经济一体化、市场国际化现象日益普遍。任何国家要求经济飞速发展，就必须致力于创造一个良好的国际、国内法律环境，以利于资本、技术、人才和商品的交往和交流。在国际竞争日趋激烈的情形下，如果不经常注意改善国内的法律环境，并不断求得法律制度方面的协调，使之对国际资本、技术、人才和商品流向内国具有更强的吸引力，就势必降低内国在国际竞争中的地位。在这种各国竞相改善自己国内、国际法律环境的活动中，加上国际社会法律文化交流的推动，国际私法这一具有民族形态的法律部门十分明显地表现出由特殊主义向普遍主义回归，也即趋同化倾向不断加强。它具体表现在：一项新的、进步的国际私法制度为一国采用以后，便迅速为其他国家所仿效，从而使各国国际私法的国内立法中的共同性内容不断增多；这些具有共同性的内容，几乎遍布于指导法律选择的基本方法以及各种具体法律关系的法律适用领域。同时，国际私法的国际立法活动蓬勃发展，从而使国际私法的国际法源日趋丰富。海牙国际私法会议从 1893 年成立至今已先后制定了 32 个公约，其中有 18 个已经生效；另外，美洲国际私法会议等区域性国际组织也通过了许多区域性统一国际私法公约；国际联盟、联合国、国际海事组织也主持制定了一些公约。①

因此，随着社会主义市场经济体制的建立以及复关工作的积极开展，进一步健全和完善我国国际私法就应注意并把握当代国际私法的趋同化倾向，一方面，在国内立法中，应当力求从我国具体国情出发，大胆吸收国际私法的进步成果；另一方面，还应积极参加国际私法统一化活动，对普遍性的国际私法条约持积极的态度，尽可能批准、接受或者加入，以使我国国际私法与国际社会的普遍实践和国际规范更趋协调、同步发展。1986 年海牙公约是一部相当先进、科学、内容详尽的普遍性统一国际私法公约，批准该公约无疑将大大有利于我国进一步健全和完善涉外经济合同尤其是国际货物销售合同的法律适用制度，这对于我国开展对外贸易、扩大对外开放必将产生极大的推动作用。

第三，海牙国际私法会议是目前世界最主要的统一国际私法组织。近年来，我国对该组织一直比较积极。1986 年 11 月及次年 3 月，我国政府以观察员身份参加了该会议的活动；1987 年 7 月 3 日，我国正式加入了这一组织；翌年 10 月，我国政府第一次正式出席其例会，参与了《死者遗产继承准据法公约》的制定；1991 年 3 月 2 日，全国人大常委会批准加入了 1965 年《海牙送达公约》。就 1986 年海牙公约而言，我国积极参与了该公约的制定工作。1983 年 11 月，中国派代表参加了修订 1955 年海牙公约专门委员会的第 2 次会议，

① 李双元、李玉泉：《对外开放政策与中国国际私法》，载《武汉大学学报》(社科版)1992 年第 2 期，第 10~11 页。

迈出了走向海牙国际私法会议的“第一步”；1985 年 10 月，中国代表团出席了外交大会，提出了多项提案，多次向大会阐明了我国的立场与观点，并且草签了该公约。我国若批准这一公约，则可进一步表达对该公约和海牙国际私法会议的积极态度，无疑有助于提高我国在这个国际讲坛的影响力，以便发挥更大作用。

第四，1986 年海牙公约注意与 1980 年维也纳公约保持平行，从某种意义讲，它是后者的配套公约。我国既然已经是后者的缔约国，那么批准海牙公约，既能够弥补后者之不足，又可以从统一冲突法和统一实体法两个方面来健全和完善我国国际货物销售合同法律适用制度，使之与国际社会的普遍性规范和实践更趋一致或接近，以减少我国扩大开放的法律障碍。

总之，1986 年海牙公约是海牙国际私法会议统一国际私法的一项重要成就。该公约是全面修改 1955 年海牙公约的产物，它借鉴了 1980 年罗马公约，注意与 1980 年维也纳公约保持平行；既反映了世界各主要法系国家的实践，又折衷了发达国家和发展中国家的利益；同时还批判地吸收了国际私法理论的最新成果。总之，该公约虽然仍有缺漏，但它既具有广泛的代表性和普遍性，又具有相当的科学性和先进性，内容详尽细致，不失为一部国际私法杰作。无论该公约能否生效，它对国际私法的理论和实践的贡献，以及对发展国际贸易的积极作用将随着时间的推移而逐步表现出来。对我国来说，批准该公约不仅可能、而且有利。

## 第三节　国际借贷协议的法律适用

### 一、国际借贷协议准据法的确定

法律冲突及法律适用本是一个十分复杂的问题，正如美国的一位杰出法官说，法官面对冲突法问题，一般都会感到茫然不知所措，这就犹如一个落水的人会抓住一根稻草指望活命一样无能为力。在国际借贷交易中，由于借贷协议不可避免地涉及两个以上国家的法律，因而同样也会产生法律冲突，也会涉及法律适用问题，而且这些问题往往会比其他领域表现得更为复杂。这是因为：第一，国际借贷协议的主体复杂多样。在国际借贷交易中，借贷双方当事人既涉及国家、政府、国际金融组织、国际商业银行(包括联合银行)，又涉及公司企业、团体和自然人等。由于这些主体的地位和性质不同，它们的法律适用原则也往往迥然各异。例如，当主权国家作为借款人参与国际借贷交易时，一般以政府或政府性组织形式出现，它们在签订借贷协议时，由于国家的特殊地位，一般都不愿接受另一个主权国家法律的管辖，因而这类借贷协议通常没有法律选择条款，而各国对这种借贷协议的法律性质又有不同的解释，这就使得国家借贷协议的法律适用变得十分复杂棘手。第二，当事人所选择的法律复杂多样。可供借贷双方选择的准据法有：a. 贷款方所在国法(the law of the leaders country)；b. 借款方所在国法(the law of the borrower's country)；c. 国际金融市场所在国法(the law of market，如伦敦欧洲美元市场)；d. 中立国的法律(a neatral system of law)；e. 国际公法(public International law)，包括国际公约和国际惯例。选择范围非常广泛。而且，在法律选择过程中，当事人还会受到一国的传统习惯、人们的爱国主义情感、政治对法律的干预等非法律因素的影响。第三，国际借贷领域里冲突法的统一化进程较缓慢。本世纪以来，冲突法在国际借贷协议的管辖权确定方面发挥了日益重要的作用并产生了深远的影响，然而在借贷协议的法律适用的简化以及冲突法的统一化、国际化方面，虽然各国通过大量的立法、判例和诸多的学术著述而付出巨大的努力，但成效甚微。从国际立法看，虽然也产生了一些调整国际借贷法律关系的国际协定，如《国际货币基金协定》、国际开发金融组织的组织章程、日内瓦公约等，但目前这种国际条约还不多，特别是国际性的统一冲突法规范更是付诸阙如。鉴于上述原因，国际借贷协议一旦产生纠纷，其涉及的主体之广、国家之多、货币数额之大、适用法律之复杂在其他领域都是很少见的。

国际借贷协议准据法的确定，可从当事人明示选择和无明示选择时准据法的确定两种情况分别讨论。

(一)明示选择

1. 意思自治原则的适用

意思自治原则是指双方当事人在协议中明文规定，同意以某种法律制度作为他们之间协议的准据法。依照这一原则，当事人有权自主地协商选择国际借贷协议所适用的法律。但在实践中，贷款人所作的选择往往具有决定性。因为他将提供贷款，在借贷成立前具有较大的讨价还价的能力，对于借贷协议的成立也起着主要的作用。同时，贷款人一般都要求选择适用其本国法。这是因为：第一，贷款人承担的风险最大，一旦借款人违约，这一法律比较有利于从借款人或担保人那里获得清偿；第二，从对法律的熟悉程度和法律适用的方便看，贷款人对其本国法比较熟悉，因而对适用这些法律是比较放心的。如果选择了自己不熟悉的外国法，还需查明外国法的内容后，才能决定是否选择外国法；而且选择外国法作为借贷协议的准据法，贷款人往往对法律适用的结果缺乏预见性；第三，从法律的稳定性讲，如果选择借款人所在国法作为准据法，一旦该法发生变动，则有可能对贷款人产生不利的后果。基于上述原因，贷款人常常极力要求选择贷款人本国法，或者借款人国家以外的其他国家的法律作为协议的准据法。但是，要完全做到这一点，实际上往往是不可能的。因为：首先，如果借款人的财产都在借款人所在国，贷款人在外国法院所作出的判决，仍须向借款人所在国法院申请强制执行，这样，就不能不受借款人国家的法律的影响；其次，借贷协议的准据法并不能管辖借贷关系所有各个方面的问题，有些问题是不属于准据法的管辖范围之内的，例如，借款公司是否具有法人资格，仍须由借款公司的成立地法来确定；再次，如果执行判决的法院的所属国是国际货币基金的成员国，则按照国际货币基金协定第 8 条(B)款的规定，如果该法院把借贷协议视为外汇合同，而借款人国家按国际货币基金协定修改其外汇管制法，要求向贷款人在本国以本国货币付款，而不是在外国以外汇付款，则不管准据法如何规定，都必须按借款国家的外汇管制法办理。

2. 影响当事人选择国际借贷协议准据法的因素

由于借贷双方当事人选择的法律关系到协议规定的权利、义务的顺利实现和纠纷的合理、及时的解决等一系列重要的问题，因而在选择借贷协议的准据法时，当事人必须慎重地考虑下列因素：

(1)金融交易的成熟及政治上的稳定性。所谓金融交易的成熟是指一国的金融业高度发展，能为国际金融交易提供一整套健全、合理的金融交易规则和惯例，并且具有一套高度精密、符合现代商业、金融业发展要求的法律制度。只有这样，借贷双方当事人的正当权益期望才会得到保障。所谓政治上的稳定性，主要是指一国政治局面的稳定和政策的连续性。因为政治上的动荡很可能引起法律上的变化。谁都不愿将自己的借贷协议置于一个政治上不稳定的国家的法律管辖之下。除此，一国是否有公正法律的历史，也应是当事人进行法律选择时慎重考虑的方面。

(2)准据法的独立。准据法的独立是指适用于国际借贷协议的准据法如果是借款人所在国法，那么应当与该国法律的未来变化或修改相分离，从而成为一个相对独立的体系。这一主张主要由贷款方所力倡。他们认为如果没有准据法的相对独立，借款方国家就会凭借自己掌握的立法机器，通过单方改变其法律来施加政治干预。比如，借款方国家为了保护其国内经济和保留其出口重要商品的实力，会通过立法来延缓偿付贷款期或者降低贷款的利率或者规定贷款以地方货币偿付，这就必然损害贷款方的合法权益。这方面的典型案例是

1956年英国法院受理的Re Helbert Wagg诉Co. ltd. 一案①。案情大致是：一家英国公司给德国一家公司以先令货币借出一笔贷款，约定协议适用德国法，本息以先令在伦敦支付。1933年，德国通过一条延缓偿付期法令，要求借款人把这笔贷款以德国马克支付给柏林地方政府机构。"二战"结束前，借款人用马克等值地向柏林政府机构付清了全部贷款，根据1933年法令，它解除了全部债务。英国法院认为，既然该协议适用德国法，那么德国就可以决定协议是否会因贷款支付给了德国政府机构而解除；既然该条法令是德国法，贷款方不能再主张自己的权利。除非该准据法具有没收归公或刑事惩罚性质，那么法院就应当承认这条法令的有效性。英国法院认为，1933年的法令目的是为了善意地改善德国的经济条件，而不是一般地对外国贷款人的歧视。显然，在这一案件中，英国法院还没有提出准据法独立的主张。但这种做法并不为大多数西方国家所赞成。比如，法国法院对涉及国际支付的合同因单方法律的修改而影响合同义务的履行就持明确的否定态度。1950年法国高级法院在受理Etat Francais诉Comite de la Bourse d Amsterdam一案中指出：对于有关"国际支付"的合同，其准据法即使有紧急规定也不能约束双方当事人，因为"这类合同的当事人可以约定黄金保值条款，即使这样做会与协议准据法所属国法律中的紧急规定相背离"。应当看到，随着国际经济交往的日益频繁，各国经济越来越相互依赖，一国完全置他国利益于不顾，频繁改变法律并且只保护本国人利益，已不符合迅速发展的国际经济的需要。尽管这样，当事人还是宁愿将准据法与借款人所在国法分离开来。

(3)执行法院所在国法。这是指选择能够执行协议的法院所在国的法律。当事人在选择法律时，必然要考虑他们所选择的法律能否在法院所在国得到承认和执行。从这一点来看选择适用借款人国家的法律具有一定的便利。首先，如果借款人违约，对借款人不得不提起执行诉讼，那么这个诉讼不可避免地结束于借款人所在国法院。因为借款人的财产大多数是在其本国国内，贷款人即使在外国法院对其提起诉讼，外国法院作出的判决仍须向借款人所在国法院申请强制执行；其次，如果借款人是一家公司，则按照公司法的一般原则，借款人公司的破产程序亦须在公司成立地国进行。因此，如果借贷协议适用借款人国家以外的其他国家的法律，则由于借款人所在国法院对这些法律不熟悉，就会使上述诉讼程序变得更加复杂，需要付出更多的诉讼费用，而且会拖延问题的解决。但也有人反对这样考虑问题，其理由是，借款人所在国法院往往只接

① Philip Wood, Law and Practice of International Finance, pp. 5-6.

触到借款人违约的案件，这类案件一般不会涉及很多复杂的法律问题，即使选择适用外国法作为借贷协议的准据法，借款人所在国法院在适用外国法时也不会有太大的困难，不致于延误问题的解决。其次，在国际融资中，借款人往往在世界各地都有财产，不一定要到借款人所在国法院申请执行。

3. 对当事人意思自治的限制

虽然世界各国普遍接受了意思自治原则，但是从杜摩兰提出这一原则时起，包括杜摩兰自己在内，绝大多数法学家都认为当事人自主选择只能在任意性法律范围内进行，而不得违背法律中的强制性规定。往后，西方资产阶级的国际私法又进一步通过立法与判例，把这种限制发展得十分系统、完整和制度化了。

具体到国际借贷协议来说，各国法律对当事人选择法律的自由所规定的限制，主要有以下几个方面：

(1)协议必须具有国际性。有些国家的法律认为，借贷协议必须具有国际性才能允许当事人自由选择协议的准据法，如果纯属国内的借贷协议，则不允许当事人选择协议的准据法。法国、前联邦德国、荷兰等国的判例、美国的冲突法重述(第二版)以及 1972 年《欧洲经济共同体债法公约草案》都有此项明确的规定。

(2)当事人所选择的法律必须与协议有某种实际联系。这种联系的因素主要包括：借贷协议的谈判地、缔结地、当事人一方的所在地，提供贷款资金的市场所在地、付款地等。不过，对于这种限制，英国判例和学说持反对态度，认为这是不合理的，其主要原因就在于它会妨碍更多的当事人在国际性合同中选择英国法。所以他们认为不管协议是否与英国有联系，它的法律一旦被当事人选作协议的准据法都是应当被承认的。瑞士的法律也持这种观点。但是美国的学说不同意这种做法，在 1971 年《冲突法重述》中，美国学者里斯就强调指出，允许当事人在通常情况下选择准据法，并不等于给了他们完全按照自己的意愿去订立契约的自由，当事人选择法律时，必须有一种合理的根据，否则，选择应被法院认为无效。不过，在借贷交易中，当事人所选择的法律，绝大多数都是同借贷协议有某种联系的，在实践中也很难找到一个法院以当事人所选择的法律与协议没有实际联系为理由而不予承认的例子。

(3)不得规避法律。如果当事人所作的法律选择规避了必须适用于该契约的强制性法规，即使选择的准据法为有客观联系的国家的法律，一些国家也不承认这种法律选择。这就意味着当事人不得通过选择准据法而滥用自由，以使在应适用的法律体系下本是无效的或不合法的合同有效化、合法化。在借贷交易中，如果当事人为了逃避有关国家的高利贷法、金钱借贷法或经济制裁法等强制性的法律，而在他们的协议中故意选择适用其他国家的法律，那么他们的选择就可能得不到法院的承认。

(4)法律上的限制。在某些情况下，一些国家的成文法明确规定某项成文法规必须适用于特别合同或合同条款，而不管当事人是否选择适用其他国家的法律。比如英国1882年汇票法第72条所规定的法律冲突规则，对一切以本票作为债权证据的借款，都一律适用。

(5)当事人所选择的法律不得违反法院地国的公共秩序和社会道德准则。一国法院如果认为适用外国法作为准据法，适用的结果将会违反其本国的公共秩序或社会道德的基本准则时，即可不予适用。这一限制已被各国普遍所采用。如美国《冲突法重述》规定，当事人选定的法律如违背本应选择的与合同具有最重大联系的州的政策，则该法律是不能适用的。

(6)其他方面的限制。除上述被绝大多数国家所采纳的限制性规定以外，各国还根据本国国际借贷交易的需要，在下面几个方面又作出特殊限制。(a)如果当事人中任何一方所应履行的义务在履行地被认为是违法行为，那么即使准据法承认其合法性，履行地的法院也是不会执行的。例如，如果付款地的法律禁止以某种货币付款，英国法院将不判令当事人以此种货币付款。(b)对于政府贷款协议，一些国家规定协议必须受本国法院管辖。如1961年委内瑞拉宪法就规定有关公共利益的合同必须受委内瑞拉法的管辖。哥伦比亚和沙特阿拉伯的法律也有此类规定。(c)法院在受理争议时，一般在程序方面不适用准据法而适用法院地法。由于各国对借贷交易中某些事实情况或协议中的某些条款、术语可能有截然不同的识别，这就对准据法的适用构成潜在的限制。以抵销权为例，有的国家把它识别为程序法问题，故适用法院所在地法；而有的国家则识别为实体法问题，仍适用协议准据法。

(二)无明示选择时准据法的确定

一般来说，在当事人没有作出明示的法律选择时，由处理争议的法院确定国际借贷协议的准据法。对于国际借贷协议，当事人未明示选择准据法时，应如何确定协议的准据法，各国的立法与实践以及学者的观点都存在着很大分歧。为研究方便我们拟将世界上采不同作法的有代表性的国家加以分类，以便于分别研究它们所代表的法律与学说的一般做法和原则。

1. 英国、法国、前联邦德国及北欧各国

英国、法国、前联邦德国和北欧各国在当事人无明示选择时一般都采用下列原则确定国际借贷协议的准据法：

(1)默示选择。法院在无明示选择协议准据法的情况下，首先都要看国际借贷协议本身是否有迹象表明当事人打算适用某个特定国家的法律。这些国家都以协议当事人服从一国法院管辖或接受一国仲裁视为他们愿意适用该国法律的有力证据。其理由是选择一国法院作为管辖法院的协议当事人，很可能处于为了使法院审理方便的考虑而愿意适用法院地的法律。这些国家还认为，合同所使用的文字或法律术语，一般也可以作为默示选择某国法律的因素。但是应当看到，由于英文已成为世界较通行的文字，加之国际借贷协议文本趋向于国际化和合同格式标准化，因而使用哪一国的文字或法律术语，一般都不能作为默示选择适用该国法律的依据。

(2)使合同有效的法律。这些国家的法律均认为，如当事人未选择法律，而所涉各国法律规定又互相抵触，依一国法律该合同无效，而依另一国法律该合同有效，则应推定适用该另一国的法律。但这种推定不能适用于显失公平的合同，如高利贷合同，设定过分的责任或取消某种当然的责任的合同。这种推定的理论基础是合同“与其使之无效，不如使之有效”(ut res magis valeat quan pereat)这一古老的罗马法原则。根据这一原则，当事人既然订立了合同，当然就有履行合同义务的意思，所以应当推定当事人的意思是打算适用能使其合同义务有效的那个国家的法律。美国的一些州的法律也吸收了这种推定原则。

(3)根据“合同重心说”确定准据法。这是指在无协议选择的情况下，适用与合同有最密切联系的国家的法律。从英、法、美、德等国的法院判决看，在依重心说确定国际借贷协议的准据法时，应当考察的主要连结因素包括：贷方所在国或所属国、借方所在国或所属国、借贷协议的谈判地和订立地、贷款支付地、还款地、利息支付地、支付所使用的货币、贷款资金市场所在地等。当贷方是一家银行时，该银行所在地是一个重要因素；当借方是一个主权国家时，该国家是一个重要因素；当贷款通过发行债券筹集时，债券发行地是一个重要因素。但是，法官如何依据重心说来确定借贷协议准据法，英国著名学者Philip·伍德提醒说：这种确定方法并不是机械地把各种联系因素加起来，以多取胜，相反，法院的做法是着重考察连结因素的质的方面，而不单纯看在哪个国家集中了更多的连结因素。具体说，法院认为在上述各种联系因素中，有些联系因素比其他因素更为重要、更有决定意义，如协议缔结地一般认为不是重要的因素，因为它带有很大的随意性和偶然性。

在各国法院的审判实践中，依据重心说来确定国际借贷协议的准据法的典型案例，应当首推英国法院1938年审理的芒特——阿尔贝特自治市委员会诉澳大利亚戒酒和普通人寿保险社一案。法官怀特在审理时指出：法院在解决冲突法问题时，要依据当事人的期望。当这种期望没有为当事人明确地表达出来时，法院就要通过对合同的条款、当事人的处境的考察去确定这种期望，并且通常要依据周围的全部事实。怀特发现，在这一案件中，整个交易的进程、贷款协议的达成地、贷款的支付地都与新西兰法律有紧密的联系。而且，更为重要的是借方是新西兰的立法机关，它借款依据了新西兰1926年《地方机构贷款法》的授权。依据这些情况，借款合同的准据法应当是新西兰法。这项判决表明，在英国，国际借贷合同的任何一项单一的因素，对于准据法的确定都没有决定性意义；法院在确定与合同有最密切联系的法律时，必须对案件的全部情况作通盘的考察。

2. 美国

(1)依据"政府利益分析说"确定准据法。这一理论的要旨是，透过法律冲突的表象，去分析其背后的利益冲突，然后根据利益冲突的情况，选择具有最重要、最紧迫利益的国家的法律作为解决争议的准据法。比如在国际借贷协议中，A国贷款人贷款给B国的借款人，借贷协议对准据法没有作出选择，但从联系因素分析应适用B国的法律。可是按照B国的法律，此项借贷交易违反B国的高利贷法，应属无效。于是贷款人又向A国法院起诉，A国法院根据政府利益分析理论，就应当考虑B国政府的利益在于通过高利贷法保护借款人；但A国政府对该案也有利害关系，即保护本国的贷款人，确保国际合同的履行。在这种情况下，A国法院应适用本国法，确认借贷有效。这一推定方法在美国《冲突法重述》中得到了肯定。其中就要求法院应适用对案件的处理具有最重大利害关系的国家或州的法律，但如法院地国对案件有利害关系，则无论如何应适用法院地国法律。

(2)适用还款地法。美国的《冲突法重述》第195节(偿还借款的合同)规定："一个偿还借得的金钱的合同的效力和产生于该合同的权利，在当事人未作出有效的法律选择时，决定于合同要求的还款州的本地法，除非涉及特定争议，某其他州依第6节陈述的原则，与交易和当事人有更重要的联系。在后一种情况下，其他州的本地法将被适用"。

《冲突法重述》对偿还借款合同适用还款地法的理由有：第一，偿还借款是这种合同的最终目的和标的，因此，还款地在当事人的心中自然会占据重要的位置；第二，适用还款地法有助于实现法律适用结果的确定性、可预见性和一致性，因为合同规定在哪一国(或州)偿还欠款总是可以确定的；第三，对借款合同适用还款地法，使准据法易于认定和适用，降低了法律选择的难度。

根据《冲突法重述》，适用还款地法作为借款合同准据法有两个例外情况：

首先，当还款地州之外的另一个州涉及特定争议，与交易和当事人有更重要的联系时，应适用该另一个州的法律解决争议。

其次，当一笔借款可以在两个或两个以上的州的任何一个州偿还时，法院就不应适用这一规则。法院应当依《冲突法重述》第188条规定的法律选择规则，选择解决偿还借款合同争议的法律。

(3)根据最密切联系原则确定准据法。这一原则是指法院通过综合分析案件的各种具体情况，选择与合同联系最密切、最实质的地方的法律，以求得争议公正的解决。最密切联系学说最先发轫于1954年纽约州法院审理的Auten诉Auten一案，法官使用了“重力中心”和“连接关系聚集地”两个概念。这种思想在1963年Babock诉Jackson一案中得到了重大发展。1971年《冲突法重述》又把这个学说确立为指导思想。《冲突法重述》规定，在缺乏当事人协议选择时，合同的权利义务应当由当事人及合同与之有最重大联系的州的法律决定。而在判定是否具有最重大联系时，就要考虑该《冲突法重述》第6条所规定的七个方面的基本因素：即州际和国际制度的需要，法院地的相关政策，在决定特定问题上其他利益有关州的相关政策和那些州的相对利益，对正当期望的保护，特定法律领域的基本政策，结果的确定性、可预见性和一致性，以及应适用的法律的易于认定和适用；此外，在第188条中，《冲突法重述》还提出应考虑下面各种地方的法律，即缔约地，合同谈判地，履行地，合同标的所在地，当事人住所、居所地、国籍、法人成立地及当事人营业所在地。

由于最密切联系原则适应了现代国际经济贸易关系的需要，克服了固定冲突规则的僵硬缺陷，并能与司法实践紧密结合，所以为世界上许多国家的立法或实践所接受。如德国民法施行法第28条第1项、瑞士联邦国际私法法规第117条以及《关于合同义务法律适用的公约》第4条等，都规定：当事人未选择适用法律的合同，适用与之有最密切联系的国家的法律。

3. 西班牙、奥地利、葡萄牙、伊朗、日本、前民主德国、埃及和摩洛哥

这些国家机械地适用一些推定准据法的规则，如当事人共同国籍法、共同住所地法、缔约地法和履行地法等。比如前东德对于国际借贷协议，在当事人未选择准据时，适用贷方属人法。对于银行业务合同，如果当事人未就适用的法律达成协议，该国《法律适用条例》规定适用银行主营业所所地法。有的国家还通过立法规定某种推定准据法的顺序，例如埃及、摩洛哥的法律规定，首先由当事人选择合同准据法；如果没有，则推定当事人的默示意思；如果再没有，则适用当事人共同国籍或共同住所地法；如果还没有，则适用合同缔结地法。前苏联、日本、西班牙、葡萄牙、奥地利、伊朗、扎伊尔、巴西等国单一

地都采用缔约地法来推定合同准据法。拉丁美洲各国则采用合同履行地法来推定合同准据法。

4. 比利时、瑞士及1980年罗马公约

在国际借贷合同的当事人未选择法律时，这些国家及1980年罗马公约对这种合同通常适用特征履行方，即贷款人的属人法，除非合同明显地与其他国家具有更密切的联系。

5. 中国的立法与司法实践

我国的《涉外经济合同法》和《最高人民法院关于适用〈涉外经济合同法〉若干问题的解答》规定：(1)涉外借贷合同当事人可以选择适用于合同的法律；(2)当事人没有选择法律的，对于银行贷款合同，人民法院按照最密切联系原则确定应适用的法律，在通常情况下是贷款银行所在地的法律；(3)但如果贷款协议明显地与另一国家或地区的法律具有更密切的关系，人民法院应以另一国家或者地区的法律作为处理借贷协议的争议的依据。

## 二、国际借贷协议准据法的适用

### (一)国际借贷协议常涉及的系属公式

所谓系属公式，就是把一些解决法律冲突的原则公式化而成为固定的系属，使它适合于解决同类性质法律关系的冲突问题。在解决国际借贷协议纠纷的过程中，经常使用的系属公式有：

1. 借贷协议的自体法(lex cause)

所谓协议的自体法是指双方当事人在协议中明示规定的应当适用于他们之间的法律，或者如果双方当事人事先对此没有作出具体规定时，则指法院根据法院所在国的冲突规则认为应当适用于该协议的法律。借贷协议的大部分问题都要受协议自体法管辖。

2. 借贷协议当事人所在地法(lex domicilii)

即指借贷人、协议担保人和每一贷款人的住所地法。它一般用解决协议当事人的身份、能力等方面的法律冲突。如果协议的当事人是法人，它一般用来解决法人的成立、解散及权利能力与行为能力方面的一些问题。

3. 法院地法(lex fori)

即指有权受理协议争议的法院所在地的法律。它一般用来解决诉讼程序方面问题的准据法。

4. 协议订立地法(lex loci contractus)

即协议订立地所在国的法律。它可以用来解决借贷协议的方式、协议内容的合法性以及协议是否成立等方面的法律冲突问题。

5. 协议履行地法(lex loci solutionis)

即指借贷协议履行地或本息支付所在地国家的法律。它有时可以用来解决协议内容的法律冲突问题，但更多的是用于解决协议履行方面的各种具体问题。

6. 担保人所在地法(lex situs)

即指借贷协议担保人住所或国籍所在地国家的法律。如果银行作为担保人，则指银行的主营业地法。它主要用来解决担保人的权利能力和行为能力、借贷担保协议有效性等方面的法律问题。

7. 货币所属国法(lex manetae)

即指借贷协议所使用的货币、证券、担保的标价货币等所属国法律。

(二)国际借贷协议准据法适用的单一论与分割论

在国际借贷协议准据法的适用上，目前世界上有两种不同的看法。一种看法认为协议是一个整体，它的一切事项均应受统一的法律制度的约束，这是单一准据法的观点。但有一些学者认为，关于协议的当事人是否有行为能力，协议是否已经成立和生效，借贷双方当事人权利义务的确定等协议的不同要件，应当受不同的法律支配，这是分割准据法的观点。

合同"分割说"(Doctrine of depecage)最早可以追溯到13世纪的法则区别说。法则区别说的创始人巴特鲁斯就主张："合同方式即合同的有效性问题，适用合同缔结地法；合同的效力、合同双方当事人的权利和义务，在当事人有一致同意的履行地时，适用履行地法；在当事人没有一致同意的履行地时，适用法院地法。合同的自然后果适用合同缔结地法，合同的非自然后果适用合同履行地法。合同双方当事人的行为能力，适用当事人住所地法。"后来，经长时间的实践，许多国家在理论和实践上大多把合同分为三方面的问题确定其准据法：合同形式适用合同缔结地法，当事人的缔约能力适用他们的属人法，合同的成立和效力适用合同的准据法。

具体到借贷协议，分割论主张借贷协议的履行问题受协议准据法管辖，而协议的解释问题又适用另一国的法律管辖。所以，外国律师有时不仅要求在协议中订明受某个国家的法律管辖，而且要求进一步订明应同时按该国或别国法律进行解释。还有些人主张把一个借贷协议分为两部分，贷款人的义务受一个国家的法律管辖，而借款人的义务则受另一个国家的法律管辖。这些主张在实践中实行起来很不方便，而且往往产生许多混乱。因此，越来越多的国家逐渐放弃了合同分割论，而主张采用单一的准据法，即除了某些必须援用其他国家法律的事项以外，准据法应当管辖合同的所有实体法方面的问题。

(三)国际借贷协议准据法的适用范围

1. 准据法的适用范围

(1)合同的实质有效性。这是指协议中实质部分的内容是否合法。合同的有效性不包括当事人的订约能力及授权等事项，而是指合同本身是否有效，如是否因违反高利贷法、外汇管制法，或将款项用于资助非法交易，或违反禁止使用黄金条款等法律而使合同无效。

(2)合同的解释。对于借贷协议或债券合同上的条款或术语的解释问题，一般也应按协议或合同的准据法来确定。例如，如果在借贷协议上使用了“留置权”这一术语，在英国法中是指以占有标的物为前提的狭义的留置权，而在美国法中有时可以泛指多种非约定的物权担保形式，这就需要根据准据法来确定究竟是在何种意义上使用这一术语。

(3)合同的效力。借贷双方当事人各自的权利义务在协议中的划分，除法律允许约定的部分外，应根据准据法决定。例如，当一方违约时，另一方可采取何种救济方法；当构成损害赔偿时，应如何确定赔偿的范围及方法等，均属于协议的效力问题，应由准据法来决定。

(4)合同的履行与解除。借贷合同是否按约履行而得到遵守，以及当事人是否因某种原因而解除义务等问题也都由合同准据法来确定。因为合同准据法既然能维护合同的履行，同样也能更改或解除当事人的义务。例如，关于某项延迟付款的法令或应从付款中扣除税款的义务是否应予承认，以及借款人能否以给付不能为理由免除其履行义务等问题，均应按借贷协议的准据法来确定。

2. 不适用准据法的若干事项和例外情况

(1)借贷协议双方当事人的资格、能力、权力和授权方式等事项不受准据法管辖。关于当事人的法律地位究竟是法人还是合伙，以及公司、政府或其他法人是否有签订借贷协议的能力和授权的方式等问题，原则上应按其住所地位来确定。如果当事人是政府，应依其本国法；如果是公司应依其设立地法或主营业所所在地法；如果是国际组织，则应依照其章程来确定。

(2)违反法院地公共政策的准据法不能适用。如果适用准据法的结果将违反法院地的基本正义原则、社会公德和传统风俗等，法院将不予适用。如在英国，对于具有歧视性的外汇管制、侵害英国利益的借贷协议、通过欺诈行为逃避友好国家的税收，以及通过违法而获取的借贷协议等，都将违背英国法的公共政策而不予适用。

(3)违反法院地国家的强行性规定的准据法不能适用。如果法院适用某一外国的法律，它将与法院地国家就该项争议的地方性强制规定相冲突，那么法院就不予适用。比如，违反法院地国家的外汇管制法、借贷担保法和高利贷法等，法院就直接适用本国的强行性规定。当然，协议准据法是否违反法院地国的强行性规定，以及这些强行性规定是仅适用于国内借贷交易，还是同样适用于国际借贷交易，这都由法院根据本国的政策和特定的具体情况来决定。

(4)有关争议的程序性问题适用法院地法而不适用协议准据法。就国际借贷协议纠纷来说，程序性问题主要指：受诉法院是否有管辖权、是否采取先行扣押以防当事人转移财产，借款方是否有权申请司法豁免，以及准予司法豁免后以何种方式给予必要补偿等问题。

(5)外汇管制法不适用协议准据法。按照国际货币基金协定第 8 条第 2 款(b)的规定，凡依据该协定承担义务的国家，在某些情况下，都不得强制执行与其他成员国的外汇管制条例相抵触的“外汇合同”。

(6)合同的方式在一定条件下不适用协议准据法。关于合同的方式，自 13 世纪法则区别说开始就产生“场所支配行为”的法律格言，但由于订约地带有很大偶然性，而且往往与合同并无实质性的联系，如果坚持以订约地法作为合同实质要件唯一的准据法，有时会造成不便或引起不公正的结果。所以现在大多数国家法律主张既可以按合同的订立地法，也可以按合同的准据法来确定合同的有效方式。如英国、法国、奥地利、前联邦德国、瑞士、日本等国家法律就作了这样的规定。

具体到国际借贷协议，各国的一般做法是：如协议中对协议方式无特别规定者，则依协议准据法或行为地法所规定的方式；但在协议中有特别规定，应依据该项特别规定，通常借款人为便于取得所需资金，关于借贷协议或债券的形式有效性，均遵照贷款人所属国或资金收集地国的法律规定和金融、商业惯例等。也就是说，场所支配行为的原则常常被绝对地适用。例如，美国受托人和意大利公司之间的信托合同，规定在美国发行的债券必须依照美国的法律和商业惯例。再如，世界银行的贷款规章，规定借款人所发行表彰借贷金额的债券，世界银行得请求其遵照支付地的法律或金融惯例。

除上面所述，有关付款的时间、方式及办法等具体事项，均应按照付款地的法律来确定。

## 第四节　国际贸易支付中的票据及其法律冲突的解决

在国际贸易中，货物的买与卖脱节，双方当事人远隔重洋，不能像国内零售贸易那样“一手交钱，一手交货”，交货与付款往往不能同时进行。从合同签订到最后履约付款，一般要经过很长时间。在这一期间，货币可能升值或贬值，货币间的兑换可能受到限制，债务人的经营情况和支付能力也可能发生变化，直接用货币支付是很不方便的，而且要承担很大的风险。因此，随着国际经济交往、信用制度和银行事业的发展，国际间用于清偿债务的手段——货币，逐渐为另一种起支付手段与流通手段作用的媒介所代替，这种媒介就是票据。票据可以说是一种特殊的“货币”，即信用货币，在很大程度上代替一般的货币起作用。它跟货币一样有票面价值，可以使国际间的债权与债务达到平衡而相互抵消，从而大大节省了货币的使用与兑换。票据已成为国际贸易中最重要、最普遍的支付工具。

## 一、票据概述

1. 票据的概念与法律特征

票据是具有法律所规定的形式，写明特定数额货币单位的，由一方无条件地付给另一方该项数额货币单位的凭证，是有价证券中最重要的一种。票据在一些国家有不同的名称，如日本称之为“手形”，英美国家则称之为“流通证券”或“流通票据”(negotiable instruments)。

票据具有以下法律特征：

(1)票据是完全有价证券。离开了证券就根本不能主张自己的权利。

(2)票据是设权证券。票据的作成并不是为了证明已经存在的权利，而是新创设的权利。

(3)票据是债权证券。债权人占有票据就可以向票据债务人请求给付票据上所载的一定金额。

(4)票据是金钱证券。它是以一定的金额为给付的标的。

(5)票据是流通证券。它可以按背书或交付的方法而自由转移其权利。

(6)票据是无因证券。债务人对于持票人根据什么原因而取得票据可以不必过问。

(7)票据是要式证券。票据的作成必须依照法定的方式，如缺少法定的方式，则票据无效。

(8)票据是文义证券。票据上的权利义务完全根据票据上所记载的文字决定效力。

2. 票据的种类

在国际上，依据各国票据法规定的不同，可将票据法分为两种基本体系。其一是以法国法和德国法为模式制定票据法的大陆法系，认为票据是要式无因的支付命令，只包括本票、汇票和支票。因为该体系国家大多参加了1930年日内瓦票据法公约，故亦称为日内瓦体系。其二是以英国普通法为基本原则制定票据法的英美法系，该体系国家未参加1930年日内瓦公约，而是各自制定了自己的票据法。英美法系的票据概念与大陆法系不同，它们把大陆法系中的票据归在一个更为广泛的称为“流通证券”的概念之中，不仅包括本票、汇票和支票，而且还包括其他一些可以转让、流通的证券，例如美国统一商法典规定运单、提单、仓库的其他权利证书、信用证、股票、债券等在一定条件下可以流通、转让，亦属流通票据。

一般认为，在国际贸易支付中使用较多的票据只包括本票、汇票和支票，这三者中又以汇票最为常见。在汇票的实际使用中，依据不同的经济和法律效用，可以从不同角度把汇票分为若干种。如因出票人不同，可把汇票分为商业汇票和银行汇票；因付款时所需的单据不同，则可分为光票汇票和跟单汇票；因受票人见票后的付款期不同，又可分为即期汇票和远期汇票。但是，以上几种常见的汇票，因划分的依据不同，所以，在实际使用中经常是一张汇票就是两种或三种汇票的结合，如常见的“即期跟单商业汇票”就既是即期汇票，又是跟单汇票，也是商业汇票，即在法律上将上述三种汇票中的权利义务集中于一张汇票之中。

3. 票据在国际贸易支付中的作用

票据在发达的资本主义国家的商业交往中是使用得相当普遍的。在美国，90%的商业交易都是以票据代替货币来作为支付工具的。在国际贸易中，票据是以各种与外贸有关的合同为基础开出的，它在法律上具有独立的地位，在经济上具有与票面上所载数额货币单位相等的价值。票据的形式简明，流通自由，各国法律均予以保护，在国际贸易支付中起着重要的作用，具体表现在以下几个方面：

(1)结算作用。结算作用是票据最根本的作用。在国际贸易中，除以货币进行现金结算外，非现金结算都是以票据作为支付工具而进行的，即通过票据结清国际贸易各种当事人之间表现为给付金钱的债权债务关系。

(2)信用作用。信用作用也是票据在国际贸易支付中的一种重要机能。票据不是商品，本身没有价值，它是建立在信用基础上的书面支付凭证。出票人在票据上立下书面的支付信用保证，付款人或承兑人允许按照票面规定的期限履行付款义务。例如，某一项商品交易，约定交货后一个月付款，买方当即向卖方开立一张一个月后付款的本票，这张本票就是一个月后付款的信用凭证。

(3)流通作用。票据经过背书，可以予以转让，再经背书后还可转让。背书次数越多，票据负责人也越多，票据的担保性越强，从而促进票据在市场上广泛流通，形成一种流通工具，节约了现金的使用，扩大了流通手段。而且，票据的流通与货币的流通相比，会收到更为方便、迅速、可靠的效果。

(4)抵消债务作用。两地间贸易发生的债权债务，可以使用票据加以抵消。如我国进出口公司(甲方)购买纽约乙公司100万美元的货物，而纽约乙公司又购买了东京丙公司100万美元货物，这时只须纽约乙公司开出一张汇票，要求甲方向丙方付款100万美元即可，从而大大减少了支付的环节。

以上几个方面导致票据，主要是汇票，在国际贸易支付中的广泛使用，促进了国际贸易的迅速发展。当然，票据作为国际贸易支付的重要工具，其存在和发展的前提条件——商业信用毕竟是有限度的，票据的实际效能往往因票据当事人的破产而受到影响，而这种影响又为破产法和票据法所允许。即使如此，公司破产的情况在通常情况下只是少部分的，因此这并未改变票据在国际贸易支付中使用的总趋势。

## 二、票据的法律冲突及其解决

### (一)票据法律冲突的产生

如前所述，国际上存在着大陆法系和英美法系两种不同的票据法体系，这两个体系的立法不仅对票据的内涵和外延有着不同的理解及规定，而且对票据的其他一些方面，如汇票中是否须载有“汇票”字样，是否需有受款人的名称，是否必须具有出票日期以及汇票追索权的行使与丧失等的规定也不一致。即使在同一法系里，各国的票据立法也不完全一致。例如，美国在1896年制定的《统一流通证券法》，以英国的票据法为蓝本，但在很多具体规定上与英国法不同。除两个主要票据法系间和每一法系内各国间的票据法规定不同外，其他国家的法律中有关票据的具体规定也不尽相同。国际贸易中使用的票据具有国际因素，一张在甲国签发的汇票，可能在乙国承兑，在丙国背书，在丁国被拒付，因此，常常会出现这样的情况：符合签发地的法律要求的汇票，而在其应承兑地的国家的票据法看来，这种汇票可能被认为是无效的。不同的票据立法反映了不同的商业传统和惯例，在许多不同国家的惯例和票据法并存的情况下，就会产生法律冲突，从而使票据在国际间的流通不可避免地会发生阻碍，引起争执。在现今世界上相当一部分国际贸易是用流通票据作为媒介来进行并提供资金的情况下，流通票据存在大量的必须通过国际私法来解决的问题，即在发生票据法抵触时应适用何国法律的问题。

(二)解决票据法律冲突的一般原则

1. 关于票据能力

票据能力包括权利能力和行为能力，前者是指在票据关系上能够成为主体的一种资格，后者是指能够用自己的行为进行完全的票据行为的能力。对票据能力的法律冲突，国际上通行的规则是原则上适用当事人本国解决。然而，纵使承认反致及转致，如按上述准据法为无能力者，而根据行为地法为具有能力的，仍应认为具有能力者。如 1871 年德国票据法第 84 条规定："外国人负担票据义务的能力，依其所属国之法律。但依其本国法无票据能力之外国人，依内国法有能力时，仍可负担票据上的义务。"这种本国法主义的观点也为 1910 年海牙国际私法条约和许多国家的国际私法所承认并采纳。

英美法系的国家以及日本的学者对票据能力适用当事人本国法持否定态度。他们认为，当今的国际贸易往来十分频繁，要求资金与票据的流转越快越好。如果在进行票据行为之前，每每要求先调查对方当事人的国籍以及根据该国法律该当事人是否具有票据能力等，一来事实上难以做到，二来势必减缓票据的流通。因此，将流通票据看作是包括几个性质不同的合同文件的英美法主张，票据当事人的能力与其合同能力是一致的，由合同的有关准据法决定。这里的准据法主要指票据合同的成立法，即出票地法和背书地法。

2. 票据行为的方式

为了使票据发生效力就必须进行票据行为。票据行为是发生票据法律关系的唯一基础，它包括发票行为、背书行为、保证行为、承兑行为或参加承兑行为等。各种票据行为都是要式行为，都必须具备法律规定的形式才能发生效力。对于票据行为的方式，国际上一般根据"场所支配行为"(locus regit actum)这一古老原则，适用行为地法。日本票据(支票)法附则规定支票行为的方式也可以适用支付地法。

3. 票据的形式有效性

对于票据的形式，各国票据法规定不一。有的国家法律要求票据上必须有"票据"字样；有的国家法律要求票据上必须注明出票日期和出票地或支付地；有的国家则没有这些要求。一旦发生关于票据形式有效性的冲突，一般适用出票地法。例如，英国 1882 年汇票法第 72 节(1)规定，一张在一个国家发出、在另一个国家承兑、流通或付款的汇票，在形式上是否有效的问题，依出票地的法律决定。

4. 关于票据当事人的权利与义务

由于票据的目的在于支付，当事人关切的中心也是支付，因此，一般认为票据当事人的权利与义务由支付地所在国法律支配。但是，票据上往往并未载明票据的支付地，或出票时，承兑人与付款人的义务尚不明确，在这种情况下，则适用票据行为地所在国法律。

5. 关于票据的解释问题

(1)票据的流通性。在国际贸易支付中，有时会产生 A 国的流通票据在 B 国是否也是流通票据的问题。一般地，一张票据是否属于流通票据的范畴由“流通”地方的法律加以解释。

(2)关于汇票的发票、背书、承兑或参与承兑的解释，依各该合同签订地法决定之(英国 1882 年汇票法第 72 节(2))。

6. 票据的支付

在英国，由于将票据关系认为是一种合同关系，因而英国学者多主张票据的支付应依照国际私法关于合同的规定，适用“合同特有法”(The Proper Law of Contract)。另有一些国家虽未明确规定票据关系是合同关系，因而应适用调整合同的规则，但关于票据支付方面所适用的法律冲突规则与英国法基本相同或类似。纵观几个主要国家的票据(支票)法的规定，关于票据的支付所涉及的主要法律适用规则如下：

(1)在一国开出而在另一国付款的汇票，其付款日期由付款地法决定。

(2)票据持有人提示票据要求承兑或支付的义务以及拒绝承兑书和拒付通知，依行为地法或票据拒付地的法律规定。

(3)汇票支付者能否实行部分承兑，汇票持有者在一般情况下能否拒绝部分承兑，依照支付地法。

(4)见票即付及见票后定期支付的可能性；先期支付的效力，呈示期限；为确保追索权而有开写拒绝证书的必要性等依支付地法。

7. 拒绝证书的形式与期限

票据遭拒付后是否必须作拒绝证书及其作成方式、作成期限；在拒绝证书开写期间行使或保留其他权利所必需的行为方式，依照拒绝证书的开写地法或有关行为的行为地法。

8. 票据丧失或失窃时的补救

票据丧失或失窃时应采取什么补救措施呢？有的国家(如英国、葡萄牙)法律规定，失票人可提供担保，向出票人要求出立复本或新票；有的国家(如法国、比利时)法律规定，失票人应取得保证，请求法院作出支付命令的裁决；有的国家(如联邦德国、瑞士、意大利、日本)法律规定，失票人得以公告方式作除权声明。票据丧失或失窃时应采取的补救措施如遇法律冲突时，依票据付款地国的法律为准。

9. 票据的转让

票据能否予以转让、以什么形式转让以及转让的效力，一般认为应适用转让地法。但有的学者也认为，在把票据视为有形动产的情况下，则票据的转让应适用物之所在地法。由于票据的转让地和所在地往往是一致的，因而适用转让地法和所在地法在实质上并没有什么区别。

### 三、有关票据的国际公约

为了解决票据在国际贸易支付中的广泛使用和各国票据法规定的不同而阻碍这种广泛使用之间的矛盾，国际上曾多次进行过制定统一的国际票据法的工作。早在 19 世纪 80 年代，国际法协会和国际商会就召开过多次会议，试图以大陆法系的票据法为基础制定一项国际上统一的票据法。1909—1912 年召开的海牙会议期间，制定了统一国际票据法草案、统一票据规则和统一票据国际公约。第一次世界大战爆发后，此项工作被中断。大战结束后，国际联盟继续从事票据法的国际统一工作。1930 年国际联盟在日内瓦召开了统一票据法国际会议，通过了《统一汇票、本票法公约》、《解决汇票、本票法律冲突公约》和《汇票、本票印花税公约》。1931 年在日内瓦召开的国际会议再次通过了关于支票的三种同类公约，即《支票统一法公约》、《解决支票法律冲突公约》和《支票印花税公约》。在上述这些公约中，较为重要的是 1930 年《统一汇票、本票法公约》和《解决汇票、本票法律冲突公约》。现在，联合国国际贸易法委员会在修改这两个公约的基础上，制定并通过了新的国际统一汇票法公约。

《统一汇票、本票法公约》主要对汇票的要件、背书、提示与承兑、付款、拒绝和追索权的行使等作了规定。这些规定虽然在国际贸易支付中适用较为广泛，但同英美票据法以及其他国家的票据法的规定不尽相同。为了解决它们之间关于汇票的不同规定而产生的法律冲突问题，《解决汇票、本票法律冲突公约》就汇票中的各项法律的适用规定了统一的冲突规范。这些主要规定如下：

(1) 凡因汇票或本票而受约束的人，其能力应依其本国法律。如其本国法律规定适用另一国法的，则应适用另一国的法律。

依前项规定的法律为无能力者，如签字在外国，而依该外国有效的法律为有能力的，则仍应受其约束。

(2) 因汇票或本票而发生的契约，其形式依契约签订地法律的规定。

(3) 汇票承兑人或本票出票人所负债务的效力，应依付款地的法律，其他签字人所负债务的效力，依签字地的法律。

(4)汇票各签字人行使追索权的期限，依票据成立地的法律。

(5)拒付证书的方式和期限，以及其他因行使或保全关于汇票或本票的权利必须具备他种措施所应采取的方式，依作成拒付证书或采取此项措施地的国家法律。

(6)因汇票或本票遗失或被窃应采取的措施，依汇票或本票付款地国法。

由于“日内瓦统一票据法”主要是以大陆法系的法律作为基础而签订的，与英国法相对立，所以日内瓦公约并未达到消除两大法系之间的矛盾的目的。参加日内瓦公约的大多是大陆法国家，英国只是在某些公约上签了字，而美国从一开始就拒绝对任何公约签字，从而影响了日内瓦公约的国际性。不仅如此，即使是公约的签字国，也并未彻底按照公约规定的统一标准修改自己的票据法。有的国家仅仅将其票据法略作修改，吸收了统一法的某些部分(如德国和法国)；有的国家在按统一法修改其国内法时却作了许多保留(如意大利、荷兰、日本和北欧四国)；有的国家对国内票据仍旧适用原来的票据法，只对国外票据才适用统一法，同时又作了一些保留(如比利时)。因此，从日内瓦会议直到现在，票据法的完全统一仍未实现。

在日内瓦公约的几个文件中，只有关于法律冲突的公约多少还有点实际意义。这一文件是从承认各国的票据法和惯例在当时和以后都存在着差异这一前提出发的，它概括地规定了国际性票据牵涉到不同国家的法律时应按何国法律解决的原则。这些原则和英美法系的票据法关于法律冲突的规定大体相似，从而使得关于票据争执的国际性诉讼比较有一条可遵循的解决途径(如果有关各方的法律都承认这些原则的话)。然而，在各资本主义国家的法院各自保留自己对条文解释的绝对权利的情况下，这些规定也不可能保证在遇到具体问题时不会再发生争执。

我国虽然颁布了汇票结算办法和商业汇票承兑贴现暂行办法，但在当今实行对外开放政策的新形势下，这远远不能满足对外贸易支付中广泛使用票据的需要以及解决对外贸易支付中使用票据时出现的各种法律问题。我国未参加任何有关汇票的国际公约，在对外贸易支付使用汇票的实践中，我国通常参照国际上通行的习惯作法其中包括日内瓦关于汇票、本票公约中的规定办理。

# 第六章　产品责任法的国际私法制度的趋同化问题

## 第一节　产品责任法概述

### 一、产品责任法的概念

调整有关当事人之间因产品责任而产生的权利义务关系的规范和制度的总和，便是产品责任法。

在某种意义上讲，因产品存在瑕疵而致买受人人身和财产上的损害的现象，在有商品交换时即会出现。但正如英国法过去长期所奉行的“买者自我当心”(Caveat emptor，Let the buyer beware)制度那样，这种责任是由买主自己承担的。罗马法对买卖关系中卖主的瑕疵担保责任，并不包括产品对买主的人身和财产造成损害的赔偿责任。现在的产品责任，是工业和科学技术发展时期的产物。正如人们所指出，现代工业国家的产品，其结构的复杂和使用的专门化，都达到了前所未有的程度，因而它们可能包含的瑕疵，就远较手工业产品为甚；它们给消费者人身和财产带来的危险，也常常不可预见。于是产品责任的法律问题产生了，调整这一问题的产品责任法也产生和发展起来了。

产品责任法是一个复杂的法律部门，牵涉诸多的法律问题。就以《民法通则》第122条的规定“因产品质量不合格造成他人财产、人身损害的，产品制造者、销售者应当依法承担民事责任。运输者、仓储者对此负有责任的，产品制造者、销售者有权要求赔偿损失”而言，如什么是它所指的产品？它除指构成一般动产买卖的标的的商品外，是否还应包括不动产如建筑物和永久性设施等？是否还应包括为个人提供的服务？什么是它所指的“质量不合格”？按国家规定的标准生产的产品，最后在使用过程中仍致人财产或人身的损害，是否也应认为“质量不合格”产品？构成这种责任，是需要有生产者或销售者或运输者或仓储者的过失或疏忽存在，还是只适用严格责任(或无过失责任)原则？

哪些人应包括在民法通则上述条文中所指的“他人”的范围之内？是否仅限于同制造或销售者有直接合同关系的人？这种因质量不合格产品而受到财产或人身伤害的人，是否有权在违反合同或侵权两种诉由之中任选一种或兼采二者向制造者或销售者提起诉讼？他们是否只能向从其购得商品的人提起损害赔偿之诉，还是也可直接向制造人提起诉讼？如果受害人原已在合同中同制造者或销售者约定后者可免除此种责任，这种条款，法律应不应该承认其效力？哪些损害应包括在《民法通则》中上述条文所指的人身的、财产的损害之中？制造人与销售人之间，以至他们与运输人、仓储人之间是否承担连带责任？

产品责任法与民法中的买卖法有密切的关系。但在许多国家，它正在或已经从买卖法中完全脱离出来，而只是侵权法的一个新分支。尽管在产品责任法和买卖法中，都涉及产品的瑕疵担保和责任的制度，但其性质和法律后果却有差异。就买卖关系而言，卖方也常要承担质量缺陷或瑕疵担保责任，但是，首先，这种担保仅在保证所出售的产品具有商销性和符合其用途，并不涉及一旦瑕疵产品致人人身和财产损害的责任；其次，其法律后果主要是调换或修理产品，或减低价金，或解除合同等，即令有时也要承担损害赔偿责任，它也只是一种不履行或不完全履行合同的责任，其损害仅限于因提供了不符合约定的产品而致买受人的损失，也不涉及人身和财产所受瑕疵产品损害的赔偿。产品责任既不以违反合同为构成要件，其责任性质也专指此种瑕疵产品造成使用人(或旁观者)人身和财产上的损害的赔偿，完全不涉及合同的解除和减低价金的问题。在产品责任法形成的初期，许多国家固然也曾从违反合同或违反瑕疵担保的角度来论证这种责任的存在，但更主要的理论或实践是从侵权的角度来追究瑕疵产品提供者的损害赔偿责任的。

现在的产品责任法，在许多国家，都是(或至少主要是)把它当作侵权法的一部分。不过，严格说来，它与传统的或一般的侵权法也有一些重大差别。

例如，现在已有越来越多的国家在产品责任诉讼中，放弃或倾向于放弃原告同被告之间必有直接合同关系存在的理论，尽管在实际生活中，这种直接的合同关系是常常存在的。即使不存在这种关系，致害的产品也必须是经商业渠道(亦即供应和销售合同的渠道)进入使用和消费领域的，这一点几为各国所坚持，而在传统的或一般的侵权法中，行为人损害赔偿责任的成立，则不存在有这种条件。

### 二、现代产品责任法的形成和发展

随着社会生产力的不断发展和商品的不断丰富，产品责任法作为社会消费者保护立法的一个重要内容，已经为许多国家所重视。

第二次世界大战以后，资本主义国家通过颁布新的法令、修改或扩大解释原有法律的方式，初步建立了产品责任法律制度。这一制度经60年代和70年代资本主义经济高涨的推动，得到了迅速的发展。到目前为止，多数发达资本主义国家，如美国、加拿大、英国、德国、法国、比利时、意大利、荷兰、澳大利亚、新西兰、丹麦、日本都有比较完善的产品责任法律制度，其中以美国尤为典型。

在东欧的一些国家，如匈牙利、前南斯拉夫、前苏联，对产品责任法律制度的探讨和研究也正在积极进行。它们通过立法和解释一些与产品责任有关的法规或法令，在审判实践的基础上也存在逐步形成自己的产品责任法律制度。

从各国立法的形式来看，采用专门的产品责任单行法规的国家很少。而且在早先，一般都是通过解释民法或私法中关于合同和侵权的有关规定，或修改补充旧有法律的内容，允许使用违反合同担保和侵权行为责任两种制度作诉由，来确定产品责任。但是，后来在美国出现的严格责任原则，正在愈来愈广泛地影响着其他国家产品责任法的发展，许多国家都有采纳这一诉讼理论的趋势。70年代欧洲一些国际组织在统一产品责任法方面所做的工作也表明，产品责任法正是一个新形成的、处在发展中的法律制度。

马克思主义认为，“法律……的发展是以经济发展为基础的”，而“经济进一步发展的影响的强制力又经常摧毁”原有的法律体系，“并使它陷入新的矛盾”。① 产品责任法也不例外。它是资本主义商品生产发展到一定阶段的产物，它的进一步演化和发展都有着深刻的经济的原因。

资本主义社会的发展，也是其内部生产—销售—消费形式和结构不断变革的过程。20世纪以来，特别是第二次世界大战以后，因为科学技术的不断进步，资本主义国家经济的发展的总趋势仍处在不断高涨之中，这种趋势对社会的生产—销售—消费的形成和结构产生巨大冲击，引起了一系列令人注目的变化：产品的制造和销售方式日趋复杂，更多的企业和行业卷入了同种产品的生产和销售过程——一辆汽车从设计、主机和配件的生产、总装到销售，既可由一个国家里的不同企业或公司承担；也可由几个国家的企业或公司来承担，如设计由一家日本公司负责，主机和配件在英国完成，总装在加拿大，而销售则可能由西欧的某些公司进行，使用或消费却在美国。在这种情况下，生产—销售的有关者(制造商、批发商、进口商和零售商等)与消费者或使用者之间的

① 《马克思恩格斯选集》第4卷，人民出版社1972年版，第506页。

关系就十分复杂了。消费者或使用者与生产者之间往往并无直接合同关系存在；而生产者为了追求高额利润，也往往不择手段地打开产品的销路，使产品通过各种渠道扩散到世界各地。但是，科学技术的迅速进步，固使产品不断推陈出新，可是稍有疏忽，在各种产品中潜伏的对人类可能造成的伤害，也越来越增加。如高速运转的机械或交通工具，一方面使生产率大为提高，人类的往来也十分捷便，但另一方面，一旦发生事故，其对人身的伤害也是极其可怕的。又如各种罐装或软包装食品，各种医药，各种家用电器，因均用高速流水生产线生产，也难免不有危害人类生命、健康的瑕疵产品存在。因而产品责任诉讼也越来越多。这些案件原来只是按传统的合同法或侵权法的制度来解决的。但是，随着这些案件不断出现新的特点，凭借这些传统的法律制度已经不能令人满意地解决了。有关国家迫切需要对旧的法律加以改造，以利于其经济的进一步发展。其中最明显的变化就是由一些国家奉行早期的保护企业主利益的政策，逐渐转向比较注意保护社会消费者的利益。现代产品责任法便正是顺应这一客观需要而形成和发展起来的。

产品责任法对商品经济的发展具有重要作用。首先，产品责任法通过规定生产—销售链条上有关者的责任，迫使他们改善产品的生产和销售方式，提高产品质量和服务质量；其次，产品责任法通过规定生产—销售链条上有关者的行为准则，能够增强消费者对使用产品的安全感和信任心，从而刺激了消费，扩大了产品的国内和国际市场，并且促进各企业间的竞争。最后，产品责任法从保护消费者利益出发，在客观上有利于扩大产品的销售和消费。

一般认为，产品责任虽是指产品的职业性提供者对因该产品的瑕疵造成的损害所应承担的责任。① 产品责任法律制度的最重要的内容是产品责任构成的依据，或产品责任诉讼的诉由的产生。诉由问题的解决，几乎涉及产品责任诉讼中所有的问题。如何为瑕疵产品？什么人可作为原告或被告？举证的责任由谁承担？损害赔偿的范围如何确定，等等。正因为这样，本书研究和讨论的重点，也将放在这一方面。

从当代经济发展的状况来看，产品的生产—销售—消费过程，并不仅在一个国家内完成，而是常常跨越国度而具有国际性。这一现象使许多产品责任诉讼含有涉外因素。由于各国产品责任法律制度的歧异，也给解决涉外产品责任诉讼的法院管辖权和法律适用提出了许多新的问题，引起了许多国家的国际私

① W. Noel. Products Liability, 1981, p. 1; H. D. Tebbens, International Products Liability, 1980. p. 4.

法学家和法律工作者的重视。

严格意义上的产品责任法是20世纪60年代首先在美国兴起的。在20多年里，西方资本主义国家的学说和法院实践推动了产品责任法的发展，使其成为一个独立的法律部门。70年代以来，西方国家还通过国际会议专门讨论产品责任法问题，以协调各国的产品责任法，并已制定了一些有关产品责任的实体法和冲突法的国际公约。这些尝试对产品责任法的进一步发展，无疑有着积极的作用。

## 第二节　比较与评述

综上所述，产品责任法的概念可以概括为：产品责任法是确定产品的生产者和提供者对其生产或提供的瑕疵产品所造成的人身伤亡和财产损害的责任，从而保护社会广大消费者和使用者免受不安全产品危害的一种法律制度。构成产品责任的基本要素是：产品必须有瑕疵；该瑕疵产品必须被投入商业流通；产品的这种瑕疵是造成损害的直接原因。

但是，由于各国在经济和法律制度上存在着历史和现实的差别，因而，它们的产品责任法无论在理论上还是实践上都有一些不同。下面仅就法国、德国、美国和英国的产品责任法，做一些比较和评述。

(一)合同责任方面的异同

无论是大陆法系的法国和德国，还是普通法系的英国和美国，担保责任是确定产品的制造商和其他提供者责任的重要法律依据之一；法国法、英国法和美国法则更强调默示担保责任的重要性。从审判实践来看，法国、英国和美国的法院已经把默示担保的含义解释为：保证出售的产品具有为预定或正常使用目的的安全性能。

在适用范围上，法国法、英国法和美国法均承认“垂直合同关系”，把默示担保的责任扩大至生产——销售链条上的所有有关人员。法国法在诉讼程序上为了防止无效诉讼，允许原告根据垂直合同关系采取“直接诉讼”的形式，直接向有关制造商起诉要求赔偿。美国法则还承认“平面合同关系”，继而把默示担保责任的适用范围扩大到买方周围使用产品或受产品影响的有关人员。英国法虽然承认“垂直合同关系”，但到目前为止仅允许原告根据卖方的默示担保顺着商业链条采取连续诉讼的方式求偿，这不能不说是十分保守的。

除担保责任外，上述部分国家的产品责任法还吸取了其合同法的其他制度，譬如法国法院强调，卖方的合同责任应包括对不安全的使用有通告和警告的义务，以及德国法采取的“准合同责任”。但是，这些被产品责任法采纳的合同法的原则，实质上是为了克服直接合同关系对产品责任诉讼的限制和影响。

虽然上述国家已从不同方面克服担保责任中直接合同关系的阻碍，但这一理论本身的缺陷使得受到瑕疵产品，损害的受害人获得赔偿的机会大大减少。担保责任作为确定产品责任的法律依据没能充分反映产品责任法保护广大消费者的宗旨，相反使产品责任法带有较浓厚的合同法色彩。另一方面，一些国家的法律对适用担保责任规定了一定的限制：德国法把非正式的陈述和无意给予担保的销售排除在担保之外；英国法规定适合性担保不适合于在自选商店里选购的商品。这些都说明担保责任的理论具有一定的局限性。

值得注意的是，担保责任虽然是确定产品责任的法律依据之一，但在上述国家的产品责任诉讼里援引这一诉由的趋势已经大减。法院也意识到，侵权责任（在美国则是侵权行为的严格责任）是更为有力的法律手段。

产品责任法最早出自买卖法，因而不可避免地会保留它的一些制度，这是产品责任法发展的一个历史阶段。然而，产品责任法本身的法律性质决定了产品责任法不能停留在这一阶段上。实践证明，担保责任的理论往往不利于受到瑕疵产品损害的受害人获得赔偿，各国法院从“垂直”或“平面”合同关系方面来扩大担保责任的适用范围的作法，实际上仍然拘于合同法的概念里。这不应该是产品责任法发展的方向。

（二）侵权责任方面的异同

侵权责任是上述国家产品责任诉讼中援引最多的诉讼理论，它的确立主要依赖于法院在审判实践中形成的判例法。

在讨论合同性质的责任时，我们已经注意到一些与侵权法中的制度相似的规则：譬如法国法和德国法在合同性质的责任里强调制造商有通告或警告的义务（谨慎义务）。这种合同性质的责任和侵权性质的责任相交重叠的状况，反映了产品责任法的一个过渡阶段。

从对上述国家产品责任法侵权责任的理论的概述中可以得出，援引这一诉由要求赔偿，关键问题是原告必须证明被告的疏忽行为。在一些错综复杂的产品责任诉讼里，原告要证明被告的疏忽行为常常是十分困难的。因此，从有利于原告诉讼出发，上述各国的法院在解释举证责任时，经常通过推定被告有过失（如法国法律中的“不可反驳的推定规则”）或程序手段（如英国和美国法律中的“事情本身证明”和“环境证明”规则以及德国法律中的“表面上确凿的证据”规则）来达到改变举证责任的目的。这种改变原告举证责任的作法反映了法院的这样一种认识，即举证责任应由其行为最有可能造成损害的一方当事人来承担。

根据被告以及有关产品种类的不同(视他是成品制造商或零配件制造商，还是产品的其他提供者；是一般产品，还是复杂或危险产品)，其承担的举证责任也不同。被告证明自己谨慎的程度标准，是根据他的地位、技术状况以及产品来确定的。在这个问题上，上述国家都逐步在提高谨慎义务的标准，有的国家(如美国和法国)不仅对制造商，甚至对产品的其他提高者都规定了比较严格的谨慎义务。上述国家的法律均规定了以侵权责任为由提起产品责任诉讼的基本要素。这些要素一般包括：(1)产品存在着瑕疵；(2)该瑕疵在被告控制该产品时就已存在；(3)该瑕疵是造成损害的直接原因。

法国法对“瑕疵”进一步规定了限制，即它必须是“隐藏的”。如果瑕疵是明显的，那么制造商附送的警告或说明书就可能阻止损害的发生。所以，在瑕疵不是隐藏的情况下，制造商若附送了适当的说明，则在发生损害时由原告自己负责，制造商对此不承担责任。此外，法国法对采取侵权责任诉由起诉的原告还规定一条限制，即仅仅那些与被告没有合同关系的原告才能以这一诉由起诉；凡是与被告有合同关系的原告只能以违反合同担保责任的诉由起诉。这就是所谓的“不兼有原则”。但是，法国产品责任法的这一制度除了限制原告的诉由外，实际上并无重大意义。因为根据法国法律的规定，原告无论采取何种诉由，在举证责任方面都须指出瑕疵是隐藏的；而在赔偿上，只要涉及瑕疵产品，其赔偿范围都基本相同。

关于被告在产品责任诉讼中能够提出的抗辩理由，上述四国的法律规定的主要有：原告自己有疏忽行为和原告自己已经承担了风险。德国法还规定，如果制造商已经查明了对瑕疵负有责任的雇员，并证明自己谨慎地挑选和监督了该雇员，则也构成一条抗辩理由。另外，根据德国法律，一定时期生产的工艺水平也可构成被告的抗辩理由。英国法除了“原告自己有疏忽行为”和“风险承担”的抗辩理由外，如果被告对产品的使用给予了适当的说明或原告对产品进行了中间检查或非正常使用，也可构成有效的抗辩理由。上述四国的审判实践表明，在原告自己的疏忽行为不是很严重的情况下，“原告自己有疏忽行为”的抗辩并不能完全免除被告的责任，而只能适当减少原告获得赔偿的数额。但是，“风险承担”的抗辩理由则可能使原告的诉讼因缺乏诉因而败诉。

在资本主义民商法里，所谓侵权行为就是以作为或不作为的方式不法侵害法律上的私权。上述国家产品责任法中的侵权责任实质上是因侵权行为造成人身伤亡或财产损害时，在不法行为人和遭受损害人之间发生的债的关系。从这一点来看，产品责任法具有明显的侵权行为法的特征。

与违反担保责任的诉由相比，侵权责任的诉由明显地有利于广大消费者和使用者。它不仅扩大了产品责任诉讼当事人的范围，而且有助于原告的诉讼。因此，侵权责任的理论和产品责任法的宗旨是一致的。这也是为什么各国法院乐于接受或援引这一理论的一个重要原因。确立侵权责任的诉由，标志着产品责任法发展的一个重要阶段。

(三)侵权行为的严格责任方面的发展

在上述国家里，除美国大部分州已经采纳了严格责任的理论外，其他三个国家也有朝严格责任(至少是生产者的严格责任)方面发展的趋势。法国、德国和英国基本上都是通过法院对民法典中的有关规则作扩大的解释或通过解释判例的方法，改变产品责任诉讼中原告的举证责任(即推定被告有责任，而由被告通过反证来证明自己没有责任)，从而确定某种绝对责任。从实际效果来看，在侵权责任为诉由起诉的产品责任诉讼里改变原告的举证责任已经十分接近严格责任了。但是应该指出，到目前为止，只有美国创立的严格责任才是全面的、具有典型意义的严格责任制。

严格责任的主要特点之一，是不要求产品责任诉讼中的原告对被告的具体疏忽行为(过失)提出证明。它的含义是：不问主观上是否有无故意过失，而只看其结果，只要有损害的结果，没有过失也要负赔偿责任。尽管如此，美国法确立的侵权行为的严格责任仍然要求原告证明：(1)产品确有瑕疵或处于不合理的危险状态；(2)这种瑕疵是制造商或产品的其他提供者把产品投入市场时就存在的；(3)正是这种瑕疵直接造成了损害。如果产品责任案件涉及产品的设计或通告和警告一类的瑕疵，原告仍然要证明被告的疏忽行为，即被告违反了设计安全的产品或对产品的不安全使用提出警告的义务。

“风险承担”和“原告自己有疏忽行为”同样是以严格责任为诉由提起的产品责任诉讼里，被告可能提出的主要抗辩理由。在美国的一些法院里，“风险承担”的抗辩可以完全否定原告的赔偿请求。但是大多数美国法院认为，原告是否承担了风险主要根据他对争议产品所具有的专门知识来判断，这种判断所依据的标准必须是客观的标准(objective standard)。关于“原告自己有疏忽行为”的抗辩理由，值得提及的是伊里诺斯州接受了《第二部侵权法重述》第402A节评论n的解释，并在其州的法律上规定，由于第402A节确立的责任不以疏忽为基础，而是一种严格责任，所以应该采取适用于严格责任诉讼的原则，表明其不同意在严格责任诉讼中沿用一般侵权诉讼中的这一抗辩理由。实际上，美国一些接受严格责任的州正在逐渐抛弃“原告自己有疏忽行为”的抗辩理由，其方式主要是把它解释为“风险承担”(这样可以从原告的年龄、职业知识等方面灵活解释)。这一倾向又因把“原告自己有疏忽行为”区分为“相对疏忽”而得到进一步的加强。

严格的产品责任是对一般侵权责任的“过失原则”的重大发展。在一般情况下，民事侵权责任的确定必须有过失，这是现代民事立法的通例。但是社会生产的迅速发展，尤其是产品的复杂性、危险性日益增大，广大消费者使用产品的安全性就需要获得更大的保障。如果拘受“过失原则”，受害人往往就得不到合理的赔偿。因此，从19世纪末到20世纪初，一些资本主义国家的立法里开始出现“无过失责任”的规定。

美国是一个把“无过失原则”用于产品责任领域的国家，创立了严格的产品责任。严格产品责任理论的形成，标志着美国已经开始抛弃产品责任法中传统的违反担保责任和侵权责任的理论。严格责任虽然具有侵权法的法律性质，但它较全面地吸取了合同的担保责任和侵权法中的合理部分，继而形成一种新的特殊的责任。严格责任与担保责任的相同之处在于：它不要求原告证明被告的疏忽行为；严格责任与侵权责任的相似之处在于：它们都是基于侵权行为(疏忽)而不是其他的依据(如合同)。

与其他两种诉由相比，严格责任作为产品责任诉讼的诉由最有利于原告的诉讼。我们认为，虽然美国法律允许在诉讼中同时以三种诉由起诉，但鉴于上述原因，违反担保责任和侵权责任这两种诉由的意义是不大的。然而美国法院的审判实践表明，采用三种诉由起诉，原告在诉讼时效和损害赔偿方面会享有更大的选择余地。这种立法意图和结果的矛盾说明严格责任也非绝对严格。

## 第三节 产品责任的国际立法

各国产品责任实体法虽有逐渐趋于一致的势头，但直到目前，因各国政治、经济和法律制度的差异，使有关产品责任的法律制度也互有分歧。正如《欧洲共同体指令》(EEC Directive)的解释备忘录(Explanatory Memorandun)指出的，法律的不统一造成下列不利的状况：1. 影响生产者的竞争；2. 影响了商品的自由流动；3. 使受害者受法律保护的程度不一。鉴于上述情况，一些国际组织自20世纪70年代以来，积极致力于解决产品责任法发展中所产生的这些问题，为统一产品责任的立法制定和通过了一些国际性公约。

## 一、联合国国际贸易法委员会统一产品责任法的工作

从20世纪70年代后，统一和协调国际产品责任法不仅已经提上联合国国际贸易法委员会的议程，而且也为联合国秘书长所重视。秘书长曾先后为产品责任提出了两份十分详尽而又重要的报告，即《关于国际贸易涉及的产品造成损害的责任问题》和《国际贸易所涉的产品造成损害的责任问题》。

1973年12月12日，联合国大会第二十八届会议通过了联合国国际贸易法委员会第六届会议工作报告的第3108号决议。大会在该决议第七段提请贸易法委员会："考虑宜否就生产者在国际间销售或分配的产品所造成的损害的民事责任，拟订统一规则。但须顾及委员会工作方案上的其他项目，考虑此事的可行性及最适当时间。"当时，挪威政府建议大会把产品责任的问题列入委员会工作方案，认为，如果能够建立国际统一规则，规定生产者对其产品造成人身伤害和财产损失应负何种民事责任，是会有利于国际贸易的正常发展的。

联合国秘书长曾根据联合国国际贸易法委员会的建议，在1973年向各国政府散发一份问题清单，以征集各国有关产品责任法的法律规则和判例以及各国政府对所涉各项问题的态度的资料。至1977年3月，联合国共收到了35国政府对所列出问题的答复。

秘书长于是在《国际贸易涉及的产品造成损害的责任问题：对各国政府关于产品造成损害的责任问题的清单答复的分析》这一报告中，把这35份答复所涉及的问题归纳为三大类，即有合同关系的产品责任、合同关系外的产品责任和法律改革的建议，并特别就有合同关系的产品责任和合同关系外的产品责任制度，较详尽地分析了35国政府现有立法、判例法对下列问题的立场和看法：

(1)产品责任是基于什么观念产生的？如明示合同协议、默示担保、过失原则、严格责任等；

(2)哪些作为或不作为可以引起产品责任？

(3)什么人应承担产品责任？

(4)是否由于产品引起损害的性质不同，其产品责任也不同？

(5)什么人可以有权要求损害赔偿？

(6)哪些类型的损失或损害可以得到赔偿？

(7)哪些抗辩理由可以成立？在法律上它们有什么效力？

(8)产品责任有没有确定的范围和限制？

(9)在什么问题上原告负有举证责任？在什么问题上被告负有举证责任？

秘书长的这份报告基本上把产品责任法的主要内容包括了进去，对更好地进行产品责任法的比较研究显然是有较大帮助的。

此外联合国国际贸易法委员会还曾于1975年4月1日至17日的第八届会议上审议了根据第七届会议的决定而编写的题为《为国际贸易制造的产品或国际贸易所涉的产品所造成的损害的责任问题》的报告，并请秘书长另编一份报告。秘书长在他的《关于国际贸易涉及的产品造成损害的责任问题》的第二份报告中，以极为丰富的资料，探讨了当前国际产品责任的一些大的问题；如：

(1)缺乏产品责任统一规则对国际贸易影响的程度；

(2)全球性统一是否较区域性统一易于实行及其优点；

(3)此事与已经或可能针对此事发展出来的保险计划之间的关系；

(4)限制赔偿责任的程度和方式，以及各种不同的限制办法的可能效果；

(5)应负赔偿责任的产品类型；

(6)应负赔偿责任者的类别和赔偿责任受惠者的类别，特别是关于对消费者的保护；

(7)可以取得赔偿的损害种类；

(8)属于统一规则调整范围的交易种类；

(9)任何提议的统一规则与许多国家国内法强制实施的产品安全标准之间的关系。

秘书长在报告中，说明了产品责任法的特征，评价了一般政策上的考虑因素；讨论了关于责任的各种不同观念以决定统一产品责任法的适当基础；说明并评价了与责任范围有关的一些其他条件因素和有关的理由；审查了责任基础或责任范围方面的提案对保险方面的影响，并包括有对未来可能采取的行动的建议。

联合国国际贸易法委员会第二全体委员会认为，由于许多国家还未对产品责任问题进行充分研究；此外，到目前为止，还未完全搞清楚一套统一法规对经济和保险方面可能发生的影响，因此，目前要在这个领域内统一法律，可能会使贸易法委员会在长时间内负担沉重。国际贸易法委员会在1977年6月17日第一百八十五次会议上决定通过第二全体委员会的建议，把这一问题暂时搁置起来，但是，认为如经委员会一个或几个成员发起，则可于今后某一届会议在委员会的工作范围内再审查这个问题。但从1977年至今，其间，产品责任法在各国又有了较大发展。可以预计，这一问题将会在联合国国际贸易法委员会再次被提起，并被纳入制定国际统一法规的轨道。

## 二、斯特拉斯堡公约

欧洲委员会(the Council of Europe)为统一成员国在产品责任领域的实体法规范，曾于1970年起草了一项关于产品责任的公约草案。1977年，欧洲委员会成员国在法国斯特拉斯堡(Strauerg)召开会议，通过了《斯特拉斯堡公约》。公约自1977年1月27日始由成员国签字，并将在收到第三份批准书的6个月后生效。

公约的一个重要特点是，它的目的并不在于取代缔约国关于产品责任的国内立法，而只在于有效地补充这些国家的国内立法，给受到产品损害的受害人提供更多的救济手段。其主要内容可以归纳如下：

### (一)公约的基本宗旨

公约的起草者认为，在公众和生产者的利益之间建立公正的平衡是非常必要的。从这点出发，他们一方面力求对消费者提供比国内法更大的保护，另一方面又尽可能促使生产者能够作出防范，避免未来可能产生的责任。

公约的起草者放弃了统一各国法律中目前规定的合同担保责任和侵权责任的打算，因为这将带来许多实际上难以解决的问题尤其会对合同法产生重大的影响。因此，他们决定制定一个不考虑当事人之间任何合同关系的特殊法律规则。

根据公约起草的意图，公约应采取严格责任。他们认为，在这个现代工业技术日新月异，新产品层出不穷、令人目眩神迷的世界里，各种风险是消费者不能预料和接受的。因此，“过失”应不再是生产者对危险产品承担责任的先决条件了。①

### (二)确定生产者责任的条件

1. 产品必须有“瑕疵”

根据公约的规定，生产者责任的基本前提是产品必须有“瑕疵”。而所谓“瑕疵”，即指“产品未提供人们有权期待的安全”。② 但是，由于产品损害并不是因瑕疵引起的情况也经常出现(因本身的危险或不可知的原因)，所以公约没有具体列出“瑕疵”的范围，并使用了“所有事实”这一具有广泛含义的词语。尽管如此，公约仍然指出，“介绍产品”属于“所有事实”中的一种。这意

① Bennard Hanotia, The Council of Europe Convention on Products Liability, 1978. Ga. J. Int'l Comp. L. Vol. 8, p. 329.

② 公约第3条(1)款、第2条(3)款。

味着“瑕疵”的概念包括使用产品的说明或广告。

2.“产品”的含义

根据公约规定，“产品”一词指“所有形式的、天然的或工业的，无论是加工过的还是未加工过的动产，即使它是安装在另外的动产或不动产里”。① 公约未把不动产列入产品的范畴，因为绝大多数欧洲国家对不动产都订有专门的法规。

3. 瑕疵与损害之间因果关系的证明

即使产品有瑕疵，但除非受害者能够证明瑕疵与损害之间有因果关系，否则生产者不承担责任。损害必须由疵瑕引起，这是确定生产者责任的一个重要条件。

(三)承担责任者的范围

根据公约的规定，如果确定责任的条件能够成立，生产者就必须对他投入流通的产品造成的损害负赔偿责任。公约第 2 条给“生产者”下的定义是，“成品或零配件的制造商以及天然物的制作者”。可见，公约并不把严格责任适用于那些在商业链条中仅起次要作用的商人。

如果生产者证明瑕疵是在其产品被投入流通之后产生的，则消费者就只能向卖方或任何其他根据国内立法可能承担责任的居间商人起诉要求赔偿。

公约第 3 条(4)款和(5)款规定了连带责任，即在产品的配件是由另外的生产者制造时，所有的生产者都要负连带责任。但是，公约对负连带责任者如何分担责任的问题没有作出规定。

在瑕疵产品的生产者身份不明的情况下消费者的利益如何得以保护的问题，公约规定，若产品未标明生产者，则每一个提供者将被视为生产者而承担责任，除非他在合理的时间内指明生产者或向他提供产品者的身份。此外，消费者不必确定其名字出现在产品上的人是否是真正的生产者。任何使其名字、商标或其他识别特征在产品上出现或将产品作为自己的产品加以介绍的人，均应视为生产者，而须承担同样的责任。最后，为了避免受害人因管辖权的阻碍无法对外国制造商起诉要求赔偿而遭受损失，公约规定进口商也应作为生产者对待；如果产品未指明进口商的身份，则由提供产品者承担赔偿责任。

(四)损害赔偿

公约仅仅适用于产品造成人身伤亡的责任，而不包括商品本身损失的责任。公约的起草者在拟定这一规则时主要出于以下考虑：(1)将严格责任限于

① 公约第 2 条(1)项。

人身伤亡，比较容易获得成员国的批准；(2)对商品本身损失的责任，可以通过后来的文件加以规定。

公约对提出赔偿的数额没有限制，受害人能够获得多少赔偿，取决于有关国家国内法的规定。

应该指出，公约的附录规定，批准国可以对同样的产品造成的损害的赔偿作出保留，限制赔偿额。但是，这些限制不得少于附录中规定的最低赔偿额。附录强调，这些限制单独适用于每个生产者。

(五)责任的减免

公约并没有绝对要求生产者在所有情况下都对其产品造成的损害承担赔偿责任，并规定在下列情况下，可免去自己的责任。

1. 生产者未将产品投入流通

生产者承担责任的条件之一是产品必须被投入流通。反之，如果生产者未将产品投入流通，则可免去他对该产品造成损害的责任。在实际生活中，这种情况时常发生，譬如生产者认为某种产品不适宜消费而不投入市场。

2. 产品在投入流通时没有瑕疵

造成损害的瑕疵如果在产品投入流通时不存在，则生产者不承担责任。但是，一旦造成损害，在通常情况下都推定产品在投入流通时存在着瑕疵，而由生产者反证这种瑕疵在产品投入流通时不存在或由第三人在此之后的行为造成的。

这种对瑕疵的推定，是公约的一个重要特点，同时也是严格责任必不可少的构成要素。它主要从两点出发：第一，由生产者反证瑕疵产生的原因比由消费者证明这一点更为方便；第二，生产者一般具有分摊其损失的可能性，所以应作出有利于消费者的规定。

3. 产品并非为销售的目的制造或并非经过商业渠道

根据公约的规定，公约仅适用于在商业过程中制造、出售的产品。反之，不为销售的目的生产或不经商业渠道流转的产品就不属于公约规定的产品范围。

(六)诉讼时效

公约试图在消费者和生产双方的利益上求得平衡的指导思想，在诉讼时效问题上也反映出来了，它规定了 3 年的诉讼时效期限，并自请求人知道或理应知道损害、瑕疵以及生产者的身份时起开始计算。

但是，为了防止无理诉讼，公约还规定，如在自造成损害的具体产品投入流通的 10 年内未提起诉讼，则丧失了请求赔偿的权利。

（七）免责条款的效力问题

公约不承认免责条款具有效力，规定，“不得以任何豁免或免责条款排除或限制本公约规定的生产者的责任”。这一规定与严格责任的基本原则是一致的。

（八）关于公约条款的执行

除了对公约附录中所涉及的事项可以保留者外，公约禁止缔约国以任何形式修正公约的条款，即令这种修正更有利于受害人。但是，对于那些公约尚未规定的问题，则允许缔约国按其国内法处理。

根据公约规定，公约的原则不适用于生产者之间的责任问题以及生产者或生产者与第三者之间的追偿问题。这些关系，一般由国内立法中的有关规则加以调整。

公约也不适用于核损害引起的责任问题，理由是它是由国内立法和其他国际公约特别处理的。

## 三、欧洲共同体指令

欧洲共同体于1973年组织专家委员会，研究统一欧洲共同体各成员国有关产品责任的法律，委员会于1974年、1975年、1976年先后提出了三个草案文本，并于1976年9月9日将同年通过的《欧洲共同体产品责任指令草案》提交欧洲共同体理事会和欧洲议会审议。经过长达10年的讨论，1985年6月各国主管消费的部长批准了“指令”，7月25日经共同体理事会全体会议通过。“指令”定于1988年正式施行。批准国家有英国、比利时、荷兰、卢森堡、法国、意大利、丹麦、希腊和前联邦德国。“指令”的基本指导思想和规定对产品责任法的发展具有重要影响。

（一）指令的基本宗旨

指令的基本宗旨可以概括为三点：(1)通过统一的法律，在欧洲共同体成员国内保持均衡的竞争；(2)促进商品的自由流转；(3)给消费者以同等的保护。为了实现上述目标，指令规定了两项基本政策：第一，有必要统一各成员国关于生产者对瑕疵产品造成损害的责任的法律；第二，最好通过采用“无过失责任”的概念取得这种法律的统一，因为这种概念在产品责任领域能给消费者以充分的保护。

（二）确立生产者责任的条件和原则

1. 产品必须有“瑕疵”

指令规定，商品生产者应对商品瑕疵造成的损害承担责任。关于“瑕疵”

的定义，指令提出，“瑕疵”是指“产品未给人们提供一个人有权期待的安全”。根据《解释性备忘录》的解释，这一标准必须依具体案件的情况按客观标准判断，这种决定只能由法院作出。

2. 瑕疵与损害之间有因果关系

也就是说，损害必须是由产品的瑕疵直接引起的。在通常情况下，受害者必须就这一因果关系举证。

3. “无过失责任”的原则

这一原则是指令的核心思想。它是基于政策上的考虑而提出的。根据《解释性备忘录》的解释，只有这种责任才能充分保护消费者的利益(受害者免除了对生产者一方的过失的举证责任)。此外，“无过失责任”也未给生产者强加不合理的负担，生产者可以通过调整价格和进行保险把这种负担转移到社会的广大消费者身上。

但是，如果生产者能够证明，在产品投入流通时，根据当时的科技知识并不能使他们知道产品的瑕疵，那么，他们对此类产品造成的损害不负责任。而在这方面，1976年的“指令草案”却作了相反的规定。“草案”明确指出：“即使根据生产者把商品投入流通时的科技发展水平认为其不会有瑕疵，生产者也要承担责任。”显然，草案的起草者们当时完全是从保护消费者利益的角度来考虑问题的，而正式通过的“指令”，则注意到了对消费者和生产者之间利益的平衡。

4. “产品”的含义

指令的正式条款里没有列举“产品”的范围，根据指令引言部分的说明，“产品”应包括所有形式的动产、农产品和工艺品，甚至是用于房屋建造或安装在房屋里的动产。《解释性备忘录》特别强调：第一，尽管成员国对不动产有特别规定，但对用于房屋建造或安装在房屋里的动产仍然应视为“产品”；第二，不应对工业产品和工艺品加以区别，虽然后者造成损害的可能性和危险比前者小，但同等地保护消费者的政策要求生产者承担赔偿损害的责任。

(三)承担责任者的范围

指令给“生产者”下的定义包括所有参与商品生产的人。《解释性备忘录》尤其阐明了零配件生产者的责任，认为：在某产品的零配件生产者是几个人时，仅那些在制作上有瑕疵并使最后的产品有瑕疵的生产者负有责任。

“生产者”还包括那些虽然自己没有参与产品的制造，但通过识别标志表明自己是产品生产者的人。《解释性备忘录》认为，这些人与真正的生产者一般都有密切的经济联系，他们通过使用自己的商标等向社会表明，他们是产品的生产者，在这种情况下，如果只允许受害人向真正的生产者(在许多情况下，受害人不知道或难以向他起诉)要求赔偿显然会造成不公正。

如果从产品上难以确定生产者的身份，指令规定提供产品者则被视为生产者而承担赔偿责任，除非他在合理时间内指明真正的生产者或向他提供产品者的身份。

这些原则同样适用于从非欧洲共同体成员国向欧洲共同体输入产品的进口商。指令对此提出的理由是：非欧洲共同体成员国可能在诉讼程序方面对受害人有不利的规定，将进口商视为生产者能更有效地保护消费者，同时进口商还可通过合同向产品的提供者索赔。对于欧洲共同体成员国之间因进口商品造成损害的案件，受害人可以根据欧洲共同体1968年《关于民事和商事问题的管辖权及执行法院判决的公约》的规定，直接向有关生产者起诉要求赔偿。

指令还规定了生产者的连带责任。这一规定对受害人具有重要意义：他有权选择向其经济地位最有能力赔偿的人起诉，而无需对所有负连带责任的人起诉。但指令明确指出它不调整负连带责任的生产者之间的索赔偿关系，这些关系由各成员国的有关国内法调整。

(四)损害赔偿

根据指令规定，“损害”包括人身伤亡和财产损害。但对“财产”，指令规定仅指为个人使用和消费的，而非为贸易、商业或职业的目的所需要或使用的。

在赔偿方面，指令规定，对消费者或使用者因瑕疵产品造成死亡的赔偿，应包括受害人从开始受伤害到死亡时的全部应得收益，以及从死者那里得到扶养的人应取得的收益(即死者的配偶或亲属享有的权利)。至于“人身伤害”的赔偿，则应包括治疗费用以及恢复健康和丧失谋生能力的费用和损失。

《解释性备忘录》排除了“精神损害”和“非物质损害”，但它强调并不反对根据国内立法获得这类损害的赔偿。《解释性备忘录》也拒绝了对商业领域里经济利益的损害的赔偿，认为这些问题应由其他规则解决。

最后应该指出，“损害赔偿”不包括产品本身的损失。瑕疵产品的生产者固然应该对这种形式的损失负赔偿责任，但有关更换产品或提供适合于特殊用途产品等方面的责任，一般应由成员国关于商品买卖的法律加以规定。

(五)对生产者责任的限制

指令在赔偿额和索赔的时间上对生产者的责任作了一些限制。

在赔偿额方面，指令对人身伤害和财产损害规定了不同的上限。指令和《解释性备忘录》认为，人身伤害涉及最重要的法定权利，所以应规定较高的上限。这一上限是一个总的责任限额，包括对大规模生产的同一类产品造成损害的所有受害者的赔偿。指令对单独的损害赔偿案件没有规定赔偿额的上限，在实践中以总的限额为上限。这给消费者提供了较大的保护。《解释性备忘录》认为，具有相同瑕疵的同一类产品造成的损害是“大规模的损害”（mass damages），这种现象是极为少见的。超过这种损害的情况更少，可称为“重大损害”（major disasters），没有必要以这种极为罕见的案件为一般赔偿的标准。

同时，指令对动产和不动产的损害赔偿也规定了不同的责任限额，因为这两类财产在价值上是有很大差异的。

赔偿额以欧洲计算单位表示，这就解决了因各国货币的不统一而造成的计算赔偿的困难。指令还规定，欧洲共同体理事会将根据共同体内的金融动态，每3年复核一次，以稳定责任限额。

指令的起草者规定生产者责任的赔偿最高额的限制，主要出自对经济和生产发展的担心。他们认为，如果采用“无过失责任”而不对赔偿适当以限制，则可能使生产者放弃发展新产品或继续经营，这对经济和生产的发展必然会带来不利影响。此外，生产者为了自助，也可能大幅度提高产品价格以抵销责任保险的开支，从最终的结果来看，这些都不符合消费者的利益。

关于诉讼时效的限制由指令第8条(1)款规定。在通常情况下，受害者提起诉讼的时效为3年。诉讼时效自受害者知道或理应知道所受到的损害、瑕疵以及生产者身份时开始。

为了平衡消费者与生产者的利益，指令还规定了10年的“责任时期”，《解释性备忘录》认为，生产者不应无限期地承担产品责任，因为任何产品经过使用都会出现老化的现象。

上述两种时效的效力是绝对的。因此，各成员国有关此类诉讼时效的法律规则不能中断或中止指令规定的时效。在损害赔偿诉讼未结案时，原告并不因为时效期满而丧失其任何权利。所以，由受害者在时效期间提起诉讼是中止诉讼时效的唯一理由。

（六）免责条款的效力问题

《解释性备忘录》认为，如果指令规定的生产者的责任要受“契约自由”原则的支配，则难以达到公正和充分地保护消费者的目的。生产者的责任是强制性的，它不受生产者和消费者之间协议的约束。从严格的意义上讲，指令关于免责条款效力的规定不仅适用于利用合同限制或免除生产者责任的情况，而且适用于生产者提出的任何要求消费者自己承担使用产品的风险的建议。

(七)关于指令的执行

指令不适用于因核事故引起的伤害和损害。《解释性备忘录》指出，由于所有成员国都有关于使用原子能的特别规则，故在这方面发生的问题由这些特别规则解决。

指令没有规定成员国可对指令条款作出保留。成员国必须在 18 个月内制定履行本指令的必要规则，并将其以后通过的国内法律中和指令所涉及的问题有关的主要规则通知欧洲共同体的有关机构。

## 四、关于产品责任法律适用的海牙公约①

产品责任问题是一个经常产生法律冲突的领域。1967 年美国出席海牙国际私法会议的代表提议将产品责任的法律适用问题列为会议议题。1973 年，海牙国际私法会议通过了《关于产品责任法律适用的公约》。这是国际上为统一产品责任法律适用的首次尝试。

(一)公约的基本宗旨和适用范围

根据公约的规定，本公约主要用于解决涉及产品责任的国际性诉讼案件：确定制造商以及公约第 3 条所指的有关者对产品造成损害的责任的准据法。因此，凡属成品或零配件的制造商、天然产品的生产者、产品的提供者、产品准备或分销链条上的其他有关者，包括修理人和仓库业主，以及上述人员的雇员和代理人的产品责任的法律适用问题，都由公约确定。

公约明确排除了纯合同性质的责任。这是公约规定的一个例外，这种纯合同性质的责任是指在产品的所有权或使用权由被告转至受害人的情况下所产生的责任。公约排除这种责任的理由主要是，这种关系应由其他有关法律调整，排除这种关系是为了使更多的国家接受公约的规则。

为了保证公约适用的准确性，公约解释了三个重要的概念：

1.“产品”

公约给“产品”下的定义是指天然和工业产品，而无论其是未加工的还是加工过的，也无论其是动产还是不动产。

2.“损害”

根据公约的规定，“损害”指人身伤害、财产损害以及经济损失。但是，

---

① 《关于产品责任法律适用的公约》(*Convention on the Law Appliacale to Products Liability*，下称公约)有 8 个国家签字，它们是：葡萄牙、法国、意大利、卢森堡、荷兰、挪威、比利时、前南斯拉夫。

除非与其他损害有联系，产品本身的损害和间接经济损失不属于“损害”之列。

3. “人”

公约认为，“人”的概念应包括法人和自然人。

(二)公约关于准据法的规定

公约采取了一种新的确定准据法的方法。根据规定，如果损害地所在国同时是直接遭受损害者的习惯居所地，或被告的主营业所所在地，或受害者得到产品的所在地，则准据法为损害地所在国的国内法。然而，公约这一规则的适用受到第5条规则的限制，即若受害人的习惯居所地所在国同时是被告的主管业所在地或受害者得到产品的所在地，则准据法为受害者的习惯居所地所在国的国内法。

以上两条规则可能包括大多数涉外产品责任诉讼案件的情况。对于依这两条规则仍不能确定准据法的产品责任案件，公约提出了一条补充规则，即除非原告根据损害地所在国的法律提起诉讼，否则将适用被告主营业所所在国的国内法。

这三条规则是公约关于准据法的主要规则。它们具有以下特点：

(1)明显反映了产品责任诉讼案件的特征，在法律选择上考虑多种连结点；(2)以损害地国家的国内法为基本的准据法，只要直接遭受损害者的习惯居所地或被告的主营业地，或直接遭受损害者取得产品的所在地也在该国。同时又规定，如果直接遭受损害者的习惯居所地所在国也是被告的主营业地或直接遭受损害者取得产品的所在国，则应适用直接遭受损害的人的习惯居所地法；(3)从这三条规则中可以看出，公约在确定产品责任应适用的法律时，是以最密切联系为指导原则的。这当然是为了便于诉讼的进行和对受害人提供有力的司法保护。

作为一种利益的均衡，海牙国际私法会议为避免过分损害被告的利益，根据公约的规定，如果被告证明他不可能合理地预见其产品或其同类产品会经商业渠道，在损害地所在国或直接遭受损害者的习惯居所国使用，则不得适用公约第4条、第5条和第6条确定的损害地所在国或直接受害者的习惯居所地所在国的国内法。这一条的规则是保护被告不受不可预见的或不公正的法律的影响，限制原告选择法律的权利。①

(三)公约规定的准据法适用范围

根据公约的规定，准据法的适用“尤其”包括：责任的依据和范围；责任

① C. G. J. Morse, Torts in Private International Law, 1978, p. 343.

的免除、限制和划分的理由，损害赔偿的种类，赔偿形式和范围，获得赔偿的权利的转让和继承，依其权利可以要求赔偿的人，委托人对其代理人或雇主对其雇员的行为的责任；对与确定责任的法律有关的准据法规则的举证责任，关于提出请求的权利和诉讼时效的规则，包括请求权利或诉讼时效开始、中断和中止的规则。

值得注意的是，公约在规定准据法的上述适用范围时使用了“尤其”这个词，这意味着公约并不排除解决产品责任案件里产生的其他问题。

(四)关于公约的执行

根据公约的规定，只有在明显违反公共政策的情况下，才能拒绝适用根据公约确定的准据法。此外，执行公约的条款不受互惠的影响，即令要适用的准据法是非缔约国的法律，也应根据公约的规定予以适用。

然而，公约的上述规则也不是绝对的，公约规定了几种例外：(1)适用第4条、第5条和第6条的规则不应排除对产品所输入的市场所在国施行的行为和安全规则的考虑；(2)如果根据公约第4条和第5条的规定，具有统一法律制度的国家并非一定要适用另外一个国家的法律，一个国内不同领土单位有其自己的关于产品责任的法律规则的国家并非一定要适用本公约；(3)如果缔约国有两个或两个以上的领土单元有自己的关于产品责任的法律规则，它可限定公约适用的领土范围，并可随时以声明的方式修改其适用范围；(4)公约不超过缔约国是或可能成为当事国的涉及产品责任其他特殊方面的公约的效力；(5)缔约国可保留公约规定允许保留的权利。

## 五、小结

斯特拉斯堡公约和欧洲共同体指令是截至目前为止在国际范围内处理产品责任问题最早、也是最重要的两个国际性公约。这两个公约的产生说明产品责任问题已为国际社会所重视。

斯特拉斯堡公约和欧洲共同体指令最重要的共同点是，两个公约都采纳了严格的产品责任说；两个公约都开宗明义地强调在生产者和消费者之间建立一种平衡关系，促进产品的自由流通和成员国的竞争。

尽管如此，两个公约在内容上还是有差异的，这主要表现在：(1)斯特拉斯堡公约规定的生产者责任仅仅限于产品造成的人身伤亡，而欧洲共同体指令不仅包括人身伤亡的责任，而且包括对财产损害的责任；(2)欧洲共同体指令规定了赔偿限额。

斯特拉斯堡公约和欧洲共同体指令提出的严格责任说与美国产品责任法里

的严格责任说基本上是一致的，即无论受害人和制造商之间是否存在着合同关系，或制造商在生产产品的过程中是否尽全力做到了谨慎，受害人都有权就瑕疵产品给他造成的损害获得赔偿。但是，斯特拉斯堡公约和欧洲共同体指令在严格责任说的实施方式、范围等方面与美国法律的有关规则还是有明显区别的。第一，在举证责任方面，前者不要求受害人(消费者或第三人)承担证明被告疏忽行为的义务，但根据美国的判例法，尽管受害人无需证明被告的疏忽行为，但仍然要证明产品在离开被告控制时已经存在着瑕疵。第二，在严格责任的范围上，前者把生产者和卖方的定义对立起来，明确把中间商人排除在承担严格责任的范围以外。而美国法律规定的承担严格责任的范围包括制造商和产品的其他提供者。第三，欧洲共同体指令不允许把产品投入流通时的科技工艺水平作为抗辩理由，而美国许多法院认为，如果制造商的设计符合产品制造时通行的技术标准，则不承担所谓设计瑕疵的严格责任。第四，欧洲共同体指令规定的损害赔偿范围包括人身伤害和财产损害。对于人身伤害的赔偿包括医疗费，使受害人恢复健康的一切费用以及收入方面的损害的赔偿包括医疗费、使受害人恢复健康的一切费用以及收入方面的损失，但不包括美国判例法承认的“精神损害”和“非物质损害”。对于财产损害，指令规定只有通常供个人消费或使用的财产才属于赔偿之列。并确定了总的赔偿限额。而美国法律并无上述限制。

斯特拉斯堡公约和欧洲共同体指令是国际上有关产品责任的开拓性文件，其意义是深远的。但是这两个国际文件只是对欧洲的有关国家有效，其适用范围是有限的。

产品责任法作为一个独立的法律部门首先在美国产生，继而被西方资本主义国家所确立和仿效，到今天已经发展成为一个重要的法律制度。普遍的国际性立法则是产品责任法发展的一个新阶段。鉴于产品责任问题直接关系到各国商品经济生产和对外贸易，一些资本主义国家，尤其是经济实力雄厚的资本主义工业强国以产品责任法为手段，对产品的生产、销售等方面提出较高的要求，限制外国产品的输入，保护本国市场，它们这些作法遭到愈来愈多的国家，特别是发展中国家的强烈批评。可以预料，在这个领域里制定统一的产品责任实体法将是十分艰难和充满激烈斗争的。因而，在另一领域，通过统一冲突法来调和各国实体法方面的矛盾，经海牙国际私法会议制定的《关于产品责任法律适用的公约》就起到了重要的作用。从它关于产品责任案件的三条基本准据法的规定可以看出，它既保留了与侵权行为的法律适用规则基本一致的法律选择规则(即以损害地国家的法律为主要的准据法)，又接受了“侵权行为特有法”的新概念，不拘于单一的连结因素。此外，海牙公约规定的产品责任的法律适用规则，与一般的侵权行为的损害地规则还有所不同，即前者特别强调直接遭受损害者的习惯居所地国家的法律。因此，海牙公约规定的法律适用原则，对于解决涉外产品责任案件中的问题具有合理和灵活的特点，它充分考虑到受害者和损害发生地国家的利益。这是海牙公约确立的法律适用原则受到许多国家重视的一个重要原因。

## 第四节　关于进一步完善我国产品责任法律制度的建议

### 一、我国立法现状

1993 年 2 月 22 日，《中华人民共和国产品质量法》在第七届全国人大常委会第三十次会议上获得通过，并于 1993 年 9 月 1 日起施行。在侵权赔偿责任方面，依据我国《民法通则》确定的民事赔偿原则，并参考了国外产品责任法的规范，制订了这里所指的产品责任法律规范。在此之前，我国除《民法通则》第 122 条及其他少数有关立法中的个别条文规定之外，没有形成系统的产品责任法，涉外产品责任制度则更不健全。但是，《产品质量法》的出台是否就意味着我国产品责任法律制度已至臻完备呢，我们认为并不能简单地作出定论。因为《产品质量法》中关于产品责任的规定过于原则、抽象，和国外的有关法律相比较，还存在诸多不完善之处。因此，如何进一步完善我国的产品责任立法就提上日程。

### 二、关于我国产品责任法的适用范围和基本原则

我国产品责任法主要应以调整侵权性质的产品责任关系为对象。这种产品责任，仅指产品提供者对因其产品瑕疵而致使消费者或使用者的人身、财产遭受损害所应承担的民事责任。至于合同性质的产品瑕疵担保责任，则应由有关合同法调整。其次，我国的产品责任法所适用的财产损害，也应像欧洲共同体指令第 6 条那样，明确规定此种受损害的财产应是供个人使用或消费的类型，不包括请求人为其贸易、商业或职业的目的所需要或使用的财产。

我国的产品责任法应以保护消费者的人身和财产不受瑕疵产品的损害为首要原则。这是因为产品责任法在本质上讲，是作为个人的消费者利益保护法而产生和发展起来的。因为，作为个人的消费者，无论在安全知识、安全设施、经济力量和法律保障方面，一般都处于较弱的地位，需要提供特别的保护。而

为其贸易、商业或职业的目的而需要购进和使用特定商品时，他们对商品性能，安全措施都比较熟悉，加之他们与特定商品的供应厂商都有合同关系存在，其财产即令因使用特定的瑕疵产品而致害，可以依据合同法追究对方的责任。

我国的产品责任法还应以有利于进一步推动我国经济体制的改革和不断提高企业经营的经济效益为基本原则。有利于促进经济体制改革为目的，使产品责任法成为一种重要的法律手段，正确调整产品生产，销售和消费领域里的侵权关系。通过合理、明确地规定有关企业的产品责任，并在市场杠杆的作用下，引进竞争机制，做到优胜劣汰，以督促企业不断提高生产技术和管理水平，以创造出更多更好的高质量产品，迅速扭转目前许多企业产品低劣、不断损害消费者利益的状况。

我国产品责任法的第三项基本原则，应是从我国当前的实际出发，合理确定生产者和销售者的产品责任。在我国尚处于社会主义初级阶段，商品经济还很不发达的历史时期内，固应坚决保护消费者的利益，但如加生产者和销售者在一般情况下不可预见甚至不可想象的责任，也是会妨碍生产的发展的，使生产者和销售者承担过份的讼累。据报导，在美国，已因加生产者和销售者以过高的责任，仅 1982 年上半年，便发生产品责任诉讼 8944 件，裁判的赔偿金额达 2. 4 亿美元。这种教训，我们自应吸取。我国的产品责任法的第四项基本原则，应是在处理涉外产品责任案件时，既重视保护我国公民和法人的合法权益，又重视发展平等互利的贸易交往关系。

### 三、关于我国产品责任法的各项具体法律制度

1. 关于我国产品责任的责任原则

从我国当前的国情出发，在社会主义初级阶段，产品责任法既不能只采用传统的过错责任原则，也不宜完全采用严格责任原则。比较恰当的做法，是以过错责任原则为主，同时兼采严格责任原则，即对大多数产品的提供者仍适用过错责任原则，而对少部分特定产品的提供者，如高度危险产品的提供者，适用严格责任原则。之所以这样，主要是考虑到我国目前生产力发展水平较低，商品经济还很不发达，如果我们不顾具体国情，而盲目采用欧美某些发达国家已经采用的产品责任严格责任原则，那么，由此而制定出来的、超越我国社会主义初级阶段生产力发展水平的产品责任法必将妨碍广大生产者和其他产品提供者的生产经营的积极性，以至阻碍我国商品经济的发展。对于大力发展我国的对外贸易也会产生不利影响，增加外国法院依我国法律对我国厂商追诉产品

责任的机会，使我方限于被动。

但是，如果我国产品责任法仍完全以过错责任原则为归责基础，那么，很显然，这与现代社会化大生产时代以买主利益、以消费者利益为中心的变革趋势不相协调。完全以过失为归责基础，将在频繁发生的产品责任案件中，增加原告的举证责任，使原告难于获得赔偿。同时也不利于促使生产者和销售者改进生产技术和销售方式。至于对那些具有高度危险性的产品(如易燃、易爆、剧毒、放射性物品)的生产者和销售者，为促使他们以极其谨慎的态度和高度的责任感去从事生产和销售活动，以尽量防止和避免因该类物品瑕疵引起损害而造成消费者或使用者人身或财产的重大损失，更宜以无过失责任原则为基础。

2. 关于产品责任中的权利主体(或可作为原告的人)

我国产品责任法中可以规定，有权请求损害赔偿的人，既包括与生产者或销售者有直接合同关系的人，也可以是其他使用人或旁观者。这是因为产品责任法的宗旨既在保障消费者人身和财产的安全，它的生产者和销售者就应该事先考虑到他一旦通过流通渠道提供的产品进入使用和消费过程可能造成使用人和旁观者的人身或财产损失。

3. 关于产品责任中的责任主体

依《民法通则》第 122 条的规定，产品责任中的责任主体主要是产品制造者和销售者。但究竟何为产品的制造者？何为产品的销售者？在法律上也应有明确的范围。我们倾向于接受海牙公约的观点，他们应包括产品或零配件的制造商；天然产品的生产者；产品的提供者，产品的准备或分销商业过程中的其他有关者(如设计人、修理人、运输人和仓储人等)其所以应该就可作为产品责任的被告人作以上比较广泛的规定，目的在于促商品生产和销售全过程中的每一有关者都关心产品的质量并防止产品危害人身的财产安全的情况发生。

4. 关于产品责任诉讼中的举证责任问题

基于我国民事诉讼法第六章关于证据的规定，当事人对自己提出的主张，有责任提供证据。在产品责任中，原告如以疏忽或过失为归责根据请求赔偿时，当然应负责证明产品提供人存在疏忽或过失，因而产品有瑕疵，此种瑕疵导致了原告人身和财产的损害。在原告以严格责任为归责根据请求赔偿时，也应负责证明产品有瑕疵，自己的损害正是由此瑕疵产品所致。

在这方面有一个最关重要的就是如何判定证明了产品有瑕疵的问题。当然，在一般情况下，是指已证明有产品设计或结构上的缺陷，或证明未组织好良好的生产和检验制度，或证明未提供正确使用的说明或未就产品的潜在危险提出警告。但是是否也可以采用推定的方式，即凡产品未给人身和财产提供人们有权期待的安全，则该产品即可被认为存在瑕疵呢？允许采用这种推定，当然有诸多的好处，其中最主要的是可减少原告举证上的困难。原告一般都缺乏各种商品生产技术标准和规格方面的知识，要求他们去证明产品设计和结构上的缺陷或未组织良好的生产和检验制度，是十分困难的。因此，未尝不可允许采用这种推定。但究竟何为“有权期待的安全”，是一个须综合多方面的因素，由法官加以自由裁量而决定的标准，因而在实践中，应从严掌握，不宜失之过宽。

5. 关于责任的减免和免责条款的效力

结合产品责任法的性质和作用，我国的产品责任法可以考虑规定在以下一些情况下，得免除或减轻责任人责任：

(1)提供者对于非经商业渠道进入使用和消费领域的产品所造成的损害不负责任。

(2)造成损害的产品瑕疵在离开制造人或销售人的控制之前并不存在，但是如民法通则第 122 条第二段中指的那样，瑕疵是在运输或仓储过程中，因运输人或保管人的疏忽而造成的，在制造人或销售人赔偿了受害人的损失后，他们有权向运输人或仓储人要求赔偿。

(3)为产品投入商业流通时的科技水平或工艺水平所不能察觉的产品瑕疵造成的损害，提供者不负产品责任。

(4)完全是因为不可抗力因素而造成的产品损害，提供者不负责任。

(5)因受害人自身的过错而造成的产品损害(如受害人非正常使用产品而造成的损害等)，可视其过错的大小，而免除或减轻产品提供者的产品责任。

# 第七章　国际民事诉讼程序中的趋同化问题(一)

## 第一节　国际民事诉讼程序法的新发展

二十世纪五六十年代以来，世界经济呈现经济国际化，区域经济集团化的发展趋势，客观上要求统一的调整国际经济活动和国际民事诉讼活动的规范。在这种形势下，欧洲一些国家出现了以单行法规规定冲突规范和国际民事诉讼程序规范的立法趋势；近来制定的国际民事诉讼程序公约也改变了过去总是力图制定包括各方面内容的综合性公约的做法，公约的内容正日益专门化；在外国人民事诉讼地位方面，国际社会在普遍赋予外国人国民待遇的基础上，对他们的限制正趋于宽松，一些国家的立法，不再以彼此间有条约和互惠为前提，而仅仅以对等原则加以控制；就国际民事案件的管辖权，各国间在行使一般管辖根据上的传统对立和冲突伴随着大陆法系国家和英美法系国家纷纷提高了习惯居所的地位而趋于协调，同时，协议管辖也逐渐为国际社会所普遍接受；在司法协助和外国判决的承认和执行上，国际社会也适应当代国际经济贸易发展的需要，逐步放宽了对司法协助和承认与执行外国判决的条件限制，努力加强了各国间的合作和协调，简化了司法协助和承认与执行判决的程序。国际民事诉讼程序法的趋同化的倾向正朝着有利合作，便于诉讼和外国判决在内国承认与执行的方向发展。

### 一、国际民事诉讼法的新发展在立法模式上的表现

国际民事诉讼程序法的最初立法渊源是国内立法。早在托勒密王朝时代，在亚历山大等城市就设立了特别的“城邦法院”以审理有希腊血统的城邦居民之间的案件。在封建制度下，国际民事诉讼程序法在法理上经历了由坚持属人主义到地域主义以及注释学派时期的转变，其间最有意义的是区分了程序方面

的争议和判决方面的争议。① 18 世纪后，伴随着资本主义生产方式的确立，资本主义各国相继在自己的民事诉讼法典、民法典、法院组织法、财产扣押法、国际私法典及其他法典中分散设置了一些国际民事诉讼程序法的条文，如1806 年《法国民事诉讼法典》第 509 条、第 643 条、第 644 条、第 683 条、第733 条和第 745 条分别就承认外国法院判决在法国的执行力，期间，送达方式，司法协助等内容作了规定。星斯勒认为造成这种局面的原因是缺乏一个能使各种不同的国际民事诉讼法规则组成一个单一整体的共同性标准。第二次世界大战以来，一些国家为了解决日益增多的涉外民事争议，保护本国法人和公民在国外的利益，或者在国内民事法典中列一专篇专章规定涉外民事诉讼程序法，或者颁布专门的国际民事诉讼程序法规；而从 60 年代以后，伴随着欧洲国家兴起的以单行法规制定国际私法的高潮，在立法中也出现了把冲突规范和国际民事诉讼程序规范合并规定的新趋势，如 1979 年《匈牙利国际私法》，1982 年《南斯拉夫法律冲突法》以及 1974 年《阿根廷国际私法条例》(草案)，1982 年《土耳其国际私法和国际民事诉讼程序法》等。甚至 1987 年《瑞士国际私法》还将冲突规范和国际民事诉讼程序规范揉合在一起，按照法院处理涉外案件所涉及的问题，分别就涉外案件的管辖权、法律适用、判决的承认和执行作出相应规定，大大提高了法律的可操作性。

18 世纪意大利法学家孟西尼首倡统一冲突法和国际民事诉讼程序法，一个世纪来海牙国际私法会议在统一国际民事诉讼程序法的进程中呈现两个显著特点：其一，在海牙国际私法会议通过的公约中，有关国际民事诉讼程序方面的数量最多，修改也最频繁。例如：海牙国际私法会议从其成立初期就致力于国际民事诉讼程序公约的拟定。1890 年通过了第一个民事诉讼程序协定，该协定不久便为 1905 年的民事诉讼程序公约所替代。“二战”后，这些公约的内容已无法满足新形势的要求，于是，1954 年国际民事诉讼程序公约便修改了1905 年的公约，但其全部内容又分别为 1965 年的《民商事件诉讼和非诉讼文件国外送达和通知公约》，1970 年《民商事件国际调取证据公约》和 1980 年《国际司法救助公约》所代替。这一过程表明，当前，涉外民事诉讼不断增多，加强国际间司法合作的愿望日见迫切。其二，原先，人们总是试图制定综合性公约，既使是某一专题的公约，也力求涉及与此相关的一切问题。事实证明，这种企图是不切实际的，由于各国法律的歧异普遍存在于各个方面，要求统一立

① 参看李双元、谢石松：《国际民事诉讼法概论》，武汉大学出版社 1990 年版，第49~50 页。

法的内容太多，大大增加了谈判起草的难度，造成公约迟迟不能产生，既使拟定了，又因各国无法同意其中的所有内容，致使公约不能生效。因此，从目前情况看，各机构都不倾向于制定综合性公约，立法的范围正愈益变小。例如：美洲国家国际私法会议，在早期，无论是1888年蒙得维的亚会议通过的包括国际刑法、著作权法、国际民法、商法、诉讼法等内容的条约草案，或是1928年哈瓦那会议通过的包括国际民法、国际商法、国际刑法、国际诉讼法的布斯达曼特法典，还是1939年第二次蒙得维的亚会议通过的国际民法、陆商法、海商法、刑法、诉讼法等条约草案，均因各法典试图解决的问题过于广泛，因而许多国家对它们或是不参加，或是参加时、多有保留声明，实际上影响并不大。以后，美洲国家组织国际私法会议总结了以往的教训，选择了各国分歧不大而又亟待编纂的几个专题。在1975年举行的第一届美洲国家国际私法会议上通过了《美洲国家间关于国外调取证据的公约》、《美洲国家间关于嘱托书的公约》，1979年召开的第二届国际私法会议上又一次通过了《美洲国家间关于执行预防措施的公约》、《美洲国家间关于外国法证明和查询的公约》、《美洲国家间关于嘱托书的公约的附加议定书》、《美洲国家关于外国判决与仲裁裁决的域外有效的公约》，在1984年的第三届国际私法会议也通过了《关于在国际范围内实现外国判决域外效力的管辖权公约》和《关于国外取证公约的附加议定书》。立法者这种避难就易、求同存异的做法，正是当代国际民事诉讼程序法在立法方式发展中的一个显著特点。

## 二、国际民事诉讼法的新发展在各种程序制度上的表现

### (一)关于外国人民事诉讼地位

外国人享有与当地居民同等的民事诉讼权利和承担同等的民事诉讼义务，是外国人民事诉讼地位方面公认的准则。在传统的各国民事诉讼立法和有关的国际条约中，一般都规定外国人和本国人有相同的民事诉讼权利和义务，并以条约和互惠为前提。如1804年《法国民法典》第11条规定："外国人在法国享有与其本国根据条约给予法国人的同等的民事权利。"1928年《巴斯塔曼特法典》第317条也规定："缔约各国不得根据事物管辖和对人管辖在国际关系范围内区别有关当事人是本国人还是外国人的身份，而使后者不利。"在当前，出现了一些国家的国内立法在赋予外国人民事诉讼地位方面的国民待遇时并不以条约或互惠为基础，而仅以对等原则加以控制的现象，如前《苏联民事诉讼纲要》第59条规定："外国公民有权向苏联法院提出请求，并享有和苏联公民同等的民事诉讼权利。外国企业和组织有权向苏联法院提出请求，并利用民事

诉讼权利保护自己的利益。对于实行特别限制苏联的公民、企业或组织的民事诉讼权利的国家，苏联部长会议可以对其公民、企业和组织规定对等的限制。”再如《中华人民共和国民事诉讼法》第5条规定：“外国人、无国籍人、外国企业和组织在人民法院起诉、应诉，同中华人民共和国公民、法人和其他组织有同等的诉讼权利和义务。外国法院对中华人民共和国公民、法人和其他组织的民事诉讼权利加以限制的，中华人民共和国人民法院对该国公民、企业和组织的民事诉讼权利，实行对等原则。”另外，在国际条约中，也出现了限制甚至取消诉讼费用担保制度的倾向。1954年《国际民事诉讼程序公约》的第3、4两章规定了经济困难的当事人得请求免减诉讼费用，1980年海牙会议制订的《国际司法救助公约》取代了上述公约的有关规定，并在以下方面加以了发展。首先，在受益人范围上，1954年公约只规定缔约国国民才可在其他缔约国内享受救助，而1980年公约则将受益人的范围扩大至诉讼时缔约国没有惯常居所，或以前曾在缔约国没有惯常居所的人。其次，1980年公约还将诉讼救助的范围扩大到文件送达、判决执行以及法律咨询的费用。在对于申请诉讼救助的条件上，1980年公约也取消了当事人必须持有“贫穷诉讼人免缴诉费”的证明文件的要求，而根据具体情况予以处理。

（二）关于涉外案件的管辖权

涉外民事案件的管辖权是一国司法机关审判具有涉外因素的民事案件的权限。当代国际上还没有统一的国际民事管辖权制度。长期以来，以1804年《法国民法典》为代表的拉丁法系国家，在确定国际民事管辖权上除以被告的住所地为根据外，当事人的国籍也起着一定的作用。而以1877年《德国民事诉讼法》为代表的日尔曼法系国家则原则上依地域管辖原则来确定国际民事管辖权。但在英美法系国家，却从“有效原则”出发，以被告身在受诉法院境内并经送达传票为根据来确定国际民事管辖权。近年来，随着国际经济贸易的发展和各国人民交往的频繁，上述各法系国家在对涉外民事案件行使管辖权根据上的传统对立出现了趋于缓和的情势。如1968年9月欧洲共同体六国（法国、前西德、意大利、荷兰、比利时、卢森堡）在布鲁塞尔签订了《关于民商事案件管辖权和判决执行公约》（以下简称《布鲁塞尔公约》）。该公约第2条规定“除本公约有特别规定的以外，要对一个在缔约国有住所的人提起诉讼，不论其国籍如何，必须在该国法院进行。”1978年英国、爱尔兰和丹麦，1982年10月希腊、1989年5月西班牙和葡萄牙参加欧洲共同体时，都接受了这个原则。1988年9月欧洲共同体和欧洲自由贸易联盟（奥地利、芬兰、冰岛、挪威、瑞典、瑞士）在瑞士的罗迦诺签订了《关于民商事案件管辖权和判决执行公约》

(以下简称《罗迦诺公约》)，该公约第 2 条也规定了被告人的住所为解决法院管辖权的基本根据。《罗迦诺公约》第 2 条的约文与布鲁塞尔公约第 2 条是一样的。为了避免大陆法系国家和英美法系国家因对住所的定义不同而产生冲突，海牙国际私法会议通过的一系列国际公约，都以惯常居所来代替住所，1955 年海牙国际私法会议通过的《关于本国法与住所地法之间的法律冲突公约》第 5 条把住所定义为“一个人惯常居住的处所，除非其住所取决于他人的住所或机关所在地”，这个公约实际上把住所和惯常居所作为同义语。莫里斯说“惯常居所很早就是海牙国际私法会议喜欢采用的术语”一些欧洲国家的法律，如 1986 年《德国民法施行法》、1978 年《奥地利国际私法》、1967 年《法国民法典》第 2 草案，1987 年《瑞士国际私法》等也接受以惯常居所的概念来代替住所的概念。英国早在《1963 年遗嘱法》中就已采用“惯常居所”的概念，在参加欧洲共同体《关于民商事案件管辖权和判决执行公约》后，为了执行这个公约，1982 年英国通过了《民事管辖权和判决法》。该法第 41 节对住所的定义作了修改。它把住所在联合王国定义为“居所在联合王国并同联合王国有实质联系。”据莫里斯和诺斯解释，实质联系是指居住 3 个月以上，除非有相反的证明。”①此外，当代国际社会在解决一个人住所的积极冲突和消极冲突方面的新发展是 1979 年 5 月美洲国家在蒙德维的亚签订的《美洲国家间关于国际私法中自然人住所的公约》。该公约第 2 条规定，自然人的住所应依下列顺序予以确定：(1)其惯常居所所在地；(2)其主营业所所在地；(3)在无上述所在地的情况下，其单纯的居所所在地；(4)在无单纯的居所所在地的情况下，其人所在的地方。

值得注意的是，英国最高法院规则在 1983 年作了重大修改，重新安排了次序，英国修订并扩大了裁量管辖权。而美国则从最高法院 1945 年关于国际鞋公司诉华盛顿州一案的判决中确立了“最低限度的接触”是美国法院行使州际和国际管辖权的根据，近年来美国更是通过一系列判例增加了最低限度的接触和长臂管辖权。

(三)关于证据制度

在国际民事诉讼法中，确定证据可适用的诉讼法，是最重要的问题之一。它一般涉及：(1)举证责任；(2)初步证据；(3)有关证据的自由裁量权；(4)举证方式的决定性效力；(5)举证方式的可接受性和可适用性以及提出证据的方法和方式等。举证责任这一概念源于罗马法，它包含了两个相互关联的论

① 莫里斯．诺斯：《国际私法：判例与资料》，1984 年英文版，第 29~30 页。

点："如果原告不能证明，就应解除被告的责任"，"证明是主张权利人义不容辞的责任，而不是否定人的责任"，在传统上一些英美法系国家采用自由举证的制度。俄罗斯和欧洲大多数国家采用有关举证责任的一般规则，但同时要求法院积极予以合作，以减少留下"未证事实"的可能性。《中华人民共和国民事诉讼法》第64条规定："当事人对自己提出的主张，有责任提供证据。当事人及其诉讼代理人因客观原因不能自行收集的证据，或者人民法院认为审理案件需要的证据，人民法院应当调查收集。"从国际民事诉讼法的观点来看，确定应依哪一个国家的法律来划分举证责任的问题至关重要。在这方面各国学者和司法实践中有三种观点：大陆法观点认为民事准据法具有权威意义，而把法院地法的适用作为重要的例外；英美法系则强调，在调整举证责任的问题中，原则上法院地法具有决定性意义；以尼德兰德为代表的第三种学派主张举证责任制度只适用民事准据法，而不允许有适用法院地法的例外。匈牙利学者萨瑟主张民事准据法具有权威性意义，但在下列情况下，应作为例外适用法院地法：(1)关于当事人之间没有争议的事实，包括对方当事人没有异议的普通事实，是否需要作进一步证明的问题，有关法院应适用法院地法。(2)法院地法还应用来确定法院能在多大程度上应考虑一般常识性的事实，或法院应该知道的事实，或法官所知道的诉讼外的事实，能在多大程度上作为判决的基础。(3)在当事人是否完全没有必要提供证据，还是只是有条件地可以这样作的问题，法院地法也具有决定性意义。(4)在确定法院是否有义务考虑"正式承认"，或像在西方国家的法律中某一正式承认是否应被识别为当事人的一种处分行为时，或像在前苏联和东欧国家法律中认为某种承认明显地与某一方当事人的公平利益相抵触，法院是否有必要受该正式承认的约束时，也应适用法院地法。(5)法院在决定默示承认的意义时，法院应适用法院地法。(6)关于法院是否能够以及应在什么条件下听取有义务提供证明的当事人的陈述的问题，法院地法也具有决定性意义。(7)关于一方当事人作出对另一方当事人来说不可能证明的情况具有何种意义，以及像德国的司法实践在这种情况下该当事人的主张是否应该给予证明，有关法院是否仍有核对的义务的问题，法院地法也具有决定性的意义。关于初步证据、国际社会如对举证责任一样，准据法中的规范也应用来决定在什么程序上和在什么样的限制下，承认所谓的初步证据。至于选择和获取证据的方法、提出和审查举证方式的方法、有关证据费用的确定和与此有关的强制措施，都应由法院地法决定。当今许多国家的民事诉讼法典都明确规定，从国外获取证据的效力，应依获取证据地的法律来规定，但诉讼地法院的法律也认为有效时才能被视为有效。在大多数现代民事诉讼法典中也规定了证据保全制度，如《德国民事诉讼法典》第485条、《奥地利民事诉讼法典》第384条、《波兰民事诉讼法》第317~325条等，在美国法中，主事官也能够根据一方当事人的请求下令提取初步证据。从国际民事诉讼法方面看，证据保全可能会发生如下问题：(1)应适用哪一国的法律来支配初步的认可、显示其结果的笔录的确定性效力和取证的方法；(2)能不能为以后在国外进行诉讼的目的而在一国领域内下令提取初步证据；(3)在这种情况下，哪一个机构有权提取有关证据；(4)某一在国外提出的有关初步证据的请求能否中断法定诉讼时效等。考虑到一国法律只能规定其本国法院或其他机构的职能这样一个事实，法院只有在依本国法律有权这么做时，才能提取初步证据。就是说，在初步证据的认可和条件方面只适用法院地法。包含初步证据结果的笔录是公文，其确定性效力应像其他公文一样，依据同样的法律来裁决。最后，提取初步证据的方法，也应适用法院地法。对能否为在外国进行诉讼的目的下令提取证据的问题，在外国诉讼法认可初步证据的前提下是可以的。关于哪一个机构有权提取有关证据的问题，《匈牙利民事诉讼法》规定，为外国诉讼的目的必须提取初步证据的权能属于受外国诉讼法院委托的匈牙利地区法院；如果有关诉讼还没有开始，该项权利属于受审人所居地区，或最有可能获取有关证据的地区的公证人，德国、奥地利、波兰等国的民事诉讼法也对此作了类似的规定。至于在国外提出的有关初步证据的请求能否中断法定诉讼时效的问题，《匈牙利民事诉讼法》规定，某一请求的司法执行，甚至一个法院外的书面提示一般就能中断诉讼时效，德国法院也曾有过这方面的司法案例。因此，向某一外国法院提出的有关提取初步证据的请求同样中断这种诉讼时效。

(四)关于诉讼和非诉讼文件的域外送达

这类文件是否有效送达，是当事人能否有效行使自己诉讼权利的重要前提。1954年《国际民事诉讼程序公约》用专章7条规定域外送达司法文书和司法外文书的一般途径、适用法律、文字要求、拒绝理由、送达回证、其他途径等。在以后，由于世界经济、贸易和科技的飞速发展，涉外民事诉讼不仅数量剧增，而且其诉讼标的也更为复杂。1954年公约短短7条的规定难以解决实践中出现的各种新问题。因此，1965年10月海牙国际私法会议在第10届会议上通过了《关于向国外送达民事或商事司法文书和司法外文书公约》，以取代1954年公约的第1~7条。1965年海牙公约建立了“中央机关”制度，即各缔约国指定一个或多个中央机关作为送达文书的通常转送途径。在请求国司法人员能否直接向对方司法人员提出请求的问题上，虽然1954年公约未作规定，但1965年公约和1968年欧洲共同体关于民商事件司法管辖和判决执行公约的议定书，则明确授权请求国司法人员，可以绕过中央主管机关，直接向被请求国司法人员要求送达；并进而规定在被请求国不持异议的情况下，文件还可由当事人交由被请求国司法人员送达，1965 年公约还规定如被请求国依其国内法规定的方式对在其境内的人员完成了送达，即足以构成该收件人对该文书的“实际知悉”，并被认为有足够时间为自己辩护。另外，1965 年公约也详细规定了在未完成送达的情况下对被送达人的保护，这些规定避免了在送达问题上的种种繁琐程序，保证了各成员国间的有效合作。

（五）关于国外调取证据

对这一问题，1954 年的《海牙公约》仅在第 2 章“嘱托”中作了概括规定；而 1970 年的海牙会议则专门就此制订了关于民商事件国外调取证据的公约。与 1954 年公约相比，1970 年公约在内容上放宽了对外国委托调取证据的限制，适当地授予请求国官员一定的权限。例如，1954 年公约第 7 条规定，在执行嘱托书时，被请求国机关可应对方请求，将采取措施的时间地点告知，以便利害关系人到场。1970 年公约则进一步规定，经被请求国主管机关的授权，甚至请求国的法官也可到场。更重要的是，公约还专章规定了由请求国外交领事和特派员调取证据的程序。公约授权缔约国的外交领事人员，可就另一缔约国领土上并由其行使职权的区域内，以及经合法指定的特派员可以在被请求国的领土上，在不采取强制手段的情况下，进行只涉及其侨民而且属于其本国法院受理诉讼的所有取证行为；而且，经被请求国主管机关许可，还可向所在国或第三国国民调取证据，以协助其本国正在进行的诉讼；在取证过程中，外交、领事人员及特派员在未被调查证据地国法律禁止的限度内，以其本国方式和程序取证。由此可见，在国外取证问题上，1970 年公约大大前进了一步。应当指出，由于国外取证程序直接涉及各国的主权，因此，1970 年公约在放宽对国外取证程序限制的同时，又作了一些保留。如第 12 条规定，如果被请求国以为嘱托书的执行会危害其本国主权和安全时，可拒绝执行。第 23 条又规定，缔约国可声明不在其领土上执行普通法国家所谓“审理前取证”这一程序。这类规定，既保证了国际间在国外取证问题上的有效合作，又为本国政府针锋相对地抵制一些国家滥用域外管辖权的行为作了保留。

（六）关于判决在领域外的承认和执行

1968 年 9 月欧洲共同体在布鲁塞尔制定的《关于民商事件管辖权及判决执行的公约》其目的是为了采用更简便的程序来解决缔约国间各项民商判决公文书以及经法院记录的和解书的执行。该公约规定，一个缔约国的判决，其他缔约国应予承认而无需任何特殊手续，更不允许对外国判决进行实质审查。但有以下情况之一的，不能予以承认：(1)承认会违背被请求国公共秩序；(2)被告由于未及时收到有关文件而无充分时间出庭辩护所作的缺席判决；(3)判决与被请求国就相同当事人之间的争端所作的判决不相容；(4)在自然人的身份或能力、夫妻财产制、遗嘱和继承方面作出的不符合被请求国国际私法规则的判决。此外，凡违反该公约关于保险案件的管辖权规定作出的判决，也可不予承认。1971年海牙国际私法会议制订的《民商事件外国判决承认和执行公约》在许多问题上，坚持了当前国际社会普遍接受的各种制度。关于承认和执行外国法院判决的条件，公约仅规定，(1)判决是有管辖权法院作出；(2)判决是发生法律效力的终局判决；(3)判决在请求国应是可以执行的。拒绝承认或执行的情况有：(1)与被请求国公共政策相抵触，或判决是经与请求国法律所要求的正当程序不相容的程序作出的，或未给任何一方当事人提供充分出庭辩论的机会；(2)判决是用欺诈手段取得的；(3)相同当事人之间基于同样事实就同一标的诉讼在被请求国法院首先提起或正在进行中，或已在被请求国作出了判决，或已在另一缔约国作出了判决而且该判决已在被请求国具备承认和执行的条件。在承认或执行的程序上要求：(1)承认或申请执行的一方必须提供一份完整而真实的判决副本；(2)如果本公约未有相反规定，承认或执行的程序应依被请求国的法律进行。显然，上述公约适应当代国际经济贸易发展的需要，放宽了承认或执行外国判决的条件限制，简化了承认或执行外国判决的程序和手续。

### 三、中国国际民事诉讼制度的现状和展望

1949年中华人民共和国成立后，由于当时特殊的历史环境，如帝国主义对我国进行经济封锁等，以后又由于我们实行高度集中的计划经济政策，在社会生活中发生的涉外民事纠纷不多，司法实践中我们多是依据一些内部批复或指示来解决国际民事诉讼程序方面的问题。如1957年5月4日最高人民法院《关于波兰法院对双方都居住在波兰的中国侨民的离婚判决在中国是否有法律效力问题的复函》，1960年7月4日最高法院《关于苏联国籍的侨民与在中国境内中国人离婚的处理手续问题的批复》等。十一届三中全会以来，国家实行对外开放政策，具有涉外因素的民事关系大量发生，为适应新形势的发展，首先，1982年国家颁布了《中华人民共和国民事诉讼法》(试行)，该法以专章25条集中规定了国际民事诉讼程序方面的内容。1991年，鉴于经济形势的新发展和该法规(试行)在实践中暴露的立法周严性欠缺，可操作性不强的缺陷，第七届全国人民代表大会第四次会议通过了《中华人民共和国民事诉讼法》。

该法以33条分别就涉外民事诉讼程序的一般原则，管辖、送达、期间、财产保全、仲裁、司法协助等作了比较鲜明的规定。其次，我国也陆续颁布了许多条例、条令、规则、规章，最高人民法院也作出一系列的司法解释，如1986年8月14日最高人民法院，外交部、司法部关于我国法院和外国法院通过外交途径相互委托送达法律文书若干问题的通知及1985年12月26日“最高人民法院关于美国法院未通过外交途径迳直将离婚判决书寄交我国人民法院如何处理的批复”。关于诉讼前扣押船舶的具体规定等。最后，我国也先后与法国、波兰、比利时、蒙古、泰国、前民主德国、匈牙利、土耳其、俄罗斯等15国签订了司法互助条约。由于从目前的缔约情况看，进行双边谈判一般耗时较长，短期内难以同多个国家都建立司法协助关系。况且，国际上一些国家通常是先加入多边公约，然后根据本国需要再与个别国家进一步签署双边协定，以扩大合作范围，进一步简化送达程序。故此，我国在1991年加入了《民商事件诉讼和非诉讼文件的国外送达公约》。目前，我国正在加强对《民商事件国外调取证据公约》和《民商事件外国判决的承认和执行公约》的研究，探讨我国加入的可行性。

中国正在建立社会主义市场经济的新体制，随着我国经济的国际化程度越来越高，必然要求我国按国际上通行的标准完善自己的经济立法和诉讼程序立法。由于国际条约作为国际民事诉讼程序法的一个重要组成部分，代表了国际民事诉讼程序立法的国际标准。因此，我们应该开展对国际社会现有国际民事诉讼程序条约的研究，并且，切实转变观念，应由尽可能体现中国特色的立法观念转向尽可能向国际标准靠拢的立法观念，一方面在国际上，争取参加更多的国际公约，与更多的国家签订司法互助条约；另一方面，在我们自己的国际民事诉讼程序立法中，也要及时跟踪国际民事诉讼程序立法的发展趋势，对国际民事诉讼活动中出现的新现象、新问题及时地在立法中得到反映，使之最终成为国际社会接受的原则和规则。

## 第二节　国际技术转让中法院选择若干问题探讨

国际私法中有一个古老的法律冲突规则，就是“选择了法院即选择了法律”(qui elegit judicem eleqitjus)。这一著名的法谚阐释了法律选择(choice of law)和法院选择(choice of forum)之间的密切关系。因此，在国际商事交易中，法院选择和法律选择具有同样的重要性，都直接关系到争议的处理结果。国际技术转让交易由于更容易产生争议，法院选择的重要性也就更加明显。本节在对发达国家和发展中国家的相关法律制度进行分析的基础上，揭示了各种解决争端方式背后真正的社会经济基础，并提出了一些适当的折衷的解决方式。

## 一、有关国际技术转让交易的管辖原则

在解决国际商事合同争端时主要有四种程序：(1)友好协商；(2)指定独立的专家；(3)仲裁；(4)司法程序。

一般地，在合同争议发生后，当事人总是首先进行谈判或磋商，以求达成友好解决。这是较为理想的解决方法，但是，由于争议双方当事人的利益冲突过大，常常难以私下解决，这时就需要求助于第三者帮助解决。由当事人双方指定的或由一个专业组织指派的专职人员，并不具备仲裁员的法律行为能力。他的建议没有约束力，如果他的报告没有被任何一方的当事人所接受，那么当事人可以重新回复到仲裁或司法程序里。指定一名独立的专家是一个非常流行的观点，其目的在于按照有别于传统的诉讼或政府调节活动的方法，解决不同的观点和潜在的争议。①

如果协商或借助指定专家不能达到解决争端的目的，技术转让协议可以规定将争议提交仲裁裁决。尽管仲裁法庭通常不被视为法院审判系统的一部分，但是仲裁员适用法律而且他们的裁决是有法律拘束力的。一个仲裁裁决往往也要受到法院带有限制性的审查(尽管司法审查的范围各国有所不同)。在许多法院，当事人可能授权仲裁员依公允及善良原则裁决，这样就使他们得以免除一些不属公共政策的实体法的适用。

一个国际技术转让合同也可能约定将由协议引起的争议交由一个指定国家的法院裁决。即使在争议已由仲裁裁决的情况下，裁决的执行仍可能需要求助于法院程序。但是，国际商事交易的当事人很少将他们的争议提交普通法院管辖。与此相反，大多数技术转让协议包含仲裁条款。因此，在某些国家试图限制当事人选择普通法院管辖权的自治的同时，扩大国际商事仲裁的潜在管辖范围则是一种流行的趋势。

正因为上述这些一般问题对于所有国际合同都很普遍，我们将讨论的主题限制在与国际技术转让协议有特殊关系的方面。

在联合国贸发会议上，对立的外交阵营所持的主张及基本政策存在深刻的分歧，这主要表现于南北关系之中。发展中国家提议技术转让协议中产生的争端在原则上应属于技术接受方的法律和法院的管辖范围内，而且合同中约定的

① See H. Edwards, Commentary: Alternative Dispute Resolution: Panancea or Anathema.

法律或管辖权只有在接受国法律允许这样做的时候才有效。与此相反，主要的发达国家倾向于毫无限制地自由选择法律或管辖权，这是为了减少保护技术进口方的规范系统的影响。然而应当注意的是，近年来随着市场经济在各国的不断发展，完全的放任主义或政府干预主义已为人们所抛弃，许多发达国家颁布的法规、法令显示，契约自由、法院选择自由受到了技术出口法规、反托拉斯法等等的钳制；许多发展中国家为了避免市场孤立和为获取技术而付出更加高昂的代价，纷纷改变了严格限制的态度。

首先，我们分析一下发展中国家对管辖权选择的原则规定。许多技术转让规则，特别是拉丁美洲国家颁布的规章，限定在他们领土内发生影响的技术协议服从技术接受国本国法院的管辖。这类政策的主要目的在于达到强制执行有关影响到它们经济的技术协议的规则。这一领域内对当事人意思自治的限制，反映出发展中国家害怕技术出口国的法官和仲裁人员将不会适用体现技术进口国法律体制的规范。

上面提到的管辖原则适用于司法或仲裁法院，它们可以分成以下几类：

(1)原则上由进口国法院行使专属管辖权规则；

(2)禁止当事人协议选择一个外国法院；

(3)或要求技术转让协议应当包括明确的条款，使接受方法院对主要事项享有专属管辖权；或拒绝批准包含有将接受国排除于管辖权之外条款的合同。

第一类规则在前南斯拉夫和尼泊尔是有效的。前南斯拉夫《长期合作与技术所有权取得法》规定，技术转让交易引起的争端"应当由南斯拉夫主管法院决定，除非合同中规定此类争端由南斯拉夫经济协会的外国贸易仲裁委员会或者由另外的南斯拉夫或外国仲裁法院决定。"

与此类似的尼泊尔《外国投资与技术法》规定，东道国仲裁法院受理"任何由于履行本法而引起或与之有关的争端、歧议或请求。"同时还规定此类强制性的仲裁应当在加德满都进行，并且适用当地的实体法，除非甄别当局同意依该法 17 条第 2 款的规定由外国当事人提出的请求，仲裁程序可以受 UNCITRAL 仲裁规则支配。

第二类禁止性规则的一个典型例子，就是安第斯公约组织 24 号决定第 51 条的规定："任何有关投资或技术转让的契约都不能包含将争议和冲突脱离本国司法管辖权和接受国权限的条款。"尽管 24 号决定的目的在于协调和建立一种普遍的制度，而且它的规定直接适用于成员国，但是这些规则并不能约束每个签字国贯彻这些统一的标准。秘鲁作出决定遵照上述规定，要求每个合同必须包含一个明确的受制于接受国法院的表示。与此相反，在委内瑞拉，24 号决定第51条的作用被解释为限定此类合同服从于东道国法院的专属管辖，随之而来的是，有人认为限定此类合同服从于本国法院是没有必要的，因为“任何适用于此类事项的法律必须由委内瑞拉法院决定”。

第三类规则特别包含在秘鲁、墨西哥、尼日利亚和多米尼加共和国的国内技术转让法规中。此类规则在上述国家中都没有直接禁止选择一个外国法院，然而，它们拒绝批准或登记，除非合同中包含服从当地法院管辖的表示(例如秘鲁)；或在这个问题上保持沉默(例如多米尼加共和国)。有些国家的法令规定，它们的甄别当局有权免除此类管辖权规定的义务，如1982年墨西哥法第17条；尼日利亚1979年法令第6条第3款。

后两类限制的影响是相似的。一般说来，除非允许免除义务，不服从(3)类规定将使国际技术转让的当事人不可能得到有关国家的批准。语言解释的方法暗示(3)类规则没有事先判断管辖权条款(prorogatiofori)的实质性效力问题。(2)类禁止规定有着同样的情况，有人推测不遵守24号决议51条的后果在所有安第斯公约成员国中应该是一样的。然而，尽管这个协议的主要目标在于协调和统一各签署国的内国法，普遍制度的法律文件不能有效地解决内国法的存在而引起的问题。”委内瑞拉和秘鲁对24号决议51条的解释的对比显示了这个规定在各个成员国的影响略有不同。同样，每一签署国的法律将决定管辖权条款的效力，即使外国仲裁也可能因为24号决议51条的禁止性规定而成为不可能的事情。”①

上面谈到的各种对当事人意思自治的限制的国际效能是值得怀疑的。与技术转让交易有关的其他国家或者此类协议的当事方，可能有不同的管辖规则。这些国家大多要求它们的管辖权建立在被告或原告存在于它们境内，或被告财产位于本国境内等等。尽管法定要求一项技术合同必须包含服从本国法院管辖的表示作为同意的条件，似乎比要求东道国的专属管辖的规定更为有效，然而，即使在这些情况下，外国法院就会要求维护它们自己的权力。例如，它们可能假定契约没有使接受方法院专属管辖成为可能。甚至，一项由接受国法院专属管辖的契约可能被认为是不具法律效力的，因为它违反了出口方所在国的公共政策。在美国，拒绝专属管辖的当事人可以提出“选择是不合理的、不公正的或非正义的”理由。

管辖权领域内容易引起争论的是公共政策规则的域外效力问题。一般说

① See G. Parra-Aranguren, “Recent Development of Conflict of Laws Conventions in Latin America”, 164 Collected Courses(1979—Ⅳ), at 97.

来，这些公共政策规则只是在经济政策相似的国家或同受国际协议约束的国家之间才受到尊重。例如，各个安第斯公约成员国不应该就另一成员国允许的许可证引起的争议坚持本国的管辖权。同样，它们也不应该执行第三国法院就此类争议适用其管辖权而作出的违反接受国公共政策的判决。

很清楚，上面分析的发展中国家有关规则的域外效力的主要障碍在于，多数发达国家将技术转让交易中的专属管辖权要求看作是过分的，并且违背它们的公共政策。不仅如此，正如一些拉丁美洲的法学家所指出的，技术接受国所作出的不利于外国技术供应者的判决，很难得到技术出口国的承认和执行，而且通常技术供应方在接受国境内很少有可供扣押的财产。① 一个成功的受让人面临的障碍包括互惠性要求，与执行法院的专属管辖权和公正裁决的概念保持一致等等。因此，对此的审查不仅包括管辖权问题，而且包括一些东道国技术转让规则的实体标准。两国相互冲突的公共政策的抵触，可能导致部分或全部拒绝执行判决。

许多主要的发展中国家不对当事人自由选择适当的法院加以过分地限制，例如：巴西、阿根廷、印度等。甚至有些国家在估计了这类限制的负面影响之后，纷纷废除了过分的管辖规则，例如阿根廷。

一些拉丁美洲国家不允许契约中许可由技术出口国的实体法和程序法作为替代。这项限制的目的在于避免出口国在外交上和法律上对它们的投资者的保护。尽管它起源于另一半球国家的正当要求和糟糕的经验，它的效力和域外效能仍是值得怀疑的。拉丁美洲的学者也承认，按照国际公法的原则，每个国家有权保护自己在外国的国民。

接下来，我们再来分析一下发达国家的有关规则。由于一贯强调国际商事合同中意思自治观念的重要性，发达国家没有针对限制当事人选择适当法院的自由而颁布特别法令。其结果是，管辖权问题留给有关国际民事诉讼的一般规则去决定。如果技术转让合同的当事人没能就争端的解决达成协议，那么被告住所地国家的法院就有权管辖。被告位于法院管辖范围之内的要求可能与商业贸易的国际性或自愿等现象发生冲突。有时，法院在被告的财产位于其管辖范围内时或当法院地为合同履行地时而适用其管辖权。

我们这里将前苏联和东欧一些国家列入发达国家，是因为虽然它们的经济衰退，但是它们在工业技术方面较之发展中国家仍处于领先地位，这些国家同

① See G. Cabanellas " Jurisdiction Rules under International Transfer of Technology Regulations" ICC，1985. No. 1. pp. 29-35。

西方发达国家一样，是技术输出国。1972 年，前经互会(Council for Mutual Economic Assistance)国家签署了《通过仲裁方式解决经济科学和技术合作中的民事法律争端的莫斯科公约》。这个公约第二章包含所谓“内部”条款(home on home clause)，按照此条款，提出仲裁的一方当事人必须在被告国家商事法庭下面附属的仲裁法庭提起诉讼。

## 二、仲裁管辖选择的特殊问题

诚如前面所指出的，仲裁已经成为解决大多数国际技术转让合同争端的主要途径。包括许多发展中国家也作出让步，同意以仲裁方式解决这类协议引起的歧议和争端，例如墨西哥和委内瑞拉。不仅如此，有些国家甚至认为仲裁是解决争端的更合人意的方式，例如：尼泊尔、罗马尼亚、保加利亚和中国。仲裁方式的捍卫者坚称，和司法程序相比，仲裁往往更为迅捷、便宜、更保密等等。诉诸仲裁的一个主要原因是因为它提供了中立的管辖。上述绝大多数观点是正确的，但是，选择一个真正中立的管辖比起仲裁方式信仰者所鼓吹的理由要复杂得多。我们这里首先要讨论的就是，如何寻求中立的仲裁管辖。

发展中国家往往对仲裁方式的中立性持怀疑态度，这是有其一定道理的。假如一个巴西受让人和一个法国转让人之间为了解决技术转让争端而在日内瓦挑选一个名誉较好的仲裁法院，这就通常使前者处于不利的地位。一般说来，法国当事人会有以下便利：两国法律体系类似；两国语言相近，最重要的是瑞士公共秩序规则的影响，这些规则与巴西的技术转让规则的某些主要目标是不尽一致的。再者，即使合同受瑞士法以外的法律支配，当地的法官和仲裁者仍然经常依据他们自己的法律文化来考虑问题。

奇怪的是，就连一些社会主义国家的权威人士也认为瑞士仲裁法院具有天生的中立性。诚然，绝大多数东西方合同服从于瑞士法和瑞士仲裁机构。然而，这主要是因为西方技术供应者处于有利的谈判地位及优先的选择权，他们颇为欣赏瑞士仲裁机构的便利。瑞士政治上的中立性并不能预先决定它的法律和法院，能否在解决当事人来自不同法律体系和政治经济制度的国家的争端过程中，真正做到中立。让我们来具体分析一下下面的假想案例：

一家日本公司和一家前南斯拉夫外贸公司达成了非专属许可证协议。协议适用于前南斯拉夫和匈牙利。日本转让人坚持技术所在地法应支配他们之间的关系，而受让人坚持依其本国法，双方当事人一致同意合同服从瑞士法和苏黎世的仲裁机构的管辖。

受让人接受瑞士法律和法院管辖后，就意味着他丧失了取胜的可能性。第一，瑞士竞争法因其声明狼藉的软弱而受宠于技术供应方，在原则上瑞士竞争法不适用于许可证协议；第二，在技术有实质性缺陷或法律缺陷的情况下，瑞士债务法和其他发达国家的法律制度相比，将不会赞同买方的理由。这归因于多种事实的结合：(1)瑞士债务法第210条规定的一年法定限制诉讼时效期限，在包括复杂技术的情况下，通常是太短了；(2)不遵守严格程序和催告期限，剥夺了受转让人请求赔偿的权利；(3)法典的相关具体规定具有任意法的特征，并且很有可能会被强方当事人全部加以排除。第三，瑞士仲裁决定在很大程度上受制于司法审查。这不仅增加了诉讼费用(除了律师费用之外，上诉人必须付高昂的按争议金额确定的法院费用，因此，上诉的可能性对于弱方当事人来说几乎是不可能的)，而且使合同受制于瑞士的公共政策标准，而这些标准与前南斯拉夫的公共政策以及技术转让法的目标是不一致的。第四，当合同中缺乏法律选择条款的情况下，极有可能会适用日本转让人的属人法。

有人指出斯德哥尔摩、维也纳、巴黎和许多美国法院在技术转让争议的解决上，比瑞士更具中立性。首先，那些地方的司法审查的范围很窄。例如，瑞典的一个仲裁裁决的是非曲直不可能受到挑战。它们的费用更便宜，在缺乏法律选择的情况下，它们不是一味地偏袒技术供应方。它们的公共政策原则和实体法都更加注意弱方当事人的需要，并常常由强行性规范来加以保护。例如，在美国，加利福尼亚州的法律享有最公正的法律制度之一的赞誉。一个被迫在合同重要事实上让步的弱方当事人能够在这一法律制度中受益。

与此相反，在技术供应方看来，瑞士仲裁机构似乎是最好的选择。除了上面谈到的因素之外，瑞士律师对世界贸易和市场经济的价值非常了解。而且，瑞士关于工业产权交易领域的制定法和司法判例提供了如何解决众多由技术转让交易引起的争端的准则。

在技术接受方本国进行仲裁经常引起与上面谈到的相似的缺点。只由法院国国民组成的仲裁法庭，和真正的国际性仲裁机构相比，不能令人信服。此类仲裁机构存在于前苏东国家和发展中国家。然而，纵使东方国家接受了在第三国进行临时仲裁，并且它们的仲裁法院只对内部事务实行专属管辖，一些发展中国家仍然只允许技术转让争端的仲裁在它们本国机构的主宰下进行，还要受制于合同由技术接受国法律支配的条件。拉丁美洲一些国家甚至要求仲裁员的居所和国籍位于拉丁美洲国家。

在墨西哥，仲裁员必须适用本国法并且他们的裁决将可能被上诉到本国法院。委内瑞拉法律规定，仲裁协议需由本国法院批准。尽管在国外作出的仲裁裁决在那里是无效的，一个外国仲裁机构，例如国际商会(International

Chamber of Commerce)，如果适用了 24 号决定的所有规则和其他本国法院的有关规则，可能会得到委内瑞拉的接受，以处理外国供应方和本国受让人之间的技术转让争端。

假如一项国际商事合同的当事人在不同的国家有住所，他们中的每个人通常会更偏爱他们本国的法律。面对这种两难之境，考虑到一项明确的中立的选择权，每一位当事人都应当注意以下因素：

(1)他关于拟议中的法律制度的知识；

(2)合同自体法对于当事人没有解释的关键问题是如何作出规定的，并且是如何解决履行合同中可能引起的主要分歧的；

(3)法院地法有关领域的内容，特别是法院地和外国公共秩序规则的适用范围以及它的冲突规范；

(4)程序，包括对裁决进行司法审查的程序，还有诉讼使用的语言；

(5)仲裁人员的法律和专业背景，尤其是未来的首席仲裁员的情况；

(6)在有关双方国家或其他地方执行裁决的可能性；

(7)诉讼费用，上诉等。

第二个大的方面，国际技术转让争议常常与违反安全法、专利法和反托拉斯法的争议纠缠在一起，也就是那些传统上被界定为属于公法领域的事项，这就需要考察各国法律所允许的可仲裁事项的范围。

技术转让争端通常包括对一项被许可的专利的有效性或它的范围的争议。作为被告的被许可人可能会就专利的有效性提出反诉，以回击许可人提出的侵犯专利权的指控。

直到最近，专利纠纷仍被视为不可仲裁事项。持这种观点的人的理论依据是，对工业产权专有权的裁决是有关公共利益的事项，并且应当由法院或特定的行政机构专属管辖。今天，专利纠纷的可仲裁性在许多国家已成为可能，例如，美国、加拿大和瑞士。前西德和意大利的法律规定，虽然专利侵权纠纷可以仲裁，但专利无效诉讼只能在司法法院提起。在法国，尽管有一些法学家支持，但专利侵权诉讼的可仲裁性仍受到怀疑。

很长一段时期内，专利纠纷在美国被视为不可仲裁的事项。当 1983 年美国第 294 号法令生效时，这一领域的法律的构造发生了显著变化。新法律规定："一项包含专利或有关专利的各种权利的合同，可以包括要求对有关由合同引起的专利效力或侵权纠纷进行仲裁的条款。在没有规定这一条款时，双方当事人对现实存在的专利效力或侵权纠纷可以达成书面协议，以仲裁方式解决此类纠纷。

第294号法令体现了一种众人盼望的观念，即仲裁决定对其他人不应具有任何效力或影响。在作出此类裁决后，专利权人和被许可人被强制要求通知专利局局长。这样一来，潜在的这类专利技术的使用者将会了解到仲裁员的决定。

必须承认的是，因为仲裁意味着简短的诉讼，并且减少了全面审查的机会，在一定程度上它偏袒了许可人。举证责任也要由提出专利无效的一方负担。然而，综合考虑之后，这种法定的解决方式对双方当事人来说是比较公正的。应当由潜在的诘难者在司法程序和仲裁程序之间做出选择。

专利纠纷可仲裁的观点，特别是那些包括专利效力问题在内的观点，许多法律制度还没有接受。因此，仲裁在解决国际技术转让争端中的作用受到一定程度的限制。

在接受专利纠纷能够仲裁的国家里，同样的原则通常适用于其他工业产权。

第三个方面就是，反托拉斯法和其他竞争法对国际技术转让仲裁解决的影响。专利及其他技术转让交易还常常与贸易限制纠缠在一起。传统上，由合同纠纷引起的反托拉斯诉讼请求被认为是不可仲裁的。首先，有人辩解既然提出反托拉斯请求的通常包括占有优势地位的企业，专利权人和他们的客户之间的附属合同应当决定审理违犯反托拉斯行为的法院。其次，依美国法院的观点来看，精细的和高深的反托拉斯问题被错误地适用仲裁程序的力量。最后，执行此类重要的公共政策法律的决定人重要，以致不能让从商业团体中挑选的外国仲裁人员进入。

所有这些在1985年6月2日发生了转变。在三菱汽车公司诉索勒尔(Mitsubishi Motor Corp. V. Soler et alia)一案中，美国最高法院认为：反托拉斯争端的表面现象不能只依据仲裁条款是不真实的这一未经证实的假定，而断定当事人选择法院的无效性。因此，反托拉斯事项的潜在复杂性也不能足以躲避仲裁；仲裁小组也不会假装对强制贸易行为具有很大的、天生的敌意。①

这种国际仲裁程序的特别重要性为这种新方式的支持者和批评者所强调。前者坚持纽约公约第2条明确规定仲裁协议必须在签字国中指定仲裁。更为重要的是，承认反托拉斯争端的不可仲裁性，将使任何一方当事人通过随便地提出不庄重的反托拉斯请求而迟延或阻止仲裁。

① See Jarvin, Sigărd, "Arbitrability of Antitrust Disputes: The Mitsubishi. V. Soler Case", 25, Swiss Review of International Competition Law, 1985。

对这种新程序的批评者指出《纽约公约》第2条第3款明显地希望签字国可以禁止对此类公共秩序法律的仲裁。① 另外，仲裁程序可能不提供查清事实的权利，仲裁员可能缺乏获得文件和可靠证据的权力等。甚至，仲裁程序的非正规性和缺少书面证据，将会阻碍联邦上诉法院挽回已成形的损失。这也是三菱汽车公司一案中反对派史蒂文斯法官的观点。

欧共体和其他西欧法律制度在这一领域的情况是不清楚的。在前西德，反托拉斯问题可仲裁的范围似乎过于狭窄，执行仲裁卡特尔法争议的事先协议在某些情况下受到禁止。主要的英国评论家辩解说英国法规定包含反托拉斯问题的合同可以被仲裁，但是如果裁决引起不合理的贸易限制，它将不被执行。

国际商会的一项报告声称，只有少数服从于在巴黎的仲裁法院的案件与竞争法问题有关。② 这份报告表明仲裁是为了确保他们裁决的有效性，必须严格地遵守共同体的竞争法。即使他们在扮演仁慈的调解人时，也必须尊重公共政策规则。该报告的制作者强调，仲裁机构可能不能强加行政的或刑事的制裁或许可免除义务。但是它能够作出使协议有效或无效，并赔偿违犯竞争法造成的损失的裁决。然而，欧洲共同体委员会担心民间仲裁可能被作为执行非法限制的工具。在它的许多决定中，委员会要求当事人担保向委员会通告依据仲裁条款作出的裁决。

同时，仲裁员适用反托拉斯法的范围仍是不清楚的。例如，国际商会瑞士国家委员会驳回了适用外国强行法规则的建议。依瑞典一位主要仲裁员的观点来看，如果一个在法国有住所的人与一个瑞典当事人达成协议在斯德哥尔摩依瑞典法律进行仲裁，仲裁员将适用本地法，而不适用任何欧共体或法国可能存在的强行性反托拉斯法规则。

技术转让法的存在引起类似的问题。它们包括了许多强行性规则，而且常常被视为公共秩序的体现。在某种意义上，它们是反托拉斯法的“替身”。因

① 《联合国关于外国仲裁裁决的承认和执行公约》第2条规定：“一、如果双方当事人书面协议把由于同某个可以通过仲裁方式解决的事项有关的特定法律关系，不论是不是合同关系，所已产生或可能产生的全部或任何争执提交仲裁，每一个缔约国应该承认这种协议。二、‘书面协议’一词系指当事人所签署的或者来往书信、电报中所包含的合同中的仲裁条款和仲裁协议。三、如果缔约国的法院受理一个案件，所涉及的事项，当事人已经达成本条意义内的协议时，除非该法院查明该项协议是无效的、未生效的或不可能实行的，应该依一方当事人的请求，命令当事人把案件提交仲裁。”

② Report of the Joint Working Party on Arbitration and Competition adopted by the Board of the ICC, at its 36th session, 1984, at 3.

此，在理论上，它们不服从于仲裁。然而，这种理论在反托拉斯问题上已不再具有普遍的效力。像墨西哥和委内瑞拉这些国家，在符合一定条件时，承认技术转让争端的可仲裁性。

另一方面，在许多发达国家和发展中国家，禁止仲裁公共秩序事项。例如，阿根廷民法典规定只有作为合同主要事项的权利义务是可仲裁的。因此，就产生了批准含有仲裁条款的技术转让合同是否导致协议中所有事项都自动成为可仲裁事项的问题。目前，中国对此也持否定态度，以前颁布的有关法规和新近颁布的《反不正当竞争法》都认为反托拉斯事项以及专利纠纷为不可仲裁的事项。我国在加入《纽约公约》时，作了两项保留：一是互惠；二是商事。虽然我国最高人民法院《关于执行我国加入的〈承认及执行外国仲裁裁决公约〉的通知》中，将技术转让看作商事法律关系，但是，它并没有明确是不是包括技术转让的所有事项，这需要进一步的解释。

### 三、承认和执行

在简单的仲裁诉讼中解决专利、反托拉斯和其他技术转让纠纷的便利，由于仲裁裁决在被告所在国或其他地方不能得到承认和执行而蒙上了一层阴影。即使是 1958 年纽约公约，也允许签字国拒绝承认和执行违背执行法院所在地公共政策的裁决，或者是主要分歧依照这个国家的法律不能以仲裁方式解决。

有人提议包括专利效力或反托拉斯分歧的仲裁，应当在允许此类纠纷可仲裁的法院进行。在某些国家的国际私法制度中，仲裁的效力和可执行性由仲裁地法决定。然而，这个规则目前尚未得到普遍认可，而且公约并不阻止签字国拒绝承认或执行那些仲裁地法认为合法的仲裁裁决，因为它可能违背那个国家的公共政策，或是不可仲裁的。

由此可见，美国最高法院在三菱汽车公司一案中关于国际反托拉斯争端可仲裁的判决的真实影响，在现阶段还无法得以全部实现。

毫无疑问，受让人通常处于劣势，特别是在包括来自发展中国家的进口方的技术转让交易中。转让人常常在相关市场上占有垄断或寡头地位。只有他最了解被转让技术的技术和商业特征，受转让人很少有足够的技术和知识对这些技术进行仔细的检查。因此，旨在提高受让人的谈判地位的政策似乎才是比较公正合理的。

然而，旨在排除或激进地限制当事人自由选择法院的努力，在很大程度上归于失败。技术出口方不会接受这种模式的国际经济秩序，他们不可能按照由某些发展中国家倡议的规则来进行贸易。此外，当事人自主选择法院的观点，如果能在实体上和程序上禁止优势地位滥用的前提下发挥作用，它就具有巨大的优越性。进口国家有合法的利益来适用他们的工业产权法和技术转让规则，从国外获取技术。但是，此类强硬的专属适用的强制性规则应是合理的。事实上，当一个发展中国家为了提高自己公司的劣势地位而激进地限制当事人的意思自治，这就会造成恰恰相反的结果：市场的孤立和为获取技术而付出更加高昂的代价。

仲裁以及此类有选择余地的争端解决方式，如"小型审判"(mini trial)或"指定一名专家"程序，① 应当得到提倡。东西方贸易中商事仲裁的经验表明，它是解决当事人来自不同社会经济制度的争议的最为可行的方式。仲裁人员通常平息敌对的极端主义和政治性偏见，他们经常以调解人的面目出现。

建议公共政策事项应当由国家法院专属管辖的意见存在一个重要的弊端：它暗示了管辖权的分裂，也就是各方竞争管辖。在过去，商事仲裁面对一些通常为同类的公共政策规则。今天，技术转让交易受制于为数众多的且相互冲突的公共政策指令。公法和私法在这个领域的区别，由于公法的膨胀甚或"侵略"而变得模糊不清。

为了避免出现相互冲突的裁决和判决，将大多数这些事项交由一个中立的法院解决，是较为明智的选择。如果下列条件得以满足，仲裁和调解将是最好的解决方法：

(1)国际商事仲裁机构应当在一定程度上被允许决定公共政策争议，比如因违犯反托拉斯法的非法性问题。这就要求改进公法选择的方式和规则。在决定适当的公法时，仲裁机构应考虑到国际社会的需要和对当事人双方的公平。

(2)发达国家和发展中国家都应当限制自己的立法和司法管辖权，并且努力就影响国际技术转让交易的法律的域外效力的适当范围达成协议。

(3)第一个条件中要求仲裁人员不被视为受制于狭隘的公共政策指令的法官机器的一部分。相反，他应当在国际公共政策以及获取技术国家的国内公共政策的限制下行动。在这两类标准相互冲突的情况下，国际公共政策应当优先。

(4)任何国家应当保留拒绝承认和执行外国仲裁裁决的权利。这是基于国内公共政策的选择，但应在国际公共政策的限制允许的范围内。

仲裁或"小型审判"代表了国际技术转让交易争端解决方式的发展趋势。

① 参见[美]福克斯著：《国际商业协议指南》，马守仁译，中国对外翻译出版公司1991年版，第161～165页。

包括中国在内的广大发展中国家和西方发达国家之间，应本着“互谅互让、平等互利”的原则，实事求是地解决相互间的分歧。我国也应改变以前强硬的专属规定，在发展市场经济，迈向国际化大市场的过程中，在有关技术转让的法律规定上要采取灵活的态度。但愿本书所讨论的一些问题，能够为我国今后这方面立法的完善和发展提供借鉴。

## 第三节 国际贷款诉讼与国家行为理论

国家行为理论(Act of State Doctrine)在国际借贷法律实践中具有较重要的意义。在国际借贷诉讼中，所谓国家行为理论的问题，也就是贷款协议生效后，外国法律的变更或外国政府颁布的法令、命令及外国政府的其他行为是否可以改变协议中所规定的当事人的权利与义务的问题。在国际借贷诉讼中，借款人常以此理论为自己进行辩护，要求适用国家行为理论。而法院是否承认适用该理论往往成为诉讼胜败的关键。Allied Bank 一案便是最好的例证。该案件中，当事人的命运随着国家行为理论的适用与否而几度沉浮。如果此理论为美国法院所适用，则求偿者不得不寻求诉讼以外的救济方法。虽然该理论主要为美国法院所适用，但由于有关国际借贷的诉讼常与美国的法院及美国的法律发生关系，因此有必要对其进行研究。

### 一、国家行为理论的意义

在涉及国家的诉讼中，国家行为理论是被当事人经常引用的一个抗辩理由。那么它的内容究竟如何，与国家豁免有何异同，国家行为理论存在的目的、依据是什么？

#### (一)意义

国家行为理论简言之就是美国的法院将不对外国主权国家在其领域内的行为作出判决。此处的“国家行为”与“在其领域内”是两个非常关键的适用要件。关于什么样的行为构成国家行为理论中的行为，美国法院的实践也并不一致，并无统一标准可循。这一点稍后将会论述。

#### (二)国家行为理论与国家豁免

在涉及国家的诉讼中，毫无疑问国家豁免也经常被当事人引用。因此两个理论容易被混淆。虽然无论适用哪种抗辩理由都将导致司法抑制的同样结果，但两个理论在本质上是不同的。它们的区别主要表现在以下几点。

国家豁免理论是指主权国家不能在其他国家的法院被起诉，也即本国法院不对外国主权国家行使诉讼管辖权。它强调的是由于外国国家的地位而不对其行使管辖权。国家行为理论则为美国的法院不应该对另一主权国家在其领域内的行为作出评断。它侧重于什么是或不是法院诉讼争议标的，即什么样的行为属于法院诉讼范围。主权国家豁免在本质上是裁判权有无的问题，如果享有主权豁免，则法院没有管辖权。但国家行为理论并不剥夺法院的管辖权，法院对争议当事人有管辖权，只是当国家的行为处于争议之中时，法院将不对其行为进行评价。

享有国家豁免权的主体为国家及其他特定机构，而国家行为理论的适用与否与当事人的特殊地位无关，非国家豁免主体也可以援用它为自己辩护。例如某国私借款人因本国政府颁布外汇管制命令而不能对位于外国的贷款人履行还款义务，假设诉讼发生于美国纽约州，如私借款人提出国家行为理论作抗辩，则法院也会遇到它是否被适用的问题。因此，可以援用国家行为理论的主体较广。

国家豁免理论是一项被普遍承认的国际法原则，而国家行为理论并不是国际社会所承认的国际法原则。在美国，国家豁免由《外国国家豁免法》来调整。而国家行为理论的法源则是判例。所以，它不是由《外国国家豁免法》那样的成文法调整，而是由判例法调整。

国家行为理论之所以易和主权豁免发生混淆，是由于有些美国的判例认为国家行为理论是建立在主权豁免的基础上，即法院是出于尊重主权而不对外国国家的行为予以评判。但在著名的 Sabbatino 一案中法院则力图说明国家行为理论是建立在三权分立的基础上。即法院是为了避免行政机关陷入外交窘境，而不对外国的行为作出评判。这也是国家行为理论的目的及存在的背景政策。虽然一些法官及学者强调法院在审理案件时应充分考虑这一背景政策，但法院和诉讼当事人常以各种理由拒绝该理论的适用。

国家豁免理论对国家行为理论的影响很大。随着限制豁免论的采用，国家行为理论的适用中，商业行为例外的适用并不少见。这一例外使国家行为理论的范围大大缩小。

(三)国家行为理论的历史、目的、背景政策

关于国家行为理论的一些基本问题，如目的、范围、效果等仍处于无定论的状态。该理论目前存在的问题有：它是否适用于违反国际法的行为、是否适用于违反条约的行为、反诉时能否引用、国家行为的“本座”(Situs)如何确定。但对于从事商业的人来说，最重要的问题是商业行为能否作为适用该理论的例外。

随着时代的发展，国家行为理论也在不断地演变发展。现在，有的主张严守 Sabbatino 案所表述的国家行为理论，有的主张对其加以限制，甚至还有的主张废除该理论。因此了解该理论的来龙去脉，对我们深刻理解它大有益处。

这一理论最早可追溯到 1674 年的英国判例 Blad v. Bamfield 36 Eng Rep 992. 在法国、德国、希腊、意大利、荷兰、瑞士的法理学中也占有一席之地。在美国，最早的重要判例是 Underill v. Hernandez 168 U. S. 250(1897)(以下简称 Underhill)。在此案中，美国最高法院指出：

“每个主权国家应尊重其他每个独立主权国家。一个国家的法院不应该对他国政府在其领域内的行为作出判决。由于这种行为而发生的请求赔偿必须通过主权权力之间的公开方式取得。”Id. at 256.

Underhill 的思想在 1918 年的 Oetjen v. Central Leather Co. , 246 U. S. 297(1918)及 Ricaud v. American Metal Co. , 246 U. S. 304(1918)中明确地得到肯定。

揭开国家行为理论现代一页的是 Sabbatino 一案。该案涉及财产国有化的问题。在该案中哈伦(Harlan)法官指出：在没有条约或不存在支配国有化的明示协议的情况下，司法机构将不对诉讼时已经被美国承认的外国国家在其领域内的国有化行为进行审查，即使该行为违反国际法。但怀特(White)法官表示异议，他不认为国家行为理论要求美国法院忽视国际法及忽视当事人要求对案件作出完全决定的权利，因此法院应对案件作出判决。此后不久，《对外援助法修止案》被通过，也称 Second Hickenlooper 修正案。该修正案规定，如果外国国家行为违反国际法，则国家行为理论不予适用，除非总统认为，某些特定的案件因外交利益国家行为理论必须予以适用。该修正案件导致 Sabbatino 判决被推翻，因为古巴的行为被认为是违反国际法的。但此后法院并不热衷于适用这个应急而生的推翻了法院长期坚持的原则的修正案。

第二巡回区法院(Second Circuit)严格解释该修正案只适用于被征用的财产进入美国境内时。但 D. C. Circuit 则认为修正案不仅仅适用于美国境内的财产。这种理解上的差异有待于立法及美国最高法院的判决予以澄清。

另外有一些问题最高法院尚未碰到。例如国家行为涉及该国家境外的财产，行为是尚未被美国政府承认的政府的行为，行为违反条约或其他明示的协议，行为不违反一般国际法。

《对外援助法重述》(1986 年)的评论指出：在总统没有相反的决定时，如果外国国家的征用财产行为违反国际法，则对位于美国的特定财产的诉讼请求将不适用国家行为理论。

以国家行为理论作为抗辩引起了激烈的司法上的争论。应指出的是，它不仅适用于国有化行为，国际借贷、反托拉斯案件中也会遇到国家行为理论的问题。

由上可以看出，关于国家行为理论存在着许多争议点。但也有一个共同的认识，即该原则建立在自我司法抑制的基础上。那么国家行为理论存在的依据是什么，它究竟有何功用?

Sabbatino 一案的法官曾指出：

“虽然国家主权的历史概念对明智的适用国家行为理论有影响，但这一概念并不支配国家行为理论的存在与否。

宪法没有规定国家行为理论；宪法没有绝对地取消法院审理外国国家行为的资格。

但这些原则确实有‘宪法’的根据。它产生于权力分立制度中政府各部门的基本关系。它涉及不同的部门在国际关系领域内作出某些特别决定的资格。在以前的一些确立该理论的判决中，司法机构强烈意识到，法院审查外国国家行为的合法性可能损害而不是促进本国在整个国际社会中为本国也为国际社会所追求的目标。”

总之，这一原则建立在国际礼让和政府的行政机构和司法机构权力分立的基础上，主要是避免在处理对外事务中产生窘境。在某些情况下，外国国家行为的合法性是政治问题而不在法院审理权限范围内。

进一步说，政府的行政机构能够考虑有关的政治经济因素，对公众的期望作出反应，以便按照整个国家的最佳利益保持外交关系。相反法院的工作重心是解决单个争议，并根据法律原则作出判决。当法院从事审查外国国家行为的效力时，法院面临着破坏国家外交关系的危险。而行政机构可以通过外交议定书、经济制裁、和解、劝解等来达到国际目标。费时的诉讼可能使这些方法无效。

Sabbatino 案判决明确表示，国家行为理论的目的是避免侵犯外国主权。该判决准许，实际上或许是要求，法院在遇有国家行为效力问题时，考虑是否由行政机关去解决这类问题更为有效。在考虑保护国外投资的各种方法时，由司法宣布外国国有化行为无效的强制效果相对降低。该法庭提到了行政机构可使用外交及强制措施。与之相比，司法解决只具有偶然的效果，因为这种效果有赖于处于争议中的财产被带进美国这一幸运的条件。法院指出的司法以外的解决方法包括对外国援助的自由裁量、经济禁运制裁、冻结在美资产。

在国家行为理论中涉及司法机构与行政机构的权力分立问题，这很大程度上是由于 Bernstein v. Amerikaans Chappij，210 F. 2d 375(2d Cir 1954)一案影响。在该案中法院准备适用国家行为理论，但国务院要求法院不予适用。法院最后得出结论说，本案在前一次上诉中，由于缺少明确的行政政策的表示，我们感到应适用国家行为理论，但在我们作出判决之后，国务院要求我们放弃司法抑制，对此案行使审判权，因此我们修改我们的判决。由于行政机构的指示而排除国家行为理论适用的 Bernstein 例外的效力，在 National City Bank v. Banco Nacional de Cu ba，406 U. S 759(1972)一案中又重新得到讨论。赞成 Bernstein 例外的法官认为，当对外交事务负有首要责任的行政机构向法院明确提出，适用国家行为理论将不会促进美国外交政策利益时，那一原则不应该被适用。这时我们当然接受和同意被称为国家行为理论适用例外的 Bernstein 例外。我们相信，适用该例外只不过是古典普通法格言，“法律原因停止了，法律本身也就停止了”(the reason of law ceasing，the law itself also cease)的适用。Id. at 768 持反对意见的法官认为，国务院的意见应予考虑，但它的意见不能是决定性的。决定像国家行为理论这样的政治问题的任务，专属于法院。Bernstein 例外使法院把决定国家行为的职权让与了要求法院盲目听从其指示(要求法院审查外国国家行为)的行政部，使司法带有政治色彩。Id. at 790

4 年之后，在 Alfred Dunhill of London，Inc. v. Republic of Cuba，425 U. S. 687，752(1976)一案中，持反对意见的法官在判决中写道：在 the First National 一案中，有 6 名法官反对 Bernstein 例外，这样来自国务院的书信的重要性大减。但不管怎么说，国务院给法院的书信为法院适用例外提供了强有力的根据。但缺少这样的信件并不一定得出可以适用的结论。

在 1982 年，国务院向总检察长(Solicitor Genernal)建议道：法院不应该从国务院的沉默中得出审理案件有损美国外交政策的结论，也即是说，国务院如果要求法院审理，则法院应放弃适用国家行为理论。但即使国务院没有要求法院审理外国国家的行为，法院也不应理所当然适用国家行为理论，即不进行审理。

## 二、国家行为理论适用的例外

美国法院适用国家行为理论的实践并不统一。这种混乱状态，很大程度上是由于法院不愿接受 Underhill 案中所表述的无限制的国家行为理论。出于各种原因，法院通过一些例外来限制这一理论的适用。

Underhill 案中，适用国家行为理论必须满足两个基本要件：该行为是否是政府行为，该政府行为是否发生于其领域内。如果符合这两点，即不予审查其行为的有效性。但在判断某一行为是否满足上述两个要件时，后来的诉讼人和法院至少找出 10 种以上的理由来排除该理论的适用。这些理由主要有：(1)外国国家正在与美国进行战争。(2)该外国国家尚未被美国承认。(3)诉讼是为了强制实施外国国家的惩罚性法规或税法。(4)行为发生于该国领域之外。(5)诉讼时该外国政府已经不存在。(6)该行为没有完全生效。(7)该行为违反该外国的法律。(8)有条约或其他明示的协议适用于该争议。(9)该行为明显违反国际法。(10)反诉。(11)商业行为。(12)行政建议(Bernstein 例外)。(13)没有主权授权的政府机构的行为。其中，违反国际法、商业行为、Bernstein 例外是较为重要的例外。

(一)Hickenlooper 修正案

Sabbatino 案的判决认为，即使外国国家行为违反国际法，法院也不应该审查其有效性。此后不久，国会就通过了《对外援助法修正案》(1964 年)要求美国法院在审理国有化案件时适用国际法的原则。虽然诉讼人经常引用该修正案，但法院对该修正案总是作狭义的解释，并认为适用它不恰当。但不管怎么说，该修正案是可能被法院适用的一个潜在的例外。

对债权人而言，适用该修正案是有一定的限制的。第一，如果被征用的财产仍然在外国(征用国)，该修正案不予适用。只有当财产或某一因财产而产生的债务可以被说成是被“移转”到美国时，该修正案才可以被适用。第二，关于并没有剥夺财产所有人财产权的外汇管制或其他禁止性立法是否构成“征用”(taking)存在着分歧。一些法院认为，外汇管制不构成“征用”，所以不引起适用该修正案的结果。但另一些法院则认为，外国国家通过外汇管制阻止贷款返还的行为构成“征用”。第三，该修正案的本身条款规定，它不适用于根据一在征用前善意地开出的、期限不超过 180 天的不可撤销的信用证而提出的诉讼请求。因此，如果一外国政府扣押了某开证行在该外国的资产，而信用证受益人试图在开证行的本部(home office)兑现信用证，则开证行可以援用国家行为作抗辩。

(二)反诉与国家行为理论适用的放弃

主权国家可以明示放弃适用国家行为理论的权利。但这种放弃是否可撤回？另外，反诉是否构成弃权？例如，外国主权者以原告的身份起诉，而被告又提出反诉，这时外国主权者能否引用国家行为理论作抗辩？在 First National 一案中，只有一名法官明确地承认反诉可以作为国家行为理论适用的例外。多数法院认为反诉不能作为例外的理由。

下级法院中适用反诉例外的案件很少，即使是适用此例外的案件中，法院的做法也不一致。第二巡回区法院曾在 Menendez v. Saks Co. 中适用反诉的例外，但在 Empresa 中却拒绝适用此例外。判决认为，如果某一主权国家在美国法院提起诉讼，这种行为并不剥夺它援用国家行为理论在反诉中进行抗辩的权利。Empresa at 238.

(三)商业行为

商业行为是国家行为理论面临的严重的挑战。如果某一国家行为被认定为商业行为，则国家行为理论的适用往往受到限制。在 Alfred Dunhill, Inc. v. Republic of Cuba 中 4 名最高法院的法官指出，国家行为的概念不应包括主权国家或其他商业机关拒绝履行纯商业债务的行为。另外，法官们还认为，为了避免给行政部门造成窘境，国家行为理论应与国家豁免理论保持一致，即国家行为理论中也应采用商业行为例外。

持反对意见的法官则力图区别两个理论的不同之处，并指出不能简单地将国家豁免的例外类推适用于国家行为理论。

至于如何判断什么行为构成商业行为也是多年来争论的热点。有的政府行为可能是商业行为，但却涉及非常重要的非商业利益。例如，票据的承兑是一项商业行为，但政府禁止返还对外借款行为本身却是一项国家行为。这种行为往往是政府部门为缓解经济危机而采取的措施。

尽管反对商业例外的主张很有力，但商业行为例外已被许多下级法院采用。这一例外使国家行为理论的适用范围大大缩小。

(四)条约例外

这一例外来自 Sabbatino 一案中哈伦(Harlan)法官的陈述。他认为如果某一问题由条约或其他明确的协议调整，国家行为理论就不予适用。这一例外存在的原因与这样一个概念有关，即法院驳回有关国家行为这类案件的理由之一是法院不得不分析解释缺乏共同接受的国际法原则。在这种情形下，法院更愿意由行政机关通过外交去解决这类问题。

该例外并没有得到美国最高法院的完全同意。不过在第五巡回区(Fifth Circuit)的 Callejo v. Bancomer 一案中，这一例外得到了考虑。

(五)Bernstein 例外

该例外因 Bernstein 一案而得名。即如果行政机构指示法院不适用国家行为理论，法院将排除适用国家行为理论。尽管这一例外没有为美最高法院的多数法官所接受，但国务院陈述法院不应该审查外国国家行为的书信具有很强的说服力，而相反的陈述(不适用该理论)，也仍将允许法院作出自己的决定。

(六)领域例外

该例外是指，如果外国政府行为所影响到的财产位于该外国领域外，则国家行为理论不予适用。美国许多法院采用了领域限制这一例外。

## 三、国家行为与礼让(Comity)原则

礼让原则由第二巡回区法院在 Allied Bank 一案中提出。下面通过介绍 Allied Bank 一案说明这一原则。案情如下：哥斯达黎加银行(Costa Rican Banks)由哥斯达黎加政府所有，由中央银行控制，从美国一些银行借款，Allied Bank 为这笔辛迪加贷款的代理行。贷款使用本票，约定在纽约以美元返还。贷款协议中无准据法选择，但规定因贷款协议而发生的争议由美国法院和哥斯达黎加法院管辖。当哥斯达黎加陷入经济危机时，哥斯达黎加总统颁发总统令宣布只有经中央银行同意，才可以返还外债。当哥斯达黎加中央银行通知 Allied Bank 推迟返还美元外债时，Allied Bank 提起诉讼请求返还贷款。一审法院根据国家行为理论，认为哥斯达黎加政府延缓返还贷款的行为不在法院诉讼范围之内，法院不应该审查上述行为。二审法院(第二巡回区)维持一审判决，但理由却与一审法院不同。二审法院认为，由于债务本座(Situs)在纽约，国家行为理论不予适用。但法院认为，如果外国政府行为符合美国的法律与政策，法院将承认其效力。二审法院认为哥斯达黎加的行为符合美国的法律与政策，根据有两个：(1)1883 年美最高法院的一判决承认了加拿大政府重组(reorganization)国有铁路；美国破产法案也允许法人重组。哥斯达黎加政府延缓返还外债的行为符合美国的法律。(2)美国总统和国会已经对哥斯达黎加的财政危机表示同情。美国已参加建议重新安排哥斯达黎加商业债务活动。但二审法院再审，推翻了以前的判决，认为法院错误地解释了美国的法律与政策。再审时美国指出，尽管美国的政策的确是要鼓励重新安排外国的债务，但哥斯达黎加单边重新安排债务的行为不符合美国所欣赏的合作与谈判政策。最后二审法院认为哥斯达黎加政府的行为不符合美国的法律与政策；不符合国际债务问题的通常解决方式；违背作为国际信贷主要来源的美国的利益；违背合同法原则。因此尽管哥斯达黎加政府颁布了延缓付款令，但哥斯达黎加银行必须返还债务。

尽管该案二审法院推翻了自己对美国法律和政策的解释，但礼让原则并没有失去意义，在有关国家行为的案件中，仍是一个可适用的原则。即如果外国政府的行为符合美国的法律和政策，其效力将得到承认，反之不予承认。

## 四、国家行为理论的适用方法

国家行为理论有两个基本要件，即该行为必须是国家行为，且必须是国家在其领域内的行为。在该理论中“领域限制”是很关键的一个问题，它往往决定该理论是否适用。美国的下级法院一致认为，当主权行为所指向的财产在被征用时并不位于其领域内时，这一理论不应被适用。至于贷款或其他一些金融债务，属于无形财产，它的本座如何确定在解决国际债务纠纷中是至关重要的。无形财产的所在实际上是一个法律结论。因此，可以说，在美国法院起诉的有关国有化行为的效力，并不是既成事实，无法更改。如果美国法院确认债务的本座位于国家行为者的领域外，则其效力很有可能被否认。

美国法院确定债务所在的方法并不统一，即使是同一所法院，不同时期根据的方法也有可能不同。不过，概括起来，大致有以下几种。

(一)传统的硬性的方法

其中主要有两种方法，完全效果要件(对债务的实际控制)和 Harris v. Balk 分析(对债务人的管辖权)。实际上两者常被结合起来使用。

1. 完全效果要件(Complete Fruition Requirement)

也即对债务实际控制要件。它的内容为，如果外国国家的行为具有完全的效果，即如果外国国家能对债务进行实际控制，美国法院应考虑适用国家行为理论。这一要件最初是在 Tabacalera Severiano Jorgey v. Standard Ciger Co. 一案中提出。根据完全效果要件，如果外国主权国家在实行国有化时对债务并没有实际控制，那么这种征用就没有实际效果，在这种情况下，外国国家并没有期望支配这一债务。因此，如果法院对案件进行审理，对外国国家主权侵犯的可能性较小。在该案中，法院认为，由于在国有化之前雪茄已经被运到美国卖掉，所以古巴政府对因该项买卖而发生的货款没有取得实际的控制权，因此被争议的财产——回收债务的权利——在国有化时位于美国。法院以此为根据拒绝适用国家行为理论。

此后在几个货物买卖付款的债务案件中，这一要件继续得到适用和发展，在这些案件中，法院把适用于有形财产的完全效果要件不加批判地适用于收回货款的无形债务纠纷中。

这一要件有值得商榷的地方。首先，由于无形财产不具物理形态，对无形财产的控制只能通过对债务人的实际控制来主张权利，其次，决定无形财产的所在实际上是一个法律结论。另外，对外国国家的国有化行为，并不是当法院无力改变这一行为的效力时，才进行司法抑制。法院不是不能(Could not)改变这一行为的效力而是不应该(Should not)作干扰外国主权的事情。在早期有形财产国有化的案件中，有些财物实际上已进入美国法院的控制之中，但基于不应该干扰外国主权而采取了司法抑制。因此，仅凭美国法院对财产有实际控制，可以有所作为，而排除国家行为理论的适用是不恰当的。

2. Harris v. Balk 分析

也即对债务人的管辖权。在 Menendez v. Saks & Co. 中，第二巡回区法院适用了 Harris v. Balk 一案对国家行为理论的分析。Menendez 法院认为，除非外国国家有权强制履行债务或有权回收债权，否则债务不位于外国国家领域内。Harris v. Balk 案中，法院指出，债务存在于对债务人有实际管辖权的国家，该分析明确地承认债务没有实际形态，法院不想决定外国主权者是否对该债务有实际控制权，因为美国法院对债务人有管辖权，而古巴没有，所以法院拒绝适用国家行为理论。

最高法院推翻了 Menendez 判决，但却保留了下级法院关于债务所在的分析。最高法院在 Alfred Dunhill of London, Inc v. Republic of Cuba 中也曾引用过第二巡回区法院在 Republic of Iraq v. First National City Bank 中的意见。在 Iraq 案中，第二巡回区法院指出，由于伊拉克前国王的银行账户所代表的债务位于美国，所以只有美国法院有充分的管辖权，可以迫使债务人的银行履行债务。这样，至少在美国法院有充分的管辖权时，最高法院默示地同意了 Harris v. Balk 分析法。

但当外国国家对债务人也管辖权时，该分析就可能不恰当并且无法作出结论。在这种情况下，Menendez 法院暗示，这样的征用在该主权领域内可能会具有完全效果。法院似乎感觉到如果债务人财产位于该国家境内，且该国家对该财产享有管辖权时，这种征用对美国法院来说是既然成事实。

(二)新方法传统规则的放弃

由于国际金融市场的发展及主权国家的债务危机，在美国，国家行为理论也被适用于纯金融交易的案件中，但传统的确定债务所在的方法已经不能适应新的情况。国际金融案件有自己的特点。国际债务责任是根据合同法创设的，可能与一个以上的国家的法律制度发生联系，有时不止一个国家有管辖权，因此 Harris v. Balk 分析法已经无济于事，又由于债权债务关系与无形财产有关，完全效果要件的方法也意义甚微。另外主权国家拒绝还款最有可能发生于国家经济陷入危机、政府更迭时，任何一美国法院拒绝适用国家行为理论的行为都将与外国政府的重要利益发生冲突。最后，由于案件涉及的金额巨大，以致法院有时不能为贷款人提供有效的救济。例如，由于借款人在法院国美国可供扣押的财产数量甚少，即使最后的判决有利于贷款人，它实际能得到的救济也很有限。在 Libra 一案中，贷款人对借款人的请求额为 3500 万美元，但贷款人在纽约银行的账户上只有 250 万美元，而其中只有 80 万美元被成功扣押。这样就促使了法院寻求解决债务所在的新的方法。

1. 综合分析方法

在 Allied Bank 案中，法院打破了传统的方式，除了考虑对债务人实际控制这一传统因素外，还考虑了其他非传统因素来确定债务的所在。如债务人同意服从纽约州管辖权，支付货币为美国美元，并在纽约付款，有些谈判是在纽约举行的。另外，法院还考虑了纽约及美国在保护纽约州为世界金融中心方面的利益。法院也曾考虑 Costa Rica 在维护经济危机方面的利益。但最后得出的结论是 Costa Rica 对债务的潜在管辖权不足以使该债务的本座确定在 Costa Rica。

在 Drexel Burham Lamber Groop，Inc. v. Galdari 中，法院没有考虑对债务人的实际控制或对债务的控制。而是考察付款地、对准据法的选择、谈判地、管辖法院的选择、作为债务证明的证券交付地等因素确定债务的本座位于美国。

法院在运用传统规则同时，也考虑非传统因素的倾向暗示确定债务所在地的新规则的产生。在 Libra 及 Callrejo v. Ban Comer S. A. 中，法院明确拒绝适用传统规则并认为，确定债务所在的正确标准是将有关债务因素作为一个整体予以考虑，从而确定这些因素作为一个整体使债务位于何处。

除了考虑有关债务的因素之外，有学者强调分析债务本座所在时必须符合国家行为理论的目的。在考虑国家行为理论是否适用时，还应考虑法院判决所能取得的实际效果，如果效果甚微，不如通过其他途径加以解决。

2. 冲突法规则

也有学者指出，国家行为理论是一项冲突法规则，认为通过传统冲突规则的适用方法可以解决国家行为理论的适用问题。因为在涉及国家行为理论的债务案件中，实质问题是，合同生效之后颁布的外国法律或法令是否影响一商业协议的当事者的权利义务。也即外国法是否适用于当事人的权利义务关系。

那么究竟如何在冲突法规则的范围内解释国家行为理论的适用与否？

首先，当事人对准据法有明确选择时。这又需要分两种情况加以考虑，准据法是为国家行为以外的国家的法律和准据法是为国家行为本身的国家的法律。前一种情况下，根据传统的规则，该外国国家法律或法令的效力将不被承认。但国家行为理论将修改这一传统规则。

那么在传统的冲突法规则中，在何种条件下外国法将被适用？根据《冲突法重述》(第二次)第187条(2)所规定的冲突法规则，如果国家行为表明了该国家的一项基本公共政策，如果该国家在决定此国家行为所涉及的特定问题上比美国具有更重要的利益，而且该国在该特定的问题中，与交易及当事人有最重要联系，则该外国行为的效力必须予以承认。否则不予适用。

当准据法与国家行为国同一时，如果准据法选择条款为有效，则该国家行为作为准据法的一个组成部分，根据传统的冲突法规则将是有效的。但是如果法院地美国法院根据上述判断标准认为法院地的公共政策更重要时，国家行为理论不予适用。

在当事者没有选择准据法时，美国的法院一般按照最重要联系、政府利益分析、既得权方法等确定准据法。如果法院或是根据最重要联系或是根据政府利益分析而适用行为国的法律的话，则没有任何必要考虑法院的公共政策。因为根据上述分析，行为国的公共政策或利益最重要。如果是根据既得权方法确定合同缔结地法和合同履行地法为准据法时，则准据法的适用有可能受法院地公共政策制约。

## 第四节　国际借贷协议法院管辖权的确定

国际借贷协议争议的解决，不仅取决于协议准据法的选择和适用，法院管辖权的确定也是一个非常重要的因素。借贷协议的法院管辖权归向何国，直接影响着协议准据法的适用以及借贷双方当事人合法权益的取得和保护。所以，在国际借贷交易中，当事人争夺法院管辖权的斗争也异常激烈。研究这一问题，对于保护我国借贷当事人的合法权益以及更好地开展国际融资业务具有很重要的意义。本节拟从借贷当事人协议管辖、无协议管辖时法院管辖权的确定、法院管辖豁免和中国的立法与实践等方面，论述国际借贷协议法院管辖权的确定。

### 一、借贷当事人协议管辖

#### (一)明示协议管辖

协议管辖是双方当事人协商达成协议，自行决定将其争议交由某国法院审理。在国际借贷交易中，借贷双方当事人经常以协议明确规定，他们之间如果发生争议，应由某一国家的法院管辖。这种协议独立于合同之外，称为管辖协议，包含于合同之内，称为法院选择条款。

借贷双方当事人协议选择法院管辖的目的在于赋予某国法院受理借贷协议

的资格，以期获得可以预见的、公正的审判结果。所以，双方在协议选择法院时，必须慎重地考虑下列因素：

1. 争取选择本国法院管辖

在国际上争夺管辖权的现象并不少见。这种争夺一方面表现为一些国家尽量扩大本国法院的管辖权，或者以外国法院无管辖权为由，拒绝履行外国法院提出的法院委托或外国法院作出的判决，另一方面表现为，原告总是力争把案件提交给对他有利的法院审理，而被告则以该国法院无管辖来抗辩。在国际融资领域，这种争夺尤为激烈，借贷当事人更努力争取选择自己本国法院管辖。从贷款人一方来说，他承担的风险最大，选择本国法院管辖，不仅是因为对本国法院诉讼程序熟悉、信任，更重要的是贷款人不愿意把合同交给法律制度不稳定的外国法院、特别是借款国法院管辖。他们担心借款国法院有可能根本无视合同选择的准据法，或充其量在不与借款国法律冲突的前提下有限度地适用合同的准据法；甚至，借款国法院还可能凭借本国的立法机器来改变、损害贷款人的利益，如通过颁布延缓偿付外债的法令来限制合同准据法的适用。从借款人一方来说，当政府出面借贷资金，出于主权平等考虑，一般不会接受外国法院管辖；而当借款人向多方贷款人申请贷款，也不愿因选择贷款人所属国法院管辖而被多个国家法院同时追诉。因此他们努力争取合同由借款国法院管辖。其反对贷款人主张的主要理由是：第一，如果借款人的财产都在借款人所在国，贷款人在外国法院所获得的判决，仍须在借款国法院申请执行；第二，贷款人选择了借款国以外的外国法院管辖，该法院也未必完全能独立于政府之外，况且“判决的公正性”毕竟是相对的，它因法院地国的传统和政治环境而不同；第三，即使选择借款国法院管辖，受诉法院为了本国在国际社会的声誉和影响，也为了本国能连续不断地吸引外资，也极少完全置贷款人的利益于不顾，随意修改法律片面地保护本国当事人的利益。

2. 法院地国与准据法所属国的一致

从理论上说，准据法与法院管辖权是彼此独立的。但为了判决结果具有更大的可预见性，借贷双方都希望协议选择的法院地国与合同的准据法所属国保持一致。这样，至少受诉法院熟悉本国的法律，因而更容易做出预期中的判决；而且，受诉法院适用准据法较为方便，案件的审理不至于因聘请专家为查明外国法的内容而花费过多的时间和不必要的费用。

相反，如果法院地国与准据法所属国不一致，协议所选择的准据法就有可能落空。受诉法院可能会因准据法与本国的公共政策或冲突规则相抵触而直接适用法院地法。这也是借贷双方当事人所不希望的。

3. 法院的水平

当事人还要考虑受诉法院的审判水平和程序，其中包括：(1)法院在处理国际贷款纠纷方面的经验；(2)法院审判案件公正，在国际案件中不偏袒本国利益或政策；(3)法院具有适应现代商业和金融交易发展要求的诉讼程序，如便利的简易诉讼程序、可以防止被告在判决前转移财产的诉讼保全制度，以及有力的强制执行判决的程序，等等。

4. 法院管辖豁免

当国际借贷协议当事人涉及国家、政府、国际组织及国际商业银行时，由于这些合同主体具有特殊的法律地位，因而借贷双方当事人还必须考虑法院管辖豁免问题，贷款人往往把要求借款人放弃法院管辖豁免作为合同成立的先决条件，而具有特殊地位的借款人通常不愿意轻易放弃豁免权，他们以种种理由反驳贷款人的这项要求。

5. 选择法院条款的类型

国际借贷协议中的选择法院条款分为两类：排他性选择法院条款(exclusive froum-selection clause)和多重选择法院条款(nonexelusive froum-selection clause)。排他性选择法院条款是指当事人只规定一个国家的法院对有关协议的争议有管辖权，从而排除其他国家对争议的管辖权。多重选择法院条款是指当事人规定两个或两个以上国家的法院有管辖权。贷款人为了取得在不同国家起诉的选择权，总是要求在借贷协议中规定多重选择法院条款。因为这样，如果借款人在几个国家都有资产，贷款人就可以在多重管辖条款规定的范围内，选择几个国家的法院同时对借款人起诉；或者当贷款人估计在某个国家的法院起诉可能败诉，而在另一国家起诉则可能胜诉时，他就可以在多重管辖条款规定的范围内，选择可能获得胜诉的国家起诉。而借款人通常因不愿使自己面临可能在几个国家被诉的危险而反对选择多重法院管辖条款。但在实践中，国际借贷协议的选择法院条款多为多重性选择法院条款，一般是两个或两个以上的外国法院，有时再加上借款人所属国法院或借贷协议履行地法院。排他性选择法院条款在国际借贷交易中使用较少，而仅规定借款人本国法院为管辖法院的就更为鲜见了。

协议管辖得到了世界绝大多数国家的承认。如美国1972年《第二次冲突法重述》就规定①：一州有权对同意受其司法管辖的自然人、外州公司行使司法

① 韩德培、李双元主编：《国际私法教学参考资料选编》，武汉大学出版社1991年版，第137~142页。

管辖权，“除非这样一个协议是不公平或不合理的，否则它将被赋予效力”。德国《民事诉讼法》第 38 条也规定：“对本来没有管辖权的第一审法院，可以因当事人间明示或默示的合意而取得管辖权。”除此，英国、意大利、法国、前捷克斯洛伐克等国的法律都规定当事人可以协议选择法院管辖。

协议管辖也得到了有关法院管辖权的国际条约的肯定，如 1928 年《布斯塔曼特法典》、1965 年海牙法院选择公约、欧洲经济共同体 1968 年《关于民事与商事案件的管辖权与执行判决的公约》以及 1978 年汉堡公约等都对协议管辖作了专门规定。

在赋予当事人协议管辖权利同时，世界各国法律几乎无一例外地又对协议管辖作了种种限制。这些限制主要是：

(1)基于国际法上的理由或公共秩序的原因，应属内国管辖而排斥内国管辖的这类选择法院协议无效。

(2)一方向他方施加压力，或以欺诈、利诱等不正当手段获得的协议无效。

(3)专属管辖的案件不得协议选择。

(4)协议选择的法院只限于第一审法院。

(5)协议必须是书面的。

(6)当事人在合同中所选择的法院应与合同有实际联系。如贷款人、借款人所属国、货币所属国、国际金融市场所在国等等，均可视为与合同有实质性联系的因素。

(二)默示协议管辖

国际借贷协议的法院管辖权，除借贷当事人以书面形式明示选择外，还可根据他们在诉讼进行中的行为来推定，这便是默示协议管辖。详言之，借贷协议当事人并未就管辖问题达成协议，但原告在某国法院起诉，被告不仅未就该国法院管辖提出异议，反而出庭应诉，或对原告提出抵消抗辩或以原告为被告提起反诉等，均视为被告同意案件由该国法院管辖。

按照英国、美国及其他许多国家的法律，如果借款人作为被告实际出庭，法院即享有管辖权，但被告仅仅是为了抗议法院的管辖权而出庭除外。然而在英美国家的司法实践中，往往把这一原则推向极端。如英国上诉法院在 1976 年审理 Hery v. Geoprose Intenational 一案时就认为，被告出庭抗议法院的管辖权，亦可视为接受法院管辖。为了限制这种滥用管辖权的做法，1982 年英国颁布《民事案件和判决法》，明确规定下述情况将不认为被告接受了外国法院的管辖权①：(1)被告出庭是为了抗议法院的管辖权；(2)被告出庭是以争议应提交仲裁或应由别国法院受理为由要求法院撤销或中止诉讼；(3)被告出庭是为了保护在诉讼中已被法院扣押或将遭扣押的财产或使财产解除扣押。这种限制被许多国家立法所采纳，如前南斯拉夫1982年颁布的《法律冲突法》第50条的规定即是。

## 二、无协议管辖时合同法院管辖的确定

1. 原告的联系(plaintiff connections)

欧洲大陆国家大多以原告具有法院所在国的国籍或住所作为确定借贷协议法院管辖权的依据。依法国民法典，原告拥有法国国籍，法院即可对外国籍被告行使管辖权；依荷兰民事诉讼法，原告只要在荷兰有住所，不管其国籍如何，荷兰法院都享有管辖权。比利时和意大利也分别以借贷当事人的住所和国籍作为确定法院管辖权的根据，但它们又都以对等原则作为条件。

欧洲国家这种以国籍或住所为管辖权的基础的做法受到了其他国家的批评，认为这样做过于极端过分了。按他们的做法，一个在本国有住所或国籍的债券持有人可传唤外国发行人到其所在国法院被诉，甚至法院仅仅凭着债券持有人持有与法院地国同样颜色的护照，或在法院地国出生就可以主张管辖权，这未免过于牵强生硬了。

英国、美国及其他英联邦的许多国家的法院都不是单纯以原告的国籍或住所作为确定法院管辖权的根据。

2. 被告的联系(defendant connections)

(1)短暂的停留：在英国及英联邦国家，只要在发传票时，被告实质上在英国(即使他在航行于英国上空的飞机上)，英国法院就有管辖权，而不论其国籍或居所如何。

(2)当地公司：本国法院对依本国法成立的公司或位于本国的公司享有管辖权毫无疑问。问题是跨国公司在两个或两个以上的国家设有分公司(Branch)或子公司(subsidiary)，那么分公司或子公司所在国能否对它们的总公司或母公司行使管辖权呢?

分公司是总公司在国外设立的办事机构、营业机构。分公司没有独立的法律地位，不具有独立的法律人格，总公司对其分公司的行为直接负责。因此，法院可以通过对分公司享有管辖权，而对总公司行使管辖权。按照英国法律，

① 莫里斯：《法律冲突法》，中国对外翻译出版公司1990年版，第112页。

外国公司在英国设立分公司，就认为其所属总公司在英国营业；如果分公司在英国举债，那么英国法院就会以外国公司在英国营业为由对境外总公司行使管辖权。

子公司与母公司的关系不同于分公司与总公司的关系。子公司一般是依东道国法律设立，有自己独立的名称、组织和章程，并以自己的名义独立经营、独立承担责任，具有独立的法律人格。子公司与母公司是各自独立的法人。但子公司所在国法院是否可以对境外的母公司行使管辖权，各国的态度不尽一致。英国法律认为，母公司和子公司是各自具有独立法律人格的公司，它们应独立承担民事责任，法院不能通过对子公司的管辖权而对母公司行使管辖权。但美国纽约州法院的判例认为，子公司虽然名义上是独立的法人，但实质上是母公司的一个部门，法院可以据此取得对境外母公司的管辖权。这种做法在美国最高法院 1925 年审理的一个判例中遭到反对。法院认为，尽管总公司和分公司是同一法律实体，是同一公司，但母公司和子公司却是各自具有独立法律人格，美国的州法院不能仅因对子公司有管辖权而取得对母公司的管辖权。

3. 财产位于法院所在国(location of assets)

德国、奥地利、日本等国法律规定，只要债券发行人的财产位于境内，就构成法院管辖权的基础。比利时、荷兰法律在肯定这一原则的同时，还进一步要求债券发行人对其财产要实际占有。英国、法国则认为，对合同方面的诉讼，财产仅位于法院地国并不足以构成法院管辖权。按美国法，除了有资产在美国外，还需要有其他的“最低限度的接触”。关于这一理论的最新判例是 1991 年 1 月 3 日美国纽约联邦南区法院判决的两家巴拿马公司和一家瑞士银行诉阿根廷共和国和阿根廷中央银行违反公债义务案。① 阿根廷方面以美国法院对此案无管辖为理由提出抗辩，反对纽约联邦南区法院受理此案。纽约联邦南区法院则指出，被告不仅在纽约偿还公债，而且阿根廷中央银行还在美国进行各种商业活动，阿根廷共和国和阿根廷中央银行在美国都有银行账户，阿根廷共和国在美国各地还有几个领事馆，所有这些接触加在一起，已足够达到最低限度接触的标准。所以该法院认为，它对此案有管辖权。

在美国最高法院判决的影响下，美国各州纷纷采取立法措施，扩大它们的司法管辖权。如纽约州、威斯康星州和伊利诺斯州地方法律都制订了长臂管辖法，其主要理论基础就是最低限度的接触。

① 参见林欣：《论国际私法中管辖权问题的新发展》，载《法学研究》1993 年第 4 期，第 81 页。

4. 交易上联系(Transaction connections)

依这一理论，如果借贷协议或发行债券与特定国家有重要的联系，从该国取得了经济上的利益，诉讼原因是这项交易所引起的，则该国法院就有管辖权。

例如，按照英国高级法院诉讼规则第11号法令，借贷当事人如果在英国订立借贷协议，或通过在英国营业、居住的代理人订立协议，或协议选择(包括默示同意)英国法作为合同的准据法，英国法院就有管辖权。据此，当一个主权国家由于政治上的原因不愿意接受英国法院管辖时，如果该借贷协议是在伦敦签订，或者默示地以英国法作为合同准据法，英国法院仍可行使管辖权。①

在美国，几乎每个州的法律都接受了“交易联系”理论，但一般说来，“联系”的程度要低于英国的要求。如依纽约州地方法律，只要被告或第三者在该州从事业务，纽约法院将有管辖权，但如果仅是借贷协议在纽约签订将不足以构成管辖权，双方高级官员最后到纽约的谈判才视为有管辖权的联系因素。

## 三、国际借贷协议的法院管辖豁免

国际借贷协议的主体不仅涉及公私企业、团体、自然人，而且还涉及国家、政府、国际组织和国际商业银行等。由于国家、政府、国际组织具有特殊的性质和地位，因而在国际融资过程中，不可避免地遇到法院管辖豁免问题。详而言之，如果借款人为这类特殊主体，贷款人就必须考虑具有特殊主体的借款人是否享有法院管辖豁免权，贷款人能否向借款人所属国以外的其他国家对借款人起诉，借款人能否以司法管辖豁免为理由抗辩。这些问题在借贷双方当事人订立法院选择条款时必须予以明确。

从国际借贷交易看，涉及法院管辖豁免的主体常常是政府、国营公司和国际金融组织。

1. 政府

一国为了发展本国经济，有时需要派中央政府或地方政府亲自出面向外国银行贷款。在此情形下，中央及地方政府机构是否享有豁免权？对此，各国法律的分歧很大，主要争议是：(1)政府的借款行为是属于公法行为还是私法行为？(2)如果是公法行为，那么地方政府机构能否与中央政府一样同等享有法

① 沈达明、冯大同编：《国际资金融通的法律与实务》，对外贸易教育出版社1985年版，第313页。

院管辖豁免权？

对于政府借贷行为属于何种性质，各国法律没有统一的划分标准。争论的焦点是：究竟是按借贷交易的目的还是按交易本身的性质来判定政府借贷行为是公法抑或是私法行为。比如，在一笔政府为购买军火而向外国银行借贷的交易中，有的国家从交易的目的出发，认为政府贷款是为了通过购买军火来加强国防，应属于主权行为，可以享受豁免权；有的国家则从借贷交易的内在性质出发，认为借贷是商业交易，即使政府贷款也是政府从事的商业行为，该项行为不能因政府的参与而改变其商业性的内在本质。由于判断标准不同，各国的立法差异也就很大。英美等国都是从借贷交易的内在性质出发，认为政府借贷行为不具有主权行为性质，不应享有豁免权。如英国1978年《国家豁免权法》就规定，国家对其签订的商业合同所引起的诉讼，不能享有豁免权，除非双方当事人另有协议。或者交易双方都是国家。该法还对“商业交易”作了具体规定，其中借贷和其他融资交易及有关的担保合同都属其列。按照这项规定，政府贷款，不管其贷款目的是为购买军火还是投资工业，都应认为是商业交易行为，不能主张管辖豁免。

这种做法也被比利时的法院审判所采纳。如，1963年，布鲁塞尔上诉法院对“德莱勒梅斯和马絮雷尔”股份有限公司诉土耳其共和国中央银行案①的判决指出：“管辖豁免依赖于行为的性质而不是依赖于对这种行为负有责任的组织的特性。”该法院又指出：一个国家从事主权活动才享有豁免，倘若它从事非主权活动，则丧失这种豁免权。

法国法律曾一度从交易目的出发，认为政府借贷属于主权行为，应当享有豁免权。如法国拉罗舍尔商事法庭1947年审理 Étienne Goverment of the Netherlands 一案时指出：法国法院经常认为，外国国家为政治目的而从事的活动不服从普通法律和不接受法国法院的管辖。这表明，该法院主张以行为的目的来区别公法行为和私法行为。具有政治目的行为即认为是公法行为，也即主权行为，应当享有豁免权。

应当指出的是，按政府行为目的来区分公法行为和私法行为，并进而依此确定法院管辖豁免权往往会导致国家豁免理论上绝对豁免主义的泛滥。因为一国政府对其所从事的一切活动都能以为了本国公共利益为借口而主张豁免权。这对于发展平等互利的国际经济关系是有害无益的。所以在实践中，越来越多

① 参见黄进著：《国家及其财产豁免问题研究》，中国政法大学出版社1987年版，第167~168页。

的国家放弃以行为目的区分政府行为性质的理论，普遍接受了平等豁免理论，即在国家主权平等基础上，为了国家间正常交往，国家不享有绝对豁免权而享有平等豁免权。

2. 公司

公司有私营公司和国营公司之分。私营公司依其法人属人法具有法人资格，与自然人一样不享有管辖豁免，这一点向无异议。问题是，国营公司是否因其与国家的隶属关系而享有管辖豁免权。各国的立法和司法实践采取两种做法。(1)支配说。即国营公司能否享有豁免权，应视国家政府对其控制的程度如何而定。如果政府控制紧密，公司则可以以其已构成政府机构的一部分为由主张豁免权；反之，如果政府控制松弛使该公司与国家政府间的一体关系不明确，就不能享有管辖豁免①。这一理论为大多数国家的法律所承认。如 1976 年美国《外国主权豁免法》，不仅肯定了这一原则，而且还进一步将政府对公司的控制程度加以量化。详而言之，凡外国政府或其政府分支机构拥有某一公司的多数股份时，该公司即可视为外国政府的机构享有豁免权。所谓多数是指超过 50%的股份。(2)行为性质说。即以国营公司借贷行为的性质来确定其能否享有管辖豁免。依 1978 年英国《国家豁免法》，当国营公司的借贷交易与政府行使主权行为有关，国家则可以就该项借贷行为而发生的诉讼主张管辖豁免。如果是商业行为就不能享受豁免权。这一理论也为许多欧洲国家所采纳。

3. 国际组织

参与国际借贷交易的国际金融组织，如世界银行、国际金融公司、亚洲开发银行等，在国际法上也可以享有豁免权。其豁免的范围，依各组织章程的有关规定而决定。但与联合国相比，这些国际金融组织的管辖豁免范围较小，因为这些组织与会员国之间的争端，一般在章程中已规定由其内部有关机关决定或经由国际仲裁方式解决。如世界银行、国际开发协会、亚洲开发银行等组织的章程都规定，贷款合同一般应以仲裁方式解决借贷双方的争议，尽量避免采用司法诉讼程序。其原因大概有二：一是避免被人指责本组织对某个成员国的法院有偏向；二是有利于使借贷争议中的技术性问题得到比法官更合适的专家的处理。

这些国际金融组织的豁免范围较小的原因还在于，这类组织必须在私人资本市场上借入资金以供业务经营之用，如果采用一般国际组织所主张的完全豁免原则，将使私人投资者不愿对它贷给资金而有损其业务的正常经营。因此，

---

①　林石根著:《国际借贷契约》，台湾地区联络出版事业公司 1980 年版，第 172 页。

这些金融组织在其章程中都明确地规定限制管辖豁免的范围。

应当提及，国际组织的豁免只对其会员国主张，非会员国无受其拘束的义务。但是，如果非会员国允许某国际组织在其境内从事金融交易、经营借贷业务，那么就该类事由所生之诉，非会员视为承认该组织享有管辖豁免。

### 四、中国的立法实践

我国法院确定国际借贷协议管辖权的主要法律依据是 1991 年 4 月 9 日通过的《中华人民共和国民事诉讼法》。该法在“涉外民事诉讼程序的特别规定”中专章规定了管辖权确定的原则。

（一）地域管辖

依民事诉讼法第 22 条、第 243 条的规定，如果被告（通常是借款人）在我国境内有住所，我国法院就有管辖权。如果被告在我国境内无住所，我国法院一般不受理。但如果借贷协议在中国领域内签订或履行，或者标的物位于中国领域内，或者被告在中国领域内有可供扣押的财产，或者被告在中国领域内设有代表机构，则借贷协议签订地、履行地、贷款所在地（标的物所在地）、被告可供扣押财产所在地、侵权行为地或代表机构所在地人民法院均可行使管辖权。

（二）协议管辖

1. 明示协议管辖

我国民事诉讼法第 244 条明确规定，涉外合同或涉外财产权益纠纷的当事人可以用书面协议选择与争议有实际联系的地点的法院。据此，国际借贷协议当事人的选择法院条款（协议）在我国是具有法律效力的。我国民事诉讼法对当事人的协议管辖也作了限制：第一，当事人选择的法院应当是“与争议有实际联系的地点的法院”；第二，如果选择中国法院为管辖法院，不得违反我国民事诉讼法关于级别管辖和专属管辖的规定；第三，选择应当采用书面协议形式。

2. 默示协议管辖

根据民事诉讼法第 245 条的规定，如果有关国际借贷诉讼的被告人对受诉人民法院未提出异议并应诉答辩的，视为承认我国法院有管辖权。

## 第五节　国际破产法的统一化趋势

### 一、国际破产法统一化进程概况

世界上许多学者认为，实现各国破产法的国际统一是破产法领域的理想目标。这种希望曾在1925年海牙举行的第五届国际私法会议上进行了尝试。会议把国际破产统一法列为议程之一，由大会指定的破产法委员会在对“单一破产制”(unity of bankruptcy)和“复合破产制”(concurreut bankruptcies)表决时，赞同了单一破产制而否决了英国代表团提出的复合破产制的方案——该方案认为在复合破产制下，首先应确认内国破产法的优先地位，当遇到外国破产管理人被重复选任的情况，在破产管理方面应实现尽可能的合作，从而达到协调各国破产法的目的。由于对该方案的否认，英国代表团认为单一破产制的采用距离英国破产法的概念相差甚远，所以也是不可能被得到适用的。① 借此，英国代表团退出了海牙国际私法会议。此次大会未能对统一破产法公约达成一致意见即告终束。但作为一项条约范本又在第六届海牙国际私法会议上被提了出来，并被大会通过供各国签字批准。但直到目前为止，尚没有任何国家批准该公约。

虽然缔结统一的、世界范围内的破产法公约的努力没有成功，但是，通过双边国际条约实现破产领域的国际合作却是卓有成效的。如法国和瑞士的承认和执行对方判决的条约，法国和比利时的承认和执行条约，法国和意大利的承认和执行条约，英国和法国、比利时、印度等的此类双边条约②等等，都在一定范围内涉及相互承认对方国家的破产管辖权，并在一定条件下承认破产宣告及于缔约对方国家内的债务人的财产等问题。③ 尤其是比利时和奥地利签订的相互承认和执行法院判决的条约，是第一个全面规定承认和执行破产宣告效力的双边条约，但它仅局限于商人破产案件，且排除了有关保险公司等问题。④

在统一国际破产法方面，区域性的多边公约显示了它的更大的贡献。由于相邻国家之间商业接触的频繁和接触范围的广泛，他们既相互了解对方的法律制度，又有必要统一法律制度以增进相互交往的发展，所以也愿意在可接受的基础上缔结条约来统一相互之间的破产法。在该方面的区域性多边公约有：1928年2月20日签订于哈瓦那的《布斯塔曼特法典》第九编，1940年3月19日由乌拉圭、巴西、哥伦比亚、玻利维亚、阿根廷、秘鲁、巴拉圭订于蒙得维的亚的《关于陆上国际商法的条约》第八篇⑤，1933年11月7日的《北欧破产

① L. J. Blom-cooper, Bankruptcy in Private International Law, 1954. p. 19.
② Dalhuisen, Dalhuisen on International Insolvency and Bankruptcy Vol. 2, pp. 3-259.
③ Blom-cooper, p. 19.
④ Dalhuisen, pp. 3-259.
⑤ 卢竣主编：《国际私法公约集》，上海社会科学院出版社1986年版，第110页。

法公约》。① 1968年欧洲共同体国家开始制定破产法公约，经1970年和1979年的多次讨论修改，于1980年正式通过了《欧洲共同体破产法公约》(草案)等。这些公约的主要内容包括：

(1)有关破产案件管辖权的规定。在该方面，公约有两种规定方式：其一，有些公约为缔约国提供了统一的管辖权规则以代替缔约各国自己的管辖规则对国际破产案件的适用；其二，有的公约规定，哪类缔约国破产案件管辖权可以在缔约他国得到承认。在立法技术上，这就是所谓的“直接管辖权”(Competence directe)和“间接管辖权”(Competence indirect)之分。直接管辖权的实践意义在于，它规定债务人的住所或商业中心所在国具有排除其他缔约国对该债务人破产的管辖的效力。如《布斯塔曼特法典》第414条规定：“如破产案件的债务人只有一个民事或商事住所，则对其在缔约各国内一切资产和债务，只可以有一项破产和解程序，一次停止支付和一个接受的和解契约。”再如《欧洲共同体破产法公约》第3条(1)规定：“如债务人的管理中心位于一缔约国境内，该缔约国法院有宣告该债务人破产的专属管辖权。”②该公约第13条(1)还规定：“如不同缔约国法院就同一债务人是否开始破产程序进行考虑，而其中一法院的管辖权依本公约的条款占优势，其他法院，必要时可自动宣布其不具有管辖权，或中止诉讼程序……”基于这种规定，复合破产制问题即不会存在，对法院的“挑选”(forum shopping)也可避免。依据间接管辖权原则，则管辖权排除的情况很少，因此可能在不同的国家同时对同一债务人开始破产程序，③ 即复合破产制将依旧存在。但是直接管辖权原则为债权人获得破产管辖权制造了困难，如它迫使债权人在外国法院提起破产申请等。

直接管辖权和间接管辖权原则都把行使管辖权的连结点集中在债务人的住所或商业中心上，由此，直接管辖权原则为依据“便利法院”(forum conveniens)原则确定管辖权留下的余地很小；而间接管辖权原则中的连结点又过多，但该原则本身规定的承认外国法院对国际破产案件管辖权的范围又过窄，从而为承认带来实际的困难。所以都有可能造成对国际破产案件审理的拖延，影响到对破产财团的保护。④

(2)破产宣告的效力和破产管理人的权力。现存的区域性破产法公约都规

① 该公约的缔约国为丹麦、芬兰、挪威、瑞典和冰岛。

② 卢竣主编：《国际私法公约集》，上海社会科学院出版社1986年版，第624页。

③ Dalhuisen, pp. 2-260.

④ Dalhuisen, pp. 3-261.

定了破产宣告的普及效力，即某一缔约国对债务人所做的破产宣告，在其他缔约国境内均有效力，债务人位于各该缔约国的财产应一并归入宣告国指定的破产管理人的管理之下，对破产人的其他民事执行措施以及对破产财产的执行等，在其他缔约国都应予以终止。如《布斯塔曼特法典》第416条，《关于陆上商法的国际条约》第42、43条，《欧洲共同体破产法公约》第20、21、22条和第27条等的规定。对于破产管理人的职权，这三个公约都规定了不需要经过当地办理任何程序，均予承认的内容。例如《关于陆上商法的国际公约》第49条规定："在只有一起的破产程序中，破产管理人的权力无论把他们或他们的代表叫做什么，应为所有缔约国所承认。他们得采取保全或管理措施出庭，并行使破产宣告地国法律所赋予的职务及权利；……"①

(3)缔约国破产宣告的执行。对于缔约他国破产宣告的执行，有关公约都有规定，例如《布斯塔曼特法典》第417条规定："缔约一国作出的破产宣告得依本法典所定关于法院判决的情况和方式，在其他各国予以执行。……"《关于陆上商法的国际条约》第43条也有对破产宣告执行的规定。在此方面，《欧洲共同体破产法公约》做了详细的规定，对此将在下节中做详细介绍。

(4)和解的效力问题。《北欧破产法公约》、《布斯塔曼特法典》第414条、《欧洲共同体破产法公约》第54条都规定：在任一缔约国内所做出的和解协议，在其他缔约国内均为有效，因此而不得再在其他缔约国进行任何这类程序。

此外，《北欧破产法公约》和《欧洲共同体破产法公约》还有其他相同或类似的规定。但两者在破产管辖权上采用的立法技术不同，前者规定了间接管辖权原则，从而为北欧国家确立破产管辖权留下了更大的活动余地，但该公约排除了缔约国对非本国居民的破产管辖案件；后者则规定了直接管辖权原则，从而避免缔约国对破产案件管辖权的冲突。另一个方面的区别在于两公约采用的一般优先权(general preferences)原则不同，北欧破产法公约采用"同一地法"(lex concursws)原则，依据该原则，债务人的所有财产，不论位于任何其他缔约国境内，也不论其数额大小，是动产还是不动产等，都应归入行使管辖权的破产法院指定的破产管理人管理之下，由其他所有债权人不论先后顺序进行公平分配，除非涉及国库对破产财团的利益要求时，才有优先受偿权。《欧洲共同体破产法公约》尽管采用统一的破产管辖权原则，但是，对于位于其他缔约

① 卢竣主编：《国际私法公约集》，上海社会科学院出版社1986年版，第119页。

国境内的财产的分配，需依照财产所在国规定的受偿原则进行分配。① 因此，如果破产财产位于几个缔约国，则可能有几项一般优先权的存在。由此引起了一系列复杂的问题，例如，债务人位于一缔约国境内的财产不足以满足债权人优先受偿的要求时，是否还会涉及债务人在其他缔约国境内的财产？而根据该国的法律，该债权人又不享有优先权时应如何处理？或者一个债权人在两个或更多的缔约国内都享有优先权，从而有可能使其债权得到安全赔偿，但其他债权人却不能与其公平受偿等。② 该公约对这些问题花了大量篇幅进行规定以调和上述矛盾。

## 二、欧洲共同体破产法公约简介

在国际破产法统一化进程中，最具代表性的要数《欧洲共同体破产法公约》。欧洲共同体破产法公约是1980年由欧洲共同体九国元首签署的，其全称为《关于破产、结业、调解、和解清偿及同类程序的公约(草案)》。但目前尚没有国家批准该公约。公约共九章87条，第一章：公约的范围及一般规定；第二章：管辖权；第三章：适用的法律；第四章：破产的一般效力；第五章：承认及执行；第六章：法院的解释；第七章：过渡条款；第八章：同其他公约的关系；第九章：最后条款。《欧洲共同体破产公约》(草案)(以下简称公约)第六章至第九章的规定，主要是关于公约自身的一些情况，没有规定国际破产的实质性内容，所以在此不作介绍，下面就公约前五章的内容作简要评介。

### (一)关于公约的适用范围问题

公约第一条规定了公约的适用范围，包括两方面：其一，在对人适用方面，无论破产人属任何缔约国国籍，或者不论破产人属任何其他国籍，只要该人在缔约国的任一国内，则根据本约或缔约国的国内法，该公约均可适用于该人。对此，公约的规定较之《北欧法公约》规定的只对缔约国居民适用为宽，说明它是在一个更大的范围内统一国际破产立法的公约。但是，公约不适用于保险企业(但适用于再保险企业)，除非“在协调这方面事宜的各国国内法的‘准则’生效和该‘准则’无相反的规定时，本公约才得适用”。这种例外情况与共同体内有关国家对金融企业的特殊处理习惯相一致，如1969年比利时和奥

① Michael Bogdan, International Bankruptcy Law in Scandinvia. See International and Comparative Quarterly, Vol. 34, 1985. p. 85.

② Michael Bogdan, p. 85.

地利关于承认和执行破产的条约即将保险公司排除在外;① 其二，在公约自身的范围方面，它所规定的不仅仅是关于破产程序的问题，还包含有结业、调解、和解及其他同类程序在内，其中结业(winding up)本属公司法中的清算方式，按英国法律的规定是不适用破产程序的，公约对此做了统一规定，无疑是一种进步。该公约的“其他同类程序”的规定，囊括了所有破产倒闭法律制度甚至还包括了“公司重整”(corporate reorganization)制度等在内。

(二)有关破产案件管辖权制度

公约为确定破产案件管辖权规定的连结点是“管理中心”，管理中心是指债务人通常管理其主要事项的场所。债务人在为商号、公司或法人时，除非有相反的证明，应以其注册办事处为管理中心所在地，但是，在该商号，公司或法人为从事保险或信贷业务者时，应以登记办事处所在地为管理中心所在地。只要债务人的管理中心位于一缔约国境内，该国法院即享有宣告该债务人破产的专属管辖权(第 3 条)。

如果管理中心不位于缔约国内，但债务人在某一缔约国境内有进行交易活动的机构，则该缔约国法院亦有宣告债务人破产的管辖权。

在上述两种情况不存在的情况下，公约并不影响缔约国法院依据国内法对债务人宣告破产的管辖权。

如果在法院受理破产事件之日的前 3 个月内，债务人已将其管理中心转移至另一缔约国，那么后一国的法院和管理中心先前所在国的法院均有宣告债务人破产的管辖权；如果债务人将管理中心转移至非缔约国，而管理中心先前所在国法院在转移后 12 个月内受理此案，则该缔约国法院仍保有管辖权。

在国际破产法领域，管辖权的冲突最为敏感，冲突的现象也最多。基于此，公约专门规定了避免管辖权冲突的规则一节，它规定：如果不同缔约国法院就同一债务人是否开始破产程序进行考虑，而其中一法院的管辖权依本公约的条款占优势，其他法院，必要时可自动宣布其不具有管辖权，或中止诉讼程序；如果其中一法院已经开始进行破产程序，其他法院在对该破产宣告的判决提起上诉程序的期限内，应当中止诉讼程序。公约对此的规定比较模糊，它并没有否认复合破产制度的存在，只是要求缔约国自动宣布其不具有管辖权，而实际上，任一缔约国法院都有可能认为本国法院的管辖权依据公约的条款占优势而竞相行使管辖权，从而引起新的冲突或者是根本避免不了冲突的发生。

除以上内容之外，公约还规定了因破产事件的提起而引发的其他诉讼，如

① Dalhuisen, pp. 3-259.

撤销权、否认权、取回权的行使要求等等问题，按公约的规定，该类诉讼均由破产宣告国法院管辖。

(三)国际破产的法律适用

公约第三章以及第四章的部分条文规定了国际破产的法律适用原则。关于宣告破产的要件，公约规定应依据本公约有管辖权的法院所在地缔约国的国内法。在宣告破产的要件方面，共同体内的英美法系国家采用列举主义，而大陆法系国家采用概括主义，公约无法对此作统一规定，故而规定依缔约国的国内法确定宣告破产的要件。又由于破产法的程序法性质，公约规定对于破产的程序，也应依破产宣告国国内法规定的应遵循的程序。在财产的定性问题上，共同体各国法律传统上也存在很大差异，如德国法认为蜂房是不动产，而英国法却不这样认为。财产的定性，涉及到对破产财产的变卖和分配的优先次序等问题，所以也是一个重要的问题。对此，公约规定依财产所在地法决定财产为动产或不动产，这与通行的国际私法原则是相一致的。①

公约第四章第33条是关于破产管理人变卖破产财产时的法律适用问题，公约规定，破产管理人在变卖资产时所应遵循的诉讼手续应依缔约的财产所在地国法；如果破产宣告国法律或作破产宣告的法院规定应依一定手续变卖资产，其实施的方法仍应依财产所在地法。

此外，公约第37、38、39、40、41条分别规定了对债务人的诈欺行为进行撤销之诉、雇佣合同、出租及承租合同、买卖合同、保留所有权的动产买卖合同等的法律适用原则，公约第45、46、47条还分别对适用于一般优先权的法律，适用于有担保权利及特别优先权的法律，适用于以船舶、船艇及飞行器为担保的权利的法律和适用于留置权的法律作为规定。对此，我们在“破产宣告的效力”一章中已作过论述，这里不再作详细评述。

在国际破产的法律适用方面，公约的上述规定只是一般性的解决法律适用上的冲突的规定，而没有涉及任何实体性内容，如没有像1973年欧洲共同体《产品责任法律公约》中对“产品”、“损害”、“人”等作出统一规定，② 从而不仅实现法律适用原则的统一，而且避免尽管法律适用原则一致而法律观念的不同所引起的冲突，即识别的冲突现象，所以在公约的适用上，还可能有新的冲突发生，这可能是公约的一个缺陷。

① 韩德培主编：《国际私法》，武汉大学出版社1989年版，第121页。

② 卢峻主编：《国际私法公约集》，上海社会科学出版社1986年版，第353~358页。

(四)破产宣告的效力

公约第四章是关于破产的一般效力的规定。公约规定，自破产宣告国法律规定破产宣告生效之日起，破产应在各缔约国内对债务人发生效力，由此，应当停止债务人处理其财产的权力；并阻止债权人根据破产前发生的，未以动产或不动产为担保的债权对债务人的起诉，包括对破产资产中财产的执行措施；还应中止在破产宣告前开始的涉及包括在破产资产中财产的一切诉讼，但如有必要继续诉讼程序，前受理法院仍有权对此作出决定；也应当中止在宣告破产前开始的对债务人的一切执行措施。但在宣告破产判决之日，该种措施依开始执行措施的缔约国法律，宣告破产的判决亦不再有任何中止效力，则不应中止该执行措施。

从破产宣告在《欧洲共同体官方杂志》上公告后第 8 天起，破产对第三者发生完全的效力，在上述期满后所为一切对债权团有害的行为，一律无效；如果第三者已知或应当知道破产宣告的存在，则该人在破产公告前或公告后 7 天内所为的行为，债权团亦得予以撤销。

在破产宣告生效以后，依据公约规定，破产管理人在各缔约国内，应具有破产宣告国法律所授予的，或由该国主管部门所授予的权力，不需其他手续，破产管理人即可在其权限范围内采取保护措施或处理财产。但是，破产管理人对资产的变卖所应实施的手续应遵循财产所在地法，其所应遵循的诉讼手续亦应依缔约的财产所在地国法。

公约第 36~42 条是关于破产对过去行为和现有合同的效力的内容，主要是有关过去行为、现有合同的法律适用原则，对此，前面已作过介绍。

缔约时争议最大和公约中最为复杂的问题，是关于优先请求权、有担保请求权等问题。在公约草案的最后文本中，某些条款还保留了这种争议的痕迹。① 对于优先权问题，其他的区域性国际公约或专门的破产法公约均未涉及，公约试图在该方面作出规定，以实现破产宣告效力的彻底执行。但是由于该问题是国际破产中的重要问题，直接涉及到债权人的受偿权利，受偿额的大小等，所以缔约国之间的争议较大，公约不得不为此以大量篇幅来规定优先权问题。

为了便利财产分配，公约规定应按需待变卖的财产所在地各缔约国分别设立财产分户账，债权人对于破产宣告后所负债务，凡被认为系属于债权团的负债者，将从处于各缔约国的财产中得到偿还，各分户财产对此债务依有关缔约

① 卢峻主编：《国际私法公约集》，上海社会科学出版社 1986 年版，第 639 页。

国法律规定的顺序，按可用于此目的的财产的比例偿付之；在民商事件中，债权人对于在破产宣告前的债权得就位于各缔约国的财产，向债权团主张权利，或主张依该国法律给予此种债务的优先权。如具有一般优先权的债务，在各均有分户财产的缔约国内；应各收回相等的数额，该债务应由各分户财产平均负担相等的份额。但如有一处或数处的分户财产不足以偿付这一债务，则其不足额应从其他有足够财产可供清偿的分户财产中平均摊偿；如果有一般优先权的债务，在各均有分户财产的国家内，由于其享受优先权的范围不一样，应各收回不同的金额；如果由于在不同的分户财产中的顺位各异，以致该一般优先债务不能同时从不同的分户财产中受偿，则该债务应先由在其中拥有最高顺位的分户财产偿付。在民商以外的事项中，特别是在财政或社会保险的事项中，缔约国的公共机关、政府部门及其他执行公务机构，对于其应受清偿的发生在破产宣告前(或后)的债务，得参加债权团行使权利，亦得就在该国境内的财产行使其享有的优先权，如不足清偿，除非有证据，有权在任何其他缔约国作为无担保债权人而提出请求。

(五)有关破产事项判决的承认和执行问题

公约第五章规定了在公约范围内，缔约国法院作出的有关破产的判决，包括裁定、命令或执行令状以及经缔约国法院同意的调解和和解清偿，在其他缔约国内，不需经过任何特别手续，应一律被承认。如果不同缔约国法院对同一债务人已开始进行破产程序，由管辖权占优势的法院作出的判决，单独发生效力；如果不同缔约国依公约规定有同等管辖权的法院对同一债务人开始进行破产程序，首先作出判决的法院的判决单独生效，其他缔约国应一并承认。公约规定，上述被缔约国承认的判决，以及经法院同意的调解及和解清偿，在其他缔约国应当然生效并予以强制执行。

总的说来，该公约草案是60年代以来欧洲共同体各国专家代表反复修改的结果，尽管公约的某些规定还存在一定的局限性，它在统一共同体各国的破产法各方面都迈出了较大的步伐。公约系统、全面地规定了自破产案件的管辖权至破产判决的承认、执行和上述等问题的法律原则，尤其是关于破产宣告的效力及对位于不同缔约国内的债务人的财产的分配等，为调和各国在此方面的矛盾作出了原则规定，同时也为世界其他国家在国际破产法领域的合作树立了典范。

## 三、对国际破产法条约的评价

统一各国的破产法是一项较为困难的工作。由于各国法律传统的不同，又由于破产不仅涉及数个债权人的利益，对债务人也有重大影响，也可能直接影响一国的经济生活，所以各国对于破产立法均比较慎重，而在此方面的国际合作，各国既要考虑本国债权人、债务人的利益，又要考虑本国的破产法传统，尤其是考虑到将位于本国境内的财产交给外国法院指定的破产管理人进行分配受偿，可能会因之而影响本国法中关于优先权制度的规定①等，所以也就矛盾重重。在统一各国的破产法方面，1925 年和 1928 年的两届海牙国际私法会议均未取得成果。荷兰、比利时、卢森堡三国也曾作过尝试，但也未能奏效。拉丁美洲国家在该方面首先起步，他们所签订的《布斯塔曼特法典》最早对国际破产问题作了统一规定，之后又有几个拉美国家在《关于陆上商法的国际公约》中规定了国际破产合作的法律内容。但是，这两项公约关于国际破产问题的规定都很少，且主要内容限于破产宣告的效力方面，对于有关破产的实体法部分也没能制定统一的法律或法律适用的原则，这不能不说是这两项条约的局限性。

北欧王国仿照 1928 年海牙国际私法会议所提出的破产法公约草案的内容，于 1933 年签订了《北欧破产法公约》，公约签订后，由其中的 3 个国家批准而生效，该公约是第一项专门系统规定国际破产合作的法律文献，它规定了破产案件的管辖权，破产宣告的效力及承认和执行缔约国对方法院的判决等内容，从而将国际破产法的发展向前推进了一大步。其中关于破产管理人有权收集破产人位于各缔约国内的财产、按照一致的优先权原则进行分配受偿的规定，是在该公约之前或之后的破产法公约中所难实现的，表现出它的极大的先进性。② 但是，公约的适用范围较窄，如公约仅适用于商人破产案件，对于非商人及金融公司的破产等均不适用，也不适用于非缔约国的居民的破产事件，这又是该公约的不足之处。

欧洲共同体数国，经过长期的讨价还价，终于于 1980 年通过了《欧洲共同体破产法公约(草案)》，该公约在《北欧破产法公约》的基础上又有所发展，它不仅全面、系统地规定了破产案件的管辖权、破产宣告的效力、破产判决的承认和执行等，而且还就国际破产的法律适用，进行国际破产合作的具体法律程序等作了详细规定。该公约的适用将会消除或减少共同体各国对国际破产案件管辖权的冲突。尽管公约没有否定复合破产制的存在，但却对其存在作了限制；公约有关破产宣告的效力及承认和执行的规定，也有利于对同一债务人的

① Michael Bogdan, p. 86.

② Michael Bogdan, p. 86.

破产在缔约国内进行一揽子处理；公约关于国际破产的法律适用原则，也统一了缔约各国在此方面的法律制度。当然，公约也存在一些不足之处，如公约规定的“直接管辖权”原则，为债权人的破产申请增添了困难，公约也未能对其适用的有关法律概念作出统一规定，它为缔约国法院留下的自由裁量权的范围过宽，同时又过分强调了缔约国国内破产法或其他法律的适用，所以公约并没有完全起到统一缔约国破产法的目的。但是，公约在国际破产立法上的功绩是不能否定的，遗憾的是，公约至今尚未生效。

总之，通过国际条约统一各国的国际破产法律，是一个正确的发展方向，这种努力应该继续得到鼓励和发展。① 例如在破产法条约中增加关于“商业债务人”(commercial debtor)等法律概念的规定，② 或像《北欧破产法公约》的规定那样，进一步扩大破产管理人的权力，对破产财产的分配适用统一的法律等。③

当然，通过国际条约来实现各国破产法的统一并没有取得特别显著的成就。④ 相反，正如我们在前面对欧洲共同体公约的评价中指出的那样，由于条约的存在，使得对国际破产问题的处理变得更为复杂和困难，⑤ 如像欧洲共同体破产法公约对一般优先权制度的复杂规定一样，把本来可以通过普及破产主义即可实现对破产的财产统一分配的问题变得难以处理。而且就现有的国际破产法约来说，不仅数量很少，而且都为区域性条约，它们所规定的内容也过于笼统，所以，目前国际条约在国际破产法领域中所起的作用是有限的。

在目前国际上尚无统一的国际破产法条约，或在有限的区域性多边国际破产法公约在有限的几个国家内生效的情况下，国际领域的破产法合作却仍需要且在持续发展着，例如通过双边的相互承认和执行破产宣告的问题，⑥ 像前面所举的法国和比利时、瑞士、意大利的有关条约及英国和法国、印度等的类似条约那样，以实现国际破产法领域的合作，或者像 1980 年瑞士冲突法典规定那样在国际私法典中规定承认和执行外国法院的破产宣告制度，从而达到同样的目的。就目前国际政治形势来说，国际间的政治合作在进一步加强而经济贸

① Blom-cooper, p. 20.

② Blom-cooper, p. 20.

③ Michael Bogdan, p. 86.

④ Douglass. G. Boshkoff, United States Judicial Assitance in Cross-Border Insolvencies, See International and Comparative Quartly, Vol. 36, 1987, p. 732.

⑤ Dalhuisen, pp. 3-195.

⑥ Blom-cooper, p. 21.

易关系也日益密切，所以法律领域内的国际合作或统一运动也有必要且已在进一步加强。如随着欧洲共同体经济一体化的发展，政治一体化也在加强，而法律的一体化正在进行之中。欧洲共同体已经缔结了一系列公约以实现这一目的，其中也包括国际破产法的统一在内。从发展趋势上来说，《欧洲共同体破产法公约》很可能会被各国批准而生效。同时，世界其他各国也正在该方面进行努力。所以国际破产法条约将会进一步增多，国际破产法领域的合作前景将十分乐观。

# 第八章　国际民事诉讼程序中的趋同化问题(二)

## 第一节　有关外国判决承认与执行国际条约的历史回顾

一国法院对涉外民商事案件所作的判决，本只能在法院地国发生法律效力，但是，由于国际交往的发展，任何国家为了自身的利益，又不得不通过适当的途径承认外国判决在本国具有法律效力。这种外国法院所作的判决在内国领域内发生法律效力的事实，称为外国法院判决的承认和执行。然而，我们也应该看到，世界上绝大多数国家都有实行自我保护的历史传统，即保护本国当事人对抗外国的法律及法院的判决，而且，即便现在各国都愿意承认和执行外国的判决，但是在承认和执行的条件、程序等具体制度方面，相互歧异的规定，又使这一领域遍布法律冲突的陷阱。因此，对世界各国有关外国判决承认与执行的法律制度进行统一，对于国际商贸活动的健康、顺利发展，就显得尤为必要。这里，我们首先对有关外国判决承认与执行的国际条约做历史的回顾。

### 一、早期的公约草案和公约

自从 1869 年法国和瑞士缔结世界第一个相互承认和执行对方法院判决的双边条约以后，国际社会为谋求制定统一的承认和执行外国法院判决的国际条约，作出了不懈的努力。早期的有关统一外国法院判决承认与执行规则的尝试，大都以失败告终。例如，早在 1893 年颁布的“米兰提案”(Milan Proposal)不幸落空。这个提案的内容在当时是非常进步的，其失败的原因在于它确认了外国法院判决的终局性原则，提出了解决管辖权规则冲突的方案。在该提案起草人看来，对案件拥有管辖权的法院对各方当事人进行合法的传唤、审理后所作出的判决，在不予执行法院所在国家的公共政策相违背的情况下，应得到该国的承认，执行法院无权对外国法院的判决进行实质性审查，执行法院所在国家的法律只适用于判决执行的程序与方式。

1925 年，国际商会草拟了一套规则，动议各国政府用它作为缔结一部国际公约的蓝本。该规则提议在立法和语言上有密切联系的国家，可以在互惠的基础上，就外国法院判决的执行问题达成协议。然而，由于国际商会的建议和规则草案只不过是普通法原则的重述，对大陆法系的国家并不具吸引力，其最后的失败早已成为预料之中的事情。

第六届泛美会议于 1928 年在哈瓦那召开。会议接受了里约·热内卢法学家委员会草拟的《国际私法的布斯塔曼特法典》(“Bustamente Code”)，作为各国制定法律或缔结多边的范本。该法典确立了外国法院判决的终局性原则以及解决了缔约国法院的管辖权问题，但执行外国法院判决的方式则由各缔约国自行决定。尽管该法典为许多美洲国家所批准，但美国政府基于宪法上的原因而没有批准该法典。该法典很大篇幅是对欧洲国家缔结的专门条约中的做法的重述，故它对欧洲国家也缺乏吸引力。

1899 年，欧洲的几个国家签署了以几部关于民事诉讼程序的多边公约为基础的《1896 年海牙公约》。该公约规定，缔约国家法院作出的有关诉讼费用的判决在其他缔约国申请执行时，无须接受实质性的审查。

1905 年 7 月 17 日，另一类似的公约又在海牙签署了。该公约规定，缔约国法院判令败诉且没有提供担保的原告承担有关诉讼费用的判决在其他缔约国执行时，无须接受实质性的审查。该类判决的执行由有关当局通过外交途径实现，且不需缴纳执行费。该公约的进步性体现在它对执行法官的权力作了限制，执行法官只有权决定提起诉讼的原告是否有义务支付诉讼费用。该公约对最难解决的外国法院管辖权问题只字未提。

尽管《海牙公约》在其调整的法律部门中有很高的价值与效用，但该公约是否能普遍地适用于外国法院作出的有关偿付金钱的判决的执行，却是令人怀疑的。其主要原因是，执行法院在执行外国法院判决时，须查询、确认作出判决的法院对案件和被告拥有管辖权，判决不与执行法院所在国家的公共政策相违背等。而执行法院在执行判决提起诉讼的原告承担诉讼费的判决时，无须查询这类问题。

1925 年第五届海牙国际私法会议考虑到，缔结一部总的国际性公约的做法会因太激进而告失败，故只草拟了一部类似双边条约的有关外国法院判决的承认与执行的公约草案。该公约草案的第一条规定，如果作出判决的法院按执行法院所在地的法律对案件拥有管辖权，该判决已在作出判决法院的所在国生效；那么，该判决在不违反执行法院所在国家公共政策的前提下，在其他缔约国具有终局性的效力。外国法院的判决(特别是缺席判决)须循法定程序进行。另外，该公约草案还规定外国法院判决的执行须领取领事证书。执行法院所在缔约国的程序规范的适用是受限制的。虽然，执行法官当然地有义务审查外国法院的判决是否符合执行的条件，但执行法官无权对外国法院判决进行实质性的调查与审查。该公约草案对国家之间的很多条约来说毫无新意，故终告失败。作者认为，该公约草案失败关键也许在于它没有尝试对最难解决的管辖权问题作出直接或间接的规定。

## 二、区域性、专门性公约

1868 年的《莱茵河航行公约》授权该公约的签署国设立专门的河流法院和法庭，以便于处理河流航行中出现的刑事或民事问题。虽然该公约没有给这类专门法院作出的判决以特殊的待遇，但这类判决可按签署国执行法院正常的程序规范予以执行。然而，按照该公约的规定，该类判决的执行必须符合的条件是，作出判决的法院对案件拥有管辖权以及判决必须是终局生效。

早在 1884 年，几个拉丁美洲的共和国在蒙得维的亚举行会议，就其各自的民商法律规范作了统一。1889 年完成的《国际诉讼程序法条约》于 1940 年作了修改。1979 年 5 月 8 日，美洲国家组织成员国在蒙得维的亚订立了《美洲国家间关于外国判决和仲裁裁决域外效力的公约》。

《1890 年伯尔尼国际铁路运输公约》规定，缔约国法院对国际铁路运输合同作出的判决在其他缔约国申请执行时，无须接受实质性的审查和对执行费提供担保。按该公约的规定，申请执行的判决必须是终局的而不是临时性的，判决不与执行法院所在国家不言而喻的公共政策相违背。判令败诉的原告赔偿损失和承担诉讼费用的判决并未纳入该公约的调整范围。虽然判决的执行适用执行法院所在国家的法律，但外国法院的实体判决却是终局性的。按照公约的规定，作出判决的外国法院必须对案件拥有管辖权。虽然判决的执行适用执行法院所在地的法律，但公约对涉及查封的问题作了专门的规定。该公约还就旅客及行李的铁路运输问题作了类似的规定。

1929 年，国际联盟授权统一私法学会(International Institute for the Unification of Private Law)就扶养义务问题进行调查。该学会任命的专家委员会于 1938 年就外国法院作出的有关扶养费判决的执行问题提交了一部公约草案。该委员会的专家意识到扶养费判决的执行对于申请人来说都是迫在眉睫的；所以，该公约草案对外国法院就扶养费作出的判决在其他缔约国执行所应符合的条件规定得最为宽松。专家们认为，支付扶养费是一种特殊性质的义务，就该类案件所包含的社会利益来说，扶养费判决的执行不单纯是外国法院判决的执行问题，故应享有特殊的待遇，以避免一般外国法院判决执行中通常涉及的问题。该公约草案对外国法院这类判决的执行所必须符合的管辖权和其他条件规定得甚为简单。在有关扶养费判决已生效或甚至是暂时生效，当事人已对该判决提起上诉的情况下，同样可以签发领事证书。此外，该公约草案还出于节省对扶养费清偿人来说非常重要的时间与金钱的目的，动议在案件不涉及关键事实的情况下，采取一个更有效的、类似于1905年《关于民事诉讼程序的海牙公约》建立的通过外交途径予以执行的程序，即就其他缔约国的执业律师发出的扶养费支付令签发领事证书而予以执行。

该学会应联合国社会委员会的要求，于1948年切合实际地对1938年的公约草案作了修改，并在1951年向联合国经济与社会理事会提交了《关于外国扶养费判决的承认与执行的公约》的草案。社会委员会在审查新的草案以后，提请联合国秘书长准备一部切实可行公约草案或一部以该学会工作为基础的互惠性公约草案，或同时准备两部公约草案。联合国秘书长因此准备了两部公约草案。1952年，专家委员会在对上述全部的公约草案作研究以后，向经济和社会理事会提交了两部公约草案，即《关于在外国请偿扶养费的公约草案》和《执行外国扶养费支付令的公约草案》。

上述的第一个公约草案提出了一个债权人与债务人居住国之间的互惠性司法协助计划，以避免在领事证书或登记申请程序中产生的诸如要求判决法院对债务人拥有管辖权和适用执行法院地法律的问题。这个互惠计划的作用之一是避免管辖权冲突的发生。在程序上，债权人居住地法院在初级聆讯中要认定债权人提供的证据表面上是否成立。如果证据表面上成立，该法院就会将其初步认定和债权人的执行申请文件送达债务人居住地有管辖权的法院，债权人就可以从执行法院获得判决。这个程序中有趣的一点是，债权人居住地法院向债务人居住地法院送达文件才是债务人居住地法院诉讼程序的开始。执行法院如果还需要进一步的证据，可以通过一般的请求书函索要。这个计划还在费用和扶养费的划拨等方面给请偿人以特惠。该公约草案的优越性主要在于它免除两个程序的繁琐，它允债权人通过这个互惠计划直接向债务人居住地法院获得扶养费支付令，而不需首先在本国法院获得判决，再向债务人居住地法院申请执行。

该公约草案广为专家委员会成员接受。他们承认，在很多案件中，债务人为逃避债权人居住地法院的管辖，在债权人提起诉讼前便设法使债权人居住地法院难以对其行使管辖权，继而使债权人无法获得能够在外国执行的有效判决。该公约草案简化了执行法院的执行程序，降低了执行费用，故与各国的法制系统显得协调。

也许有人会从理论的角度发出这样的疑问，为什么该公约草案动议的这个计划不能适用于一般偿付金钱的民事判决？有关扶养费的裁定或支付令实质上也是一种偿付金钱的判决。这类裁定和支付令与一般偿付金钱民事判决的差异所引起的实际困难，并不完全排除公约草案适用于一般偿付金钱民事判决的可能。然而，与商事活动引起诉讼的案件相比较，除两国关系不正常以外，有关抚养费的案件确实比较容易处理。涉及商事活动的一般民事诉讼案件的实体问题通常较为复杂，因而需要进行深入、细致的审理。如果公约草案适用于该类案件，债权人所在国的送达机构实质上要对案件作初步的审理。因为要听取证人证言和解释外国法律，就不可避免地产生规范冲突问题。如果需要进一步的证据，诉讼时间还需延长。另外，如果给予债权人所在国的送达机构太大的权力，债务人的权利会因送达机构进行缺席预审而得不到保护。倘若债务人出席初级审判，送达机构就会以债务人出庭为理由，视债务人接受其管辖，继而判决债务人履行义务。尽管存在这些困难，公约草案动议的司法协助系统还是很可能解决一般偿付金钱的民事判决的执行问题的。

专家委员会草拟的《执行外国扶养费支付令公约草案》要求申请执行扶养费支付令的当事人进行登记或领取领事证书。该公约草案很大程度上接纳了传统的方式。最明显的是，外国法院判决不适用“已决事项不再理原则”。该公约草案关注的只是执行问题。该公约草案的第二条规定执行外国法院判决必须符合的条件是，判决法院对案件拥有管辖权，判决是终局生效的，且不与执行法院所在国家的公共政策相违背，或不与执行法院先前作出的判决相冲突。被告居住地法院或被告接受其管辖的法院才被视为对案件拥有管辖权。如果判决是以欺诈的手段获得，被告应获得相应的通知。与其他公约相比较，第二个公约草案对扶养费支付令在外国执行所应符合的条件的规定没有实质性改变。最大的不同点是，执行法官可按公约草案的规定，在其认为公平的情况下，对外国扶养费支付令中确定的数额作改动，即使这种做法实质上是改判。该草案中，执行法院所在国的受托当局当然地主持执行程序的做法体现了《1905 年海牙公约》的影响力。

1956 年，海牙国际私法会议第八届会议上制定了两个有关扶养义务的公约，即关于未成年人扶养义务法律适用公约和关于未成年人扶养义务判决的承认与执行的公约。这两个公约获得了不少成员国的签署批准，并于 1962 年生效。此后，一个专门从事扶养义务法律统一的专门委员会分别于 1971 年 12 月和1972年3月制定出两个公约草案，即《关于成年人若干扶养义务法律适用的公约草案》和《关于成年人若干扶养义务判决的承认与执行的公约草案》。在准备制定上述后一公约的过程中，便有人提出，把成年人与未成年人扶养义务判决的承认与执行问题不在一个公约中统一予以规定，会给生活实践中处理扶养义务判决的承认与执行问题带来麻烦。正因如此，海牙会议第十一届会议上第三委员会(专门负责有关扶养公约的准备工作)建立之初，便尝试以上述既有的关于扶养义务判决的承认与执行公约草案为基础，制定一个兼含有关未成年人扶养义务法律适用和判决承认与执行两方面内容的公约。但是，由于时间的关系，本届会议不得不决定把《关于成年人若干扶养义务法律适用的公约》的制定工作交给一特别委员会在本届会议之后再行完成。

海牙会议第十一届会议上第三委员会集中精力顺利地制定出《关于扶养义务判决的承认与执行公约》。公约共七章，其主要内容与1958年的《关于未成年人扶养义务判决的承认与执行公约》相比，是有很大的发展的。

1. 公约的范围

与上述1958年的公约相比，新公约扩大了规定范围，它不只是规定有关未成年人扶养义务决定的承认与执行问题，还同时规定成年人间扶养义务决定的承认与执行问题。总之，新公约规定所有亲属法上扶养(包括抚养、扶养和赡养)决定的承认与执行问题。不过公约也同时(第26条)规定了允许成员国以保留方式限制它的适用范围。

与1958年公约相比，新公约扩大了适用的范围还表现在它所规定的关于扶养义务的判决，不只包括法院所作的判决，而且尚包括由有关当局或在有关当局作出的关于扶养义务的裁定和调解协议。公约这样规定被一些人认为是一个重要的进步，而被另一些人认为是一个错误。例如，美国出席本届会议的代表卡佛斯(David F. Cavers)教授便指出，由于公约未同时规定应适用哪一国法律来确定公约中所规定的调解协议(Settlement)的含义，且由于该协议在不同国家具有不同的效力，公约又未规定这种文件必须公证，因而，实践中这种不经检查的协议，势必不会为公约国承认与执行的。①

2. 扶养义务判决的承认与执行的要件

公约第7、8条规定了有关扶养义务判决的承认与执行的要件，这些要件归结为一条，即作出判决的法院或其他当局应享有管辖权。承认与执行扶养义

---

① 卡佛斯:《美国代表团在十二届海牙国际私法会议上的报告》，载《国际法律资料》(1973年)，第870页。

务的判决的管辖权根据(即所谓的间接管辖权根据，Grouds of indirect jurisdiction)有以下四种：

第一，判决(调解协议，下同)作出时扶养权利人或义务人在判决作出国(也即所谓的原始国，the state of origin)有惯常居所；

第二，判决作出时扶养权利人和义务人均具有原始国的国籍；

第三，被告明示或者默示地将管辖权提交给该判决机关；

第四，此外，如作出离婚、别居判决或者宣告婚姻无效的国家对这些问题的管辖权若为被请求承认与执行扶养义务的国家承认，则也有作出扶养义务判决的管辖权。

凡属上述有管辖权的国家的法院或其他当局所作出的判决或调解协议，原则上在其他公约成员国均应予以承认。但是，条约同时也规定了一些拒绝承认与执行的情况。

3. 拒绝承认与执行外国扶养义务判决的理由

(1)如果外国扶养义务判决不是终审、有效判决，则被请求国得予拒绝承认与执行(参见公约第4条)；

(2)如果被请求国认为承认与执行该外国扶养义务判决违背其"公共秩序"，也可以拒绝承认与执行该判决(参见公约第5条第1款)；

(3)如果诉讼(或司法外)程序中存在有诈欺现象，则被请求国也得拒绝对该判决的承认与执行(参见公约，第5条第2款)；

(4)如果同判决的当事人之间尚存在还未了结的诉讼，则该判决得被拒绝承认与执行(参见公约，第5条第3款)；

(5)如果在诉讼过程中，被告未获得及时的通告，因而未能有充分的时间进行答辩，则被请求国也可以对因此而作出的扶养义务判决的承认与执行予以拒绝(见公约，第6条)。

4. 承认与执行外国扶养义务判决所应适用的程序法

公约于第13条规定，承认与执行外国扶养义务判决的程序，除公约另外有不同规定，得适用被请求国法律。由于各国对外国判决的承认与执行所采用的程序相差颇大，因而，公约的这一规定对于协调各国，且尤其是普通法系(多采再审程序)与大陆法系(多采简单程序，Summary proceedings)国家之间在该问题上的不同实践，具有重要意义。

但是，在实践中还可能出现这样的情况，即普通法系国家法院在再审外国业已作出之扶养义务的判决诉讼中，一方当事人要求改变原判决。在大陆法系国家，这种改变原判决的问题应该通过独立诉讼，单另处理，而在普通法系国家，则会出现法院在再审原判时，允诺当事人的此种请求，且一并审理，并可能最终变更请求国(原始国)作出的判决。美国的卡佛斯教授便认为，在这个问题上，美国的立场是不管大陆法系国家的实践如何，美国法院在再审外国判决中如当事人提出修改原判的请求，这一问题应属于诉讼程序问题，应该适用被请求国法律规定的程序来处理。而且，在美国法院的司法实践中，已确定了这一原则。所以，公约上述第13条规定尽管具有重要意义，却未能充分、彻底地解决问题。海牙会议应该尝试以更具体的规定来实现这个问题上的统一。

1952年《罗马公约》对飞行器引起人员伤亡的赔偿问题和外国法院依据公约规定作出判决的承认与执行问题作了规定。按照公约的规定，外国法院判决的执行申请适用执行法院的执行程序规范，执行申请允许在该终审判决生效之日起5年内提出。尽管执行法院不能对诉讼中的实体问题进行再审查，但如果原判决是以欺诈的手段取得或被告未获得合法传唤而未作应诉时，执行法院可以拒绝执行该判决。当执行法院发现被告没有得到公平、充分的机会就诉讼中的实体问题进行抗辩或外国法院判决的内容与执行法院先前作出的判决冲突时，同样可以拒绝执行该判决。此外，外国法院判决还可能因为与执行法院所在地的公共政策相违背而被拒绝执行。虽然，执行申请人可就判决的诉讼费用和利息申请执行，但执行法院限制申请执行的诉讼费用不得超过10%，利息不超过4%。在执行申请被执行法院拒绝的一年内，债权人可以向同一法院提起新的诉讼。除非先前的判决获得执行，否则被告不得以此作为抗辩的理由。

此外，其他专门性公约中也有类似规定：如1969年《国际油污损害民事责任公约》第10条，1970年《国际铁路货物运输合同公约》第58条。

在区域性外国判决承认与执行国际条约，最具代表性的要数欧洲经济共同体《关于民商事案件管辖权和判决的承认与执行的公约》。按照《欧洲经济共同体条约》第220条的指令，成员国要以简化互相承认与执行外国法院判决和仲裁裁决手续为目的而进行谈判。《罗马公约》生效后不久，《关于民商事案件管辖权和判决的承认与执行的公约》的草拟工作就开始了。

《欧洲经济共同体条约》的起草者设想“共同体”内的货物、资金和“人员”可以在“共同体”成员国之间流通或流动，不受边界的限制。他们认识到，要实现这一设想，就要解决随着这些“人员”、资金和货物在“共同体”成员国间流通而产生的规范冲突问题。故《欧洲经济共同体条约》第220条将该公约草拟工作纳入议事日程。

代表6个成员国政府的专家委员会被委任草拟该公约。专家们认识到，草拟该公约的目的不单是为了解决外国法院判决的承认与执行中的实体和程序问题，而是为了建立真正的“共同市场”。在这些专家看来，公约还应对管辖权问题作出规定。以法律观点看，管辖权问题的解决是衡量一个真正“共同体”的标志。公约的草拟工作在 1960 年 7 月 11 日第一次专家会议的 8 年后完成。该公约是一部以住所地为连结因素，以直接管辖权规范为基础的多边公约。公约就外国法院判决的承认与执行规范以及管辖权规范均作了规定，故被称为“双重”公约。

如前面所述，只对外国法院判决的承认与执行作出规定的公约会引起很多预料不到的问题，往往注定以失败告终。欧共体《关于民商事案件管辖权和判决的承认与执行的公约》成功地以住所地为连结因素，对管辖权问题作出规定。

该委员会的专家意识到，一个成功的公约也不可能对全部可能发生的诉讼作出规定，因为诉讼标的是非常特定的，或为其他仲裁公约或条约所调整，或涉及诸如法律行为能力、遗嘱、继承和离婚等公共政策问题，或为现正生效或尚待批准的其他涉及诸如破产问题的公约所调整。

综观国际上就外国法院判决执行问题缔结的公约和拟定的公约草案，除欧共体《关于民商事案件管辖权和判决的承认与执行的公约》外，这些统一的尝试在某种程度上是不完整的、有局限性的。这些尝试失败的原因主要在于那些公约或公约草案均不是“双重”性的，即管辖权问题没有与外国法院判决执行问题一并解决，或没有以住所地作为连结因素。以住所地作为连结因素是这类公约成功的关键，在作者看来，也是欧共体《关于民商事案件管辖权和判决的承认与执行的公约》成功的关键。一些早期的公约草案将外国法院判决的执行建立在互惠的基础上，另一些则以诸如诉讼费和扶养费支付令作为专门的调整对象。

欧洲经济共同体，以其专家的智慧，草拟了一部以住所地为连结因素，以直接管辖权规范为基础的公约，限制拒绝执行外国法院作出的民商事判决的理由，控制执行外国法院作出的民商事判决的执行程序，从而成功地消除各成员国之间文化与法制中存在的差异。

### 三、普遍性的统一公约

前面曾经提到，1925 年，在第五届海牙国际私法会议上，第二委员会就有关外国判决的承认和执行问题进行了研究讨论，并于会议最后形成了一个“关于司法判决的承认与执行的公约草案”。该公约草案共 5 条，主要规定了公约成员国彼此互助进行承认与执行的司法判决的概念以及进行这种司法互助的条件。1964年，第十届海牙国际私法会议上曾就外国判决的承认与执行问题进行了进一步的讨论。本届会议的第一委员会负责此项工作。在讨论过程中，关于如何制定有关公约曾有两种建议。一种建议是比利时代表提出的，即所谓的“双边化建议”，根据这种建议，公约中规定一些一般原则，以使各国自由选择这些原则，适用于那些自愿受公约约束的所谓国家组织，而不是像一般公约那样拘束所有缔约国。另一种建议是英国代表提出的，他们认为会议应该制定一个内容包括一般规则的有关外国判决承认与执行的、具有约束所有缔约国的效力的条约，任何缔约国不得有违反公约的规定。这些建议引起了热烈的讨论，但未能获得完全一致的结果。

1966年4月召开的海牙会议特别会议上，曾制定出关于外国民商事判决的承认与执行公约草案，但是，由于对一些国家所使用的据以行使管辖权的根据，如被告之国籍、住所、对人诉讼中物的所在地，在观点上存有分歧，使制定公约的任务未能及时完成。于是会议决定成立一个专门委员会，负责研究解决无恰当管辖权的法院所作出判决的承认与执行问题。1966年10月，该专门委员会召开会议，并就制定一个关于解决该问题的附加议定书的实质内容达成协议。在此基础上，1971年2月1日，终于诞生了“民商事件外国判决的承认和执行公约”及其附加议定书。

在判决的相互承认与执行的条件方面，1971年《海牙公约》同时规定了肯定的条件与否定的条件。关于肯定的条件，公约规定，缔约国的判决只要同时具备了以下两个条件，另一缔约国就应予以承认和执行：

1. 判决是有管辖权的法院作出的

管辖权涉及一国的主权，如果一国法院对某一案件没有管辖权，那么它的判决就不可能在国外得到承认与执行，这已为各国所公认。《海牙公约》把管辖权列为第一条件，无疑是十分正确的。

在当代国际社会，国际法除要求国内法院对国际民商事案件行使管辖权不得超过适当的限度外，其他则均由各国根据自己的法律来加以确定。因此，一国认为它有管辖权的案件，另一国可能会认为它没有管辖权，这就涉及判决外国法院是否有管辖权的依据问题。《海牙公约》认识到了这一问题的重要性与复杂性，因而不厌其详地同时使用了几个条款对其加以规定。它不但包含有对一般原则的规定，即确认应以请求国的法律为依据，也具体列举了在下述几种情况下，请求国法院享有管辖权：(1)起诉时，被告在请求国有惯常居所，或者被告不是自然人的，在该国有其所在地、设立地或主营业地；(2)诉讼时，被告在原审国有其商业、工业或其他业务机构，或分支机构，并且系由于这种机构或分支机构经营业务所发生的诉讼而在那里被传讯的；(3)就位于原审国的不动产的争执而发生的诉讼；(4)诉讼依据的已造成肉体损伤或物质损害的行为发生在原审国，而且损伤或损害的肇事者当时在原审国；(5)当事人双方协议由原审国法院管辖的；(6)被告对管辖权不提出异议，并就实质性问题进行答辩的；(7)请求承认或执行的对方是原审国法院中败诉的原告。此外，缔约国还可以在为实施公约而订立的补充协定中规定，被告在原审国有住所，或者原审国与被请求国之间生效的另一公约规定的管辖权范围不包括判决的承认或执行的特殊原则，或者原审国法院的管辖权为被请求国有关承认或执行外国判决的法律允许，都可以承认原审国法院有管辖权。缔约国之间也可以规定其他的管辖依据，同时规定被请求当局不受原审国对其行使管辖权根据的事实所作认定的约束。对反诉请求作出的裁决，公约特别规定在下列情况下原审国法院有管辖权：(1)如果该法院以其请求作为本诉的请求，将会有权根据前(1)—(6)项予以处理；(2)如果该法院根据前七项有权受理本诉的请求，而反诉系由本诉请求所依据的契约或事实而发生的。

另外，公约还专门规定了被请求当局可以不承认原审法院有管辖权的情况，即：被请求当局认为自己对本案有专属管辖权，或者承认第三国的专属管辖权；或者承认有关授与仲裁人管辖的协议。但缔约国之间也可以在补充协定中规定，哪些诉讼标的属于专属管辖的根据；以及管辖系基于当事人之间的协议时，则排除被请求法院的专属管辖和仲裁人的专属管辖。

2. 判决在被请求国不能再作为普通程序的上诉标的

各国法律一般都规定，如果外国判决要在内国承认与执行，该判决必须已经发生了法律效力。但对于什么是“发生了法律效力”，各国的理解常有不同。匈牙利认为，判决应是“终局的”即某一判决不能再被提出法律补救的争辩。美国法院虽也认为判决应该是终局的，但对正在提起上诉的判决，只要依据有关外国法，该判决不被上诉审废除，也属于终局的判决。英国法规定，判决应该是终局的和最后的，但这里仅指法院不可能再修改该判决这一种情况。法国法则不要求外国判决是终局的，即也允许对正在上诉的判决，或已经被提出反对的判决，甚至是临时判决(即一个非终局性的和可以被修改的判决等)，申请发给执行许可证书。《海牙公约》则直接以“判决在请求国不能再作为普通程序的上诉标的”作为承认与执行的条件。这就减少了使用“发生法律效力”一词可能引起的争议。另外，公约还特别规定，为了使判决在被请求国可以执行，它应该在请求国是可以执行的。

关于否定的条件，公约规定：判决有下列情况之一的，就可拒绝承认或执行：

(1)判决的承认与执行违反被请求国的公共秩序。公共秩序作为拒绝承认与执行外国判决的条件，其含义是十分不明确的，这也正是这一制度的特点。有人把它喻为“安全阀”，是因为在任何其他可以拒绝承认和执行的条件都不存在，而判决的执行的确会对自己国家的重大社会、经济利益造成危害时，便可以援用这一制度拒绝承认和执行有关的外国判决。但是为了防止滥用这一制度，《海牙公约》规定，只有在承认与执行判决与被请求国的公共政策“显然不相容”时，才可加以拒绝。此外特别值得一提的是，公约在“公共政策”的同一款中还规定，如果“判决是用与正当法律程序不相容的程序作出的”，“或者是在未予任何一方当事人充分机会陈述其意见的情况下作出的”，可拒绝承认与执行判决。这似乎给“公共政策”加入了一些新的内容，即判决作出的程序必须是公正的，如果可以作这样的理解，那么公约对这一问题的规定是颇有特色的。

(2)判决是用程序意义上的欺诈手段取得的。“诈欺使一切归于无效”这一法律格言在承认与执行外国判决领域也同样适用，所以《海牙公约》也把它作为得拒绝承认和执行有关判决的否定条件加以明确规定。对于欺诈的具体表现，美国法院的有关做法是，把欺诈分两种，一种是法庭内的欺诈行为，即在外国法院诉讼过程中发生的各种不法行为，如假誓、歪曲事实、使用伪证或未经证实的材料、与证人合谋欺骗法庭等；一种是法庭外的欺诈行为，即阻碍败诉当事人享受公平审理的各种不法行为，如胜诉一方故意不让败诉方知道有关诉讼的存在、向败诉方作出不继续诉讼的虚假承诺、诱使败诉一方当事人不对其要求进行争辩等。虽然美国法院只把后者作为拒绝的条件，但事实上，这两种欺诈行为都可能影响判决的合法性，都可以看作是公约规定的“程序意义上的”欺诈手段。

(3)判决与某些诉讼或判决相冲突。依《海牙公约》的规定，凡是同一当事人之间基于同样事实以及具有同一标的，在被请求国已经提起并正在进行中的诉讼；诉讼已经在被请求国作出了判决；诉讼已在另一缔约国作出了判决，并且该判决已具备在被请求国得到承认与执行的必要条件，都可拒绝承认和执行有关的判决。这一条件无论从“一事不再理”的原则，还是从“内国法院优先”的原则看，都是合理的。缔约国之间，如果一国法院在相同的当事人之间就同样的事实以及同一标的进行的诉讼悬而未决，而这一诉讼的判决应该为另一国家当局承认时，即会发生“两诉竟合”的情况。对于这种情况，缔约国可以在补充协定中规定，其中一国的司法当局可以或应该放弃或者中止其诉讼，它们中的每一国当局都可采取临时措施或保全措施，不管其他国家管辖法院是否对案件进行了实质审理。这样既体现了司法合作精神，又不致于因延误诉讼而给当事人造成损害。

外国判决在内国承认与执行的条件，除以上的规定外，《海牙公约》还规定，被请求国不得仅以请求国法院适用的法律不同于被请求国依照国际私法规则不适用的法律为理由，拒绝承认与执行有关判决。要求外国判决适用内国冲突规范指定的准据法是不合理的，因为这等于要求外国法院适用内国的冲突规范，这就为承认与执行判决设置了障碍。但公约同时也规定了除外的几种情况，即如外国法院就当事人的身份、能力问题，家庭法的问题（包括父母子女之间和夫妻之间的人身和财产的权利和义务问题），法人的存在或成立、或法人机构的职权问题，扶养义务问题，继承的问题等作出的决定而该决定与适用被请求国关于该问题的国际私法规则所得的结果不同时，则可以拒绝承认或执行。这一除外规定，可能是由于在这一领域，法律的适用多是以国籍或住所为连结点的，而这些连结点比较容易改变，因而容易发生法律规避行为。

各国对于承认与执行外国的判决，除了对于条件的规定各不相同外，对承认与执行的程序和执行时适用的法律的规定也有很大的差异，《海牙公约》对这些问题也作出了统一的规定。

公约规定，缔约国之间可以用补充协定规定承认或执行的程序，但要求承认或执行的一方，必须提供必要的文件，包括一份完整而真实的判决书副本；如果是缺席判决，证明传票已合法送达未出庭一方的文件原本或经核对无误的副本；所有证实判决在请求国不能再作为普通程序上诉标的的文件或者必要时证实判决在请求国可以执行的文件；如果判决书的内容不能使受申请国证实公约的所有条件都已履行，该当局可要求提供其他一切有用的文件；经有关人员证明的上述文件译文。这些文件是承认与执行判决的依据，也是审查判决是否符合承认与执行条件的依据，因而是必须具备的。缔约国可以用补充协定规定，编制一份根据它们法律制度所要求的文件清单，并且这些文件必须经过认证或类似手续。

公约规定，执行判决时适用的法律，应为被请求国法律。这包括两个方面：一是要求执行的程序应适用被请求国的法律。程序法属于公法的内容，“程序适用法院地法”是一项公认的规则；二是依照被请求国法律的规定给予当事人以救助，即原审国已同意给予诉讼救助的一方，在寻求被请求国执行判决的整个过程中，依照被请求国法律规定的条件享受这种救助。但缔约国可以用补充协定规定不适用这一条件。

公约同时还规定，承认与执行外国判决，不应要求申请人提供诉讼费用的担保。诉讼费用保证金的免除，是司法协助条约中共同的规定，这有利于国际司法协助的顺利进行。

从以上对《海牙公约》就外国判决的承认与执行的条件、承认与执行的程序和执行应适用的法律等问题的主要规定所进行的讨论可以看出，公约在一定程度上反映了当今许多国家的共同实践，在许多问题上尽量做到具体、明确，以减少缔约国之间在执行公约时可能出现的分歧。因此，公约的成就是应该加以肯定的。但必须指出的是，公约的作用到底还是有限的。这首先表现在公约的适用范围颇为窄狭，它不适用于很多事项的判决，在这些事项中，有的是因为各国分歧太大，难以达成一致的意见，如人的身份或能力，或家庭法上的问题(包括父母子女之间和夫妻之间的人身和财产的权利和义务问题)，关于法人的存在或成立、或者法人机构的职权问题，扶养义务问题，继承问题等；有的是属于程序方面的决定，不具有域外效力，如有关破产、清偿协议问题，或者类似的诉讼程序(包括由此可能引起的并且与债务人行为的有效性有关的判决)，采取临时措施或保全措施的决定；有的是属于公法的其他方面，也具有严格的地域性，如支付关税、税款或罚款的判决，行政法院作出的决定；有的涉及一国公共利益，如社会保障问题，关于核能造成的损失或损害等。

其次，承认与执行外国法院的判决，常涉及一国的司法主权、公共秩序、法律传统以及经济、民事方面的重大利益，一个国家虽然加入了公约，但对承认与执行外国法院的判决仍然是顾虑重重的，因此，公约所能产生的效果，还有待进一步观察。

1971 年海牙公约的议定书，主要是对公约第 10 条和第 11 条规定以外的有关行使管辖权的某些根据所改的例外情况的规定，它补充了公约的有关不足之处。

从以上对有关外国判决承认与执行的国际条约的历史回顾中，我们可以得出这样一个结论：各国这一领域的法律制度正日益趋于统一。这一领域的趋同化现象有两大特征：一是从区域性、专门化的国际条约逐渐向普遍性的、全面的国际条约发展演变，二者相互补充。二是它与管辖权问题的解决息息相关，二者互相制约。

尽管目前的诸多有关外国判决承认与执行的国际条约中，还存在着这样那样的问题，但是，这些国际条约的产生，毕竟把世界各国的相关法律制度向着统一化方面推进了一大步。

## 第二节 承认与执行外国法院判决的条件

承认与执行外国法院判决的条件，是指在什么情况下外国法院的判决方能在内国得到承认与执行。由于外国法院作出的判决毕竟不同于内国法院作出的判决，因此各国对于这种判决的承认与执行都附有一定的条件，凡不符合内国所规定条件的外国法院的判决，就不可能得到内国承认与执行。综观各国国内立法及有关国际条约的规定，这些条件主要有以下一些。

### 一、原判决国法院必须具有合格的管辖权

法院对涉外民事案件具有管辖权，是其审理并作出判决的先决条件，直接关系到当事人权利的取得，同时也是国家主权在司法领域的具体表现。国际社会均十分重视涉外民事案件的管辖权，一国在决定是否承认与执行外国法院判决前，都要审查外国法院对该案件是否具有管辖权。莫里斯(Morris)曾指出："在英国法律冲突法中，管辖权问题常常超过法律选择问题，或者说，管辖权问题是处于一个特殊的地位。经常发生这样的情况，如果管辖权(无论是英国法院还是外国法院)问题得到满意解决，法律选择就不成什么问题了。"①因此，原判决国法院必须具有合格的管辖权，是国际社会普遍公认的承认和执行外国法院判决的首要条件。各国都不承认任何不具合格管辖权的国家的法院对涉外民事案件的审理和裁判。

但是，管辖权是一个非常复杂的问题，除了诸如不动产的案件由不动产所在地国家专属管辖，被告所在地国家有行使案件管辖的权利等少数为大多数国家所承认的管辖权的原则外，在实践中，往往出现这样的情况，根据甲国法律，它对某案件是有管辖权的，但根据乙国法律，甲国对该案件不具有管辖权。这种管辖权的冲突是常常发生的，因此，必须解决依何国法律来确定原判决国法院的管辖权问题。国际上主要有四种标准：

1. 依被请求承认与执行国的法律

这是德国、英国、原苏联和东欧等大部分国家所采用的标准，即如果判决国认为它对该案件有管辖权，但被请求国法律却认为判决国对该案件不具有合法的管辖权，该案件的判决就不能得到被请求国的承认与执行。如原《联邦德国民事诉讼法》第 328 条第 1 款第 1 项规定："依德国法律，该外国法院所属的

① 莫里斯：《法律冲突法》，1980 年英文版，第 5 页。

国家的法院无管辖权”时，外国法院的判决就得不到承认与执行。英国法律规定，外国法院作出的判决超出了自己的管辖范围，则不予登记。采用该标准的有些国家，如日本、匈牙利、西班牙等的立法则规定只要依据执行国内国法并不排除有关外国法院的管辖权就够了，而不要求外国法院依据执行国内国法应该具有管辖权。这种做法，一方面可限制不利于本国的外国法院判决在内国执行，从而保护内国及内国当事人的合法利益；但另一方面也或多或少地给外国法院的判决的承认与执行设置了障碍。我们认为，为了方便外国法院判决的承认与执行，增强国际交往，促进国际司法协作，原则上应该依原判决法院所属国的法律来确定该法院是否具有管辖权；只有在内国立法对有关案件规定了内国法院的专属管辖权时，基于该案件与内国的国家或国民的重大利益密切相关的考虑，才能适用内国法的规定。

2. 依原审国(即判决国)的法律

20世纪50年代，北欧一些国家在有关承认与执行外国法院判决的条约中，采用依原审国的法律为标准的做法。1968年欧洲共同体国家《关于民商案件的管辖权及判决执行公约》也采用了这个标准。由于国际交往日益密切，对外国法院判决的承认与执行的要求也更为迫切，这种做法越来越受到国际社会的普遍重视。

3. 依原审国和被请求承认与执行国两国的法律

由于这个重叠性的标准大大地增加了承认与执行外国法院判决的难度，与国际社会的现实要求不符，所以只有极个别国家采用。

4. 依据条约的规定

目前，多数国际条约都规定只要原判决国法院依有关条约的规定具有管辖权，其他缔约国就应承认其有管辖权。1928年的《布斯塔曼特法典》和1971年的海牙《关于承认与执行外国民事和商事判决的公约》以及有关国家之间签订的双边司法协助条约，都采用这种做法。应该承认，依条约的规定来确定外国法院判决的管辖权是比较公允的，也能为大部分缔约国所接受。

我国《民事诉讼法》对于应该依哪个国家的法律来确定判决国法院管辖权的问题未作任何规定。但从我国与外国缔结的司法协助条约来看，主要有三种不同的方式。第一种方式是我国与法国、波兰、蒙古、古巴、罗马尼亚等国签订的司法协助条约中所采用的，即依被请求国法律判断请求国法院是否具有管辖权；第二种方式是在我国与俄罗斯签订的司法协助条约中所采用的，即依被请求国对案件是否具有专属管辖权来判断请求国法院是否有管辖权；第三种方式是在我国与意大利、西班牙签订的司法协助条约中所采用的，即专门规定若干项管辖权标准，只要作出裁决的法院符合该条所列情形之一，即被视为具有管辖权。第三种方式与前两种方式相比，具有较大的优越性。它不是单纯地根据某一方法律来判断法院是否具有管辖权，而是在双方充分协商的基础上，就管辖权问题达成的一种谅解和共识，因而更容易掌握和执行。

实践中，有时会出现几个外国的法院对同一案件作了不同的判决而都请求承认与执行的情况。我们认为，只要承认和执行国法院对有关案件没有专属管辖权，它就没有必要基于本国立法的有关规定对判决国法院的管辖权或对作出判决所适用的程序法和实体法进行审查；它完全可以根据"一事不再理"的原则，对最先提出承认与执行请求的外国法院的判决予以承认和执行(只要该外国依其本国法具有管辖权)，而拒绝其他判决国法院在此之后提出的承认与执行判决的请求。但是如果后提出请求的某一判决国法院依其本国法对有关案件具有专属管辖权，承认国法院就应该尊重该项专属管辖权而排除其他国家法院的管辖权。

## 二、外国法院的判决必须是已经确定的判决

外国法院的判决必须是已经确定的判决，这几乎是所有国家法律和有关国际公约规定的承认与执行外国法院判决的最起码的条件。日本《民事诉讼法》第 515 条第 2 款第 1 项规定，在没有证明外国法院判决是"已经确定的判决"时，可以驳回执行请求。但是，何为"确定的判决"，则颇有分歧。英国 1933 年的《(相互执行)外国判决法》第 1 条第 3 款规定："为适用本条的目的，即使某一判决在原判决法院国的任何法院中可能存在一个对该判决的上诉抗辩，或仍然可以被提起上诉，也应该被认为是终局的和确定的判决。"①日本学者认为，确定的判决"是指对于司法法律关系方的诉讼有管辖权的外国司法机关所作的"终局判决，即"外国法院在诉讼程序上已经终结，已经不能因不服而对其提起上诉的那种判决"，中间判决不属此列。② 我国有的学者认为，"确定的判决是指依照通常的诉讼程序。被告受到合法的传唤，并有适当的机会出庭，经过充分的言辞辩论后作出的、在判决国发生法律效力的终审判决。③

① 莫里斯、诺斯：《国际私法的案例与资料》，1984 年英文版，第 180 页。

② 日本国际法学会编：《国际法辞典》，世界知识出版社，1985 年中文版，第 200 页。

③ 董立坤：《略论对外国法院判决的承认与执行》，载《中国社会科学》1985 年第 2 期，第 218 页。

事实上，一个"确定的判决"既不一定是一个"终局判决"，也不一定是一个"终审判决"，而应该是由一国法院或有审判权的其他机关按照其内国法所规定的程序，对诉讼案件中的程序问题和实体问题所作出的具有约束力的，即已经发生法律效力的判决和裁定。因为，一个判决即使是终局性的，如果处于上诉期间内而未发生法律效力，则仍然是一个非确定的判决。而上诉审程序和再审程序虽然都是各国立法规定的极为重要的诉讼程序制度，但并不是每一案件所必经的程序。我国《民事诉讼法》及我国与其他国家所签订的司法协助条约，均要求申请在我国承认与执行的外国法院的判决必须是已经发生法律效力的。至于具体应由哪几个国家的法律来识别有关外国法院判决是否为确定的判决，大多数国家的学者都倾向于依有关外国法院所属国的法律来进行识别。如1982年的《南斯拉夫法律冲突法》第87条规定："如请求执行人于提交外国法院的判决的同时还要提交外国主管法院或其他机关的证明书，证实依原判决国法律该判决是终局和有约束力的，即应承认该外国法院的判决。"

应该注意的是，在一定条件下，大多数国家的立法和司法实践也承认与执行外国法院非终局性的中间裁决，如先行给付和保全措施等的裁决。但是，对于请求承认和执行外国法院判决的案件已经在被请求国审理并作出过判决的，或者正在被请求国提出诉讼或正在审理的，这类案件的判决往往就被视为非确定判决，不能获得承认与执行。至于有的案件已经在第三国作出过判决，或者正在第三国审理的，国际上有承认说与否认说之分。1971年海牙《关于承认与执行外国民事和商事判决的公约》和《捷克斯洛伐克国际私法及国际民事诉讼法》是拒绝承认和执行这样的外国判决的。我们认为，这样案件的判决是否为"确定的判决"，应进行具体的分析，绝对的承认与绝对的否认都是不够妥当的，应该考虑：(1)第三国法院对该案件的判决是否合理；(2)现行申请国和第三国与被请求国是否有条约或互惠关系；(3)被请求国承认与执行该判决对其本国或本国公民的利弊。如果第三国判决是不合理的，或第三国与被申请国没有条约或互惠关系，或第三国的判决损害被请求国国家或其公民利益的，则应承认与执行现请求执行国法院的判决。如果第三国对请求执行国判决的案件还在审理，那么根据优先权的原因，该请求国的判决应视为确定的判决。

### 三、外国法院进行的诉讼程序是公正的

一般来说，外国法院所作的判决既然已经生效，那么承认与执行国法院就没有必要再对判决国法院审理有关案件并作出判决的整个诉讼程序的公正性进行审查。但是，在诉讼过程中，如果当事人的诉讼权利未能得到有效的保障，

法院所作出的判决就很可能是不公正的，从而会损害有关当事人的合法权益。因此，基于对败诉一方当事人的保护，各国立法及有关国际条约都规定，内国法院在承认与执行外国法院判决时，必须对其诉讼权利是否受到损害进行审查。这种审查主要包括：一是败诉方是否得到合法传唤，从而出庭陈述了自己的诉讼主张和行使了自己的辩护权；二是在败诉方没有诉讼行为能力时是否得到适当的代理。如果内国法院发现有关的诉讼程序中败诉一方当事人基于其本身失误以外的原因而未能适当地陈述自己的诉讼主张和行使自己的辩护权，或在没有诉讼行为能力时未得到适当的代理，就可以认为该诉讼程序不具备公正性，从而拒绝承认与执行相应的判决。如德国法律规定，如果德国人被告由于未能得到出庭的传票或法院的命令而没有参与案件的审理程序所作出的外国法院的判决，德国不予承认。英国法律规定，作为被告的被要求执行人在第一审的案件审理时没有及时接到出庭通知而未能参加审理时，对这样的外国法院判决，英国拒绝登记。1971 年海牙《关于承认与执行外国民事和商事判决的公约》第 5 条规定，“在未给予任何一方当事人充分机会陈述其意见的情况下作出的”判决，缔约国可拒绝承认与执行。我国与其他国家缔结的司法协助条约均规定，如果根据作出判决一方的法律，未出庭的败诉一方当事人未经合法传唤，或在没有诉讼行为能力时未得到适当代理，则被请求方有权拒绝承认与执行外国法院就有关案件作出的判决。

但是，如果外国法院已通过正常合法的诉讼程序，将诉讼所需要的法院通知或命令已在该外国，或者依司法协助的程序送达当事人，并给予当事人充分出庭辩护机会，而当事人一方拒绝出庭或自动放弃出庭，在此情况下所作出的缺席判决，也应得到承认与执行，内国法院不得以诉讼程序缺乏公正性相对抗。我国《民事诉讼法》第 129 条规定：“原告经传票传唤，无正当理由拒不出庭的，或者未经法庭许可中途退庭的，可以按撤诉处理；被告反诉的，可以缺席判决。”第 130 条规定：“被告经传票传唤，无正当理由拒不到庭的，或者未经法庭许可中途退庭的，可以缺席判决。”当然，“人民法院对必须到庭的被告，经两次传票传唤，无正当理由拒不到庭的，可以拘传”(见《民事诉讼法》第 100 条)。但也有个别国家例外，如西班牙的诉讼立法规定，缺席判决在任何情况下都得不到西班牙法院的承认。① 至于在什么情况下应该认为有关传票已经适当送达给败诉方当事人，各国法律的规定和司法实践并不一致。在我国，从《中波司法协助条约》第 20 条第 3 款的规定来看，败诉方当事人是否已

① 萨瑟：《国际民事诉讼法的比较研究》，1967 年英文版，第 574 页。

经法院合法传唤的问题，应依原判决国的法律来确定。

应该注意的是，在涉及承认与执行外国法院判决时，并不是所有国家的法律都对败诉一方当事人不加区别地予以保护的。除英美法系各国以及法国、奥地利、意大利、西班牙等国的法律以外，德国、日本、匈牙利、保加利亚等国的法律都明确规定，只有当败诉一方当事人为本国国民时，法院才援用上述“公正性”条件。

### 四、外国法院的判决必须是通过合法的手段获取的

大多数国家的法律和司法实践都强调，运用欺诈手段获得的外国法院判决不能在内国得到承认与执行。英国法律规定，如果进行登记的法院得到证实，外国法院的判决是基于欺诈而获取的，则可以拒绝登记。法国法律规定，法国“要审查外国判决中是否存在法律规避情形，特别是要查清当事人是否为避开本应适用的法律而故意改变了法律关系”。如果存在法律规避的情形，则不予承认与执行。1971 年海牙《关于承认与执行外国民事和商事判决的公约》第 5 条第 2 款和 1973 年《关于扶养义务判决的承认与执行公约》第 5 条第 2 款也都明确规定，如果外国法院判决是在诉讼程序中利用欺诈手段取得的，被请求国可以拒绝承认与执行。

### 五、外国法院判决不与内国法院就同一当事人之间的同一争议所作的判决和内国法院已经承认的第三国法院就同一当事人之间的同一争议所作的判决相冲突

对于一国来说，对于相同当事人就同一争议的案件所作出的判决只能有一个，如果一国对于相同当事人之间就同一争议所进行的诉讼已经作出了生效判决，当事人之间的权利义务关系即告明确，任何一方当事人就有义务服从该判决，而不允许利用外国法院的判决加以对抗，同样，如果一国已承认了第三国法院对相同当事人之间就同一争议的案件所作的生效判决，第三国法院的判决即在该国取得了与该国法院判决同等的效力，在此情况下，该国也不能再承认与执行外国法院的判决。这是维护法律关系的稳定性及法律的严肃性所必须的。各国法律和有关国际公约规定，一旦出现“诉讼竞合”的情形，即外国法院判决与内国法院就同一当事人之间的同一争议所作的判决或内国法院已经承认的第三国法院就同一当事人之间的同一争议所作的判决相冲突，内国法院可以拒绝承认与执行。1932 年的《南斯拉夫法律冲突法》第 90 条第 1 款规定：“如果南斯拉夫对同一案件已作出最终和有约束力的判决，或另一外国法院对

同一案件所作的判决在南斯拉夫已得到承认，则不应该承认外国法院的判决。”英国 1933 年《(相互执行)外国法院判决法》规定，在审查外国判决时，如果发现有管辖权的英国法院已就该争议作出判决并已发生法律效力，则可拒绝登记。1971 年海牙《关于承认与执行外国民事和商事判决的公约》第 5 条第 3 款规定“同一当事人之间，基于同样事实以及具有同一标的的诉讼：在被请求国法院首先提起并正在进行中，或诉讼已在被请求国作出判决，或诉讼已在另一缔约国作出判决，而该判决已具备在被请求国予以承认和执行的必要条件”时，可以拒绝承认与执行外国判决。我国与其他国家签订的司法协助条约，如《中法司法协助条约》第 22 条第 6 款和《中波司法协助条约》第 20 条第 5 款都有类似规定。

前文也提到，如果请求承认与执行外国判决的案件，正在被请求国提出诉讼或正在审理，也可以拒绝承认与执行该外国判决。从我国与其他国家签订的司法协助条约来看，这种拒绝承认与执行一般包括两种情况：一种是多数条约规定，只要有关案件正在被请求国法院审理，无论请求国法院和作出判决的法院谁先受理该案，被请求国均可拒绝承认与执行对方法院的判决；另一种是被请求国法院并不能因为案件正在由其审理而当然地拒绝承认与执行外国法院的判决，只有在被请求国法院比作出裁决的外国法院先受理该案件的情况下，才能拒绝承认与执行外国法院的判决。我国与意大利、蒙古等国缔结的司法协助条约中，即采用此种做法。

### 六、外国法院适用了被请求国冲突规范所指定的准据法

大多数国家的法律和司法实践都只是要求外国法院在特定的范围内适用内国的冲突法规范或不违反内国的有关冲突法规范。1982 年《南斯拉夫法律冲突法》第 39 条规定：“如依本法对南斯拉夫公民个人身份的决定应适用南斯拉夫法，如若外国法院的判决已适用的外国法与适用于该问题的南斯拉夫法并无实质性不同，则应承认其判决。”《中法司法协助条约》第 22 条规定“在自然人的身份或能力方面，请求一方法院没有适用按照被请求一方国际私法规则应适用的法律”时，被请求一方可拒绝承认与执行请求一方所作出的判决，“但其所适用的法律可以得到相同结果的除外”。《中西司法协助条约》第 22 条也有类似规定。1971 年海牙《关于承认与执行外国民事和商事判决的公约》第 7 条规定：“被请求国不得仅以请求国法院适用的法律不同于被请求国依照国际私法规则可适用的法律为理由而拒绝承认或执行。但是，如果请求国法院在作出判决前，必须就一方当事人的身份或能力问题或者当

事人一方为公约第 1 条第 2 款第 1 至第 4 项规定所不适用的其他方面权利问题作出决定，而此项决定与适用被请求国关于该问题的国际私法规则所得结果不同时，则可拒绝承认或执行。”但是，也有少数国家，要求外国法院不加区别地一律适用内国的冲突规范。如法国，如果外国法院在适用法律时不符合法国冲突法中的规定，法国就可以拒绝承认与执行该外国法院的判决。由于各国冲突法规范差异很大，这种做法就大大地增加了承认与执行外国法院判决的难度，使得大量的外国法院判决得不到承认与执行，十分不利于司法协助的开展。因此，法国在实践中采用了两项变通措施来弱化上述条件限制：一是如果外国法院适用了由其本国的冲突规范所指引的法律，而法国法院通过反致也会适用该法律时，法国的国际私法要求即被视为满足；二是如果外国法院根据其本国的冲突规范所适用的法律，在内容上与法国的冲突规范所指引的法律相同或者相似，那么外国法院所适用的法律即被视为具有适用效力，因为两种法律导致的是同等的结果。①

### 七、存在互惠关系

有关国家在没有参加或缔结承认和执行外国法院判决的条约的情况下，都是根据互惠原则来承认和执行外国法院判决的。目前，除了允许内国法院对外国法院判决进行实质性审查的国家(如法国、比利时、卢森堡、葡萄牙、印度等国)以及只允许内国法院基于国际公约承认和执行外国法院判决的国家(如原苏联和斯堪的纳维亚各国)以外，其他国家一般都在不同程度上规定了内国法院可以基于互惠原则承认和执行外国法院的判决，从而在不存在互惠关系的情况下得拒绝承认和执行外国法院的判决。

在实践中，互惠又有整体性互惠和可分性互惠之分。所谓整体性互惠是指对外国承认和执行本国法院的判决和本国承认和执行外国法院的判决作整体观察，要求外国承认本国法院的判决的条件不得比本国承认外国法院的判决的条件严格，否则即认为没有执行互惠原则。它是从 1924 年德国最高法院的一个判决推广而来的。该判决确定：在外国法院诉讼的德国债务人其所受待遇不比在德国诉讼中的外国债务人的待遇为劣者就为互惠。所谓可分性互惠，是指对同一外国的不同地区的或不同类别的判决或同一判决中的各个条件，都分门别类地应用互惠原则，务必使每个类别、每个条件都实现对等。如德国对多法域

① 费宗祎、唐承元主编：《中国司法协助的理论与实践》，人民法院出版社 1992 年版，第 126 页。

国家，就根据该国不同的“邦”或“州”对德国判决的不同态度而采取相应的措施。德国认为，法国1964年以前对外国判决的实质性审查，无异于是对外国法院判决的主审，其标准严于德国，故德国同法国不存在互惠关系；1964年以后法国改为形式审查制度，德国也随之同法国就相互承认和执行对方法院的判决发生了互惠关系。又如，德国在承认和执行外国判决的条件中规定：判决国对该案件必须有管辖权，但是，如果其他国家不审查德国判决的管辖权的，德国对该国发生的判决也采取相应的宽容态度。我国《民事诉讼法》第267条也将互惠原则作为我国承认和执行外国法院判决的一个重要条件，但采用的是整体性互惠，还是可分性互惠，却没有明确规定。《民事诉讼法》第5条的规定：“外国人、无国籍人、外国企业和组织在人民法院起诉、应诉，同中华人民共和国公民、法人和其他组织有同等的诉讼权利义务。外国法院对中华人民共和国公民、法人和其他组织的民事诉讼权利加以限制的，中华人民共和国人民法院对该国公民、企业和组织的民事诉讼权利，实行对等原则。”我国似实行可分性互惠原则。实践证明，可分性互惠原则更为灵活、方便，也更能够有效地维护我国国家和人民的利益，发展同各国的友好往来。

### 八、外国法院的判决不与内国的公共政策相抵触

这是国际社会普遍公认的一个条件，各国法律及有关国际公约都毫无例外地对此作了明确规定。虽然大多数国家的法律都规定如果对外国法院判决的承认和执行将有损于内国的公共政策，内国法院得拒绝承认和执行。如1964年《捷克斯洛伐克国际私法及国际民事诉讼法》第64条规定“承认外国判决违反捷克公共秩序的”则不得承认和执行。1987年《瑞士联邦国际私法法规》第27条第1款规定：“如果对外国判决的承认明显地不符合瑞士的公共秩序，在瑞士应拒绝承认该判决。”1971年海牙《关于承认与执行外国民事和商事判决的公约》。第5条第1款规定，“承认或执行判决与被请求国的公共秩序明显不相容，或者判决是经与被请求国所要求的正当法律程序不相容的程序作出的，或者是在未予任何一方当事人充分机会陈述其意见的情况下作出的”，可以拒绝承认和执行该外国法院的判决。但也有些国家和国际公约则规定，外国法院判决本身不得违背内国的公共政策。如《日本民事诉讼法》第200条第3款规定承认和执行条件之一是：“外国法院的判决，不违背日本的公共秩序和善良风俗。”1982年《南斯拉夫法律冲突法》第91条规定：“外国法院的判决如违反南斯拉夫宪法规定的社会组织的基本原则，则不应承认。”1979年美洲国家《关于外国判决与仲裁裁决的域外效力的公约》第2条规定：“凡第1条所指的外国

判决、裁决与决定，符合下列条件者，在各成员国均应有域外效力：……不与要求其承认和执行它们的国家的公共政策(公共秩序)的原则与法律存在明显的抵触。”从我国《民事诉讼法》第268条的规定来看，我国似也属要求外国法院判决本身不得违反内国公共政策的国家之列。

我们认为，要求承认和执行外国法院判决时不与内国的公共政策相抵触的作法是比较妥当的。因为公共政策条款完全是一种消极的保护性条款，各国之所以规定这一条款，都是为了保护内国国家的重大利益，维护内国的基本政策及道德与法律的基本观念和基本原则，使它们不至于因为外国法院判决在内国的承认和执行而受到威胁和动摇。例如，某外国法院有关允许重婚的裁定可能与内国的公共政策相抵触，如果把外国法院判决的内容不应与内国的公共政策相冲突作为承认和执行该外国法院判决的条件，该裁定就不可能得到内国法院的承认和执行；但如果只要求有关外国法院判决的承认和执行不与内国的公共秩序相抵触，那么内国法院就可以承认和执行这一外国法院的裁定，从而满足第二个妻子基于这一裁定而提出的有关生活费用的执行请求。显然，在这里承认和执行有关裁定就更为合理。①

尽管外国法院判决不得与内国的公共政策相抵触，是国际社会普遍公认的承认和执行外国法院判决的条件。但什么是公共秩序，几乎没有一个国家的法律有明确规定的，学者们的见解也不一致。正如莫里斯(Morris)所指出的：“法律冲突法案件中的公共秩序保留是必要的，但试图给这种保留以一个明确的界限并没有成功。”②在我国，根据《民事诉讼法》第268条的规定，凡违反我国法律的基本原则或者国家主权、安全和社会公共利益者，均可视为违反我国的公共政策。此外，如果根据内国缔结或者参加的国际公约是应该承认和执行外国法院判决的，但是它违反了内国的公共政策，内国是否应予承认和执行。各国的实践和大多数国际公约都强调，本国的公共政策应该属于优先的地位。即使是条件最为宽厚的1968年欧洲经济共同体国家《关于民商案件的管辖权及判决执行公约》，也特别将违背被请求国的公共政策作为拒绝承认和执行缔约国判决的一个重要条件。

---

① 谢石松：《论对外国法院判决的承认与执行》，载《中国社会科学》1990年第5期，第207~208页。

② 莫里斯：《法律冲突法》，1980年英文版，第43页。

## 第三节　亚太地区国家和地区关于民商事案件判决承认与执行的法律制度①

### 一、概述

亚太地区国家和地区之间以及亚太地区国家和地区与其他地区国家之间的商事、贸易活动的日益增加，带来了越来越多的法律冲突问题。分处不同国家或地区的商人期望能够预见和保证商事、贸易活动中产生的纠纷最终得到解决，以保障其权益不会在外国受到歧视。而争议的最终解决往往取决于判决的承认与执行。所以，这就要求亚太地区国家和地区在民商事案件判决承认与执行的问题上形成协调统一的局面。但是，亚太地区国家和地区之间在国际商事和贸易活动的迅速发展的同时，亚太地区国家和地区却未能就外国法院判决承认与执行问题形成统一的局面。因而，在很多案件中，出现了一国法院判决债权人无法依据有效的判决，对在另一国不履行义务的债务人申请承认与执行的情况。

虽然，亚太地区国家和地区在外国法院判决承认与执行规范方面存在着差异，但也不乏共同之处。本节试从介绍与分析亚太地区国家和地区现正生效的、关于外国法院判决承认与执行的规范着手，指出其异同点，探讨亚太地区国家和地区缔结诸如欧共体《关于民商事案件管辖权和判决承认与执行的公约》②的多边公约，以便在外国法院判决承认与执行规范方面形成统一局面的可能性。

### 二、主要的几类“执行规范”

总的来说，亚太地区国家和地区关于外国法院判决承认与规范可以分为五类，即“英国式执行规范”、“印度式执行规范”、“日本式执行规范”、“证据式执行规范”和“上诉式执行规范”。

---

① 这里所指的亚太地区国家和地区是指亚洲及太平洋西岸法学会国家和地区，即澳大利亚、印度、印度尼西亚、日本、韩国、马来西亚、菲律宾、新加坡、斯里兰卡、泰国，以及中国香港和台湾地区。

② 欧共体《关于民商事案件管辖权和判决承认与执行的公约》又称为《布鲁塞尔公约》，1968年9月27日签署，1972年2月1日正式生效。

1.“英国式执行规范”

“英国式执行规范”可以分为两种独立的执行“规范”，即“普通法规范”和“制定法规范”。“普通法规范”也就是普通法关于外国法院判决的执行规范，它以“义务”说作为理论基础。适用“英国式执行规范”的国家都适用这种“普通法规范”，外国法院判决通过判决债权人与债务人之间的“新诉讼”得到执行。这种“新诉讼”并不是“第二次”(de novo)审理程序，而是判决债权人依据外国法院的判决，在判决债务人没有提出抗辩理由的前提下，申请简易判决的诉讼程序。如果判决债务人在短时间内不能提出抗辩理由，那么执行法院就自动就申请作出判决。执行法院对外国法院作出判决所依据的理由不予审查，故这个程序不是上诉程序。

“制定法规范”只适用于枢密院发布命令，实施1920年《司法行政法案》或1933年《相互执行外国法院判决令》的国家。这些规范要求外国法院判决债权人到执行法院进行登记。除非判决债务人依据法律上赋予的极为有限的理由成功地提出抗辩，否则，外国法院判决通过登记程序成为执行法院的判决，会在短期内得到执行。

适用这类执行规范的国家和地区主要是澳大利亚和中国香港。

2.“印度式执行规范”

虽然这类“规范”是以英国普通法为基础，但已被编入《印度民事诉讼法典》的第13、14节，这类规范确立的执行程序比较简易。外国法院判决债权人依据外国法院判决提起一般的诉讼程序，在判决债务人不能提出法定的抗辩理由时，外国法院判决就被视为有效，有充分的理由让执行法院予以执行。

但这些法定的抗辩理由却是19世纪英国普通法的翻版。因此，其中两种抗辩理由大大地减低了外国法院判决得到执行的可能性。

按这类规范的规定，判决债权人可在债务人居所地或营业所所在地对争议金额和地域有管辖权的法院提起诉讼。虽然，英国普通法规范已被纳入《印度民事诉讼法典》第13、14节，但该法典的第4节也包含着《相互执行外国法院判决令》的规范。然而，第44节编入了第13节里的几种例外情况，故它提供的不是一个即时的执行程序，而仅仅是一个较简易的程序。

适用这类执行规范的主要有印度、马来西亚和斯里兰卡。

3.“日本式执行规范”

日本自19世纪仿效《德国民事诉讼法典》以来，“日本式执行规范”，就是以该法典为基础。判决债权人不需要提起新的诉讼，而只需要申请领事证书就可以直接获得执行，即取得领事证书就可以得到执行。执行法院不对外国法院的判决进行实质性的审查，拒绝发给领事证书的理由亦受到严格的限制。

适用这类执行规范的国家和地区主要有日本、韩国等。

4.“证据式执行规范”

在亚太地区国家中，只有两个国家适用这类“规范”，即印度尼西亚和泰国。泰国虽然没有对外国法院执行问题作出专门的规范，但《泰国民事诉讼法典》与日本的相似。在印度尼西亚，外国法院判决一般是得不到执行的，全部的诉讼请求均须再审。但也有几类外国法院判决是例外的。关于海运中的共同海损判决就是其中之一，这些国家的执行法院对判决债权人的诉讼请求进行实质性的审查。

5.“上诉式执行规范”

在亚太地区国家中，只有菲律宾适用这类规范。外国法院的判决“原则上”是可以得到执行的，菲律宾拒绝执行外国法院判决的理由是仿效美国的规范。然而，最近菲律宾最高法院允许以外国法院存在明显的事实与法律错误作为拒绝执行的抗辩理由，故判决债权人实际上必须为判决获得执行而在菲律宾提起上诉程序。这类“规范”实质上是不予执行规范，而不是执行规范。

### 三、可获得到执行判决的种类

在适用“英国式执行规范”和“印度式执行规范”的亚太地区国家和地区中，无论是依据普通法还是制定法提起执行程序，只有偿付金钱的判决才可以得到执行。在适用“英国式执行规范”的国家和地区，按有关相互执行外国法院判决的制定法的规定，可得到执行的偿付金钱判决还包括刑事诉讼中附带的民事判决，即就受害人损害赔偿问题而作出的偿付一定数额金钱的判决。这些亚太地区国家和地区还进一步对“偿付金钱判决”范围作了限制。如果判决是带有征税或刑事制裁性质的，同样也得不到执行。按印度关于外国法院判决执行的制定法还规定，只有实施《相互执行外国法院判决令》的国家（指英国的殖民地国家与地区）的“最高法院”的判决才能得到执行。虽然，枢密院令中对“最高法院”的定义有变通的规定，但并不奏效。非最高法院的判决，只能按普通法程序获得执行。

少数的亚太地区国家也承认非“偿付金钱的判决”。例如，澳大利亚承认外国法院作出的强制交付财产和给刑事受害人损害赔偿的判决。日本承认外国法院作出的交付财产令和宣布当事人法律地位或权利的判决。此外，日本还承认外国法院作出的诸如离婚等影响当事人法律地位和确认某种情形的判决。另外，印度尼西亚虽然一般不执行外国法院偿付金钱的判决，但承认外国法院关于当事人法律地位和宣告式的判决。

亚太地区国家和地区对可执行外国法院判决的类型还有进一步的限制。印度要求外国法院的判决必须是实体诉讼请求作出的判决。菲律宾也有类似的规定。但是，适用“英国式执行规范”的亚太地区国家和地区则没有类似的规定。适用“印度式执行规范”国家规定，外国法院必须已对判决债权人提出的诉讼请求的真实性作调查。这种规定使得判决债权人在被告没有提出抗辩的情况下获得的缺席判决无法在这些国家得到执行。另外，证明原告诉讼请求的证据必须是充分的。同样地，外国法院批准诉讼当事人之间达成庭内和解前，亦要对原告的诉讼请求的真实性进行调查。

## 四、亚太地区国家和地区承认或执行外国法院判决所附加的条件

亚太地区各国和地区法院拒绝承认或执行外国法院判决的各种理由实质是执行法院给外国法院判决承认或执行附加的条件。这些附加条件决定了执行法院在某些案件中必须承认与执行外国法院的司法判决，但对于作出申请执行判决的法院来说，这些附加条件并没有什么影响。这些附加条件实质上起着监督外国法院行使管辖权的作用。

亚太地区国家和地区法院通常受理的、申请承认或执行的外国法院判决是：(1)被告在原诉讼中胜诉，原诉讼中败诉的原告又以同一诉因到执行法院提起诉讼，被告作为抗辩理由的外国法院判决；(2)胜诉的原告以执行为目的，到执行法院提起诉讼所依据的外国法院的判决。一个国家的法院在上述两种情况下，使用另一国法院的判决，分别就是承认或执行外国法院的判决。换而言之，一国法院的判决在另一个法院的诉讼中要不作为“矛”，要不作为“盾”。

然而，一国法院的判决在另一国法院得到“执行”，显然已得到了“承认”，但一国法院判决在另一国得到“承认”，却不是必然就得到“执行”。然而，以外国法院判决作“矛”所产生的问题与以外国法院判决作“盾”所产生的问题是部分重叠和相关的。

总的来说，亚太地区国家和地区关于外国法院判决申请承认或执行所应符合的条件主要有三个，即外国法院对诉讼拥有管辖权，外国法院判决是终局性判决以及外国法院在执行执行法院判决时给予互惠待遇。

### (一)管辖权条件

#### 1. 管辖权的概念

也许外国法院判决要得到承认或执行所必须符合的条件中最重要的，是外

国法院按执行法院所在国的法律对案件拥有管辖权。当然，“管辖权”一词有不同的意义。本节所指的“管辖权”是外国法院按执行法院所在地的冲突规范（而不是按外国法院所在地的内国法）对诉讼拥有管辖权。因为每个国家都以本国的冲突规范判断外国法院对诉讼是否拥有管辖权，故关于管辖权的定义与范围的规定存在着差异。因此，“管辖权”（本节所指的国际管辖权）可以定义为，一国法院赋予的、可以在外国得到承认与执行的权利或利益的权力。

适用“英国式执行规范”的国家和地区确定作出申请执行判决的法院是否对案件拥有管辖权的标准是外国法院拥有国际管辖权。这就很容易理解，为什么被告本人与外国法院之间必须存在着密切联系。这实质上是一种实际控制的关系。因为适用“英国式执行规范”国家的法律沿用“国际管辖权”原则，故外国法院按所在国的程序规范或冲突规范是否对诉讼拥有审理、判决权的问题就变得无关重要了。很显然，适用“英国式执行规范”的国家的法院以这种“国际管辖权”标准决定是否承认与执行外国法院的判决，与审查外国法院依本国法是否对诉讼拥有管辖权的方式相比较，会使问题简单化。外国法院是否对诉讼拥有管辖权的问题由适用“英国式执行规范”国家的国际私法决定的做法意味着，外国法院判决在国际上的效力超过本国法赋予的效力范围。当然，适用“英国式执行规范”国家法院并不是以本国法院行使管辖权的标准来衡量外国法院对诉讼是否拥有管辖权，因此，外国法院有时按类似或相同于适用“英国式执行规范”国家法院行使管辖权的规范行使管辖权而作出的判决，也得不到适用“英国式执行规范”国家法院的执行。

我们可以发现，适用“英国式执行规范”国家的法律中有关管辖权条件的规定，亦同样存在于适用“印度式执行规范”、“日本式执行规范”和“上诉式执行规范”国家的法律。印度法院在衡量外国法院是否对诉讼拥有管辖权时，也适用“国际管辖权”的概念。

三个适用“日本式执行规范”的国家或地区也是以执行法院所在地法律来衡量外国法院是否对诉讼拥有管辖权。菲律宾法律也适用“国际管辖权”概念，要求外国法院必须对诉讼当事人和诉讼标的均拥有管辖权。

亚太地区中适用“英国式执行规范”国家的法律规定，外国法院要对判决债务人行使属人管辖权，则需要判决债务人与外国法院所在地法律之间存在密切的联系。但这种管辖权规范很大程度上已为“义务”说所改变，只需要被告本人与外国法院所在国有联系，即在诉讼开始时，被告实际上是在外国法院的管辖范围内。

印度法律规定，决定外国法院是否对诉讼拥有管辖权的时间是在诉讼开始的时候，而日本法律则规定是在外国法院判决申请执行的时候。

2. 亚太地区国家和地区有关管辖权规范的比较分析

亚太地区国家的管辖权规范可以分为三大类型，即“普通管辖权规范”，“特殊管辖权规范”和“专属管辖权规范”。

(1)普通管辖权规范

A. 一般原则

a. 自然人

在亚太地区，《日本民事诉讼法典》规定，对人诉讼由被告所在地法院管辖，而被告所在地则因其住所而定。如果被告没有住所或住所不明，被告所在地则由其居所决定。如果被告没有居所或居所不明，被告所在地则因其最后的住所而定。

在这方面，中国台湾地区与日本的规定类似，“民事诉讼由被告所在地法院管辖”。要是被告在中国台湾地区没有住所或住所不明，则视其居所为住所。如果被告没居所或居所不明，则视其最后的住所为住所。

韩国是第三个适用“日本式执行规范”的国家。韩国法律对有关被告住所和韩国法院管辖权的规定，与上述日本的规定是一模一样的。

《泰国民事诉讼法典》第 4 节第 2 项规定，对人诉讼的管辖权由被告所在地法院行使。该法典中“住所”的概念源于《法国民法典》，即住所是以居所为基础。《泰国民商法典》的第 44 节规定，被告的住所是指其主要的居所。如果被告是自然人，且有几个居所或多个惯常居所，则视其中一个居所或惯常居所为其住所。《泰国民商法典》还进一步规定，如果被告的住所不明，则视其居所为住所。如果被告是自然人，没有惯常居所，也没有设立营业所，那么，则视被告被发现地为其住所地。某人可以以适移居所并明确表示要改变住所的方式变更其现在的住所。如果某人选择某地作为其做某一行为的特殊住所；那么，涉及该行为时，则视其选择的住所为其住所。

已婚妇女通常以她的丈夫的住所为其住所。但是，如果丈夫在外国设立住所，妻子没有随之变更住所，或如果丈夫没有住所或住所不明，那么，妻子可以有其独立的住所。未成年人或无行为能力人以其法定代理人的住所为其住所。公务员在某地执行公务，且不是暂时的或有期限的，则视该公务员执行公务所在地为其住所地。

因此，住所在泰国法院关于对人诉讼管辖问题上扮演十分重要的角色。泰国最高法院鉴于一个丹麦公民在丹麦的医院逝世前，已安排棺木在泰国安葬，且他的妻子、孩子和财产均在泰国，故在 834/2485 号判决中认定该丹麦公民的住所在泰国。

b. 法人

在亚太地区，《日本民事诉讼法典》规定，法人或团体的管辖法院是这类法人的主要机构或营业所所在地法院。如果法人没有设立主要机构或营业所，那么法人的管辖法院则是管理该法人的主要负责人住所地法院。如果法人在日本设立注册分支机构，那么就该分支机构运作而引起的诉讼则由该分支机构所在地法院管辖。要是某人设有办事处或营业所，办事处或营业所所在地法院则对该办事处或营业所的商务活动拥有管辖权。在确定管辖法院时，日本法院要审查设有注册分支机构的个人如何通过这些办事处从事营业活动以及这些办事处与日本之间还有没有其他联系。

台湾地区在这方面的规范与日本类似，法人的管辖权归属于法人的总部或主要营业机构所在地法院。同样地，个人通过设立办事处或营业机构，进行交易活动而引起的诉讼归这些办事处营业机构所在地法院管辖。

韩国在这方面的规范也与日本类似。法人、其他组织和基金会等的管辖法院是这类法人的主要办事处所在地或主要营业地法院。《韩国民事诉讼法典》与日本和台湾地区的规定一样，个人通过设立办事处或营业所从事商务活动而引起的诉讼由该机构或营业所所在地法院管辖。

泰国法律规定，法人的住所是指它的主要机构或办事处所在地或该法人选择作为其组织和管理的特殊住所地。另外，就法人分支机构的行为来说，该法人分支机构所在地被视为该法人的住所地。因此，外国保险公司经泰国政府的许可在泰国经营保险业务，泰国法院则对该保险公司拥有管辖权。然而，泰国最高法院认定，住所在外国的法人，即使委托住所在泰国的代理人亦不能视该外国法人的住所在泰国，即授权的代理人的住所不能被视为该外国法人的住所。

《泰国民商法典》第 824 节规定，住所在外国的委托人的代理人在一定情况下(即使委托人的名称已公开)，亦会被认定对其代表委托人签订的合同负有责任，除非合同的条款与代理人的责任不一致。

如果被告的住所不在泰国，那么泰国法院必须是在泰国将传票送达被告，包括传票和诉状是在被告到泰国作“短暂访问”(fleeting visit)时送达，才对被告拥有管辖权。泰国最高法院认为，即使诉讼在泰国法院提起，债务人在泰国有不动产，但如果传票和诉状没有送达被告，那么泰国法院就被告的对人诉讼没有管辖权。

B. 应诉管辖

a. 自愿服从管辖原则

在亚太地区，适用“英国式执行规范”的国家规定，服从法院管辖必须是当事人出于自愿并以明示的方式表达，这包括当事人在合同条款中选择某国法院作为争议解决的法院。然而，当事人在合同条款中选择合同适用某一国家的法律，并不能视其服从该国法院的管辖。但是，如果当事人以原告身份向某一法院起诉，或向某一法院提出反诉或抵销债权请求，那么该当事人就必须服从该法院的判决。另外，当事人不可以一方面主张通知其应诉的法院没有管辖权，另一方面又向该法院提出反诉或抵销债权请求，寻求实体问题的救济方法。在这种情况下，视该当事人服从法院的管辖。同样地，当事人自愿地以被告的身份出庭应诉，则视其服从该法院的管辖，受该法院判决的约束。如果当事人无条件应诉或者就案件实体问题进行抗辩，也会导致同样后果的产生。

适用“印度式执行规范”和“上诉式执行规范”国家有关自愿服从管辖的规定与适用“英国式执行规范”国家的规定相同，即自愿服从管辖原则的适用必须是当事人出于自愿并以明示的方式表达，包括指定某一国的某一地方的法院作为争议解决的法院。当事人选择适用某一国家的法律，并不构成服从该国法院的管辖。适用“印度式执行规范”的国家还规定，合同在外国签订，并不等于合同当事人服从该国法院的管辖。如果被告向法院提出反诉或抵消债权请求，则视其服从外国法院的管辖。

《日本民事诉讼法典》则规定，外国法院必须以传票或其他必要指示的形式进行合法的传唤，开始诉讼程序，而不是以公告的方式通知被告应诉，或被告在未收到传票的情况下出庭应诉；否则，该法院作出的判决不能在日本对日本公民申请执行。但该法典没有对在外国法院败诉的被告不是日本公民的情况作出规定。日本法律只认可两种送达方式。一种是由官员将传票送达被告，另一种是由法院直接将传票邮寄送达被告。外国法院在日本送达传票的程序适用《关于民事或贸易方面法律文件和不属诉讼程序文件送达和通告外国人的公约》，这类传票的送达必须经外务省才有效。

台湾地区在这方面的规定与日本基本上相同。有关规则规定，除非外国法院将传票或其他必要的指示送达台湾地区的被告，或通过司法协助送达而开始诉讼程序；否则，如果该外国法院在该台湾地区被告没有出庭应诉的情况下作出的判决，不能在台湾地区得到执行。台湾地区的规定与日本一样，没有对在外国法院败诉的被告不是台湾地区人的情形作出规定。这些国家和地区对外国法院的执行附加这样的条件，是司法实践中很自然的做法。然而，如果当事人自愿以被告的身份出庭应诉，则构成服从法院的管辖。

韩国在这方面的法律规范与日本和台湾地区的相同。

b. 附条件应诉

在亚太地区，适用“英国式执行规范”、“印度式执行规范”以及“上诉式执行规范”的国家明确规定，被告就管辖权争议而作的应诉不构成服从法院的管辖。同样地，被告作出搁置缺席判决申请或保证在某个国家偿付金钱或签订合同，均不构成服从该国法院的管辖。但是，要区分被告应诉只是为了保护或解封被查封的财产，或者解除其财产被查封的威胁的情形却存在着困难。按1933年《相互执行外国法院判决令》的规定，这类应诉无疑不构成服从法院管辖。适用“印度式执行规范”的国家规定，当事人为获得解封原告申请查封的财产而采取积极行为，仍保留对法院的管辖提出异议的权利。然而，当事人必须清楚地知道，应诉的目的是受1933年《相互执行外国法院判决令》规定的限制，其中当事须引述的最重要的词语是“诉讼程序中”，即指出法院为取得对被告的管辖权，在“诉讼程序中”查封或威胁查封被告的财产，这样的附条件应诉才可以不被视为服从法院的管辖。

C. 营业地法院管辖

普通法与1920年《司法行政法案》和1933年《相互执行外国法院判决令》对法人营业所所在地法院管辖的有关规定存在着差异。

按普通法，某一法人在英国从事营业活动，英国法院则对该法人拥有管辖权，但外国法人在英国从事营业活动必须是通过确定的，甚至是常设的营业所进行的。

按1920年《司法行政法案》，“从事营业活动”是法人和自然人选择“居所”的一种方式。

1933年《相互执行外国法院判决令》的规定，公司在外国设立“主要营业所”才能视该公司在外国从事营业活动。该法案还对法人与自然人作出了普通法以及1920年《司法行政法案》没有的规定，被告在外国设有办事处或营业所，则视外国法院对被告通过该办事处或营业所进行的营业活动而发生的诉讼拥有管辖权。

是否构成从事营业活动是一个事实问题。自然人通过代理人或合伙人在外国从事营业活动，不能就认定该自然人在外国，外国法院对该自然人没有属人管辖权。适用“印度式执行规范”的缅甸法院，在1942年的一个案例中，因某自然人在缅甸的代理人的律师行使代理权，认定该自然人服从缅甸法院的管辖。

然而，印度法院在一个案例中认定，商行及其合伙人的居所均不在外国法院的管辖范围，但该商行委托代理人在法院管辖范围从事营业活动，且代理人拥有包括代表商行在外国法院起诉或应诉等代理权，那么，则视该商行的合伙人服从外国法院的管辖。

如何认定法人在外国从事营业活动的问题则较难解决，要认定法人在外国从事营业活动必须符合六个条件，外国法院才能对该法人行使管辖权，然而，与有关自然人的规定不同，如果法人在外国设有代理人或代表，且该代理人或代表有权代表该法人签订合同，则视该法人在外国法院的管辖范围内，该国法院对该法人拥有管辖权。但是，如果外国公司的代理人从事诉讼中涉及的营业活动是其营业活动的一部分(如，给外国公司出售船票或作为商务代理接受订单，然后发送外国公司确认)，则代理人所在国法院对该外国公司没有管辖权。

D. 事件发生地法院管辖

a. 合同

亚太地区适用“印度式执行规范”的国家也认可合同签订地法院管辖原则。合同如果是在印度签订，且被告的居所在印度或在印度从事营业活动，印度法院则对与合同有关的诉讼拥有管辖权。

《日本民事诉讼法典》则规定，有关合同的诉讼，由合同履行地法院管辖。台湾地区规定，有关合同的诉讼由合同当事人约定的合同履行地法院管辖。但台湾地区没有对合同当事人没有约定合同履行地的情形作出规定。《韩国民事诉讼法典》规定，有关合同的诉讼由被告居所地或合同债务履行地法院管辖。韩国和台湾地区的规则与日本一样，均认可合同履行地法院管辖原则。

b. 侵权行为

在亚太地区，《印度民事诉讼法典》规定，有关侵权行为的诉讼由侵权行为发生地法院管辖。适用“日本式执行规范”的国家则授权侵权行为发生地法院管辖与侵权行为有关的诉讼。菲律宾在这方面的规范也不例外。

E. 协议管辖

适用“英国式执行规范”与“印度式执行规范”的亚太地区国家对合同当事人协议服从某一法院的管辖的做法持肯定态度。但当事人服从法院管辖，必须在合同中明确加以表达或在发生争议时达成由某一法院管辖的协议。

在某些情况下，上述国家也视当事人的某些行为构成服从法院管辖。例如，当事人购买了在其管辖范围内一家公司的上市股票，则视其受该公司章程的约束，而不论该当事人是否承认章程中的服从法院管辖条款。

在亚太地区，《日本民事诉讼法典》规定当事人至少可以以书面的形式，协议就某一特殊的法律关系发生的纠纷服从某个一审法院的管辖。

台湾地区也有同样的规定，即当事人之间协议服从某一法院管辖的问题作出规定，当事人之间可以协议确定对他们行使管辖权的一审法院，但这类协议必须是当事人之间就某一特殊的法律上权利与义务发生的诉讼，而且必须是书面的协议。

上述国家和地区虽允许当事人协议服从法院管辖，但协议管辖不能与专属管辖规范相冲突。

(2)特殊管辖权规范

特殊管辖权规范是指赋予本国法院普通情况下不能拥有的管辖权的规范。在亚太地区国家，最为突出的两类特殊管辖权规范是，财产所在地法院管辖与送达法院管辖。

A. 财产所在地法院管辖

在亚太地区，因为适用“英国式执行规范”国家的规范是以英国法为基础的，故“财产所在地”不能成为法院行使管辖权的依据。适用“印度式执行规范”国家的法律规定，被告在法院管辖范围内拥有财产的事实，也不是法院对被告行使管辖权的依据。

《日本民事诉讼法典》是仿效《德国民事诉讼法典》的，故允许日本法院以被告的财产在日本(甚至被告在日本的财产不是诉讼的标的物)为理由，对被告行使属人管辖权。虽然《日本民事诉讼法典》没有对这类管辖权及案件作限制的规定。但可以肯定，判决偿付的金额会像德国的规定一样，是不受限制的。因此，这不是财产所在地法院管辖原则。

台湾地区在这方面的规定与日本类似，即使被告的住所不在台湾地区，但被告如果在台湾地区有“可被查封的财产”时，台湾地区相关机关也可对被告行使管辖权。同样地，台湾地区也没有对这类管辖权规范作限制性的规定。

韩国法律在这方面的规定与日本、台湾地区的相同，韩国法律规定，如查被告在韩国有可被查封的财产，韩国法院可以对住所不在韩国的被告行使属人管辖权。虽然韩国法律与日本、台湾地区的一样，没有作出这类管辖权只限于被告在韩国被查封财产的价值，但可以肯定，韩国法院也可以像德国法院一样，判决的金额也不会受被查封财产价值的限制。

泰国法律在这方面的规定与印度相同，即不允许法院以“财产所在地”为依据对被告行使属人管辖权。菲律宾法律的规定与美国法律及案例极为相似，不允许法院依据被告在其管辖范围内有财产而对被告行使属人管辖权。因此，即使被告在菲律宾拥有或占有“物”，菲律宾法院对被告也没有属人管辖权，菲律宾法院在该“物”是诉讼争议标的物的情况下，才对该“物”拥有管辖权。

B. 送达管辖

在亚太地区，适用“英国式执行规范”和“印度式执行规范”的国家均有这样的做法，即允许法院将有关起诉文件送达在其管辖范围内作短暂停留的被告，继而对被告行使管辖权，或者允许法院将有关起诉文件域外送达不在其管辖范围内的被告。这显然是受英国普通法的影响。这一规范与那些诸如大陆法系国家适用的财产所在地法院管辖规范一样，都是特殊管辖权规范的一种形式。

(3)专属管辖权规范

专属管辖权规范是指就特殊诉讼标的设定的管辖权规范。亚太地区国家就不动产、专利、商标、保险、分期付款购买等诉讼确立的专属管辖权规范。

在亚太地区，《日本民事诉讼法典》规定，有关不动产的诉讼由不动产所在地法院管辖。值得注意的是，日本法律中并没有对人诉讼与对物诉讼之分，然而，尽管我国台湾地区的“民事诉讼法”在这方面的规定与日本的相类似，但还规定有关不动产的权利以及不动产分割的诉讼由不动产所在地法院管辖。

在韩国，有关不动产的诉讼也是由不动产所在地法院管辖。

《泰国民事诉讼法典》规定，对物诉讼由诉讼标的物所在地法院管辖。这一规定也适用于有关不动产的诉讼，即关于处分有关不动产的权利，利息和收益等诉讼。

(二)外国法院判决的终局性

1. 一般规范

亚太地区的大多数国家都要求申请执行的外国法院判决是终局性判决。适用“英国式执行规范”国家的某些互惠执行立法要求申请执行登记的外国法院判决必须首先是可以在外国法院所在国得到执行的判决。

印度法律则要求申请执行的外国法院判决必须是“已决事项”。外国法院判决与《印度民事诉讼法典》第13节规定的条件有任何不符之处，则不能视为“已决事项”，因而不是终局性判决，将不会得到印度法院的执行。

然而，如果外国法院对诉讼拥有国际管辖权，那么，从管辖权条件出发，外国法院判决即使有不合法之处，而这些不合法之处会使判决在外国法院所在国失效，也同样可以在印度法院得到执行。外国法院要被视为“已决事项”，则该判决必须是就诉讼中的实体问题作出的判决。印度法院有权对外国法院判决进行审查，以确定外国法院判决是否是就诉讼中的实体问题作出的判决。同样地，如果外国法院根据诉讼当事人达成的调解协议作出的判决，则该判决不能被视为就实体问题作出的判决，故不是终局性的判决。此外，外国法院要使印度法院认定其作出的判决为终局性的判决，还必须依国际私法作出判决，在应适用印度法时，不能拒绝适用。外国法院在没有给被告发应诉通知或没有给被告提出抗辩的机会的情况下作出的判决，也不会被视为终局性判决，将得不到印度法院的执行。在印度法院看来，以欺诈手段获得的外国法院判决，不是终局性判决，因而不会得到执行。但这里所指的欺诈必须是诸如故意作出误导外国法院的陈述等的欺诈行为。因此，只是对案件事实加以隐瞒，则不足以推翻外国法院判决的终局性。

《日本民事诉讼法典》第200条规定，申请执行的外国法院判决如果是终局性判决，将可以得到日本法院的执行。《韩国民事诉讼法典》规定，外国法院判决要获得执行，则必须是“不可撤销的判决”(irrevocable judgement)。在台湾地区，法律亦要求申请执行的外国法院判决必须是“不可撤销的判决”。

在适用“上诉式执行规范”的菲律宾，法律规定申请执行的外国法院判决必须是终局性的判决，在外国法院所在国是“已决事项”，即外国法院必须对诉讼当事人之间争议的实体问题作出永久性的解决。因此，以有关时效期间已过或不适当管辖等理由驳回起诉的判决不能视为终局性的判决，故不会得到承认与执行。

要判断外国法院在外国法院管辖范围内是否属于“已决事项”，执行法院必须查询外国法院所在国的法律。外国法院判决必须是最终解决诉讼当事人之间争议的判决，才能得到执行。外国法院判决如果还须受审查、或受具有溯及既往效力的改判之约束，则不是终局的判决，一般是得不到执行的。然而，如果这种改判或审查只是一种可能性，或外国法院判决可能在将来的某一时间被有上诉管辖权的上级法院撤销，则不影响外国法院判决的终局性，这类外国法院判决通常是可以得到执行的。

2. 几类外国法院判决的终局性问题

A. 临时判决和扶养费支付令

尽管临时判决一般不被视为终局性判决，因而不能在国外得到执行，但对诸如扶养费支付令的临时判决来说，适用上述原则则有点困难。澳大利亚法律允许执行这类判决，认为这类判决已解决了争议事实。尽管这类判决稍后可能被改判，但改判是基于新的事实或情况作出的，这实质上已构成新的审判。审理保罗诉马丁达拉(Paul V. Martindale)案的法庭认定，虽然外国法院保留规定判决执行的时间的权力，但该判决还是终局性判决。审理马堤斯(Muttish v. Chung Kiam Ho)案的马来西亚法院认定，外国法院就某一争议作出一个判决，而该法院的其他同级法院可能因当事人就同一争议提起的新诉讼进行审理的，则该外国法院判决不是终局性判决。亚太地区的日本、韩国和台湾地区在这方面则有不同的规定。

申请执行的外国法院判决是关于支付一定数额的扶养费，且不一定会被改判，则视为终局性判决，可以得到执行。在这方面，各国已形成了统一的规范。

B. 中间命令

尽管诸如关于支付诉讼费的中间命令(interlocutouy order)不具有终局判决的效力，但如果支付诉讼费命令是终局判决的一部分，而该终局判决已完全解决了诉讼当事人之间的争议，则视该命令具有终局性效力，可以在国外得到执行。因此，外国法院有时不只发出一个中间命令，即外国法院在诉讼当事人提起临时诉讼时，以中间命令来保证维持当事人之间的关系，直至对诉讼中的实体问题进行审理。而这类临时诉讼并不是尝试在具有终局性效力的外国法院判决作出之前，确定当事人的实体权利。要不是上述标准的存在，外国法院判决债权人在国外所处的地位要比在外国法院所在国所处的地位有利。没有这一规范，执行法院在不对外国法院的裁量权作任何干涉的情况下，是难以执行外国法院的这类中间命令的。

C. 缺席判决

执行法院在认定外国法院作出的缺席判决是否属于终局判决所遇到的最关键问题是外国法院是否有权撤销该缺席判决。如果外国法院有权撤销它作出的缺席判决，则该缺席判决不是终局判决。要是外国法院无权撤销它作出的缺席判决或该缺席判决只是有可能在将来被改判，则该缺席判决是终局判决，可以在国外得到执行。在这类外国法院判决执行申请中，外国法院作出缺席判决所依据的程序规范变得十分重要，执行法院必须对这类规范作审查。如果执行法院发现按外国法院所在国的法律，被告有权在同一法院重新提起诉讼的，该缺席判决则只是临时判决，至少在被告可以重新提起诉讼的期限届满前，是不能在国外得到执行的。如果外国法院作出的缺席判决是以某一事件或行为作为附加条件的，除非这些附加条件已现实或规定的期限已届满，否则该缺席判决不能在国外得到执行。

3. 上诉程序

从纯逻辑的角度看，一个受上诉程序改判约束的判决可以被视为终局判决，可以在国外的执行法院得到执行，是令人怀疑的。然而，适用“英国式执行规范”或“印度式执行规范”的亚太地区国家的一般规范是，上诉未决或当事人可以对判决提起上诉的事实并不妨碍判决被视为终局判决，因而这类判决是可以得到执行的。适用“日本式执行规范”的国家仿效德国的法律规定，外国法院判决只有在上诉期限届满或上诉判决作出以后，才被视为终局判决。

有关上诉的问题往往使执行法院进退两难。外国法院判决在执行法院的效力当然不能高于它在外国法院管辖范围内的效力。这个原则使执行法院负有决定上诉程序对外国法院判决效力影响的责任。同时，执行法院必须考虑上诉的结果是撤销外国法院判决，还是维持原判。

一方面，如果执行法院以上诉未决为理由，认定外国法院判决不是终局判决，因而不予执行，原告就会因上诉程序通常需要相当长的时间，又暂时得不到判决应得的金钱而蒙受相当大的损失。此外，在这类案件中，因为原告可以在执行法院就同一争议与事实对被告提起新的诉讼，还会产生执行法院作出的判决与外国法院判决发生冲突的情形。

另一方面，如果执行法院认定这类判决是终局判决，予以执行，那么，在执行以后，一旦该判决被外国法院判决的上诉法院撤销，则会产生冲突、尴尬的情形。要避免这种尴尬情形的发生，同时又保护拥有上诉权的诉讼当事人的权利，则妥当的做法是，即使外国法院判决当事人对判决提起上诉，但如果该判决在外国法院管辖范围内是可以得到执行的，则认定该判决是终局判决，在适当的期间内延缓执行，直至外国法院判决的上诉程序结束。

这种做法不仅可以防止不愿清偿债务的被告滥用上诉程序损害原告的权益，还可以防止外国法院判决债务人提起独立的诉讼，请求撤销执行判决(假设某一执行法院所在国允许被告提起这类诉讼)。这样，外国法院判决如果被上诉法院撤销，也不会影响到执行法院的执行判决，因为这种执行判决是独立于申请执行的外国法院判决。

总的来说，适用“英国式执行规范”、“印度式执行规范”和“日本式执行规范”国家有关判决终局性的规定存在差异，但这些差异并不很重要，因为外国法院作出的判决在短短的几天内就提起执行诉讼的案例是极少的。在大多数案例中，外国法院诉讼中败诉的当事人在执行诉讼提起之前，要不已提起上诉程序，要不已明确表示要提起上诉。在这些案件中，大多数的执行法院都是采取延缓执行的做法。

(三)互惠原则

按亚太地区适用“英国式执行规范”国家过去的普通法规定，互惠待遇的存在是执行外国法院判决的条件之一。这种观点很早以前就被摒弃了，但适用“英国式执行规范”国家也有诸如1933年《相互执行外国法院判决令》的立法。

这些立法要适用于其他国家法院判决的执行，就需要那些国家给予相应的执行互惠待遇。新加坡法院如果认为外国原审法院按新加坡的法律或者在“公正和合理”的情况下，对诉讼拥有管辖权，则承认外国法院对诉讼拥有管辖权。关于外国法院行使管辖权必须符合新加坡的法律和公平、合理标准的表述，既没有在审判中，也没有在审判以外予以讨论，尽管从严格意义上说，外国法院行使管辖权必须符合新加坡的法律的规定，出现在有关互惠执行外国法院判决的立法中。因此，我们很难判断哪类管辖权符合上述条件。

适用“日本式执行规范”国家或地区的法律规定，互惠是承认与执行外国法院判决的条件之一。因此，如果外国法院拒绝承认与执行法院作出的判决，那么，执行法院亦将拒绝承认与执行申请执行的外国法院判决。对执行法院判决的实体问题进行调查或审查的外国法院所作出的判决，将得不到适用“日本式执行规范”国家法院的执行。审理 Saruma v. Nozawa 案的法院认为，比利时法院对申请执行的外国法院判决进行实质性审查，故没有给予执行互惠待遇。

另外，如果外国法院的执行程序比适用“日本式执行规范”国家的要困难或繁琐，或者拒绝执行判决的理由比这些国家的要广，那么，外国法院判决也不能在这些国家得到执行。

## 五、外国法院判决在亚太地区国家和地区的效力

1. 适用“英国式执行规范”国家的规范

适用“英国式执行规范”国家关于外国法院判决效力问题的规范与英国的规范基本上是一致的。因此，视外国法院判决为决定性证据原则不允执行法院对外国法院判决的实体问题进行审查。这个原则视外国法院判决认定的事实与适用的法律具有“决定性”效力(当然，还有极为有限的抗辩理由)。

按照这些国家的互惠执行立法规定，申请执行的外国法院判决是一项权利，而不仅仅是判决债务人应履行义务的证据。如果外国法院判决的执行申请不会因极为有限的抗辩理由而被驳回，就可以在执行法院进行登记，外国法院判决则具有与当地法院判决同等的效力(包括累加的利息和适当的诉讼费用)。在这些国家，外国法院判决可以作为对债务人提起破产程序的依据。这些国家的执行立法一般规定，如果申请执行的外国法院判决符合有关法案规定的执行条件，执行法院就应予登记，登记后的外国法院判决不能再循其他途径执行。当然，那些不能获登记的外国法院判决，还可以通过普通法程序申请执行。

2. 适用“印度式执行规范”国家的规范

适用“印度式执行规范”国家规定，外国法院为作出判决而对有关事实与

法律问题予以认定，外国法院判决则被视为决定性证据，尽管这些问题不反映，在判决里或不是判决的依据。印度法院通常情况下不对外国法院判决中的实体问题进行审查，亦不作为外国法院的上诉法院，除非外国法院判决违反了第 13 节的规定。然而，印度法院可以审查外国法院判决所依据的理由，甚至是诉讼中的有关抗辩理由，以确定外国法院是否属于第 13 节的规定的例外。因此，按第 13 节的规定，被视为决定性证据的是终局裁决，而不是可被审查的、外国法院作出判决的理由。

因此，印度实施这种限制性审查外国法院判决中的实体问题的制度，很大程度上降低了外国法院判决在印度获得执行的可能性。当然，外国法院判决本身在印度是不具有强制力和权威的，但可以作为提出诉讼的依据，向印度法院请求外国法院判决所给予的救济方法。无论是外国法院判决申请执行，还是外国法院判决在诉讼中申请承认，适用“印度式执行规范”的其他国家均采取上述做法。适用“印度式执行规范”国家在处理这个问题时所采取的做法与适用“英国式执行规范”国家的有差异，原因是《印度民事诉讼法典》的颁布先于哥达诉格雷案例(这个案例对适用“英国式执行规范”国家产生了相当的影响)和该法典尝试将抗辩外国法院判决执行的理由法典化。因为适用“印度式执行规范”国家法院要对外国法院判决中认定的事实与法律作审查，所以，视外国法院判决为决定性证据原则对执行诉讼来说，显得无关重要。

3. 适用“日本式执行规范”国家和地区的规范

适用“日本式执行规范”的三个国家和地区关于外国法院判决的效力的规定，与德国的法律相似。因此，按《日本民事诉讼法典》的规定，外国法院判决要在日本取得“执行判决”，才能在日本获得执行。外国法院判决可以作为提起请求“执行判决”诉讼的依据。

在韩国，外国法院判决债权人要申请执行判决，首先要以外国法院判决为依据，请求“执行判决”。韩国法院在认为外国法院判决不违反《韩国民事诉讼法典》第 203 条的规定时，将作出“执行判决”。

在台湾地区，外国法院判决债权人实际上同样要先取得“领事证书”，即外国法院判决是作为“强制执行”申请的依据。如果外国法院判决不违反“民事诉讼法典”第 401 条规定的条件，台湾地区法院就会作出判决，予以执行。

4. 适用“证据式执行规范”国家的规范

在印度尼西亚和泰国，外国法院判决一般只被视为债务的证据。尽管关于外国法院判决在这两个国家效力的规定不明确，但一般来说，外国法院判决在印度尼西亚是得不到执行的。泰国的民事诉讼法典对外国法院判决的执行问题没有作出特别的规定。

印度尼西亚法院一般情况下是不执行外国法院判决的(除了符合《商法典》第724节规定的例外)，故外国法院判决在印度尼西亚的效力和可执行性问题则变得简单。印度尼西亚严格地遵循领土管辖原则，因此，直接承认外国法院判决的效力被认为是违反国家主权原则。然而，印度尼西亚法院也承认外国法院作出的诸如婚姻的有效或无效、货物的所有权、合同的无效和破产等公告或构成判决。这些案件的判决是不需要印度尼西亚法院予以执行的，而只需要确立当事人之间的权利与义务关系，故印度尼西亚法院在这类案件中形成了一般性的做法，承认这类判决的效力。但这类判决的执行还须由法官决定，且不与印度尼西亚的公共政策相违背。

泰国的法律与印度尼西亚的一样，就外国法院商事判决的执行问题的规定是不明确的。也许这正反映了泰国及印度尼西亚法律的不确定状态。在司法协助方面，只有印度尼西亚与泰国签订了条约。

泰国并没有关于外国法院判决执行的制定法。外国法院判决债权人可以通过对判决予以认证的方式，取得类似效力的新判决。如果外国法院判决债务人对判决有争议，泰国法院就可以对外国法院判决中的实体问题进行审查，以重新确定债务人的义务。在这个问题上，仅有的法律指引是在《泰国冲突规范法案》第3节。该节规定，如果本法案和其他法律没有对涉及冲突规范案件作出规定的，则适用一般的国际私法规范。

但是，泰国的法律并没明确一般的国际私法规范是哪些。只有泰国最高法院的一个案例对第3节作了解释。泰国最高法院在该案中认定，外国法院判决要在泰国得到执行，当事人只有依据外国法院判决在泰国法院提起新的诉讼程序，获得泰国法院作出的判决。外国法院判决要被泰国法院视为“证据”，那么，作出判决的外国法院必须对诉讼拥有管辖权，且外国法院判决为终局判决。泰国最高法院在案中认为，外国法院判决只形成一种简单合同之债，且原告不能证明，按西贡的法律，西贡法院作出的判决是终局判决，故拒绝承认该判决的效力，驳回原告的起诉。

5. 适用“上诉式执行规范”国家的规范

菲律宾的法律采纳了斯托里关于区分对物判决与对人判决的观点。因此，菲律宾法律视外国法院关于“物”所有权的对物判决为决定性证据，而视外国法院作出的对人判决为诉讼当事人之间权利的“假定的证据”。菲律宾法院可以依据证明外国法院对诉讼没有管辖权，没有通知被告应诉或判决中存在明显的事实与法律错误等证据，驳回外国法院对人判决的执行申请。

因此，菲律宾法院实际上是外国法院判决的上诉法院。换而言之，菲律宾承认外国法院判决制度是有条件的承认制度。菲律宾最高法院在布达诉泰特(Boudard v. Tait)案中所持的态度则是最好的证明。菲律宾最高法院在审查河内法院判决效力时指出，河内法院没有给诉讼当事人抗辩的机会，故河内法院的判决不是决定性的证据。按菲律宾法律，河内法院判决只构成上诉人提起上诉程序的初步证据。

## 六、承认与执行外国法院判决诉讼中的抗辩理由

执行法院承认与执行外国法院判决的两个最主要的条件是“管辖权”与“终局性”。外国法院判决不具备这两个条件时，被告则可在执行诉讼中以此提出抗辩。①

假设申请执行的外国法院判决是由对诉讼拥有国际管辖权的法院作为的终局判决，那么，亚太地区国家和地区都规定，被告还可以依据以下四个理由(欺诈、“自然正义”、公共政策以及外国法院判决违反国际法)之一，提出抗辩。

1. 欺诈

执行法院已普遍地接受以欺诈为理由来抗辩外国法院判决的承认与执行。这里所指的欺诈与事实或法律上的错误无关，而是指对法院或通过法院对诉讼当事人施以的“诡计”(trick)。欺诈的确切性质还没有确定下来，应该承认的一点是，外国法院是很少牵涉到案件中的欺诈行为的。但是，在外国法院法官与诉讼争议标的物有利害关系的情况下，外国法院法官很可能判决与其有关的一方当事人胜诉。这类涉及欺诈的外国法院判决在适用“英国式执行规范”和“印度式执行规范”国家都是得不到执行的。在这类判决执行诉讼中，被告关于外国法院牵涉到欺诈行为的主张，必须是特定的、准确的，而不是以诸如外国法院以受贿出名等的一般性主张。外国法院违反“自然正义”的原则，故意地在适用法律、认定事实和诉讼程序上出现错误，都构成欺诈，所作出的判决在国外是得不到承认的。

适用“英国式执行规范”和“印度式执行规范”国家的执行法院在内国法院判决诉讼中，处理以欺诈为理由提出的抗辩时的态度，与在外国法院判决执行诉讼中，处理以欺诈为理由提出的抗辩时的态度是不同的。在执行内国法院判

---

① 本文中提及的、被告可以在判决承认与执行程序中提出抗辩理由，实质上也是执行法院给承认与执行外国法院判决所附加的条件。

决时，被告在一定条件下才能以欺诈为理由提出抗辩。例如，诉讼当事人发现了在诉讼期间内不能提供，但对法院判决诉讼中，被告以欺诈为理由提出抗辩所受的限制则较少。即使证据不是新发现的，或有关欺诈的抗辩理由已在外国法院诉讼中提出过，被告也可以以欺诈为理由提出抗辩。主张外国法院判决涉及欺诈的诉讼当事人一直知道某些已构成欺诈的初步证据，且可以在外国法院诉讼中提出，但实际上没有提出的事实，确实不太重要。

虽然，适用"英国式执行规范"、"印度式执行规范"、"上诉式执行规范"的国家普遍接受被告可以以欺诈为理由对外国法院判决的执行提出抗辩。但这些国家对哪些类型的欺诈可以作为抗辩理由，却没有统一的规定。我们在这里必须区分内在的欺诈与外在的欺诈(intrinsic fraud v. extrinsic fraud)。

内在的欺诈是指那些影响诉因存在的事实，例如，合同是以欺诈手段签订的事实，则不构成抗辩外国法院判决执行的理由。外在的欺诈则是指与诉因无关的事实，即在取得外国法院判决过程中实施的欺诈。这类欺诈使诉讼当事人无法向外国法院陈述其主张，例如，当事人以明示或暗示，作为或不作为的方式作欺诈性的陈述，这类欺诈则是抗辩外国法院判决执行的理由。

适用"英国式执行规范"国家的法院在实践中倾向于自由地处理这类欺诈问题，无论是内在或外在的欺诈均倾向于重新审理案件。然而，适用"印度式执行规范"国家的法律规定，被告作为抗辩理由的欺诈必须是实际上的欺诈，即欺诈必须是企图和故意用以误导外国法院的陈述。如果原告仅仅是隐瞒案件事实则不足以构成欺诈。另外，被告在执行诉讼中，只能以在外国法院诉讼时已存在，但没有提供给外国法院的证据证明欺诈事实的存在。

在菲律宾，外国法院判决涉及内在的欺诈时，并不影响该判决的承认与执行。菲律宾最高法院在拉勃恩案件(Laboyan v. Talisay-Silay Milling Co.)中认为，被告要以欺诈为理由撤销一个判决的执行申请，那么，欺诈必须是外在的欺诈。此外，被告主张欺诈存在所依据的事实不能是外国法院诉讼中已辩论或解决的事实。如果事实证明外国法院判决是有关当事人以串通的方式取得，该判决的执行申请则会被搁置。

适用"英国式执行规范"国家，作伪证或者故意地以提供证据或扣留证据的方法误导法院的事实，也构成欺诈。值得注意的是，伪证如果是由诉讼中的证人作出，而不是申请执行的当事人作出的，则不足以成为被告抗辩外国法院判决执行的理由，因为申请执行的当事人很可能不涉及证人所作的虚假证言。然而，适用"印度式执行规范"和"上诉式执行规范"国家视外国法院对有关证人证言的真实性作了最终的认定。不适当地扣留证据(如扣留案件中的关键性文件)在适用“上诉式执行规范”国家可以作为拒绝执行外国法院判的理由。

2. 公共政策

被告在执行诉讼中以“公共政策”(public policy)为理由抗辩外国法院判决的承认与执行(即执行外国法院判决与执行法院所在国的“公共政策”相违背)的案例是很少的。在普通法上，不论外国法院判决通过是申请简易判决，还是按有关立法通过申请执行登记予以执行的，执行法院只有少数案例中，以外国法院判决违反执行法院所在国的“公共政策”相背为理由，拒绝予以执行。外国法律本身与执行法院所在国的“公共政策”相违背的情形确实是很少的。以“公共政策”作为抗辩理由通常不是针对抽象的外国法律本身，而是针对执行法院承认与执行某一外国法院判决所产生的结果。

我们很难给“公共政策”一词下定义。诸如“公共政策”一类的概念的内涵与外延是可变的。换而言之，“公共政策”这个概念不是静止不变的，法律确立的“公共政策”或道德规范的内容也不是静止不变的。它允许法院通过审判立法(judicial legislation)，根据每个案件的情况和社会的需要，就社会的公共秩序和道德标准加以解释。这样会有利于法院随着时间的推移，根据社会与经济的需要，对“公共政策”作不同的解释与适用，因为“公共政策”在执行诉讼提起时，被视为与外国法院判决相关。因此，关于“公共政策”的每一个特定规范的基础都是可以随时间而改变的，以致“公共政策”原有的攻击性消灭，而产生保护性。

“公共政策”可以是一种保护性措施。执行法院在外国法律或法院判决与其正义、合法和道德观点相违背时，可以“公共政策”为理由，拒绝承认与执行外国法院判决的效力。所以，执行法院就有可能，也有必要在被告以公共政策为理由提出抗辩时，充当一个积极的角色，给公共政策下定义，并予以适用。

在亚太地区国家和地区，执行法院可以以外国法院判决违反“公共政策”为理由拒绝承认其效力，故“公共政策”可以作为抗辩外国法院判决的承认与执行的抗辩理由。三个适用“日本式执行规范”的国家与地区的法律是以德国法律为楷模，故我们发现执行诉讼中的被告可以以“公共秩序”或“良好道德”为理由抗辩外国法院判决的承认与执行。《日本民事诉讼法典》和《日本民事法典》均规定，外国法院判决违反日本的“公共秩序”或“良好道德”时，其效力将得不到日本法院的承认。但与德国法律一样，上述法典没有给“公共秩序”和“良好道德”下定义。然而，与德国法律相比较，日本在这方面的法律具有特殊性，日本法院不能作出违反日本外汇条例的判决，但如果外国法院违反日本外汇条例而作出的判决却可以在日本得到执行。

韩国与我国台湾地区在这方面的规定也一样，即“公共政策”是外国法院判决执行的条件，也是抗辩外国法院判决执行的理由。韩国法律规定，外国法院判决与韩国的良好道德和社会秩序相违背时，则得不到执行。在台湾地区，外国法院判决的执行会因为外国法院判决与当地的“公共秩序”或“良好道德”不一致而被驳回。

亚太地区国家的国会在某些情况下，会以国家利益与国家安全为借口，颁布法律结果，执行法院可以打着公共政策的幌子拒绝执行有效的、可执行的外国法院判决。这些立法的目的在于保护当地的军事、商业与经济利益。

在一个早期的案例中，枢密院认为，按国际私法，一个国家的法律允许法院判决一方当事人给另一方当事人“惩罚性”赔偿的判决不是刑事判决，故该类判决在国外是应该得到执行的。上述案例对澳大利亚商业社会来说，变得十分重要和更受人关注。因为，如果美国威斯霍斯公司(Westinghouse Corporation)在美利坚合众国法院的诉讼中获得胜诉，澳大利亚的几家公司就得作三倍的赔偿。按国际法原则，美国的威斯丁霍斯公司将可以依据美国法院的判决对澳大利亚几家公司在澳大利亚的财产申请执行。鉴于美国法院判决的金额会高达几十亿美元，故可能给澳大利亚商业社会带来很大的威胁。为了消除这种威胁，澳大利亚联邦国会颁布了1979年《外国法院反托拉斯判决法案》(Foreign Anti-Trust Judgements Act 1979)，授权澳大利亚检察总长(Attorney-General)在认为执行外国法院反托拉斯判决会损害澳大利亚公司或澳大利亚国家的利益，或者外国法院违反国际法或国际礼让原则对诉讼行使管辖权的情况下，下令禁止该判决的执行。按上述法案，检察总长不仅可以宣布完全不执行某个外国法院判决，也可以宣布执行金额从三倍降至一倍。

3. 自然正义

在亚太地区国家，“自然正义”很大程度上是局限于外国法院实际上有否将应诉通知送达被告的问题。在适用“英国式执行规范”和“印度式执行规范”国家，法院按普通法规范，除了以外国法院实际上没有将应诉通知送达被告的理由外，还可以依据其他理由，认定外国法院判决违反“自然正义”原则，因而拒绝予以执行。例如，外国法院法官对被告有偏见。然而，适用“英国式执行规范”国家的互惠执行立法规定，外国法院没有将应诉通知送达被告是执行法院唯一以“自然正义”为理由拒绝执行外国法院判决的情形。因为《印度民事诉讼法典》的第44条第1款第3项并入第13节中有关抗辩外国法院判决执行的理由中，所以外国法院没有将应诉通知送达被告，并不是唯一的、以“自然正义”为理由拒绝执行外国法院判决的情形。

在适用“英国式执行规范”与“印度式执行规范”国家，外国法院将应诉通知送达被告，是外国法院判决获得执行的实体要件。执行法院送达应诉通知的规范与外国法院送达应诉通知往往是不同的。所以，执行法院在外国法院送达应诉通知程序与其所在国法律相符的情况下，可以以执行法院所在国的规范，认定外国法院不能充分地将应诉通知送达被告。同样地，尽管外国法院应诉通知的送达程序不符合外国法院所在国的规范，执行法院也可以以其所在国的规范认定外国法院的应诉通知送达程序符合规定。

值得注意的是，这种应诉通知送达要件针对的是整个诉讼程序，所以外国法院没有通知被告参与初步聆讯，并不是执行法院拒绝执行外国法院的依据。外国法院给予被告一段合理的时间，使被告能充分地准备其抗辩理由，这也是一个重要标准。因此，外国法院仅仅给被告应诉通知的事实，并不足以使执行法院执行其作出的判决。执行法院可以在外国法院虽给被告送达应诉通知，但被告没有充分时间准备对诉讼中的实体问题作出抗辩的情况下，拒绝执行外国法院的判决。

适用“印度式执行规范”国家的法院极不愿意在诉讼程序是否适当问题上，将自己的观点强加给外国法院，所以，外国法院判决只有在明显违反“自然正义”原则的情况下，才会被拒绝执行。然而，如果外国法院的诉讼程序确实与公平审判决原则相符，则执行法院无论外国法院实际上的诉讼程序如何，都会予以执行。

在适用“日本式执行规范”的国家和地区，“自然正义”原则只局限于外国法院将应诉通知送达被告问题上。在日本，公告送达应诉通知是被视为不充分的。应诉通知必须是实际送达被告。尽管日本法律要求法院必须给被告适当的应诉通知，但没有权威性的判决明确在什么情况下，法院才被视为给被告充分的应诉通知。

《韩国民事诉讼法典》规定，除非被告应诉，否则，外国法院诉讼程序的开始必须是以被告接受应诉通知，而不是以法院公告送达作为标志。在台湾地区，有关法律规定，如果被告没有到外国法院应诉，那么，诉讼程序的开始则以应诉通知在外国法院所在国送达被告或通过台湾地区的司法协助送达被告。值得注意的是，适用“日本式执行规范”的国家和地区与适用“英国式执行规范”和“印度式执行规范”的国家和地区一样，应诉通知送达被告是一项实体要件，执行法院因而不仅仅考虑外国法院在应诉通知送达形式是否符合外国法院所在国的法律规定，而且还细致地考虑应诉通知送达的实体情况，即被告收到应诉通知后，有没有充分的时间准备或提出抗辩。

在菲律宾，执行法院处理以"自然正义"作为抗辩理由的方式与适用"英国式执行规范"和"印度式执行规范"国家法院的一样。因此，如果外国法院没有给被告合理的提出抗辩的时间，或被告对外国法院诉讼一无所知，或被告亲自出庭应诉，但在提出抗辩时受到歧视，执行法院则视外国法院判决违反"自然正义"原则。然而，构成违反"自然正义"的事实已在外国法院诉讼中受质疑和被消除，被告则不能在执行诉讼中以此提出抗辩。

4. 外国法院判决违反国际法

在亚太地区国家，外国法院判决违反国际法通常表现为判决中存在事实与法律错误，故可以推定执行法院可以拒绝予以执行。但是，适用"英国式执行规范"的国家一般不允许承认被告提出这类抗辩理由。虽然，审理马卡特尼(Marcartneg)案件的法院以英国法中没有外国法院诉讼中的诉因为理由，认为外国法院判决是荒谬的，故拒绝予以执行，但是，更多现代案例的判决拒绝以此作为抗辩外国法院判决执行的理由。

《印度民事诉讼法典》授权印度法院在外国法院违反国际法或印度法，或者在应该适用印度法时，不予适用的情况下，拒绝执行外国法院作出的判决。值得注意的是，《印度民事诉讼法典》所指的国际法是国际私法，这意味着有关法律适用问题也包括在内。这样，执行法院就有可能重新决定诉讼中的所在国际私法问题。执行法院如果要判断其所在国法律是不是案件的准据法，就得重新审查案件涉及的实体问题的法律问题。然而，上述规范的适用是有一定限制的。如果外国法院获得执行的理由不止一个，且其中一个是获得执行的充分理由，那么，即使外国法院在适用国际私法或印度法上有错误，外国法院判决也可以得到执行。

在印度尼西亚外国法院判决违反印度尼西亚的法律，是执行法院拒绝予以执行的理由。在菲律宾，外国法院判决有明显的事实或法律错误，是不能得到执行的。这样，菲律宾法院就似乎成为外国法律的专家和外国法院判决的上诉法院。

## 七、亚太地区国家和地区关于外国法院判决承认与执行的程序

亚太地区国家普遍规定，外国法院判决债权人申请执行外国法院判决，必须向执行法院提交判决的认证本。实施"英国式执行规范"和"印度式执行规范"国家与英国一样适用简易判决程序，不仅要求判决债权人提交经公证人证明外国法院判决准确无误的文本，还要求证人宣誓证明知道外国法院作出判决

的事实以及外国法院判决是真实的判决。

然而，如果判决债权人按有关外国法院判决的执行立法申请执行登记，则一般只要求提交判决的认证本。

在适用“英国式执行规范”的马来西亚和新加坡，受理外国法院判决执行的是高等法院，其他适用“英国式执行规范”的国家则规定，受理外国法院判决执行的是最高法院。但在印度，判决债权人如果按互惠执行立法执行外国法院判决，则受理的法院是判决债务人居所所在地的地区法院。值得注意的是，《印度民事诉讼法典》第 44 节包含了第 13 节规定的抗辩外国法院判决执行的理由，所以，第 44 节规定的执行程序只是比较简易的程序，而不像互惠执行立法草拟者预期的那样，是一个快捷的执行程序。

与决定哪个法院受理外国法院判决执行诉讼密切相关的一个问题，是如何确定一个国家中的哪些法院有权作出可以或应该在国外得到执行的判决。什么样的“法院”作出的判决的效力才能得到承认的问题，是由执行法院来决定的。执行法院一般会从外国法院是不是与其没有很大区别的机构，外国法院如何收集或采纳证据，外国法院是否进行公开聆讯等方面，来决定上述问题。然而，在适用“英国式执行规范”和“印度式执行规范”国家，只有那些适用互惠执行立法国家的“高级法院”作出的判决方会得到执行。

虽然，“高级法院”的概念可以在适用互惠执行立法的协议中予以扩大，包括其他，甚至是初级法院，但这种设想未能实现，故判决债权人只能按普通法程序申请执行“非高级法院”的判决。在适用“英国式执行规范”和“印度式执行规范”国家，只有那些继承英国法院管辖权的法院和在国内拥有总体、无限管辖权的法院，才是“高级法院”。因为有关的互惠执行立法一般只适用于以前或现在的英联邦国家，故“高级法院”是容易确定的。然而，如果互惠执行立法适用于非英联邦国家，一般会特别指定那些是“高级法院”。例如，适用于日本的《维多利亚法案》指定日本最高法院以及日本的高级法院的判决才享有互惠执行待遇，那些拥有一般民事诉讼管辖权的地区法院的判决，虽可以在国外得到执行，但不享有执行互惠待遇。

在日本，判决债权人要申请执行外国法院判决必须取得“执行命令”。因为日本仿效了 1877 年和 1898 年《德国民事诉讼法典》，所以，“执行命令”与“领事证书”是相类似的。因此，只有当日本法院以执行判决的形式宣布外国法院判决是合法的，判决债权人才能在日本执行判决。按《日本民事诉讼法典》规定，如果外国法院判决是终局判决，且符合第 200 条的规定，日本法院在“执行命令”程序中，不再审查外国法院判决中的实体问题。

外国法院判决债权人应在判决债务人住所地的地区法院提起诉讼。如果判决债务人住所地不明，那么，受理这类诉讼的法院是那些对与判决债务人有关的诉讼拥有管辖权的法院。

在韩国，外国法院判决债权人要执行判决，也必须先获得“执行判决”，外国法院判决是作为执行申请的依据。外国法院判决债权人必须在被告住所地的地区法院提起诉讼。如果被告没有住所，那么，判决债权人必须按《韩国民事诉讼法典》第9条的规定，在争议财产所在地或担保财产所在地，或者被告可被查封财产所在地法院提起诉讼。

在申请“执行判决”的程序中，法典规定执行法院不对判决的正确性进行调查，即不对判决中的实体问题进行审查。然而，如果外国法院判决被证明不是终局判决或违反法典第203条的规定，“执行判决”申请则会被驳回。同样，在台湾地区，外国法院判决债权人必须以判决为依据，申请“强制执行判决”。如果外国法院判决不违反“民事诉讼法典”第401条的规定，台湾地区法院则作出这类执行判决。

在菲律宾，外国法院判决债权人要执行外国法院判决，必须经菲律宾驻该国的大使馆官员认证，证明该判决是真实的。同时，如果外国法院判决的文本所用文字与菲律宾使用的文字不同时，菲律宾法院还会要求债权人出具判决翻译文本。

## 八、结论与建议

### 1. 结论

亚太地区国家和地区的司法界对外国法院判决的执行产生了一定程度上的妒忌。一旦法院所在国的立法赋予法院审查外国法院判决的权力，这些法院则绝不会放弃。然而，这种倾向是受执行法院所在国的国际贸易发展程度的影响与限制的。要是一个国家的国际贸易增长了，这个国家的法院就会意识到，在外国法院判决执行方面实施严格的规范，对其经济发展是不利的，因而会对外国法院判决的执行采取宽容的态度。

法院在考虑外国法院判决时，往往忘记它们考虑的，是外国法院已决定赋予的权利，而这种倾向不仅是因为法院所持的保护原则，而且是因为对外国法院所在国的司法制度缺乏信心。在当今的通讯社会里，以缺乏外国法院所在国的法律的信息与知识为理由，对外国法院所在国的司法制度失去信心，是不充分的。

外国法院判决与内国法院判决一样，都是适用某一特定的法律制度，就某一争议作出的解决结果。忽略了这一点，就会导致国际私法的其中一个目标——国与国之间法院判决相互得到执行——无法实现。

亚太地区实施五种“执行规范”的国家和地区之间，就保障诉讼当事人在外国法院获得完全公平的审判的核心问题，存在着许多共同之处。因此，执行法院要考查外国法院对诉讼是否拥有管辖权和是否按既定的程序进行审判。执行法院要确信，外国法院所适用的法律制度是能使其公民之间和其公民与其他国家公民之间的诉讼得到公平的司法审判的，而且外国法院和其所在国的法律制度不会在审判中歧视一方诉讼当事人。

在管辖权规范方面，在那些受普通法影响的亚太地区国家和地区中，适用“英国式执行规范”与“印度式执行规范”的认为，外国法院以被告在诉讼开始时，在外国法院管辖范围内，或被告自愿出庭应诉为理由对被告行使管辖权，是适当的。按有关执行立法的规定，法院的管辖权范围得到了扩大。如果被告在诉讼开始时，在外国法院管辖范围内设有居所，则外国法院对被告拥有管辖权。要是被告在外国法院管辖范围内设有办事处或营业所，那么，外国法院对被告通过办事处或营业所从事经营活动而产生的诉讼，拥有管辖权。虽然，各国在一定程度上适用特殊管辖权规范，但我们发现各国适用这些规范的目的是相似的。绝大多数国家在颁布这些规范时，均认为这些规范能最大限度地保护其公民的权益，同时尽可能地限制外国法在其管辖范围内适用。

在抗辩外国法院判决承认与执行方面，各国的法律规范有许多相似之处。例如，各国在允许判决债务人以判决债权人用欺诈手段获得判决为理由，抗辩外国法院判决的承认与执行方面，几乎是完全统一的。同样地，各国一般也承认违反自然正义原则是一个充分的抗辩理由。虽然，公共政策很少被援引来抗辩外国法院关于金钱判决的承认与执行，但各国均确认这是抗辩理由之一。原因是，没有国家愿意允许违反其公共政策的外国法院判决在其管辖范围内得到承认与执行。

亚太地区各国在外国法院判决执行程序方面的规范，在不同之中也有相似之处。按普通法的规定，如果外国法院判决不能按有关互惠执行立法获得执行登记的，原告就必须以外国法院判决为依据，提起执行诉讼。在民法法系国家里，原告必须取得“执行判决”，即为执行外国法院判决而取得“领事证书”。在两个法系国家的执行诉讼程序中，被告提出抗辩的期间和抗辩理由都是极为有限的。

在亚太地区国家(印度尼西亚与泰国除外)，判决债权人无论以外国法院判决提起执行诉讼，或按互惠执行立法进行登记，还是领取领事证书执行判决程序都较为简单。这些程序大大地限制了判决债务人延缓或拒不执行判决的可能性。外国法院判决的执行因为这种限制判决债务人提出抗辩理由做法而得到保障。当然，判决债权人有义务证明诉讼当事人的身份、判决的终局性、判决的存在和判决的内容。

同样地，现存的拒绝执行外国法院判决的理由可归纳为，外国法院对诉讼没有管辖权，违反自然正义原则、判决债权人以欺诈手段取得判决或者执行外国法院判决与执行法院所在国的公共政策相违背。在亚太地区国家中，适用“日本式执行规范”的国家在这方面最主要的不同点是，要求外国法院给其法院判决的执行以互惠待遇。

我们可以发现这些承认与执行外国法院判决规范的背后，蕴含着民族保护主义的动机。执行法院尽管出于经济、政治和其他目的，在其管辖范围内承认外国法院判决的效力，但同时仍希望尽可能地保护其公民，一定程度上保留监督或审查外国法院判决的权力。

双边条约和互惠执行法案可以部分地解决与外国法院判决承认与执行相关的很多问题和管辖权问题。然而，唯一有效地解决这个问题的方法是缔结诸如欧共体《关于民商事案件管辖权和判决承认与执行的公约》的多边公约。

亚太地区国家在物质、政治、经济和社会条件方面存在的差异，并不足以构成缔结这方面公约的障碍。这些国家之间的贸易往来已有一定的历史，且形成相互依赖的局面。另外，很多亚太地区国家已成为或将会成为联合国《世界人权宣言》的缔约国。按这类多边公约的规定，债权人的权益将受到充分保护，而无需害怕滥用权利与不公平情况的产生。

另一促使亚太地区国家接受这类多边公约的因素是，这些国家中的很多都曾是英联邦的成员，故它们的法律都很相似。另外，欧共体《关于民商事案件管辖权和判决承认与执行的公约》体现了普通法系与大陆法系融合的可能性。亚太地区国家对各自的司法制度应相互信任，以消除对缔约国滥用这类多边公约的恐惧心理。当然，这类多边公约的成功与动议的“共同体”的政治问题是相关的。然而，尽管亚太地区国家已有很长的独立历史，但不可否认的是，这些国家对基本社会问题则持相同的态度。这很大程度上是法律——政治统一的前提条件。另外，亚太地区国家之间的货物流通、人员流动与思想交流的增加，促使各国对这些问题采取协调与统一的态度。

2. 建议

对亚太地区国家关于外国法院判决承认与执行规范统一化的建议，总的可以概括为，各国政府和司法机构应认识到，在当今国际贸易日益增长的情况下，各国应修改(不是完全废除)有关外国法院判决的待遇问题上的民族保护主义规范，这样会有利于各国司法制度与经济的发展。每个亚太地区国家应认识到，其他亚太地区国家的法律与司法制度的发展程度与其自身的发展程度是同等的。

某些法官倾向于审查外国法院判决中的实体问题和不愿意执行外国法院判决，他们将会被孤立，他们的做法对国家经济的增长与稳定均是有害的。在当今快捷的交通和同步通讯社会里，商人要求国与国之间的判决能得到顺利的承认与执行。

绝大多数的亚太地区国家还是能够适当地修改其关于外国法院判决执行的内国法律规范，它们在很多时候能废除不适应现代工业社会和阻碍国际经济发展的保护性法律。

我们可注意到，几个亚太地区国家已成为联合国《承认与执行外国仲裁裁决公约》①的缔约国。这几个国家在调整其承认与执行外国仲裁裁决的内国法律规范时，并没有经历很大的困难。但值得注意的是，签署上述公约的亚太地区国家对外国法院判决的承认与执行所持的态度是截然不同的。澳大利亚是普通法系国家，实施互惠执行立法。日本是民法法系国家，要求外国法院判决的执行先取得“领事证书”。而泰国则根本没有关于外国法院判决执行的法律规范。

要签署关于外国法院判决承认与执行的多边公约，就得对内国法作一些修改。这对绝大多数亚太地区国家来说，并不是陌生的现象，故不应有过多的忧虑。

亚太地区国家当然也希望将来像欧洲国家一样，形成“亚太地区经济共同体”，而这个“共同体”的经济实力足以与那些富裕国家或“共同体”抗衡。

与此同时，我们必须承认的是，鉴于亚太地区国家之间以及亚太地区国家与其他国家之间日益增长的贸易活动，亚太地区要形成一个“法律共同体”——“亚太地区法律共同体”，不仅是令人期待的，而且是必要的。这样，亚太地区国家不仅可以受益于判决在相互之间得到顺利执行，而且可以以“法律共同体”作为一个强有力的、讨价还价的工具，与诸如经济实力强大的美国或诸如欧共体的其他共同体抗衡。

---

① 已加入《承认与执行外国仲裁裁决公约》的亚太地区国家有：澳大利亚、印度、印度尼西亚、日本、韩国、马来西亚、新加坡、斯里兰卡和泰国。

# 第九章　国际商事仲裁制度中的趋同化问题

## 第一节　仲裁的性质

### 一、概述

仲裁的性质，不仅与仲裁中当事人的权利和法院的作用直接相关，还和仲裁机构的地位紧密相连。对仲裁性质的认识偏差，必然导致或片面夸大当事人的意思自治权或过高估计法院对仲裁进行司法干预的作用，相应地提高或贬低仲裁机构的地位，这无疑有害于仲裁制度的发展。可以说，仲裁的性质，是仲裁理论中所不能回避不可混淆的重大问题之一。遗憾的是，这一重大理论问题，在我国的法学研究领域长期以来却一直是一个盲点；理论的空白，必然导致实践的无可适从，自然无益甚至有害于我国仲裁制度的健康发展。目前，我国制定仲裁法的工作正在紧锣密鼓地进行，科学地阐释仲裁的性质已是燃眉之急。

(一)仲裁的历史及对认识仲裁性质的启示

仲裁作为当事人之间定纷止争的一种方式，“其历史或许与法律本身同样古老”。① 早在古罗马时期就有关于仲裁的正式记载。在仲裁产生后相当长的一段时期内，仲裁几乎是不受法律调整的一块“飞地”。当时，一项争议是否提交仲裁，听凭当事人自愿；当事人往往选定德高望重的人来担任仲裁员；仲裁员依据当事人选择的仲裁规则，按照当事人选定的实体法或在当事人没有选择实体法的情况下，仲裁员依据自己认为应当适用的法律或根据公平原则，对争议的是非曲直，居中评判，作出裁决；仲裁裁决大多得到了当事人的主动履行，裁决的强制执行也是依靠仲裁员的威望进行的。

随着仲裁的不断发展，仲裁的影响和作用越来越大，国家立法和法院对仲

---

① Gill, The Law of Arbitration, 1983, p. l.

裁再也不能漠然置之了。起初，立法机关和法院对仲裁抱有很大偏见，认为仲裁是对国家司法管辖权的剥夺，故而对仲裁的态度是“不友好的”、“敌意的”。① 在早期英国法中，普通法就有规定，仲裁员可以在作出仲裁裁决前的任何时候被当事人随意撤换或罢黜，即使仲裁协议采取书面形式。② 但是，由于仲裁与诉讼相比，具有快速、低廉以及在仲裁中当事人具有更大的自主性和灵活性等优势，十分适合经济的发展，所以，国家立法和法院对仲裁的敌意态度虽然阻碍了但并未能扼杀仲裁制度的发展。到了 18 尤其是 19、20 世纪，各国先后放弃了对仲裁的不友好态度，纷纷在立法中对仲裁制度予以承认。例如，1854 年英国普通程序法案就规定了某些案件的仲裁议定书不得撤回，纠正了先前当事人可以在裁决作出前随意撤换仲裁员的作法，③ 并于 1889 年制定了单行的仲裁法。瑞典也在 1887 年颁布了第一个仲裁法令，1919 年又对该法令作了重要修改，在此基础上于 1929 年通过了《瑞典仲裁法》。④ 这些有关仲裁的国内立法，一方面确认了仲裁是解决争议的有效方式，另一方面对仲裁协议、仲裁规则、裁决的承认与执行、仲裁的司法监督和法律补救等问题加以规定。仲裁制度为法律所确认，自然有利于仲裁的发展。但是，这些早期仲裁立法仍然存在许多对仲裁不友好的痕迹，过多强调对仲裁的司法干预，一定程度上又不利于仲裁发挥更大的作用。本世纪 70 年代后，随着世界范围内商品经济的日益发达，各国为了适应形势的发展，先后制定了新的仲裁立法，其立法意旨就是给予当事人以更大的自由，减少司法干预，转而对仲裁持一种“自由的态度”(Liberal attitude)⑤，促使仲裁成为解决争议的更为有效的方式。例如，法国分别于 1980 年和 1981 年颁布新的仲裁法令，在这两个法令中，“先前许多对仲裁不友善的痕迹被消除了，赋予了当事人更大的意思自治权，……当事人的意愿优于并且尽可能不受国内法的束缚，除非当事人明示遵从法律的

---

① Alan Redfern and Martin Hunter, Law and Practice of International Commercial Arbitration, 1986, p. 2.

② Nathuni Lal's, Law of Arbitration in Inaia, 5d, Foreword.

③ Nathuni Lal's, Law of Arbitration in Inaia, 5d, Foreword.

④ 李双元、谢石松著：《国际民事诉讼法概论》，武汉大学出版社 1990 年版，第 512 页。

⑤ Sixth Sokol Colloquium, Resolving Transnational Disputes Through International Arbitration, 1984, p. 121.

规定行事”。① 对仲裁一向态度保守的英国也于1979年通过新的仲裁法，适当减少了英国法院对仲裁庭认定事实和适用法律的干预，鼓励仲裁员在裁决书中写明仲裁理由。1981年，上院确认了上诉法院对布瑞玛·瓦尔肯案的判决，表明了法院不干预仲裁裁决的趋势。② 此外，在仲裁的司法监督上，给予积极的司法支持(judicial support)替代先前消极的、否定性的司法干预(judicial interference)也渐成趋势。③

考察仲裁的产生发展史，可以看出，仲裁的性质并不是一成不变、僵死的东西，而是处于一个动态的演变过程中。以仲裁是否被纳入法律调整的范畴、仲裁是否为法律所确认、法院是否对仲裁进行司法监督为分水岭，可将仲裁划分为前后两个不同的历史发展阶段，在这两个阶段，仲裁制度的性质不尽相同。

(二)法律确认前仲裁的性质

在为法律所确认、调整之前，仲裁完全是当事人之间定纷止争的一种私断制度，那时的仲裁确如自治论者所言，是当事人在法律之外行事而得以发展的，完全是商人的发明。那时的仲裁充分体现了当事人的意志，只具有契约性，契约性因而是仲裁的唯一属性，是仲裁的本质。

(三)法律确认后仲裁的性质

自从仲裁为法律确认和调整后，仲裁就已不再是纯契约性的了，仲裁的性质变得复杂化，仲裁性质的理论也众说纷纭。

## 二、仲裁性质的学说

在国外理论界，对于仲裁的性质问题，向有争议，概而言之，有以下四种学说：

(一)司法权说

根据这种理论，国家具有监督和管理在其司法管辖范围内进行的所有仲裁的权力，持这一观点的学者虽然承认仲裁来源于当事人之间的协议，但同时也主张，在仲裁协议的效力、仲裁员的权力、仲裁员的仲裁行为和仲裁裁决的承

---

① Sixth Sokol Colloquium, Resolving Transnational Disputes Through International Arbitration, 1984, p. 121.

② 肯尼思·罗杰逊：《英国仲裁员权力的法源和限度》，载《外国法学译丛》1989年第1期，第57页。

③ Sixth Sokol Colloquium, Resolving Transnational Disputes Through International Arbitration, 1984, p. 121.

认和执行等方面，其权威性都取决于有关国家的法律，这种权威性是国家承认和授权的结果，而作渊源于当事人的权利。他们还认为，当事人只有在仲裁地法允许的范围内，方可将争议提交仲裁；只有根据仲裁地法的授权，仲裁员才有权仲裁；也唯如此，仲裁裁决才能发生法律效力。因而，仲裁员就像法官一样，仲裁裁决则与法院判决相同。例如，克雷恩(Klein)就曾指出："只有国家才能行使审判权，因此，如果法律允许当事人提交仲裁，那么仲裁机构只能是行使公共职能，由此得到的逻辑上的结论就是，仲裁裁决是具有与法院所作出判决同等意义的决定。"①日本学者喜多川笃典也认为："尽管作出的裁决是基于私人间的协议，但是仲裁制度内在的本质上的理论依据，仍然渊源于国家审判主权的授权，从这种意义上说，仲裁裁决也是一种经授权的法院判决。"②在实践中，德国、奥地利、意大利、埃及等国奉行此说。③

(二)契约论(Theory of Contract)或民事法律行为论(Theory of Civil Law Transaction)

这种理论的基本论点是：仲裁是基于当事人的意志和同意创立的，具有契约性。其理论根据为：(1)仲裁是基于当事人之间的协议而发生的，没有仲裁协议就没有仲裁；(2)双方当事人可以协议择定仲裁机构和仲裁地点；(3)在仲裁规则、冲突规则以及仲裁实质问题准据法的确定上，当事人享有意思自治权；(4)仲裁员是由当事人直接或间接选定的，仲裁员的权限直接来源于当事人的约定，而非司法当局，仲裁员是当事人的代理人；(5)仲裁员作出的裁决就是代理人为当事人订立的契约，对当事人具有拘束力，败诉方有义务自动执行，否则，胜诉方可将裁决作为一种合同之债向法院申请强制执行。在实践中，法国、荷兰、斯堪的纳维亚半岛诸国即采此说。④

(三)司法契约论或混合论(Mixed Theory)

持这一观点的学者认为：在仲裁中，契约与司法因素是相互关连、不可分割的，仲裁具有司法性和契约性的混合特征。他们承认仲裁来自于私人契约，仲裁员的任命、仲裁规则和仲裁实质问题准据法的确定主要取决于当事人的协

---

① 朱·D. M. 刘：《国际商事仲裁的法律性质》，载《法学译丛》1987年第6期。

② 刘彦伟、何晓凤：《仲裁制度法律性质的比较分析》，载《政治与法律》1987年第1期，第26页。

③ 李双元、谢石松著：《国际民事诉讼法概论》，武汉大学出版社1990年版，第596页。

④ 李双元、谢石松著：《国际民事诉讼法概论》，武汉大学出版社1990年版，第596页。

议，同时他们也主张，仲裁不可能超越于所有法律制度之外，仲裁协议的有效性以及仲裁裁决可否强制执行最终归由法院裁定。因而，仲裁必须同时适用私法和公法，它兼具契约性和司法性。1952 年桑塞·霍尔教授在其提交给国际法学会的报告中就把仲裁定性为："一种混合司法制度……它来自于当事人的协议，并在私法中得到其司法权的效力。"①德洛姆(Delaume)也以同样的口吻说："仲裁制度具有两重性。由于仲裁以当事人签订契约时所达成的协议为基础，因此，它在本质上似乎具有双方合意的性质，但在最终解决争议这方面，它又具有司法程序的性质。"②1957 年国际法学会在阿姆斯特丹通过的决议中采纳了这种观点。③

(四)自治说(the Autonomous Theory)

自治说是晚近才发展起来的一种新派学说。持这种观点的学者，既反对将仲裁制度定性为纯契约性或者纯司法性，同时也反对混合论的观点。他们认为，不应把仲裁与契约或司法权联系起来判断，而主张仲裁是超越契约和司法权的，它具有自治性。该派代表人物鲁·德维西(Rubellin Deviehi)指出："仲裁制度是一种独创的制度，摆脱了契约和司法权的观念，是一种超国家的自治制度。"④根据这一学说，仲裁之所以能产生和发展，功在于商人社会，商人发展仲裁是在法律之外或不顾法律而行事的；当事人的自治不是基于仲裁的契约性或者司法性，而是由于仲裁制度的实际需要；仲裁协议和仲裁裁决之所以可以执行，既不是因其为契约，亦非因其经由国家法律的授权和让步，而是因为这是国际商业关系顺利进行的内在要求。

上述四种学说对法律确认后仲裁的性质是否作出了科学的阐释？我们将逐一加以剖析。⑤

司法权说把仲裁与国家强制力联系起来去考察前者的性质，认为仲裁裁决

① 朱·D. M. 刘：《国际商事仲裁的法律性质》，载《法学译丛》1987 年第 6 期。

② Delaume, Transnational Contract, Chap. x. para 1.

③ 朱·D. M. 刘：《国际商事仲裁的法律性质》，载《法学译丛》1987 年第 6 期。

④ 朱·D. M. 刘：《国际商事仲裁的法律性质》，载《法学译丛》1987 年第 6 期。

⑤ 笔者认为：书中所列四种学说是对整个仲裁性质问题的回答，并未注意到仲裁性质的阶段性特征，即在两个不同的历史发展时期，仲裁的性质不尽相同。但是，既然这四派学说是对整个仲裁性质的回答，那么它(们)理所当然地应该解释法律确认后仲裁的性质；唯有对法律确认后仲裁的性质作出科学的阐释，它们才有可能是关于仲裁性质问题的正确理论。正基于此，笔者仅从仲裁为法律确认后的角度出发，对上述学说逐一评判，作出结论，并对法律确认后仲裁的性质进行考察。

的强制执行和仲裁协议的有效性取决于有关国家的法律，主张国家对在其司法管辖范围内进行的所有仲裁具有监督权。这种主张与现阶段的仲裁立法和实践是相符的，它在一定程度上从一个侧面阐明了仲裁为法律确认后的性质。但是，持该种观点的学者却片面夸大这种联系，将其绝对化，主张仲裁员乃似法官、仲裁裁决即如法院判决，则明显与现阶段的仲裁立法和实践不符。(1)仲裁员和法官有着质的区别。仲裁员由当事人直接或间接指定产生，仲裁员的权力主要渊于当事人的协议和授权；而法官由国家直接任命，他的权力则完全来自于国家法律的授予。仲裁员在被当事人任命之前，是无任何权限可言的“普通人”。① 在被当事人任命之后，他们所享有的权力主要是当事人私权的让渡。虽然，多数国家的仲裁法都赋予仲裁员一定法官才拥有的特权，但这并不能从根本上改变仲裁员的权限渊于当事人授权的本质。与法官相比，仲裁员所享有的国家授权还是极其有限的。仲裁员在审理案件时，行使的主要是当事人让渡的私权，而非国家公权力；而法官审理案件，是代表国家行使国家审判权。在适用法律上，仲裁员主要根据当事人的选择来决定适用的法律，较少受到仲裁地法的限制，比法官拥有更多的自由。(2)正因为仲裁员的产生、权力来源和性质与法官根本不同，所以仲裁裁决与法院判决存在质的差异。仲裁裁决一般都得到当事人的主动履行，其效力主要来自当事人的承认，除非涉及强制执行和在外国承认和执行，不与国家强制力发生联系。而法院判决的效力由法律赋予，它的执行直接以国家强制力为后盾。即使仲裁裁决需法院强制执行，其程序也与法院判决不同。仲裁裁决能否得到法院的强制执行，需经法院审查，而法院判决在本国强制执行，则无需经过这一程序。(3)坚持这一理论的结果必然是加强对仲裁的司法干预，使仲裁制度变成司法制度的一种，从而抹煞了仲裁不同于诉讼的优点，而这些优点正是促使商人采取仲裁方式解决争议的根本原因。可见，司法权说不仅不能全面、科学地阐释为法律确认后仲裁的性质，还阻碍仲裁制度的发展。历史上的英国就是典型的一例。英国曾长期采取司法权理论，对仲裁进行过多的干预。根据英国1950年仲裁法的规定，法官在一定条件下有权撤免仲裁员和撤消仲裁协议，尤其是仲裁员对于仲裁所涉及到的法律问题应以“特别案由”(special case)的书面形式提请高等法院决定，高等法院有权对仲裁裁决审查并以裁决在事实上或法律上有错误为理由，撤消仲裁裁决。由于法院对仲裁过多的干预和监督，英国的仲裁制度发展缓慢。

① Alan Redtern and Martin Hunter, Law and Practice of International Commercial Arbitration, 1986, p. 2.

契约论者抓住仲裁来自于当事人的意志和同意这一实质，并在此基础上，主张仲裁机构的管辖权、仲裁员的任命与权力依赖于当事人的协议，当事人在仲裁规则和仲裁实质问题准据法的确定上，享有自主权，这显然为现今仲裁制度的实践所证实，自然是正确的；但是，这派学说又错误地把当事人协议的作用和效力推至极端，认为仲裁员是当事人的代理人，仲裁员进行仲裁类似代理人为被代理人签订契约，作出的裁决乃一纸合同，裁决的执行则是契约的履行，当败诉方拒不履行裁决时、胜诉方向法院申请强制执行的只不过是一个未履行的合同之债，在仲裁规则、冲突规则和仲裁实质问题的准据法确定上，当事人的自治权是无限的、绝对的，这就断然割裂和忽视了国家强制力与仲裁制度的联系，否认了国家强制力的影响。这一学说的基本观点只能阐明为法律确认和调整前仲裁制度的性质，然而对于为法律所确认和调整后的仲裁制度，契约论是不正确的。(1)仲裁员虽由当事人任命产生、仲裁员的权力虽然主要来自于当事人的同意、仲裁员经由当事人授权方能对争议进行裁决，但是仲裁员并不因此而成为当事人的代理人。所谓代理，系指某人(代理人)以他人(本人)之名义，向第三人(相对人)为意思表示，或由第三人受意思表示，而其法律效果直接归属于本人的法律行为。① 而在仲裁中，第一，仲裁员审理案件并不是以本人的名义行事，而是以自己的名义评断是非；其次，在代理法律关系中，存在着代理人——本人——相对人三方法律关系，代理人须向相对人代为意思表示，或由相对人代受意思表示，而在仲裁中，仲裁员经授权对争议进行裁判，并无相对人存在，谈不上代理人向相对人代为或由相对人受领意思表示。第二，代理人为维护本人的利益行使代理权是一项基本原则，代理人行使代理权应站在本人的立场上；而在仲裁中，仲裁员接受一方当事人指定后进行仲裁，并不是站在该方当事人的立场上裁判案件的，而是居于中间的地位，不偏不倚地就争议的是非曲直公平地加以评判。(2)既然仲裁员不是当事人的代理人，那么仲裁裁决是代理人为本人所订立的协议的论断也就不成立。(3)当事人在仲裁中所享有的自治权并不是绝对的。首先，在订立仲裁协议上，当事人就不享有绝对的自由和无限制的意思自治权。根据现今仲裁立法和实践，国家一般对可仲裁事项的范围进行立法限定，并不是任何一项争议，当事人都可以提交仲裁，一些事项不具备可仲裁性。即使是对仲裁持完全支持态度的国

① 洪逊欣:《中国民法总则》，台湾地区三民书局 1979 年版，第 435 页。

家，涉及工业产权、反垄断、证券的争议，都不允许通过仲裁方式解决。① 仲裁协议的内容也不能违背仲裁地国法律体系中的强制性规定，不应与有关国家的公共秩序相抵触。在形式上，当事人也应遵循有关法律的规定，一般来说，仲裁协议须采取书面形式。例如，1980 年颁布的法国仲裁令第 3 条第 1 款即规定，仲裁条款应在主合同或主合同所指引的文件以书面形式规定，否则无效。其次，在确定仲裁规则和仲裁实质问题所适用的法律上，当事人的意思自治权虽然很大，但仍非无限制的、绝对的。例如当事人在选择实质问题应适用的法律上，就受到种种限制。一是法律性质的限制，当事人的选择只能限于任意性法律的范围，不能排除特定国家的强制性法律，不能违反特定国家的公共秩序和善良风俗。二是主观上的限制。英国枢密院在维他食品公司诉乌纳斯轮船公司案中即认为：当事人对法律的选择必须是善意的。等等。②

自治论者试图跳出契约论和司法权说的框框，把研究视角放在仲裁制度问题本身，企图通过考察它的目的和作用来得出其性质，这种全新的研究方法给人们带来了不少启示；此外，自治说的一些观点也在一定程度上反映了仲裁制度的发展趋势。从这些来看，该说不乏一定价值。但是，鉴于下述理由，我们认为自治说本身并不成立，它不能科学地回答为法律确认后仲裁的性质问题。(1)自治论者把仲裁与具体的社会制度和经济制度分离开来，将仲裁制度置于“真空”之中，单纯通过研究仲裁制度的目的和作用来考察其性质，一味地就仲裁论仲裁，从方法论的角度来看，这是一种形而上学的研究方法。任何一种制度的产生与发展，都有其深刻的社会根源和经济根源，剖析一种制度的性质，只有把这种制度放于具体的、历史的社会生活和经济生活中去，才有可能得出正确的结论。因此，自治论的方法论是错误的。此外，仅以一种事物的目的和作用来论证该事物的性质，并不成立。虽然事物的性质、目的和作用三者之间有着密切的联系，认识一事物的目的和作用有助于了解该事物的性质，但是，事物的性质并不取决于其目的和作用，从目的和作用充其量只能对事物的性质作一推测，而不足以进行信然地确证，就具体的研究方法而言，自治论者也存在谬误。(2)根据自治论，仲裁的发展，是商人不顾法律行事的结果，商人社会自身就是独立的“国际环境，足以发展其自己的法律”，仲裁就是商人

① Sixth Sokol Colloquium, Resolving Transnational Disputes Through International Arbitration, 1984, p. 199.

② 韩德培主编：《国际私法》，武汉大学出版社 1989 年修订版，第 148~150 页。

独创的商人“自己的法律”。① 自治论者的这一观点未免过于理想化了，不切合实际，至少在目前，商人还不可能也没有力量超脱国家法律的拘束，构造国家法律体系之外的“自己的法律”。(3)持这一观点的学者认为，在仲裁规则和仲裁实质问题适用的法律方面，当事人拥有无限制的意思自治权。这自然与现今各国仲裁立法与实践不符，是不正确的。(4)自治论的必然结果是承认仲裁具有超国家性。这就不仅否定了国家有权对仲裁进行必要的司法监督，断然割裂了国家强制力与仲裁的关系，而且进一步使仲裁凌驾于国家之上，否定国家主权和审判权。这一理论不仅错误而且有害。

混合论从折中的角度出发，认为仲裁性质具有两重性，即契约性和司法性，一定程度上正确地揭示了为法律确认后仲裁的性质，但是这一理论似又把契约性和司法性两者等量齐观，至少未能进一步深入研究二者的关系，因而混合论也未能完善地回答为法律确认后仲裁的性质问题。

### 三、综合结论

基于下列理由，我们认同混合论的基本观点，即为法律确认后的仲裁性质兼具契约性和司法性。

从历史的角度来看，仲裁作为解决争议的一种有效方式在立法中得以确认，仲裁制度被纳入法律调整的范畴，国内立法对仲裁协议、仲裁规则以及仲裁的司法监督等问题进行明确的规定，仲裁自然就受到有关国家法律的支配和约束，特定国家的法院就据此有权对仲裁进行司法支持或干预，因此，仲裁制度就自然体现出司法性，不再是纯契约性的了。这样，仲裁制度为法律确认后在性质上就具有两重性：契约性和司法性。

通观仲裁为法律确认后世界各国以及国际仲裁机构的仲裁立法和实践，现阶段仲裁的某些方面体现了契约性，同时仲裁的其他方面又反映出司法性。现阶段仲裁制度的契约性主要体现在：

(1)仲裁的发生是当事人协议为之的结果，仲裁机构行使管辖权的依据是当事人的仲裁协议。只有当事人协议决定把他们之间业已发生或将来可能发生的争议提交仲裁解决，仲裁才能发生；如果当事人未达成此类协议，仲裁则根本不可能发生。在是否采取仲裁解决纠纷上，当事人有完全的自主权。仲裁机构没有地域管辖权，它行使管辖权的依据是当事人的协议，如果当事人之间没

---

① 朱·D. M. 刘：《国际商事仲裁的法律性质》，载《法学译丛》1987年第6期，第57页。

有达成仲裁协议，仲裁就没有管辖权。此外，仲裁机构的管辖权受到仲裁协议的严格限制，它只能受理仲裁协议范围内的争议，只能就协定所规定的争议进行仲裁。这已得到各国仲裁立法和有关国际条约的明确肯定。例如，1958 年修订的《汉堡商会仲裁法庭规则》第 1 条规定，仲裁庭受理商事争议的权限取决于当事人双方达成的协议。《中国国际经济贸易仲裁委员会仲裁规则》第 2 条也规定，仲裁委员会根据双方当事人的仲裁协议和一方当事人的申请受理有关争议。如果仲裁逾权，则导致仲裁裁决无效。

(2) 当事人可以协议选择仲裁地。仲裁地是仲裁制度中的一项重要内容。在确定仲裁地上，当事人双方是完全自由的。例如，《欧洲对外贸易仲裁公约》第 4 条即规定："双方当事人可以协商确定进行仲裁的地点。"

(3) 双方当事人有权协议选择仲裁程序规则。根据各国的仲裁立法以及有关国际条约的规定，当事人既可在仲裁协议中对仲裁规则作出全面细致的规定，即适用"当事人法"；也可以在仲裁协议中援引某一仲裁法或仲裁机构的仲裁规则；此外，当事人还可以授权仲裁庭作出合适的选择。

在仲裁程序中，仲裁员的任命是至为关键的一环。仲裁立法和条约一般都规定当事人有权决定仲裁庭的组成和任命仲裁员。例如，在仲裁庭的组成上，《斯德哥尔摩商会仲裁院规则》规定，仲裁庭的组成形式首先由双方当事人协议决定。对于仲裁员的产生，各国立法和国际条约的作法基本上是一致的。当仲裁庭采取合议庭的形式时，一般都要求申诉人在提出仲裁申请时按规定指定一名仲裁员，被诉人在一定期限内或在答辩时指定一名仲裁员。对于独任仲裁员的产生，多数仲裁立法和国际条约承认双方有权协商确定。例如，《联合国国际贸易法委员会仲裁规则》第 6 条、《美洲国家商事仲裁委员会仲裁规则》第 6 条以及《中国国际经济贸易仲裁委员会仲裁规则》第 15 条都明确规定，独任仲裁员应首先由双方当事人合意确定。另外，当事人有权对不符合仲裁员资格或丧失资格的仲裁员提出异议，要求撤换；仲裁员不能履行职责时，双方当事人可以分别或共同重新指定。例如，《日本国际商事仲裁协会商事仲裁规则》规定，如果任何仲裁员辞职、死亡、退出、拒绝、不能或没有资格行使职权，该协会应当根据充分的证据，宣布出缺，缺额应该依据原来的指定方法补充。

此外，在仲裁规则的确定中，当事人还可以决定仲裁的审理方式，口头审还是书面审？可以决定仲裁中调解程序的开始，等等。

(4) 在确定仲裁实质问题准据法上，当事人有很大的意思自治权。当事人意思自治原则是解决仲裁实质问题准据法的首要原则，这已为各国仲裁立法和有关国际条约所公认。例如，《联合国国际贸易法委员会仲裁规则》明确宣布：

“仲裁庭得适用当事人指定的法律作为争议实质问题的准据法。”根据仲裁制度的立法、条约和实践，当事人选法的范围是很大的，它既可以是一国的内国法，也可以是国际法或国际商事惯例，当事人甚至能够选择共存法(Concurrent Laws)①作为实质问题的准据法。当事人也可以授权仲裁庭依据公平和善良原则或公平交易和诚信原则对实质问题作出裁决，而不适用法律。

仲裁制度的司法性主要体现在：

(1)仲裁协议的合法性和有效性取决于有关国家的法律和法院。一般地，各国法律对构成有效仲裁协议的要件都作出明确的规定。例如，1980年《法兰西共和国仲裁法令》第3条第1款对仲裁协议的形式要件做了要求。在实质要件上，各国法律的规定更为严格。例如，前西德《民事诉讼法》第1025条第2款规定：“当事人一方利用自己经济上或社会上的优势，迫使对方订立仲裁协议，或迫使对方接受仲裁程序里的条件，特别是关于仲裁员的选任或回避的条件，而取得超过于他方的利益时，该仲裁协议无效。”国际法学会在《关于国际私人仲裁的决议中》也曾指出，仲裁条款的有效性，由仲裁法庭地法决定，反映了仲裁协议是否有效取决于有关国内法的现实。② 此外，决定一项仲裁协议合法有效性的权力不在仲裁机构，而最终归属于有关国家的法院。著名的金字塔案即是一个有力的证明。③

(2)仲裁程序与审判程序具有某些相同的因素，仲裁员拥有某些类似于法官的职权。例如，仲裁的提起类似于审判程序的起诉；仲裁审理也包括开庭、调解、调查取证、采取保全措施、仲裁庭评议及作出裁决等步骤，仲裁也有时效、期限、回避等问题，这都与审判程序相去不远。根据法国的有关规定，在审问方面，仲裁员享有普通法院法官的权力；在印度，仲裁员有权命令出庭的当事人和证人宣誓，讯问当事人；根据《美国仲裁法案》，仲裁庭可以强令证人出庭作证；④《日本国际商事仲裁协会商事仲裁规则》第31条规定，仲裁员在认为必要时，可以对仲裁标的物采取保全措施。

(3)在仲裁程序问题和实质问题的法律适用上，当事人意思自治原则虽然受到肯定，但同时各国仲裁立法也加强了司法限制和补救。例如，各国国内法

---

① 李双元、谢石松著：《国际民事诉讼法概论》，武汉大学出版社1990年版，第596页。

② 国际法学会：《关于国际私人仲裁的决议》第5条。

③ 阿兰·罗德芬：《国际商事仲裁》，载《法学译丛》1988年第2期，第58~61页。

④ 1925年《美国仲裁法案》第7条。

一般规定当事人选法在客观上不得违反有关国家的公共秩序和强行法，在主观上亦应是善意的，不得故意规避法律。当事人对所适用的法律没有选择时，各国立法一般规定，仲裁程序适用仲裁地法，如 1950 年《英国仲裁法案》第 6～17 条规定，若当事人没有约定仲裁庭组成及仲裁规则适用的法律，则适用该法案的规定；《美国统一仲裁法》也做了类似的规定。当事人对实质问题准据法未有约定时，仲裁地法一般得到了适用，“选择仲裁地即选择法律”这一古老格言仍受到普遍的遵循。这时，法律就起着一种补缺的作用。

(4) 仲裁裁决的可否强制执行完全取决于法院。这已得到各国仲裁立法和有关国际条约的一致肯定。例如，《法国民事诉讼法典》第一部分第 37 条规定：“只有根据在作出仲裁裁决的管辖区的大审法院发出的关于执行仲裁裁决的决定，仲裁裁决才能强制执行。”我国《民事诉讼法》第 259 条也规定，对我国涉外仲裁机构作出的裁决，一方当事人不履行仲裁裁决的，对方当事人可以向被申请人住所地或者财产所在地的中级人民法院申请执行，该管法院根据当事人的申请，对裁决进行审查，决定是否强制执行。

(5) 在外国仲裁裁决的承认和执行上，仲裁裁决执行地法和执行地法院具有很大的权威。各国国内法通常严格地规定许多承认和执行仲裁裁决的条件，例如 1950 年《英国仲裁法案》第 37 条的规定。是否承认和执行外国仲裁裁决全由执行地国法院审查决定，执行地国的仲裁机构对此是无能为力的。

在认同混合论基本观点的基础之上，我们进一步认为：契约性和司法性虽然都是为法律确认后仲裁的性质，但是二者的地位并不等同，相互之间有主次之分、从属之别，绝不可等量齐观，其中契约性体现了仲裁制度的本质，是其性质的主导方面，而司法性则是非本质属性，处于从属的地位。①

首先，根据辩证唯物主义的基本理纶，本质作为事物的根本性质，“是相对平静、相对稳定的。一事物的发展过程在结束之前其本质是不变的”。② 可见，仲裁的本质是唯一的、不变的，为法律确认之前和之后的仲裁在本质上应是统一的，不应相左。又据前述，契约性是仲裁为法律所确认前的唯一属性，那时的仲裁根本不具有司法性，那么，法律确认后仲裁的本质属性就应是契约

① 对准司法权论的简评。该派学者认为仲裁制度与司法制度具有相似的性质，前者是后者的变通。笔者认为：准司法权论应是归属为混合论的一种分支学说，但它偏重于强调仲裁的司法性，而贬低契约性，否定契约性是仲裁的本质属性，从而未能正确认识司法性和契约性两者之间的关系，因此，准司法权论是错误的。

② 李秀林等主编：《辩证唯物主义和历史唯物主义原理》，中国人民大学出版社 1984 年修订版，第 188、189 页。

性，而非司法性。如果认为司法性是法律确认后仲裁制度的本质，则导致要么违反马克思主义哲学关于事物本质不变的理论，要么把处于两个不同发展阶段的仲裁制度硬性割裂为两个本质歧异的事物，而这无疑都是错误的。

再从契约性和司法性在仲裁制度的反映来看，在仲裁制度的绝大多数方面，当事人的协议都居于主导的地位，也即契约性处于仲裁性质的主导方面。仲裁的发生是当事人协议采纳的结果，仲裁机构的管辖权渊源于当事人的协议，仲裁员的任命由当事人直接或间接协议决定。在仲裁实质问题适用的法律和仲裁规则上，当事人意思自治原则是法律选择的首要原则，各国国内立法虽对当事人的意思自治权加以一定的限制，并在当事人未行使意思自治权时给以补救，但其着重点在于消极防范和补缺，只是处于从属的地位。虽然法院对仲裁裁决有监督权，仲裁裁决可否强制执行由法院裁决，但是，实践表明，绝大多数裁决得到了当事人的适当履行，而无需法院介入，法院介入的情况只是个别的。法院虽然对仲裁协议是否合法有效具有决定权，然而，法院对仲裁协议进行审查并非仲裁的必经程序，而是当事人双方对仲裁协议或仲裁裁决发生争议，诉请法院干预的结果；一般地，当事人在仲裁协议或仲裁裁决上发生争执也非常态，法院则对此不告不理(在承认和执行外国仲裁裁决时除外)，因而在审查仲裁裁决问题上，虽然法院拥有很大的权力，但这种权力机制的设置是从消极保护本国利益出发的，并不能改变仲裁制度司法性的从属地位；何况，并不是每一个仲裁裁决都牵涉境外执行，多数仲裁裁决为本国裁决，在国内履行即可完结；更何况随着1958年《承认和执行外国仲裁裁决公约》的生效，虽然各国规定许多限制承认和执行外国仲裁裁决的条件，作为排斥外国裁决的手段，但是承认和执行外国裁决依然呈现出“简化”的趋势，各国为了国际交往，逐渐放宽限制，弱化法院对此的权限和职能，这样，仲裁制度在此体现出的司法性因素相应减弱。

最后，自本世纪70年代以来，对仲裁的“自由态度”日渐风行并成趋势。一方面各国通过新的仲裁立法减少对仲裁的司法干预，给予当事人以更多的自治权，另一方面变先前消极的司法干预为积极的司法支持，保证当事人自治权的实现，从而促进仲裁的发展。这也是国家对仲裁的态度以及仲裁制度未来发展的走向。所以，从仲裁制度的发展现状及趋势来看，为法律确认之后仲裁制度的契约性将日益增强、司法性则逐渐减弱，仲裁制度的司法性日愈从属于契约性并为其服务。

仲裁的性质是不断发展变化的，而其本质却“相对稳定”，保持不变，契约性始终是仲裁的本质。仲裁的发展经过为法律确认前、后两个不同阶段，仲裁在这两个发展阶段其性质不尽相同，呈现出阶段性的特征。在仲裁为法律确认之前，契约性是仲裁的唯一属性；在法律确认之后，仲裁制度则兼具契约性和司法性，体现出两重性，但是，契约性仍是仲裁的本质属性，司法性则处于从属的地位，而非本质性属性。目前，仲裁制度已明显呈现出契约性日益增强、司法性日渐弱化的发展趋势。

## 第二节　国际商事仲裁非仲裁地化趋势的新发展

### 一、非仲裁地化理论的形成与发展

在传统的国际商事仲裁中，仲裁地法的权威是无庸置疑的，其在仲裁员资格的确定、仲裁庭的组成、仲裁程序以及争议实质准据法的确定等问题上拥有无可争议的甚至是决定性的发言权。英美法系国家在这方面表现得特别突出，而大陆法系各国尽管授予当事人、仲裁员较大范围及程度的自主权，但是，这种自主权仍然受到仲裁地法的种种严格限制。不过，仲裁毕竟是一种不同于司法诉讼的以当事人的自愿为基础的解决争议的程序，当事双方的主观意愿是仲裁地法在确定上述问题时必须加以考虑的重要因素。否则，作为解决国际商事争议主要方式的仲裁，就不会受到国际经济贸易交往参加者的青睐，因而也不可能得到长足的发展。所以，从一定意义上讲，传统的国际商事仲裁就已经孕育着非仲裁地化趋势的萌芽。

“二战”以后，国际贸易鼎盛，仲裁适用日广。各国仲裁立法及实践之间存在的显著差异，严重妨碍了仲裁作为国际贸易助推器作用的充分发挥；而世界各国民商法发展之极不平衡，早已成为国际经济贸易交往的桎梏；同时，仲裁地的选择因常常是基于地理上的便利、政治上的中立、良好的仲裁信誉及其他与仲裁地的法律无关的因素，而带有极大的偶然性，使商人们渴望的法律结果的预见性难以实现，更是有悖于商事往来的要旨。因此，彻底摒弃仲裁地法的种种束缚，朝着非仲裁地化的国际趋势迈进，势在必然。

首先对传统的国际商事仲裁仲裁地主义发难的，是50及60年代源于中东石油特许权协议的一系列仲裁案，而其后的仲裁实践则更是加速了仲裁地主义的崩溃。1952年石油发展公司仲裁案、1958年阿美石油公司仲裁案、1964年蓝宝石仲裁案、1978年得克萨斯石油公司仲裁案、1980年英国石油公司仲裁案、1982年利美石油公司仲裁案等裁决，分别从不同的角度对传统的仲裁地主义提出了严重诘难。仲裁实践的发展为理论的更新提供了不可或缺的物质基础。国际商事仲裁非仲裁地化理论应运而生。

非仲裁地化理论，如前所述，是随着仲裁实践的发展而蕴育成长起来的。作为一种与传统国际商事仲裁观念截然相反的理论，其基本观点是：作为一个原则性问题，国际商事仲裁不应受到各国之间存在很大差异并且在某些国家可能完全不适宜于现代国际商事仲裁实践的法律控制的约束，而应当趋于国际化，由国际统一的仲裁法或所谓“跨国的”(transnational)仲裁规则调整。该理论立足于两个基本论点：(1)仲裁地法只是一套程序规则，在国际商事仲裁中，这些规则可由当事人自己或由代表他们的仲裁庭制定；(2)对仲裁程序的任何法律控制不应当来自仲裁进行地，而应来自裁决被寻求执行的国家，后者只有在裁决违反了国际公共政策时方能拒绝执行，而无须顾及裁决作成地国主管机关是否将其撤销。非仲裁地化理论反映了调整国际商事仲裁中一种可以理解的统一化的愿望，其对国际商事仲裁的立法及实践产生了深远的影响，这在1975年《国际商会调解与仲裁规则中得到了充分反映，其第11条规定：“仲裁员审理案件的程序应遵照本规则；本规则未规定时，可依当事人约定的规则(当事人未有约定时可由仲裁员确定)，可参照亦可不参照仲裁所适用的某一国的程序法。”这就意味着：在国际商事仲裁程序事项的法律适用中，仲裁地法(lex arbitri)已退居相当次要甚至是无关紧要的地位。

正由于其潜在的意图是非常合理的，它赋予国际商事仲裁摆脱不同国内法体系限制的自由，从而使得仲裁地成为一个没有法律意义的附庸，仲裁庭再也没有必要考虑仲裁进行地的法律，而只需符合国际公共秩序的要求(特别是包括一个公正法庭的要求)以确保其裁决能得到国际上的接受就行了，因此，起源于中东石油特许权协议仲裁案，得益于国家豁免论者颇多的非仲裁地化理论，随着仲裁实践的发展，现在不仅适用于国家为一方的商事仲裁，而且已扩展适用于一切私人间的商事仲裁，不仅适用于仲裁程序事项，而且已扩展适用于仲裁协议有效性、冲突规范及争议实质准据法确定等诸多领域。

然而，该理论亦存在一些弊端，其中最主要的是理想化色彩过浓。即使是该理论的倡导者似乎也承认，他们主张的是一个理想的而非现实的世界。帕尔森(Paulson)在其《国际商事仲裁非仲裁地化》一文中就指出：“再次确认仲裁可以与仲裁地法相分离后，我不得不补充一点，那就是我对国际仲裁的这一特性在实践中能产生多大的影响表示怀疑。经授权的仲裁员为慎重起见，在任何情况下都会极力使之符合仲裁地法的规定。”①但是，不可否认，该理论对非仲

① Paulson: Delocalization of International Commercial Arbitration at p. 57.

裁地化的影响是深远的。可以预见，随着自身的完善及仲裁实践的发展，其对国际商事仲裁国际化趋势必将起到进一步的推动作用。

## 二、非仲裁地化趋势的表现

非仲裁地化理论的确立，仲裁实践对传统方式的背离以及国际商事交往的迫切需要，必然促使各国在立法上作出相应的变化。二战以后，特别是近20年来，国际商事仲裁的国内立法、国际仲裁公约以及仲裁机构的仲裁规则，普遍呈现出一种明显的非仲裁地化的国际趋势。一言以蔽之，就是当事人意思自治的范围及程度日益扩大和加深，仲裁员或仲裁庭被赋予更大范围及程度的自由裁量权，仲裁地及其法律对国际商事仲裁的控制与影响正日趋甚微。其主要体现在以下六个方面：

1. 仲裁员国籍的要求

国际商事仲裁的仲裁员在本国进行仲裁时，是否必须具备本国国籍？各国规定颇不一致。大多数西方国家，如美、英、法、德、荷、瑞典等国，对国际商事仲裁仲裁员的国籍未作任何限制性规定，日本尽管对仲裁员国籍未作限制，其国际商事仲裁协会的仲裁规则第15条第2款却规定："除当事人另有约定外，在指定为仲裁员时实际未居住在日本的人，不得担任仲裁员。"而少数国家，如意大利、巴西、阿根廷、瑞士的某些州以及大多数东欧国家，在60年代以前，普遍地或明示或默示规定，只有本国国民才能充任在本国进行的国际商事仲裁的仲裁员。例如，《保加利亚商会对外贸易仲裁委员会关于仲裁案件的规则》第7条即明确规定："列入仲裁员名册(国际商事仲裁的当事人只能从该仲裁员名册内选任仲裁员——笔者按)内的人应当是保加利亚成年的有公民权利和政治权利的公民……。"而《苏联关于全苏商会附设对外贸易仲裁委员会的决议》第2条、《波兰对外贸易协会仲裁院规则》第6条、《捷克斯洛伐克商会仲裁院章程》第9条、《德意志民主共和国对外贸易协会仲裁院规则》第8条、《罗马尼亚商会仲裁院的组织和工作规则》第4条均有类似的规定。进入60年代以后，上述国家，如苏联于1962年、罗马尼亚与捷克于1963年、波兰与保加利亚于1964年、意大利于1970年先后批准参加了《国际商事仲裁的欧洲公约》。该公约第3条明确规定："在本公约适用的仲裁中，外国人可以被指定为仲裁员。"而有巴西等拉美国家签字的《美洲国家间关于国际商事仲裁的公约》第二条第三款亦规定："仲裁员可以是本国人，也可以是外国人。"从而摒弃了这些国家仲裁立法及实践中对外国人任仲裁员的限制。仲裁员国籍的多元化，从某种意义上讲，削弱了仲裁地对国际商事仲裁的影响及控制，表明这些国家已朝着非仲裁地化趋势迈出了重要的一步。

2. 仲裁协议有效性准据法的确定

仲裁协议的有效性包含两个方面：主观有效性与客观有效性。主观有效性，乃是指当事人提交仲裁、签订仲裁协议的能力，其准据法一般是当事双方各自的属人法，现时的仲裁立法及实践依然遵循传统的作法。而客观有效性，诸如协议形式是否合法、争议是否具有可仲裁性等，其法律适用在传统上主要有以下三种方式：(1)依协议签订地的法律，这是意大利法院的实践，由于协议签订地偶然性较大，该方式受到了诸多诘难；(2)依主合同准据法，这是英国法院的传统作法，由于仲裁条款可分性理论的广泛采纳，这种方式亦逐渐失其市场；(3)依仲裁地的实体法，这是欧洲大陆居主导地位的方式。该方式得到了瑞典1929年《关于外国仲裁协议和裁决的条例》的采纳，其第二条明确规定："如仲裁协议规定仲裁程序应在一个特定的外国举行，则该国法律适用于该项协议，"并为1959年国际法学会《关于国际私人仲裁的决议》所确认，其第五条亦规定："仲裁条款的有效性，由仲裁法庭地法决定。"世界大多数国家及国际仲裁实践是与上述决议的规定相一致的。

然而自"二战"以后，债权契约准据法"主观论"的盛行，特别是近些年来，最密切联系原则的兴起，使仲裁协议有效性依仲裁地法的传统方式受到严重挑战。由于仲裁地的选择常常是基于与仲裁地法律无关的因素而作出的，诸如地理上的便利、均非当事双方所属国意义上的中立、良好的仲裁服务等，因而带有较大的偶然性，由偶然的且可能完全不适宜于现代国际商事仲裁的仲裁地法来确定国际性仲裁协议的有效性，极大地妨碍了国际商事仲裁的广泛适用。因此，仲裁地，在确定实质上属债权契约的仲裁协议有效性的准据法时，现已被普遍视为只不过是众多需要考虑的因素中的一个，而不得不让位于当事人意思自治原则。近期美、英、法、德、日等国在理论和判例中对最密切联系原则的推崇，更是使得仲裁协议有效性的法律适用从仲裁地法的桎梏中解脱了出来。仲裁地法已不再如1958年《纽约公约》第五条第一款第一项所规定的那样，是当事人无明示选择法律时确定仲裁协议有效性的唯一法律。这在瑞士1987年国际私法法案中得到了反映，其第178条第2款明确规定："就其实质而言，仲裁协议如符合当事人选择的法律，或调整争议标的之法律，特别是调整主合同的法律，即为有效；如符合瑞士法亦为有效。"从而使作为仲裁地法的瑞士法屈居一相当次要的地位。目前，各国及国际仲裁实践一般趋向于采取下述作法：首先依当事人明示选择的法律，而在当事人无此选择时，依最密切联系原则确定仲裁协议之准据法，以求彻底摆脱仲裁地法对仲裁协议有效性的控制。

3. 仲裁程序的确定

自13世纪意大利学者巴尔多纽(Balduinus大约于1235年左右)首次提出"场所支配行为"(locus regit actum)的思想，并从此开始将程序法与实体法加以区分以来，程序问题适用法庭地法(lex fori)已发展成为一条普遍接受的国际私法准据法系属公式。直至10—15年以前，仲裁庭，在当事人对仲裁程序规则未作约定时，应适用仲裁地的程序法(lex arbitri)，还被普遍视为是一条确定不移的规则。但仲裁毕竟不同于司法诉讼，从某种意义上讲，它更是一种自愿性的争议解决方式，因此，在受到法庭地法亦即仲裁地法制约的同时，还必然受到当事人主观意愿的影响，这就使得仲裁程序的法律适用一开始就具有非仲裁地化的因子：几乎所有国家的仲裁法及仲裁机构的仲裁规则，均承认当事人在仲裁程序上的约定，但以不违反仲裁地的强制性规定为前提。更有甚者，一些大陆法系国家，如德、奥、日等国的民诉法规定，在当事人无约定时，仲裁员除受仲裁地强制性规定之限制外，有权确定仲裁程序规则。

然而自"二战"以后，特别是20世纪70年代以来，国际商事交往的扩展及深入，使国际商事仲裁的适用远非昔比。为吸引更多的国际商事交往的参加者采取仲裁方式更迅速、更便利地解决其间的争议，赋予当事人及仲裁员仲裁程序上更大范围及程度的自由，减少仲裁地法对仲裁程序的种种束缚，已是大势所趋。

为适应形势的变化，各国仲裁立法在仲裁程序的规定上已作了相应的更改及补充。1979年英国仲裁法一改1950年仲裁法的规定，允许国际商事仲裁的当事人通过书面"排除协定"在任何时候"协议放弃"就法律问题向法院上诉的权利，1981年5月12日的《法兰西法令第81—500号》创设了一种独特的国际仲裁制度，赋予仲裁庭相当程度的意思自治(第20条)，而在此以前，《法国民事诉讼法》第1009条却规定：除非当事人之间另有约定，"当事人和仲裁员应当遵守法院对期限和手续所作的规定。"比利时通过其立法对仲裁程序非仲裁地化予以实质性的肯定。根据其1985年3月27日的法律，下述条款被附设于比利时司法典1717条：

比利时法院，只是在仲裁庭审理的争议中至少有一方当事人，抑或是具有比利时国籍或住所的自然人，抑或是创设于比利时或在比利时有分支机构或其他任何办事机构的法律实体时，才可以受理提出裁决无效的申诉。

这就意味着：如果与比利时无任何关联，败诉方就不能在比利时法院中，对在该国进行的国际商事仲裁程序中作成的裁决提出异议。特别值得一提的是瑞士1987年国际私法法案有关"国际仲裁"的规定。该法案创设了一种别具一格的国际商事仲裁制度，除平等对待当事人以及确保当事人在辩论程序中陈述案情的权利外，当事人及仲裁员在仲裁程序的约定及确定上不受任何其他限制，而该法对仲裁程序亦未作任何具体规定。

在各国对仲裁程序作出新的规定的同时，国际仲裁公约在仲裁程序的确定上亦有新的进展。1923 年日内瓦《仲裁条款议定书》、1927 年《执行外国仲裁裁决的日内瓦公约》均规定：仲裁程序(包括仲裁庭的组成)应重叠适用当事双方的协议及仲裁地法。自该两公约问世之后，国际商会和其他国际性行业公会的仲裁规则，亦得到广泛采用。在不少合同和仲裁条款中，当事人往往在规定仲裁地的同时，又对仲裁程序作了具体规定，这些实践割断了仲裁地法与仲裁程序间的必然联系。1958 年《纽约公约》则以国际立法的形式确认了这一实践，其第 5 条第 1 款第 4 项规定：被请求承认或执行裁决的主管机关，在作为裁决执行对象的当事人提出下述证明，即"仲裁庭的组成或仲裁程序同当事人间的协议不符，或者当事人间未订此种协议时，而又与进行仲裁的国家的法律不符"时，就能拒绝承认及执行该项裁决。这就是说，仲裁程序必须首先符合当事人的约定；只有在当事人无此约定时，才须符合仲裁地法。与日内瓦两公约相比，《纽约公约》显然扩大了当事人在仲裁程序上的自主权。《国际商事仲裁的欧洲公约》在《纽约公约》的基础上又有新的突破，其第 4 条就常设仲裁机构仲裁与临时仲裁的程序分别作了规定：常设机构仲裁，其程序应依该机构规则进行；临时仲裁，其程序先由当事人约定(第 2 款)，当事人无约定时，由仲裁员确定，而仲裁员亦未确定时，则由仲裁地商会会长或特别委员会直接或参照某一常设仲裁机构规则或成文规定的方式予以确定(第 4 款)。在此，仲裁地的程序规则似乎已摒弃于公约的考虑之外。类似规定尚可见于 1965 年《关于解决各国和其他国家国民间投资争端的公约》第 44 条。

仲裁实践的发展也对仲裁机构的仲裁规则产生了深远的影响。将国际商会 1955 年规则与 1975 年规则予以比较，即可看出两者在仲裁程序规定上的巨大变化。1955 年规则第 16 条规定了支配程序的规则："仲裁程序应当受本规则支配，遇有本规则不作规定的事项，受当事人所选定的程序法规则支配，如果当事人没有选定，受仲裁员进行仲裁程序所在国的法律规则支配。"而 1975 年规则亦规定了指导仲裁程序的规则："仲裁员审理案件的程序应遵照本规则；本规则未规定时可依当事人约定的规则(当事人未有约定时，可由仲裁员确定)，可参照亦可不参照仲裁所适用的某一国的程序法。"非仲裁地化的趋势较之前者昭然若揭。此外，一系列国际性仲裁规则，如《联合国国际贸易法委员会仲裁规则》、《联合国欧洲经济委员会仲裁规则》、《联合国亚洲及远东经济委员会仲裁规则》、《经互会成员国商会仲裁院统一仲裁规则》以及《美洲国家商事仲裁委员会仲裁规则》等的制定与采纳，也都是从消除各国仲裁立法及实践的差异，摆脱可能不适宜于现代国际商事仲裁法律控制约束的旨意出发的，其对仲裁程序非仲裁地化趋势的发展起了积极的推动作用。由于非仲裁地化理论的提出与适用本来是针对仲裁程序的法律适用的，因此，在仲裁程序领域内非仲裁地化范围之广、程度之深，远非其他领域所能比拟。

4. 冲突规范的适用

在传统的国际商事仲裁实践中，如当事人对争议实质准据法未作明示选择时，一般是依冲突规范确定之。然而，如何确定应适用的冲突规范呢？70年代中期以前，依仲裁地冲突规则确定争议实质准据法，被广泛视为是天经地义之事。直至今天，仍有不少人认为：仲裁庭有义务或应有义务适用仲裁地的国际私法规则。目前持此立场的尚有1967年修订的《南斯拉夫对外贸易仲裁委员会规则》、1976年《瑞士联邦苏黎世商会调解与仲裁规则》等大多数国内常设仲裁机构的仲裁规则。

但是，由于仲裁地的选择常常是基于与仲裁地法律无关的因素作出的，因而带有较大的偶然性，上述观点在十多年前就开始变得陈旧过时了。德、法、瑞士的一些著名学者与律师在仲裁实践中，提出了国际商事仲裁无法庭地法之说。依该理论，国际商事仲裁的仲裁员并不像国内法院的法官那样有义务适用仲裁进行地国的冲突规则。法国学者高德曼甚至提出完全摒弃适用所谓仲裁法庭地的冲突规则。该学说在很大程度上得到了一些国际公约及常设仲裁机构仲裁规则的默示承认，如1961年欧洲公约第7条第1款，1975年《国际商会仲裁规则》第13条第3款，1976年《UNCITRAL仲裁规则》第33条第1款，均有当事人无明示法律选择时，仲裁员应依他认为可以适用的冲突规范确定准据法的规定。并且在国际商事仲裁实践中，为许多国际性仲裁庭采纳。例如，在蓝宝石仲裁案中，独任仲裁员就认为：

“既然仲裁地在瑞士，瑞士国际私法作为法庭地法在确定协议的解释及履行时就可能被适用。然而，在国际私法的某些专家看来，既然仲裁员作为当事人共同意愿的结果而被赋予权力，他就不受仲裁法庭地有效冲突规则的拘束。一个国内法院的法官有义务遵循他以其名义主持正义的那个国家的冲突规则，而相反，仲裁员却不受这些规则的拘束。他必须寻找当事人的共同意图，使用在学说和判例法中普遍适用的连结因素，并必须将国内法所具有的特色摒弃于考虑之外。”

而在最近一个依照国际商会规则进行的仲裁案中，仲裁庭亦同意：它没有义务遵循仲裁地国的冲突法规则。

在确定争议实质准据法时依据仲裁员认为合适的冲突规则，不可避免地扩大了仲裁员的自由裁量权，打破了传统国际商事仲裁中仲裁地法对此问题的垄断，无疑是对非仲裁地化趋势的又一新发展。

5. 争议实质准据法的确定

争议实质准据法确定上的非仲裁地化趋势，表现是多方面的。概括起来，主要有：

(1)新方式的出现。在传统的国际商事仲裁中，如当事人对争议实质准据法未作约定时如前所述，一般是依仲裁地的冲突规范确定之。然而，法国新民事诉讼程序法第1476条却规定仲裁员应依当事人选择的规则，在缺乏此类选择时，依照他认为合适的那些规则解决争议。从而摒除了依冲突规范确定准据法的传统方式，直接以仲裁员认为合适的规则作为争议实质准据法。该方式的出现，是争议实质准据法确定上非仲裁地化发展的一个里程碑，它标志着国际商事仲裁的国际化已发展到了一个新阶段。

(2)“选择法庭即选择法律”推定方式的破产。传统上，如当事人对争议实质准据法未作明示选择，但却规定争议应在某一特定国家起诉或提交仲裁，则常常推定他们意欲适用该国法律于争议实质。在一段时间内，“选择法庭即选择法律”相当盛行，许多国家的国际商事仲裁都曾采纳过它，英国法院在Tzortzis V. Monark Line A/B(1968年)一案的判决中甚至视其为“不可抗拒的”。然而，由于仲裁地的选择，常常并非出于对仲裁地法律的考虑而作出，因而某一特定法庭地的选择现在被视为“仅仅是某一具体案例众多情形中可能有关的一个普遍的连结因素。”①

(3)准据法本身的国际化。在传统的国际商事仲裁中，当事人常常选择某一国内法体系来调整争议，如当事人未作此选择，仲裁员亦通常依照仲裁地冲突规则适用其所指定的国内法来解决争端。然而自50、60年代起源于中东石油特许权协议的仲裁案发轫以来，随着非仲裁地化趋势的发展，特别是冲突规范及准据法确定新方式的出现，仲裁员适用国际法，一般法律原则、商事法或所谓“跨国法”已是司空见惯之事，而当事人，特别是在国家为一方当事人的商事仲裁中，选择国际法、一般法律原则、商事法或跨国法或合并选择(concurrently choose)其中一项与某一国内法相结合，作为争议实质准据法更属

① Alan Redfern & Martin Hunter：Law and Practice of International Commercial Arbitration p. 63.

平常。商事法或跨国法观念在国际仲裁领域中的出现，乃是消除各国之间存在较大差异的民商法之法律冲突所作努力的必然结果。准据法本身的国际化，是对传统国际商事仲裁中争议实质准据法确定上的国内法主义的彻底否定，从某种意义上而言，它是非仲裁地化的精髓所在，因为非仲裁地化的目的在于消除各国仲裁法及民商法之间的差异，而国际化则是其目标。

(4)"和解仲裁"得到更广泛的采纳。在传统国际商事仲裁中，绝大多数国家的仲裁立法及仲裁机构的仲裁规则，对"和解仲裁"均持肯定态度，但亦有少数例外，如英国、西班牙等。一般地，仲裁员必须适用某一确定的能得到承认的法律体系，并不得被允许适用某些反映仲裁员个人观点的不同标准，或者依照抽象的公正或衡平原则进行裁决，在英国，这被视为是法律政策的体现。但自 80 年代以来，英国法院有关仲裁的判例，如 Arab African Energy Corp. Ltd. v. Olieprodukten Nederland B. v. (1983), Bank Mellat v. Helleniki Techniki S. A. (1983)以及 Marine Contractors Inc. v. Shell Petrdeum Development Co. of Nigeria Ltd(1984)，在这方面已有新的突破。法院对仲裁程序(特别是在国际性仲裁中)的严格控制已不再属公共政策的事项这个观念，已得到广泛承认。这就意味着：如果当事人需要的话，"和解仲裁"最终将在英国得到确立。①"和解仲裁"排除了仲裁地法适用的可能，其在更广泛的国际领域内适用，不能不视为是非仲裁地化趋势的又一明显表现。

6. 外国仲裁裁决的承认及执行

各国仲裁实践表明：只有最终有拘束力的未被仲裁地主管机关撤销的仲裁裁决，才能得到被请求承认及执行地国主管当局的承认及执行。以《纽约公约》为主体的外国仲裁裁决的承认及执行公约也以国际立法的形式对这一实践予以了肯定。《纽约公约》第 5 条第 1 款第 5 项规定："裁决对当事人尚未发生约束力，或者裁决已由作出裁决的国家或裁决所依据法律的国家的主管机关撤销或停止执行，"即可拒绝承认及执行。由此观之，仲裁地主管机关对仲裁裁决在国外的承认及执行仍有一定的制约作用。然而，法国法院的判例却一定程度地摒除了外国仲裁地主管机关对其裁决在法国承认及执行的影响。1985 年法国最高法院在对 Société Pablak Ticaret Sirketi Ltd. v. Société Anonyme Norsolor 一案的判决中，允许一为维也纳上诉法院因仲裁庭适用"有效性尚存疑问的世界法"于争议实质而将有关部分予以撤销的裁决，在法国执行，其认为仲裁庭

① Alan Redfern & Martin Hunter: Law and Practice of International Commercial Arbitration, p. 23.

适用lex mercatoria(商事法)并未逾越其权限，从而排除了仲裁地对裁决在国外的承认及执行可能施予的任何控制，是国际商事仲裁非仲裁地化理论的有力例证。法国法院并不因在法国境外作成的国际裁决在其作成地国被撤销而拒绝承认及执行的作法，乃是国际商事仲裁实践在仲裁裁决的承认及执行方面的一个新的尝试。毫无疑问，这是非仲裁地化趋势的最新发展。

## 三、我国之对策

在我国，随着改革开放的深入进行，对外经济贸易往来日益频繁和深入，涉外仲裁急剧增加。为吸引更多的外国人到中国仲裁，改善国际商事仲裁的法律环境，提高中国涉外仲裁机构在国际上的声誉，有必要借鉴外国仲裁经验，吸取国际仲裁发展的新成就，以完善中国涉外仲裁机制。面对世界范围内非仲裁地化趋势的蓬勃发展，中国有关仲裁的法令、法规亦发生一定程度的变化：

1. 仲裁员国籍的多元化

在我国先前的仲裁实践中，外国人是不能列入对外经济贸易仲裁委员会与海事仲裁委员会仲裁员名册的。而1988年《中国国际经济贸易仲裁委员会仲裁规则》第4条却规定"……仲裁员由国际贸易促进委员会从对国际经济贸易、科学技术和法律等方面具有专门知识和实际经验的中外人士中聘任"，从而对外国人担任国际商事仲裁仲裁员的资格予以明确肯定。

2. 仲裁协议与争议实质准据法的确定

尽管我涉外仲裁机构的仲裁实践表明：仲裁员应当依照作为仲裁地的中国的冲突规范确定仲裁协议有效性与争议实质准据法，从表面观之，这似乎与非仲裁地化的趋势是背道而驰的，但我国《涉外经济合同法》及《民法通则》有关涉外法律适用部分均明确规定：合同准据法应首先依当事人意思自治，而在当事人无明示选择时，依最密切联系原则定之，亦即：仲裁员在确定作为债权契约的仲裁协议及争议实质准据法时，应首先尊重当事人的意思，只有在当事人无明示法律选择时，才根据案件的具体情形，考虑与案件及当事人有关的各种因素，确定其认为适当的准据法。这种作法与依仲裁员认为合适的冲突规范确定准据法的非仲裁地化方式在本质上显然是一致的，作为国际私法发展最新成就的瑞士1987年国际私法法案亦有类似之规定。因此，可以说，我国在此方面的仲裁实践与非仲裁地化的国际趋势是并行不悖的。

但是，在仲裁程序等其他方面，我国现时的仲裁实践与传统的作法似乎并无二致：如当事双方选择《中国国际经济贸易仲裁委员会仲裁规则》以外的程序规则，或赋予仲裁员依其他仲裁规则裁决案件之权，国际经济贸易仲裁委员会将不受理有关争议。为扩大我涉外仲裁机构的国际影响，吸引更多的外国公司和个人到我国仲裁，加深对我国对外开放政策的了解，创造一个适宜的仲裁法律环境，依笔者之管见，赋予当事人与仲裁员仲裁程序上一定范围及程度的自由，不失为明智之举。

可以预见，随着对外经济贸易往来在广度及深度上的进一步拓展，我国国防商事仲裁非仲裁地化必将会有新的进展。

总之，无论是在国外抑或国内，国际商事仲裁的非仲裁地化趋势，表现是明显的，范围是广泛的。它不仅在理论上有较完备的体系，而且在立法及仲裁实践中亦有较全面的反映。作为国际经济贸易交往发展到一定阶段的必然产物，它反映了国际商事交往对国际商事仲裁乃至国际私法统一化的迫切要求。勿庸置疑，随着各国间商事交往的频繁与深入，非仲裁地化的趋势必将会有一长足的进展。但是，应当承认，在以后相当长的一段时期内，非仲裁地化趋势并非永无止境，它必然受到仲裁地法一定程度的制约。毫无疑问，国际商事仲裁的完全国际化还有一段漫长的路要走。

## 第三节　国际商事仲裁裁决执行的统一化趋势

随着世界经济的迅猛发展，国际间经济联系的日益加强，国际经济、贸易领域内相互间的合作与协调成为必须。世界经济由多元化向一体化发展。由此，作为经济发展保障的法律，亦随之出现了统一化的趋势，用以解决国际民、商事交往中所发生的争论的古老的商事仲裁制度，由于受各国传统习惯、法律思想及体系的束缚，因而有关仲裁的立法各不相同。一国作出的仲裁裁决要在他国得以承认和执行，其程序往往非常繁琐，为适应世界经济、法律发展的要求，各国纷纷致力于寻找承认和执行外国仲裁裁决的最好途径。

我国社会主义市场经济模式的建立，经济领域的日益开放、搞活，亦迫切要求作为国际大家庭一员的我国，在经济、法律上谋求与他国的协调与合作。近年来随着经济的发展，大量涉外经济、贸易、海事案件提交到仲裁机关。要使仲裁机构充分发挥作用，就必须在仲裁裁决的执行领域，谋求与他国的协调与统一。

### 一、有关仲裁裁决执行的国际条约

对于外国仲裁裁决在本国的执行，各国一般通过两种方式来加以保证；(1)国内立法。一些国家在立法上规定，对外国仲裁裁决，可以像请求履行合同一样，直接向执行地法院起诉请求执行，而不管在作出裁决地国是否已取得了执行许可证。另有一些国家，虽然在立法上对外国仲裁裁决的承认和执行给以保证，但执行手续过于麻烦，有的甚至还以条约作为执行的前提，从而使裁决常常得不到执行。(2)国际条约。在经济往来频繁的两国间，为保证各自仲裁裁决在他国的顺利执行，一般都通过订立友好通商条约和民商事案件的司法协助条约来实现。一战以来，国际政局相对稳定，科学技术迅猛发展，国际经济贸易往来更为频繁。各国为经济发展的需要，不断调整和协调各自国际商事仲裁立法，导致了有关仲裁立法的国际条约出现。由双边条约到国际条约，是仲裁立法向统一化发展的突出表现。

最早订立国际商事仲裁裁决执行条款的公约，是由阿根廷、玻利维亚、巴拉圭、秘鲁和乌拉圭于1889年2月12日在蒙德维的亚签署的关于民事诉讼的公约。其第五条规定了仲裁裁决的执行，标志着在国际商事仲裁裁决的执行上统一化行动的开端。到了1923年，在国际联盟倡导并主持下，由比利时、英国、丹麦、法国、德国、希腊、印度、泰国、日本、巴西、新西兰等50多个国家和地区，在瑞士日内瓦签订了关于商业事务的《仲裁条款议定书》。该议定书第3条规定，缔约各国承认关于商业的仲裁协议案件的有效性，并承担义务依各国国内法执行在其领域内作成的仲裁裁决。关于在其他国家领域内作成的仲裁裁决能否执行，议定书没有作出规定。为了保证《仲裁条款议定书》的缔约国相互执行议定书所规定的仲裁裁决，1927年9月，由总部设在巴黎的国际商会倡议，并在国际联盟的赞助下，于9月26日在日内瓦签订了《关于执行外国仲裁裁决的公约》，该公约只可由批准1923年议定书的国家批准，规定在任何缔约国领土内作成，并对在缔约国之一的管辖权下的人作出的仲裁裁决，均应被认为有拘束力，并应按照执行该裁决国家的程序法予以执行。为获得上述承认和执行还必须符合下列各条件：(1)裁决所根据的仲裁申请在法律上是有效的。(2)裁决事项依执行地国法可用仲裁方法解决。(3)作出裁决的仲裁庭依当事人所同意的形式组成，并且符合法律。(4)裁决依作成地国里终局性的，对它不得提出上诉或任何异议。(5)裁决的承认或执行不违反执行地国的公共秩序或法律原则。在申请执行的程序方面，该公约要求申请执行裁决的当事人向执行地国家的法院提出：(1)裁决的原本或经认证的副本；(2)证明裁决是终局性的证据；(3)证明裁决有效，而且符合并不超越仲裁申请的范围。1927年的公约，虽对1923年的议定书来说，迈出了一大步，使缔约国间可以在一定条件下，相互承认和执行仲裁裁决；但获得承认和执行的条件很严格，而且程序也很复杂，公约要求各缔约国之间，实行互惠制，并限制为仲裁当事人必须在“缔约国之一有管辖权之下”尤其对所谓“公共秩序”；执行地国更可以作自己的解释，拒绝予以承认和执行。上述公约的这些缺陷在某种程度上由联合国组织在纽约召开的会议于1958年6月10日通过的公约作了补充。在各缔约国之间，该公约取代了1923年和1927年的《日内瓦议定书》。早在1951年，国际商会在里斯本举行的大会上讨论了承认和执行外国仲裁裁决问题，认为1927年的公约已“不能适应现代经济要求”。大会决定成立一个委员会进行研究。该委员会于1953年开会后，随即向联合国提出它草拟的新公约的草案，经联合国秘书处分发各国政府征求意见。1954年起联合国经济及社会理事会成立了特别委员会，在国际商会草案基础上进行研究，并于1955年通过一个公约草案。联合国后来根据经济及社会理事会的建议，于1958年在纽约召开会议，45个国家的代表正式出席了这次会议，并于1958年6月10日通过了《承认和执行外国仲裁裁决的公约》。公约规定，缔约国应该相互承认和执行对方国家所作出的仲裁裁决，并规定，在承认和执行对方国家的仲裁裁决时，不应该在实质上比承认和执行本国的仲裁裁决提出更为麻烦的条件或征收更高的费用。公约还详细规定了拒绝承认和执行外国仲裁裁决的条件。按照该公约的规定，应有下列情况之一者，被请求执行的国家的机构，可依被申请人的请求，拒绝承认和执行裁决；

a. 被申请人证明仲裁协议的当事人无行为能力，或根据仲裁协议选定的准据法，或根据作出裁决国家的法律，该项仲裁协议是无效的。

b. 被申请人没有得到关于指定仲裁员或进行仲裁程序的适当通知，或者由于其他原因而不能对案件提出意见。

c. 裁决的事项超出仲裁协议所规定的范围。

d. 仲裁庭的组成或仲裁程序与双方当事人的协议不符合，或者在双方当事人协议时与仲裁地国家的法律不相符合。

e. 仲裁裁决对当事人尚未发生约束力，或者裁决已被仲裁地国家的有关当局撤销或停止执行。

如果被请求承认或执行仲裁裁决的国家的管辖当局查明有下列情况，也可以拒绝承认和执行外国的仲裁裁决：

a. 依照这个国家的法律，争执的事项不能以仲裁的方式解决；

b. 承认或执行某个外国仲裁裁决，将违背这个国家的公共秩序。

《纽约公约》的上述规定说明，为了国际经济交往的需要，一些国家不得不承认和执行外国的仲裁裁决，但为了本国利益的需要，又不得不规定很多限制承认和执行外国仲裁裁决的条款。同时，尽管国际间日益增长的经济贸易关系，促使许多国家考虑承认和执行在外国作成的仲裁裁决，但它们同时也有不少顾虑，因此在签署或批准1958年公约时作出某些保留。如法国、瑞士、比利时等声明只承认和执行在公约的另一缔约国领土内作成的仲裁裁决，即对任何缔约国以外的其他外国作出的裁决，不能依1958年公约的规定予以承认或执行。又如美国、前苏联、古巴等声明只在互惠的基础上才承认和执行外国仲裁裁决。此外，1976年亚非法律协商委员会在其第11届会议上提出建议，对1958年公约制定一项议定书，规定仲裁裁决如果按照对任何一方是不公平的规则作出的，即不应予承认和执行。

纽约公约依其第12条的规定自1959年6月7日生效以来，到1993年已有丹麦、法国、美国、英国、日本等94个国家和地区批准和加入，从而使它成为国际私法和国际民事诉讼法领域中参加国最多，适用范围最广泛的少数几个国际公约之一。

纽约公约签订以后，22个国家的代表于1961年4月12日在日内瓦举行会议通过了《关于国际商事仲裁的欧洲公约》。该公约对欧洲经济委员会的成员国和在委员会中具有顾问身份的其他国家开放。公约适用于两个不同的缔约国境内设有习惯居所或所在地的自然人或法人所签订的仲裁协议和仲裁条款，而且适用于由于这一协议而发生的仲裁程序和仲裁裁决。其后欧洲理事会各成员国为了促进各成员国之间更大的团结，通过示范法的方式，以期统一各国仲裁立法，更有效地运用仲裁方法以解决私法上的争端和增进欧洲理事会成员国之间的商务关系，于1966年1月20日在斯特拉斯堡又签订了《规定统一仲裁法的欧洲公约》，要求各缔约国承诺在本公约对各该国发生效力之日起六个月内，把公约所附的统一法规纳入其有关的法律体系之内。该统一法对仲裁裁决的效力和强制执行作了较详细的规定。

1965年，在世界银行主持下，在华盛顿缔结了《解决国家与他国国民之间投资争议公约》(《1965年华盛顿公约》)。到1989年已有90个国家加入公约。该公约详细规定了解决投资争议的仲裁条款。并于第四章第六节制定了裁决的承认和执行条款。公约规定：裁决对双方有约束力，是终审性的，不得上诉。除依照公约有关规定(如遇双方对裁决的意义和范围有争议要求仲裁庭作出解释等情况)予以暂停执行，每一方应当遵守和履行裁决的规定。为尊重各国法制，公约规定，各缔约国在其领土内对国际中心裁决的执行，受该国关于执行法院判决的现行法律的管辖。但亦同时规定，对已发生效力的裁决，缔约国不得以公共秩序保留为由拒不执行。此外，公约在第五节中也规定了可以撤销裁决的情况。如：仲裁庭的组成不当或是显然越权，仲裁员有受贿行为，仲裁庭的程序规则严重违反公约规定的基本仲裁规则，基于当事人一方的申请，可以撤销裁决。

《公约》所规定的上述承认与执行制度，使国际中心仲裁裁决既具有国际法特征(不得拒不执行)，又具有国内法特征(依缔约国国内法执行)。

美洲国家组织各成员国于 1975 年 1 月 30 日在巴拿马城也签订了《美洲国家间关于国际商事仲裁的公约》。特别详细地列举了被请求承认和执行有关外国仲裁裁决的机构可以拒绝承认和执行有关裁决的各种情况。考虑到上述公约只适用于各缔约国相互间在商业交易中可能发生或已经发生的争议事项，美洲国家组织各成员国政府为确保依其属地管辖权作出的所有仲裁裁决的域外效力，又于 1979 年 5 月 8 日在蒙得维的亚签订了《美洲国家间关于外国判决和仲裁裁决域外效力的公约》，将其适用范围扩大到了所有未被 1975 年签订的上述公约所包括事项的仲裁裁决。

在前苏联和东欧国家，如保加利亚、捷克斯洛伐克、前民主德国、匈牙利、蒙古、波兰、罗马尼亚等 8 个国家于 1978 年 5 月 26 日在莫斯科订立了《关于解决因经济、科学和技术协作而发生的民事法律争议的仲裁公约》以期更广泛地扩大仲裁的适用范围，使因经济、科学和技术协作而发生的法律争议均得通过仲裁解决。

最后值得特别提及的是，国际社会为求得各国与其他国家国民间私人投资争议的适当、合理的解决，于 1965 年 3 月 18 日在华盛顿签署了《关于解决国家和他国国民间投资争议的公约》并在世界银行赞助下，建立了“解决投资争端的国际中心”，为各缔约国和其他国家国民将投资争议交付国际仲裁提供了便利。公约对仲裁裁决的作成，裁决的承认和执行，以及仲裁的费用等问题也作了较为详细的规定。

除了上述国际公约以外，在各个国家所签订的有关承认和执行外国仲裁裁决的双边条约中也包含了重要的规定。

## 二、国际商事仲裁裁决执行统一化的特点、趋向

回顾国际商事仲裁裁决执行方面的统一化进程历史，对照当今的实践，我们可以看出它的三个明显的特点和趋向。

第一，国际商事仲裁裁决执行的统一化运动在固有的全球性发展的轨道上，又适应国际社会区域经济合作的要求。出现了区域性的国际立法的新趋势，这一现象反映了当代各国间的合作和交往呈多平面、立体状发展，也标志着国际商事仲裁裁决执行的统一化运动已经发展到了一个高级阶段。这一现象

反映在：(1)联合国有关机构正越来越积极地参加到统一化运动中来，特别是1966年成立的联合国国际贸易法委员会在统一各国国际商事仲裁制度方面的作用尤为显著。现在，该组织已主持通过仲裁规则和调解规则，供各国当事人选用，并积极拟订标准仲裁法。国际商事仲裁之所以成为当前统一化进程最快、程度最高的部门，显然是与国际贸易法委员会的努力分不开。(2)签署批准和加入1958年《纽约公约》的国家增加。1958年纽约公约是在1923年和1927年两个仲裁公约的基础上制定的，它比前2个公约在承认和执行国际仲裁裁决是否以互惠为前提，承认和执行的方式和条件，适用的范围方面均作了更为宽松的规定，因而应该说，前面的两个公约对各缔约国更有利于拒绝承认和执行外国商事仲裁裁决，故本更应该容易为各国所接受。然而国际社会的实践却是1923年《仲裁条款议定书》批准或加入的国家和地区仅有50多个(1927年《关于执行外国仲裁裁决的公约》，因该公约规定它只可由批准1923年议定书的国家批准，因而其成员国不会超过1923年《仲裁条款议定书》)，但1958年《关于承认和执行外国仲裁裁决的公约》仅到1984年就已有70多个国家和地区加入，从而成为当前国际社会使用范围最广泛的国际公约之一。(3)自第二次世界大战以来，在世界经济空前发展的潮流中，一些地区国家也基于政治、经济、地理位置、历史传统、风俗习惯及其他方面的一些原因，逐渐在世界上形成了一些地区政治集团和经济集团，如欧洲经济共同体、亚太经济区、非洲统一组织、拉美经济区等，与此相适应，这些地区性的国家在致力于全球性的国际商事仲裁裁决执行的统一化运动的同时，也在各区域地区，经过共同协商、努力，制定了一些国际商事仲裁公约，如上面提到的《美洲国家间关于国际商事仲裁的公约》、《规定统一仲裁法的欧洲公约》)等等。这就使国际私法的统一化运动在国际商事仲裁裁决的执行方面呈现其独特的风格，使全球范围的统一化运动更具生命力。

第二，国际统一立法的方式正日趋灵活多样化。这种趋向反映在，以往人们总是力图制定为各国所认可的承认和执行外国商事仲裁裁决的国际公约，其结果，由于各国的实际国情及阶级、经济各方面利益的制约、大大增加了公约谈判起草的难度，造成公约迟迟不能产生，就是产生了，对成员国的拘束力过大，以至于许多国家不愿轻易批准、加入，即使批准、加入，也还会作出种种保留，在保留国和未保留国之间仍有许多问题没有解决。显然，单纯依赖这种方式，无法适应当前人们对统一立法的需要。于是，近年来，人们开始尝试用建议标准法的方式，制定一套统一规则，供各国在立法时参考，以达到统一立法的目的。如1966年欧洲理事会拟订了《斯特拉斯堡统一仲裁法》，现在联合国国际贸易法委员会也正在起草《标准仲裁法》。

第三，执行程序简易化。外国仲裁裁决的承认和执行，是仲裁活动得以有效进行的最终保障。1958 年《纽约公约》总结了 1927 年《日内瓦》及有关双边条约在执行程序上繁琐和不便的缺点及其原因，将执行外国仲裁制度大大推进了一步。如《日内瓦公约》请求执行一方必须首先取得裁决地法院的执行许可证，再请求执行地法院发出执行许可证。而《纽约公约》则规定，只有该裁决还没有拘束力，或者已被撤销或停止执行时，才可拒绝执行；而且这一抗辩理由的举证责任在被执行人。这样，请求一方就没有必要取得裁决地法院的执行许可证，从而避免了《日内瓦公约》的双重执行许可证制，简化了手续，保证裁决的迅速执行。

从内容上看，国际商事仲裁裁决执行的统一化运动又有哪些重要发展呢？

第一，调整的范围扩大了。如 1958 年纽约公约第 1 条第 1 项规定："由于自然人或法人间的争执而引起的仲裁裁决，在一个国家的领土内作成，而在另一个国家请求承认和执行时，适用本公约。在一个国家请求承认和执行一项仲裁裁决而这个国家不认为是其国内的裁决时，也适用本公约。"而 1927 年日内瓦公约第 1 条第 1 项规定"凡在本公约适用的任何缔约国领土内根据一项为解决现有或将来争端的协议而作成的仲裁裁决，如果此项协议是属于 1923 年 9 月 24 日在日内瓦公布的关于仲裁条款议定书的范围以内，该裁决应被认为有拘束力，并应按照请求履行该裁决当地的程序法规予以进行，但以该裁决是在本公约所适用的缔约国之一的领土内作成，并且是对在缔约国之一的管辖权之下的人作出的为限。显然，纽约公约取消了"互惠"这一条件。日内瓦公约仅适用于"在缔约国领土之一作成"的裁决，而纽约公约则放宽为在非执行地国的"领土上作成"的裁决。这样，在非缔约国领土上作成的仲裁裁决也就可以适用纽约公约了。其次，纽约公约删除了仲裁当事人必须在"缔约国之一管辖权之下"的限制，补充了"在一个国家请求承认和执行这个国家不认为是本国裁决的裁决时，也适用本公约"这一段文字。其法律意义在于，根据纽约公约，双方当事人的国籍、住所、营业地、争议标的、诉因还可以与缔约国没有任何联系只需仲裁裁决不被执行地认为是本国裁决，都可适用纽约公约。这一规定对日渐增多的第三国和国际性常设机构仲裁，显然是一种鼓励和促进。

第二，放宽了对外国国际商事仲裁裁决执行的限制条件，《关于执行外国仲裁裁决的公约》第 1 条第 2 款规定"为获得上述(商事裁决——笔者注)承认或执行，此外，还必须符合下列条件：

(1)裁决是根据仲裁申请作成，该申请根据其适用的法律是有效的；

(2)裁决的事项按照请求履行该裁决当地所属国家的法律是可以用仲裁方法解决的；

(3)作成裁决的仲裁庭是仲裁申请可规定的，或者是依照当事人所同意的形式组成，并且符合有关仲裁程序的法律规定的；

(4)裁决在作成裁决的国内已经成为终局的，终局的意义即是认为不能对裁决再可以提出异议、上诉或请求撤销(在有这种程序的若干国家内)，或者还有目的在对裁决的效力提出抗辩的任何程序，尚属悬而未决；

(5)仲裁的承认或执行对请求承认或者履行该裁决当地所属国家的公共秩序或法律原则并不抵触。

仲裁裁决虽然具备第一条规定的条件，法院如果查明有下列情况，仍然可以拒绝承认和执行该裁决：

(1)裁决已经在作成裁决的国内撤销；

(2)仲裁程序的进行未曾及时通知对其请求履行裁决的人，使他有充分的时间提出意见，或者他在法律上无行为能力，没有适当的代表出席；

(3)裁决不是处理仲裁申请所设想的或在仲裁申请范围内的争端，或者裁决中有对仲裁申请范围以外事项的决定。

如果裁决不尽解决提交仲裁庭的一切问题，请求承认或执行地所属国家的主管机关认为适当，可以延期承认或执行，或者附带该主管机关所规定的保证予以承认或执行。显然，上述规定属第一条中的五个条件是“必须符合”的。第2条中的三个条件才可以由法院根据职权自行斟酌。不过无论依哪一条，被执行人均不负举证之责。它与《纽约公约》的区别表现在：首先，原有的必须符合的条件变成了由法院自行确定的条件。如根据日内瓦公约，只要公共政策和可仲裁性两个条件中的一个未予满足，法院必须拒绝执行。而纽约公约则规定，即使不符合这两个条件也并非当然构成拒绝的理由，一切均取决于法院的裁定。其次，在应由谁负抗辩理由的举证之责问题上，根据日内瓦公约，第1、2条列举的可有条件由法院调查。而根据纽约公约，除公共政策和可仲裁性两个条件由法院负责调查外，其余五个都只有被执行人向执行地管辖机关证明时，才可根据他的请求拒绝执行。这样，在国际商事仲裁裁决的执行条件上，统一化的发展趋势显然趋于宽松。

第三，对公共政策的解释更为严格。近年来，随着统一趋势的加强，国际社会在普遍放宽对外国国际商事仲裁裁决的执行条件的同时，却对公共政策的解释更加严格。这表现在三个方面：(1)关于仲裁标的公共政策。在一些国家的立法中，某些标的如工业产权、证券、雇佣合同是禁止提请仲裁的。但近年来的情况有所改变。各国法院在援引纽约公约第5条第2款时，首先区分国际贸易和国内交易，对属于国际经济贸易领域内的交易，一般不轻易授用关于仲裁标的公共政策规定。(2)关于仲裁程序的公共政策。如仲裁未以公正的方式进行，执行地法院就可援用公共政策规定拒绝执行。由于当事人辩诉权利平等的原则已在一些最新公约(如纽约公约)中作了直接规定，所以关于仲裁程序的公共政策保留只能限于诸如裁决未经仲裁员签名、未附具理由等形式要求。但就是这些方面，近年来欧陆各国的法院判例表明，它们也正在改变以往的一贯做法，转而承认英美法系国家作出的未附理由的裁决。(3)及于裁决实质问题的公共政策。如果裁决内容构成对执行地国统治阶级根本利益的违犯，各缔约国法院也可以根据1958年纽约公约予以拒绝。但在实施纽约公约的过程中，缔约国法院对裁决一般只限于作形式审查，很少用及于裁决实质问题的公共政策为拒绝执行。一般认为，纽约公约中规定的公共政策应限于"自然公平"等为各国普遍接受的基本法律原则，也即"国际性"的公共政策，而非执行地国的内外政策。各国法院对这一问题所持的谨慎态度，极大地限制了公共政策在各国法院承认和执行外国仲裁裁决执行中的适用。

### 三、中国相关制度的评价

回顾新中国成立以来我国就执行国际商事仲裁裁决方面的理论与实践，不难看出：为适应我国经济发展、促进国际经济、贸易交往的进一步深入，我国先后制定和加入了有关承认和执行外国仲裁裁决的法律，并与一些国家订立了规定执行裁决的程序和具体办法的双边协定，而且通过修订立法，简化了承认和执行外国仲裁裁决的程序。

1958年《关于承认和执行外国仲裁裁决的公约》(以下简称《纽约公约》)生效以来，已成为国际民事诉讼法领域参加国最多、适用范围最广泛的少数几个国际公约之一。我国于1986年12月加入了该公约。公约自1987年4月22日起对我国生效。全国人大常委会通过的加入1958年《纽约公约》决定，作有两项声明：(1)只在互惠的基础上对在另一缔约国领土内做出的裁决予以承认和执行。(2)只对依据我国法律属于契约性或非契约性的商事法律关系所引起的争议适应该公约。所谓契约性和非契约性商事法律关系，据最高人民法院发出的《关于执行我国加入的〈承认及执行外国仲裁裁决公约〉的通知》(以下简称《通知》)解释为：具体是指由于合同、侵权或者根据法律规定而产生的经济上的权利、义务关系。例如：技术转让、合资经营、货物买卖、财产租赁、工程承包、加工承揽、合作经营，勘探开发自然资源、保险、信贷、劳务、代理、咨询服务、客货运输，以及产品责任、环境污染、海上事故和所有权争议等，但不包括外国投资者与东道国政府之间的争议。

除了以上两项保留，我国政府虽然在加入《公约》时没有提出时效保留，但在《通知》中规定：申请我国人民法院承认和执行的仲裁裁决，仅限于公约对我国生效后在另一缔约国领土内作出的仲裁裁决。当然，依据我国《民事诉讼法》规定，该申请还要在法律规定的执行期限内提出。《民事诉讼法》第 219 条第 1 款规定：申请执行的期限，双方或一方当事人为公民的为一年，双方是法人或其他组织为 6 个月。

就我国加入该《公约》时所提出的两项保留、以及对时效的另行规定，笔者认为，《公约》作为一个经过不断修改，适用范围日趋广泛的国际公约，充分体现了国际统一立法的可行性。一些国家在加入《公约》时，出于局部的特殊利益考虑，提出了诸多保留，虽然就特定时期与条件下是合理的、必要的，但为加强各国在承认和执行外国仲裁裁决的合作，适应国际立法走向趋同化的需要，这些保留是有局限性的。整体上讲，它延缓了国际立法趋同化的历史进程。

1992 年 7 月，我国被批准加入《1965 年华盛顿公约》，对于《公约》中有关承认与执行外国仲裁裁决的规定，我们又将如何利用呢？

首先，我们应该认识到，我国加入该《公约》，是有其积极意义的：

(1)公约的加入，将有利于改善我国的投资环境，吸引更多的外国投资者来我国投资，更能适应社会主义市场经济发展的需要。

(2)公约的加入，将有利于维护我国同资本输出国之间的正常关系，确保投资争端解决非政治化。

(3)公约的加入，将有利于鼓励和保护我国的对外投资。经济交流与合作是多方位的，我们不仅是资本输入国，还将是资本输出国。

(4)公约的加入，还将使我国在国际社会中为解决国际投资争端发挥积极作用。因为我们正式加入公约，即有权在国际中心的行政理事会拥有席位，并向国际中心指派 4 名仲裁员。

其次，对于《公约》中有关承认与执行裁决的制度，我们又是如何认识的呢？

本篇第二章，作者就《公约》第四章第六节中有关承认与执行裁决的规定作了列举，不难看出，《公约》建立了简单、有力、又较合理的承认与执行裁决的制度，它的主要特征表现在：

(1)《公约》把国际法(不得拒不执行)与国内法(依缔约国国内法执行)相

结合。

(2)《公约》把当事人自动遵守和执行裁决与义务和各缔约国承担承认与执行裁决的义务相结合。

公约上述特征，就排除了通常情况下在承认与执行外国仲裁裁决方面可能遇到的问题，能够保证中心裁决的顺利执行。

此外，《公约》第四章第五节，为确保争端的公正解决，还就纠正不当裁决规定了具体的补救措施。

最后，全面认识了《1965 年华盛顿公约》，我们又将如何充分加以利用呢？

通过《1965 年华盛顿公约》的种种规定，我们不难看出，它是一个灵活性很大的公约，规定了很多弹性条款。一方面，它扩大了公约的适用；另一方面，却也给执行公约带来了困难。目前，我国对承认与执行中心仲裁裁决尚无相应规定，如负责承认与执行中心仲裁裁决的法院及执行的程序，根据我国实际，结合世界上其他一些国家的做法，参照《公约》第 54 条第 2 款规定，笔者认为，最高人民法院应当享有承认与执行中心裁决的权力，执行程序依我国法律有关执行外国仲裁裁决的规定执行。

《1965 年华盛顿公约》第 55 条，还就执行豁免作了规定："第 55 条的规定(有关裁决的执行)不得解释为背离任何缔约国现行的关于免除该国或任何外国予以执行的法律。"该条规定实际上是默许有限豁免理论在承认与执行中心裁决上发挥作用、所谓执行豁免，是指一国在外国法院参加民事诉讼，无论充当原告或自愿作被告，未得到它的明示同意，外国法院的判决不得对它的财产强制执行。有限豁免，则是指主张当国家进行商务活动时，对其财产不给予豁免。对于该条有关执行有限豁免的规定，我国是持反对意见的。我国是社会主义的主权国家，出于相互尊重国家主权的需要，我们历来坚持绝对豁免理论，这是在执行问题上，我们必须坚持的原则。当然，这并不是说我们在有关的承认与执行过程中，不可以通过条约、协议或合同自愿放弃豁免，只是这种放弃与限制豁免是性质完全不同的，我们坚持的是完整的国家主权。

承认与执行外国仲裁裁决的法律制度领域，我们除加入了以上两个主要的国际公约，还与许多国家签订了有关此领域的双边协定：

自 20 世纪 60 年代，我国与朝鲜、蒙古、捷克斯洛伐克、民主德国、前苏联等一些国家，订有双边的《通商航海条约》，其中都规定了双方彼此执行仲裁裁决的问题。如 1962 年 8 月签订的《中朝通商航海条约》规定，执行裁决的程序和具体办法，应按执行国的法律规定。条约规定："缔约双方的法人或机关所订立的同贸易有关的契约发生争执时，如果当事人双方已通过适当方式，同意由为此目的而专门设立的或常设的仲裁庭审理该项争执，则该项争执的仲裁裁决，缔约双方应当保证执行。”

关于执行仲裁裁决的决定以及仲裁裁决的执行，应按照执行裁决的缔约一方的法令进行。

此外，我国同美国、前联邦德国、日本等国签订的有关条约，对互相承认和执行仲裁裁决的问题也有规定。

1991年《中华人民共和国民事诉讼法》，是我国执行仲裁裁决的主要法律。它不但就我国涉外仲裁机构作出的裁决的执行情况，而且就缔约国裁决在我国的承认与执行情况，非缔约国裁决在我国的承认与执行情况，做出了专项规定。

《中华人民共和国民事诉讼法》是在《中华人民共和国民事诉讼法》(试行)基础上修订而成的。它在第四编海外民事诉讼程序的特别规定中，增加了第二十五章管辖一篇，并总结我国这几年来的司法实践，参照世界各国的具体做法，从有利于保障裁决的切实执行出发，对原有的、不适应的条款做了改动。如根据新法第259条规定，我国涉外仲裁机构所作出的裁决，一方当事人不履行的，对方当事人可以向该被申请人住所地或者财产所在地的中级人民法院申请执行。改变了1982年《中华人民共和国民事诉讼法》(试行)由该仲裁机构所在地或者财产所在地中级人民法院执行的作法，使大量案件不再集中在仲裁机构所在地，也保证了裁决的切实执行。

再如，新法第269条规定：“国外仲裁机构的裁决，需要中华人民共和国法院承认和执行的，应当由当事人直接向被执行人住所地或者财产所在地的中级人民法院申请，人民法院应当依照中华人民共和国缔结或者参加的国际条约，或者按照互惠原则办理。”而《民事诉讼法》(试行)第204条则要求由外国法院向我国法院提出承认和执行外国仲裁裁决的请求，它极大限制了外国仲裁裁决在我国的承认和执行，因为绝大多数国家都没有这个规定，而且新法的修改，适应了《纽约公约》第4条由仲裁裁决一方当事人提出的规定，是我国国内立法国际化的一大进步。

由于我国1986年12月加入了《承认并执行外国仲裁裁决公约》，依据该公约第3条之规定：每一缔约国应该承认仲裁裁决的约束力。依照裁决需要执行或执行的地方的程序规则予以执行。因为《民事诉讼法》第266条第2款规定：“中华人民共和国涉外仲裁机构作出的发生法律效力的仲裁裁决，当事人请求执行的，如果被执行人或其财产不在中华人民共和国领域内，应当由当事人直接向有管辖权的外国法院申请承认和执行。”

《民事诉讼法》第260条，还就中华人民共和国涉外仲裁机构作出的裁决，其承认与执行的条件做了规定。它指出："被申请人提出证据证明仲裁裁决有下列情况之一时，经人民法院组成合议庭审查核实，裁定不予执行：

(一)当事人在合同中没有订有仲裁条款或者事后没有达成书面仲裁协议的；

(二)被申请人没有得到指定仲裁员或者进行仲裁程序的通知，或者由于其他不属于被申请人负责的原因未能陈述意见的；

(三)仲裁庭的组成或者仲裁的程序与仲裁规则不符合；

(四)裁决的事项不属于仲裁协议的范围或者仲裁机构无权仲裁的。"

并规定："人民法院认定执行该裁决违背社会公共利益的，裁定不予执行。"如果仲裁裁决被人民法院裁定不予执行时，《民事诉讼法》还作了补充规定，即当事人可以根据双方达成的书面仲裁协议重新申请仲裁，也可以向人民法院起诉。

对于我国涉外仲裁机构的裁决在我国及缔约国领土内的执行，《民事诉讼法》的规定是比较详备的，那么，有关外国仲裁裁决在我国的执行，情况又是怎样的呢？

我国是《纽约公约》的缔约国，《中华人民共和国民事诉讼法》规定："中华人民共和国缔结或参加的国际条约同本法有不同规定的，适用该国际条约的规定，但中华人民共和国声明保留的条款除外。"我们确立的是国际条约优先原则，所以，对于外国仲裁裁决在我国的承认与执行，应参照公约之规定，该裁决不具备拒绝承认和执行的条件的，则予以执行。

为更好执行《纽约公约》，最高人民法院于1987年4月10日发出了《关于执行我国加入的承认及执行外国仲裁裁决公约的通知》，就我国执行《纽约公约》问题作了五项规定：(1)互惠保留；(2)商事保留；(3)根据1958年《纽约公约》第4条规定，申请在我国法院承认和执行在另一缔约国领土内作出的仲裁裁决，是由仲裁裁决的一方当事人提出的。对于当事人的申请应由我国下列地点的中级人民法院受理：

①被执行人为自然人的，为其户籍所在地或者居住地；

②被执行人为法人的，为其主要办事机构所在地；

③被执行人在我国无住所、居所或者主要办事机构，但有财产在我国境内的，为其财产所在地。

④我国有管辖权的人民法院接到一方当事人的申请后，应对申请承认及执行的仲裁裁决进行审查，如果认为不具有1958年纽约公约第5条所列的拒绝

情况，应当裁定承认其效力，并依照我国民事诉讼法规定的程序执行；如果经过审查认定具有纽约公约第 5 条所列的条件之一的，应当裁定驳回申请，拒绝执行和承认。

⑤申请在我国法院承认及执行的外国仲裁裁决仅限于公约在我国生效后在另一缔约国领土内作出的仲裁裁决。

在遇有纽约公约没有规定或非缔约国当事人向人民法院申请仲裁裁决承认和执行时，我国法律的规定并不尽详备。

如我《民事诉讼法》第 269 条就此种情况下执行的方式和条件作如下规定：国外仲裁机构的裁决，需要中华人民共和国人民法院承认和执行的，应当由当事人直接向被执行人住所地或者其财产所在地的中级人民法院申请，人民法院应当依照中华人民共和国缔结或者参加的国际条约，或者按照互惠原则办理。"此条与旧法一样没有对承认与执行非缔约国裁决的条件做出具体规定，而只是要求按互惠原则办理，不能不说是一种遗憾。笔者认为，随着实践经验的不断增多，以及参照世界各国的做法，《民诉法》还是应该就此方面作出详尽规定。

当然，《中华人民共和国民事诉讼法》与《中华人民共和国民事诉讼法》(试行)相比，无疑是一个很大的进步。它修改了有关条款，保障了裁决的切实执行，并使我国国内立法更靠向有关国际立法；它简化了执行程序，规定了形式审查制度，对便利外国仲裁裁决在我国的承认和执行具有重大意义。它还增加了承认和执行外国仲裁裁决的专门条款，结束了长期以来，在承认和执行外国仲裁决的条件和程序这两个问题上与外国法院判决承认与执行相提并论的状况。

## 第四节　微型法庭——解决国际商事争端的新途径

微型法庭是晚近出现的一种解决国际商事争端的非司法途径。20 世纪 80 年代以来，它已日益受到许多西方国家的重视，成功地解决了大量国际商事争议。本节拟对微型法庭的一般性问题、主要特点、以及它与传统的解决国际商事争端的方式相比所显示出的优越性作一简要评介，并进一步分析我国当前研究这个问题的实际意义。

### 一、微型法庭的概念

微型法庭其实并非一般意义上的法庭，它仅只是解决商事争议的一种程序。其作用在于为争议双方当事人提供一个解决争议的模式和场所，使当事各方的高级职员能够聆听各自律师所作的对己方有利的辩词。这种聆听会常有当事双方共同指定的第三者作为中立顾问参加，并由他主持微型法庭的程序。

微型法庭的设立和程序完全取决于当事人间的协议。一般来说，这种协议应规定微型法庭的组织方法、审理程序、当事方法院外调查的范围及原则、当事方在微型法庭交换情报的方式与方法、双方代表谈判的程序与规则、保密义务以及微型法庭程序的终止等事项。从各有关国家的实践来看，微型法庭的组成和程序是相当灵活的，没有一个通行的模式。其程序大致可以分为以下三种：

1. 非强制性程序

在这种程序中，微型法庭的成员只起到顾问和咨询的作用，无论相关争议是否已提交或将来可能要提交仲裁或通过法院解决，当事各方均可声明其在讨论会上的发言和各自的让步，皆不可作为证据在法院或仲裁程序中援引。当事双方各指派一名高级行政长官并共同推选一第三者作为中立顾问组成微型法庭，作为顾问的第三者常常是资深的离职法官或精通业务的专家。双方各自指派的行政长官一般只代表各方的利益，而顾问则扮演类似调解人的角色。当争议双方的代表无法达成解决争端的协议时，中立的顾问应当提出自己解决问题的意见，他所提出的意见仅供当事人参考，对任何一方都不具有拘束力。在谈判过程中，该顾问在当事人之间进行穿梭外交，并为双方的意见和想法保守秘密。这样，当事人各方便能无拘无束地向其表明申诉、立场以及解决争议的方法等问题。

2. 准强制性程序

这种程序与上述第一种程序的唯一不同点在于争议双方在其组成微型法庭的协议中，加入了一惩罚性条款。这一条款规定：若当事方的意见不能被中立的顾问接受或任何一方拒不接受中立顾问的意见并在向法院提起的诉讼中被判败诉，该方便应向对方赔偿约定数额的损失。在该程序中，中立顾问的意见仍是咨询性的，对双方都不具有拘束力。不过，他们亦可协议规定中立顾问的意见可依证据法作为让据向正式法庭提出，这种证据不具有排他性，其影响的大小视该顾问的权威性、对相关争议事项的了解和熟悉程度等的不同而异。

3. 强制性程序

微型法庭的程序和效力完全取决于当事人的意志，因此，争议双方也可共同规定通过微型法庭达成的解决方法对他们具有拘束力。若当事人在协议中作出了这样的规定，则该微型法庭程序即为强制性程序。在这种程序中，当事人双方可向对该争议具有管辖权的法院提出请求，要求法院选派一鉴定人出席微型法庭，该鉴定人取代中立顾问的作用。但与中立顾问不同，法院鉴定人的意见具有法律拘束力，其行为也受到所属法院的监督。这样组成的微型法庭，仍可有当事各方的高级行政长官参与。鉴定人发表法律意见前后，当事人各方仍可自行讨论解决争议的办法。按强制性程序组成的微型法庭，与法院审理较为接近。鉴定人的意见一方面对当事人有拘束力，另一方面在通过这种程序未能解决争议而向法院提起诉讼时，对法院的最后判决具有相当程度的影响。

微型法庭的上述三种程序各具特点，究竟选用那种形式，由双方当事人根据其争议的具体情况和他们的意愿自主决定。但不论采用何种程序，在当事人未能通过微型法庭解决争议时，作为最后程序，仍可将它提交仲裁或法院解决。

## 二、微型法庭的特点

与传统的解决国际商事争议的方式如政治途径、司法途径和仲裁途径相比，微型法庭有着自己的显著特点。

1. 它是纯民间性质的

微型法庭虽名为“法庭”，其实它只是一个由当事人协议产生的、有中立的第三者参加的解决他们之间争议的谈判场所，并不具有正式法庭的性质，只不过在形式上与正式法庭有些类似而已，而且它一般也不需政府部门出面干预。它不但与政治途径、司法途径在性质上完全不同，就是与被普遍认为也是民间性质的仲裁相比，也有很大差别。仲裁虽被认为主要是民间性质的，但它往往在一定程度上要受法院的干预。例如，在当事人一方拒不执行仲裁裁决时，另一方当事人可向有关法院申请强制执行；国家一般都有关于仲裁的专门立法，国家间也常缔结一些有关仲裁的条约，仲裁机构都不得违反其规定，等等。所以，大多数学者主张仲裁实际上具有半官方性质。而微型法庭则完全是依据当事人双方的协议成立的，所有问题都由他们协议决定，它只是有一中立的第三者参加的、争议双方自行解决其争端的较为特殊的形式，虽在当事人协议采用强制性程序时，可请求对该争议有管辖权的法院派鉴定人参加，但这并不能改变其民间性质。

2. 当事人拥有充分的自主权

微型法庭的一切事项均由当事人协议作出决定，在这里，原本只适用于合同领域、且受到许多限制的当事人意思自治原则得到了最充分的体现。当事人可以协议决定从微型法庭的组成、所适用的程序规则、直到解决争端的方法的效力等几乎所有问题，这不但在司法程序中是不可想象的，就是在被认为当事人具有较大自治权的仲裁程序中，也是不可能的。在司法程序中，当事人仅在一定条件下具有选择合同准据法和协议选择管辖法院的自由；在仲裁程序中，当事人虽还有一些决定程序事项的权利，比司法程序较为灵活，但当事人的自治权远不如在微型法庭中那样大、不受任何限制。

3. 解决争端的协议或办法不具有法律约束力

微型法庭是当事人协议组成的解决其争议的临时谈判场所，当事人所达成的解决争议的方法对他们并无法律约束力。虽然如前所述，在准强制性程序中一方当事人可能要按协议赔偿对方一定数额的损失，或在强制性程序中鉴定人的意见对法院的最后判决具有一定影响，但当事人关于组成微型法庭的协议并不能排除法院的管辖权，当事人也可在通过微型法庭程序未能解决争议时提起仲裁，微型法庭通过的解决争议的方法并不能申请法院强制执行。因此，在这个问题上它与法院判决或仲裁裁决的效力是完全不同的。在微型法庭中，解决争议的方式由当事人互谅互让、通过谈判协议确定，作为第三者的中立顾问只作为双方谈判的中间人起调停作用，一般不参加最后关于解决争议的方式的谈判，这与法院由法官对争议作出判决或仲裁庭由仲裁员作出最后裁决不同。

4. 程序十分灵活、无固定模式

微型法庭的程序具有很大灵活性，是由当事人依具其争议的具体情况确定的，没有一套固定的规则。例如，当事人各方可依不同的情形和争议的性质，对律师的辩词进行控制，规定发言的时间，中立顾问的参与程度也完全依当事人的意见确定，他既可参加当事人关于解决方案的初步讨论，亦可只听取双方辩词而不介入双方高级行政官员的秘密讨论，等等。此外，微型法庭的开庭地点、时间等也由双方协议决定，这也是其独特之处。

5. 实行严格的保密规则

在国际商业领域里，许多争议大多涉及商业秘密，当事各方不愿公开；而且，为了促成争议的及时、有效解决，当事人也须能无所顾忌地发表自己的意见和看法，甚至作出一些让步来求得争议的圆满解决；这都要求对此密而不宣、并不得在法院诉讼中被作为证据援引。此外，当事人之间也可能存在某些特殊的关系，为了今后进一步合作，亦有必要不将他们间的商业安排向外界透露。正是基于这些考虑，微型法庭一般都规定严格的保密原则，特别是争议双方讨论解决争端的方案时，甚至要排除作为微型法庭成员的中立顾问参与，仅在当事人双方间秘密进行谈判。而法院一般都实行公开审理、并允许新闻界进行报道，难以保守商业秘密；微型法庭的保密措施甚至比仲裁庭更为严格，因为仲裁庭的裁决是由作为公断人的仲裁员作出的，当事人在仲裁的任何阶段都不可排除仲裁员的参与。可见，严格的保密原则是微型法庭的显著特点，对争议当事人具有很强的吸引力，是能否成功解决争议的关键所在。

### 三、一种新途径

微型法庭的上述特点，使其具有传统的解决国际商事争议的方法所不可能具有的优势，因而自其产生之后，已受到了普遍欢迎，许多西方国家的有关部门对它大为推崇和鼓励，国外已有许多机构和学者正致力于对微型法庭的研究，特别是本世纪 80 年代以来，国际上、尤其是在英美普通法系国家，出现了大量通过微型法庭成功地解决标的巨大的商事争议的案例，从而使通过这种新举的、非司法的方式解决国际商事争议成为当前的一大发展趋势。

微型法庭这种非司法的途径之所以在西方国家得到高度重视，其原因主要有以下两点：

1. 微型法庭与其他方式相比，有许多优越性

首先，它自始至终都是在当事人双方协议、自愿的基础上进行，这样提出的解决争议的办法当事人一般都乐于接受并自觉遵守。其次，它不必经过严格的法律程序，不必严格按照实体法规定作出决定，当事人可在平衡双方利益、权衡利弊得失的前提下，根据实际情况灵活地解决争议，从而能节约费用、减少手续、节省时间。再次，它实行严格的保密原则，关键性程序只在当事人间进行，谈判的内容不得作为证据在诉讼中提出，最后达成的解决争议的协议对双方都不具有法律拘束力，这就减少了当事人的顾虑。最后，微型法庭完全依当事人的协议行事，当事双方能在互谅互让、较为友好的气氛中共商解决争议的具体办法，这不但能使争议得到妥善解决，而且还能够增进彼此间的了解，有利于促进其合作关系的进一步发展。

2. 当今许多西方国家如英、美等普通法系国家，法律过于繁琐、具体，程序五花八门，当事人根本无法掌握

这都日益成为当事人的包袱、加重了他们的负担，加之法院本身案件越来越多、办事效率又低，使得通过法院解决争议既费时又耗资，严重影响了当事各方商业活动的正常进行。因此，人们不得不寻求其他更为简便、迅捷的途径，微型法庭的出现正好在一定程度上满足了当事人的这种需求。

虽然微型法庭已日渐成为解决国际商事争议的一种有效途径，但它似乎还未引起我国法学界及其他有关部门的注意。到目前为止，国内尚未见有专门介绍和讨论这一问题的论文，也未见有运用微型法庭解决商事争议的案例。我们

认为这种状况亟待改进。

我国自实行改革开放政策以来，对外经济贸易交往正日趋活跃、得到了较大的发展。而党的十四大对建立社会主义市场经济体制的深化改革开放的总目标的确立，以及随着我国关贸总协定缔约国地位的恢复，我国的对外经济贸易活动必将呈现出空前繁荣的局面。这样，在国际商事活动中发生争议的情况将不可避免地会大大增多，为了这种活动的顺利进行和发展，就必须使其得到及时、妥善的解决。国际经贸活动中发生的争议多种多样、各具不同的特点，在客观上需要解决争议的方式也做到灵活多样；再者，如前所述，许多西方国家的法律繁多、程序复杂，我方当事人更加难以了解。所以，我们应大力加强对微型法庭这种新现象的研究，使其成为与传统的解决国际商事争议的方法并行不悖的又一重要途径，从而有效地服务于我国的对外开放事业。

最后还应指出的是，在国外的实践中，微型法庭这一途径还常常用来解决国内当事人之间的商事争议，且效果颇佳。我们也可借鉴。